USING STATA FOR PRINCIPLES OF ECONOMETRICS

应用STATA学习
计量经济学原理 第4版

李·C.阿德金斯（LEE C.ADKINS）
R.卡特·希尔 （R.CATER HILL） 著

曹书军　林健怡　译
曹书军　审校

重庆大学出版社

图书在版编目(CIP)数据

应用 Stata 学习计量经济学原理/(美)阿德金斯
(Adkins,L.C.),(美)希尔(Hill, R.C.)著;曹书军,
林健怡译.—重庆:重庆大学出版社,2015.9(2021.10 重印)
(万卷方法)
书名原文:Using Stata for Principles of Econometrics
ISBN 978-7-5624-9441-6

Ⅰ.①应… Ⅱ.①阿…②希…③曹…④林… Ⅲ.
①计量经济学—应用软件 Ⅳ.①F224.0-39

中国版本图书馆 CIP 数据核字(2015)第 200678 号

应用 Stata 学习计量经济学原理
(第 4 版)

(美)阿德金斯 希尔 著
曹书军 林健怡 译
曹书军 审校

策划编辑:雷少波 林佳木
责任编辑:文 鹏 罗 杉 版式设计:林佳木
责任校对:谢 芳 责任印制:张 策

＊

重庆大学出版社出版发行
出版人:饶帮华
社址:重庆市沙坪坝区大学城西路 21 号
邮编:401331
电话:(023)88617190 88617185(中小学)
传真:(023)88617186 88617166
网址:http://www.cqup.com.cn
邮箱:fxk@ cqup.com.cn(营销中心)
全国新华书店经销
重庆升光电力印务有限公司印刷

＊

开本:787mm×1092mm 1/16 印张:32 字数:720 千
2015 年 10 月第 1 版 2021 年 10 月第 2 次印刷
印数:4 001—5 000
ISBN 978-7-5624-9441-6 定价:69.00 元

前　言

本书为 R. 卡特·希尔，威廉·E. 格瑞菲斯和古伊·C. 林姆所著《计量经济学原理》(第 4 版，威利出版社，2011 出版，下称 *POE*4) 的配套辅导用书。本书既非教科书 *POE*4 的替代教材，也非独立的计算机软件应用手册。从某种意义上讲，本书是教科书 *POE*4 的补充材料，教你如何使用 Stata 11 软件来演示教科书中的案例。因此，本书对学习计量经济学的学生以及其他利用 Stata 做计量分析的研究人员而言，都可以作为指导用书。

在众多学术领域，Stata 都是一个非常强有力的工具软件，在 **http：//www. stata. com** 里，可以找到大量应用文档。另外一个东西多且有用的网址是 UCLA：**http：// www. ats. ucla. edu/stat/stata/**，后者我们更为推荐。

除了基于 Stata 的本书外，还有其他的类似基于 EViews, Excel, Gretl 和 Shazam 等软件包的应用手册。所有源自 *POE*4 的包括 Stata 在内的不同数据格式，都可从网址 **http：//www. wiley. com/college/hill** 下载。

本手册以及 *POE*4 中的 Stata 数据文件，都可以在 **http：//www. principlesofecono-metrics. com** 找到。

本书中的各章与《*POE*4》中的各章是一一对应的，因此，假如要寻求教科书上第 11 章案例帮助，可以直接查阅本书第 11 章。然而，在某章内，具体小节却并非一一对应。*POE*4 的数据文件以及其他资源可见 **http：//www. stata. com/texts/s4poe**4。

笔者非常欢迎关于本书的批评和建议。谢谢 Stata 公司，尤其 Bill Rising，他的众多解答提升了我们的行文与编程质量。

李·C. 阿德金斯

俄克拉荷马州立大学经济系

Stillwater, OK 74078

lee. adkins@ okstate. edu

R. 卡特·希尔

路易斯安那州立大学经济系

Baton Rouge, LA 70803

eohill@ lsu. edu

目 录

第 1 章

Stata 简介

本章概要

1.1 启动 Stata

Stata 有多种启动方式。第一种方法，可以双击如下桌面图标：

这是 Stata/SE Release 11 的桌面快捷图标，早先的版本除了数字不同外，其余外观类似。当然，你也可以从 Windows 菜单点击进入，路径为开始 > 所有程序 > **Stata 11**。

第二种方法就是直接在 Stata 文件夹里找到扩展名为 ∗**.dta** 的文件，双击之。

1.2 开启界面

Stata 打开之后通常会出现如下不同标题的窗口：

Command—命令窗，在该窗口输入 Stata 命令

Results—结果窗，本窗口展现命令的结果以及报错信息

Review—检阅窗，本窗口记录最近执行的命令清单

Variables—变量窗，本窗口列示数据变量名以及标签名称(如果有)

顶上一行是 Stata 的下拉菜单。其下一行从左起是 Stata 的工作路径，依次可以完成文件的打开、保存、打印等一系列操作，便于我们迅速地切换。

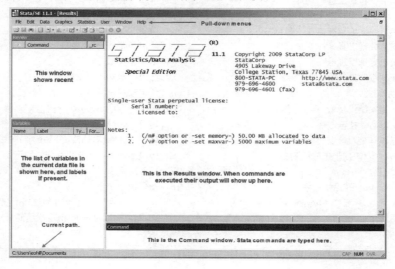

1.3 退出 Stata

退出 Stata 时可以点击 **File 按钮**。

| File | Edit | Data | Graphics | Statistics | User | Window | Help |

然后在下拉菜单里选择 **Exit** 按钮。

我们将使用 **File ＞ Exit** 的方式表示这样的序贯点击命令。另外一种方式则是简单地在 **Command** 窗口输入：

  exit

并回车。

1.4 《计量经济学原理》的 Stata 数据文件

  Stata 数据文件的扩展名为 ∗.**dta**,此类文件只有 Stata 程序才能打开。如果锁定 ∗.**dta** 文件,并双击之,一样能开启 Stata。

  本书中作为配套《计量经济学原理(第四版)》(*Principles of Econometrics*,*4th Edition*,后文简称 *POE*4)的 Stata 应用教材,原书里的案例数据都被转成 Stata 格式。这些数据适用于 Stata 9 及其后的版本,并且可以在下列网址中下载。

  1. John Wiley & Sons 的网站:http://www.wiley.com/college/hill。你可以将那本书的所有数据集下载到自己电脑中。

  2. 本书的数据以及其他资源可以到作者的网站上下载,网址:http://www.principlesofeconometrics.com。

  3. 个别数据以及其他资料可以到 Stata 公司的网站上下载,网址:http://www.stata.com/texts/s4poe4/。

1.4.1 工作目录

  一般可以把数据放入较为便利的目录。在本书中,我们将使用子目录 **c**：\ **data** \ **poe4stata** 文件夹来存放数据与结果。在实验室里,你的存储设备如果是闪存或移动硬盘,它们的容量要能够存储这些数据和文件。你一样可以在这些设备里以 **X**：\ 作为设备路径来设定子目录 **X**：**DATA** 或者 **X**：**POE4** 等,以便于处理。

还可以通过下拉菜单 **File > Change Working Directory** 来改变工作目录,然后在弹出的对话框里选择你的目标路径,并点击 OK。

Stata 还可以在 **Command** 窗口输入:

  cd "C:\data\poe4stata"

并回车。

结果如下所示:

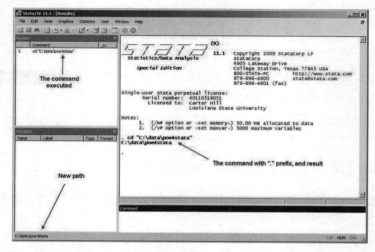

注意一下,这个命令在 **Results** 窗口重现一遍,同时也出现在 **Review** 窗口。新的目录路径也出现在屏幕的左下方。

1.5　打开 Stata 数据文件

有多种方式可以打开或者导入 Stata 数据文件。

1.5.1　use 命令

打开 Stata,首先将工作目录切换到你的数据文件存放处。在 **Command** 窗口输入 use cps4_small,并回车。

如果你已经打开一个数据文件,并打算做某些改动,Stata 会做如下报错:

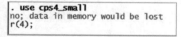

  此时如果点击图框中的 r(4),系统会弹出一个观察窗并在其中给出报错信息,大部分情况下这些信息是有帮助的。关闭该窗口只需点击其上的 X。

这里的告警信息能够有效阻止你丢失需要保留的数据。这种情况下,你可以保留早先的数据文件,或者直接输入命令:

  clear

需要注意的是,clear 命令将会清空 Stata 的系统内存数据信息。你也可以在打开数据的同时清空内容,方法是输入:

  use cps4_small, clear

1.5.2　利用工具栏

我们还可以在 Stata 工具栏上点击 **Open**（**use**）图标按
钮打开 Stata 数据文件。

Open (use)

找到你要打开的文件，选之并点击 **Open**。在 **Review** 窗口，同时会出现隐含的 Stata
命令：

> use "C:\data\poe4stata\cps4_small.dta", clear

在 Stata 里使用 use 命令可以打开数据文件，具体步
骤见下图。数据文件的开启路径如引号内所示。具体路
径必须加引号。"**clear**"选择项意味着此前内存中的所有
数据同时被清空。

1.5.3　调用互联网文件

Stata 提供了足够多的互联网资源。本书的 Stata 数据文件存储地址为 **http://www. sta-
ta. com/texts/s4poe4/**。下载数据时，比如下载 *cps4_small. dta*，先要保存先前的数据，然后清
空内存，然后在 **Command** 窗口输入如下命令：

> use http://www.stata.com/texts/s4poe4/cps4_small, clear

数据一旦被下载到本地，就可以点击 **File > Save as**，然后在弹出的结果对话框里填入
需要保存的文件名。

1.5.4　本书资料的互联网地址

如果想浏览或下载本书数据集，请访问 http://www. stata. com/texts/s4poe4 或 http://
www. principlesofeconometrics. com。这里除了可以看到本书其他资料之外，还可以查到单个
数据文件。双击你要使用的文件，Stata 会启动并下载之。（当然，你的电脑上得先装好 Stata
软件。）

1.6　变量窗

数据文件的变量名列示在 **Variables** 窗口中，同时还列示变量标签（如果有的话）、类型
与格式。本书下文的截屏里我们将仅列示变量名和标签。

Variables			
Name	Label	Type	Format
wage	earnings per hour	double	%10.0g
educ	years of education	byte	%8.0g
exper	post education years experience	byte	%8.0g
hrswk	usual hours worked per week	byte	%8.0g
married	= 1 if married	byte	%8.0g
female	= 1 if female	byte	%8.0g
metro	= 1 if lives in metropolitan area	byte	%8.0g
midwest	= 1 if lives in midwest	byte	%8.0g
south	= 1 if lives in south	byte	%8.0g
west	= 1 if lives in west	byte	%8.0g
black	= 1 if black	byte	%8.0g
asian	= 1 if asian	byte	%8.0g

值得注意的是标签很有用，而且很便于添加、修改和删除。

1.6.1 使用数据编辑器修改变量标签

在 Stata 的下拉菜单里选择 **Data Editor** 按钮。

在弹出的结果页面窗里,右击对应的变量栏并选择 **Variable Properties**。

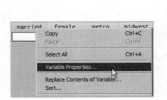
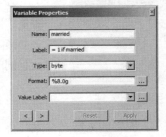

在 **Label** 栏输入修改后的变量标签内容,然后点击 **Apply** 按钮。

1.6.2 使用数据工具修改变量标签

在 Stata 下拉菜单里选择 **Data** > **Data utilities** > **Label utilities** > **Label Variable**,有:

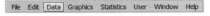

继续:

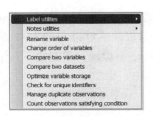

在最终出现的对话框里,你可以选择 **Attach** a label to a variable,然后在 **Variable** 里通过下拉菜单确定需要改变标签的变量,在 **New** variable label 框里输入新的变量标签,最后点击 OK 按钮。

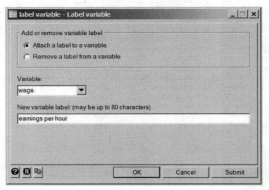

当然你也可以不通过对话框的方式,而是直接在 **Command** 窗口输入:

```
label variable wage "earnings per hour"
```

这样就会为 **wage** 变量生成一个新的标签,这个标签同时覆盖了此前的旧标签。当然在对话框中,还可以选择删除标签。

1.6.3　使用变量管理器

变量管理器能够一站式管理数据变量,在 Stata 下拉菜单里点击 **Variables Manager** 图标即可。

我们还可通过输入命令 help varmanage 来获得关于变量管理器特点的更多延伸帮助。在结果观察窗,会有一个关于 varmanage 的完整文档链接。

同时还可以看到 varmanage 命令的语法,有下划线的部分表示打开变量管理器 **Variables Manager**,只需在命令窗口输入这几个字母。在结果观察窗的最下一行字是关于 **Variables Manager** 的 Stata 的入门指南链接(见下图)。

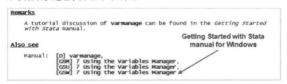

在变量编辑器中,点击某个变量可以打开 **Variable Properties** 窗口,看到该变量的所有特征。此处可以修改变量标签,添加说明,以及单独和批量管理变量。

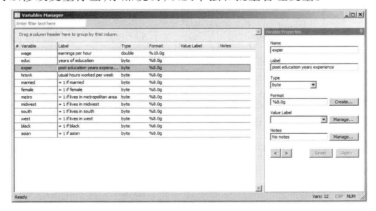

在变量栏高亮后右击鼠标,可以看到更多的选项。

educ	years of education	byte	%8.0g
exper	post education years experie...	byte	%8.0g
hrswk	usual hours worked per week	byte	%8.0g
married	= 1 if married	byte	%8.0g
female	= 1 if female	byte	%8.0g
metro	= 1 if lives in metropolitan area	byte	%8.0g
midwest	= 1 if lives in midwest	byte	%8.0g
south	= 1 if lives in south	byte	%8.0g
west	= 1 if lives in west	byte	%8.0g
black	= 1 if black	byte	%8.0g
asian	= 1 if asian	byte	%8.0g

Edit Variable Properties
Keep Selected Variables
Drop Selected Variables
Manage Notes for Selected Variable...
Manage Notes for Dataset...
Copy Varlist　　　　　　　　Ctrl+C
Select All　　　　　　　　　Ctrl+A
Send Varlist to Command Window

1.7　数据描述与概要统计量

每次打开数据文件,需要做一些常规的操作。首先输入命令:

```
describe
```

这个命令能简要介绍内存中的数据集信息,包括变量名及其标签等。部分结果如下所示:

```
. describe

Contains data from cps4_small.dta
  obs:          1,000
  vars:            12
  size:        23,000 (99.9% of memory free)

              storage  display   value
variable name   type   format    label      variable label

wage          double  %10.0g                earnings per hour
educ          byte    %8.0g                 years of education
exper         byte    %8.0g                 post education years experience
hrswk         byte    %8.0g                 usual hours worked per week
married       byte    %8.0g                 = 1 if married
female        byte    %8.0g                 = 1 if female
```

接着,输入概要统计命令:

```
summarize
```

在结果窗中会报告概要统计量,部分结果如下所示:

```
. summarize
```

Variable	Obs	Mean	Std. Dev.	Min	Max
wage	1000	20.61566	12.83472	1.97	76.39
educ	1000	13.799	2.711079	0	21
exper	1000	26.508	12.85446	2	65
hrswk	1000	39.952	10.3353	0	90
married	1000	.581	.4936423	0	1
female	1000	.514	.5000541	0	1

当然,也可以通过 Stata 的下拉菜单来实现同样的结果。比如,点击 Stata 面板菜单上的 **Statistics** 按钮图标。

File　Edit　Data　Graphics　Statistics　User　Window　Help

然后会出现一长列各种各样的统计分析工具。如下图所示,现在你应该依次选择点击 **Summaries, tables, and tests**,然后选择 **Summary and descriptive statistics**,接着 **Summary statistics**。

完整的点击路径如下：

Statistics ＞ Summaries，tables，and tests ＞ Summary and descriptive statistics ＞ Summary statistics

随即弹出的对话框会出现很多选项。基本的概要描述统计表没有备选项，只要点 **OK** 键就可以了，**Stata** 会自动给出数据集中所有变量的概要统计量。也可以在变量栏里输入具体的变量名来选择单一变量。标准的结果输出包括观测样本数、算术平均值、标准差、最小值与最大值。

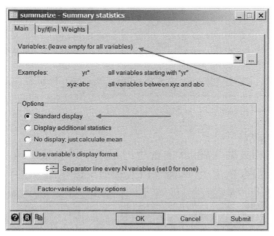

1.8　Stata 帮助系统

Stata 的帮助系统是它的特色之一。点击 **Stata** 面板栏上的 **Help** 按钮，然后选择 **Contents**。

其后出现的窗口中，可以点击蓝色的如 **Basics，Data Management** 等分类子项从而转到更进一步的内容。

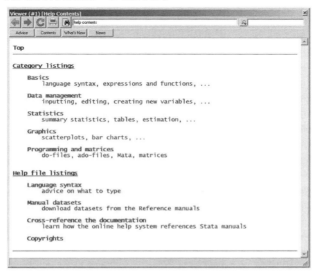

1.8.1　使用关键词搜索

点击 **Help ＞ Search**：

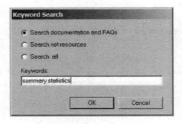

在对话窗里会出现多个备选项。在 Stata 文档和 FAQs（常见问题及回答）里搜寻相关资料，只需简单地输入你想要的短语，比如搜索概要统计，则在关键词框中输入 **Summary Statistics**。

如果命令行输入为：

```
search summary statistics
```

随即会出现一系列可能相关的主题，其中蓝色的词汇可以直接链接，比如点击 **Summarize**。结果对话窗会直接展示命令语法，这些命令以及选项可以在命令窗中输入。

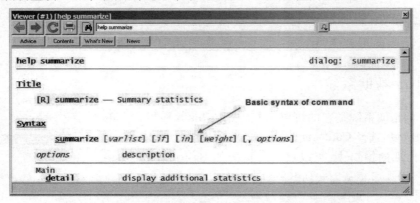

> **提示**：注意到语法中 <u>su</u> 标了下划线。这是最小缩略形式，意味着 summarize 命令可以缩略成 su，或者说 summ。

更大范围的关键词搜索可以使用 **findit** 命令，例如：

```
findit mixed models
```

更多的搜索选项请使用 help search。

1.8.2　使用命令搜索

如果你知道需要了解的 **Stata** 具体命令的名字，你可以点击 **Help ＞ Stata Command**。在弹出的结果对话框中输入具体命令的名字，然后点击 **OK**。

当然也可以在命令行输入：

    help summarize

然后回车。

1.8.3 打开一个对话窗

如果知道某个命令的名字但是想不起它的细节和选项,你可以从命令窗里打开一个对话窗。例如,想通过对话窗了解 summarize 命令,可以直接输入 **db summarize**。

或者,直接输入 help summarize,然后点击蓝色链接进入对话窗。

1.8.4 Stata 操作手册中的完整文档

Stata 的操作参考手册有几千页之多,在书架上堆起来足有两英尺高,完整的 **Stata 11** 安装包以 PDF 格式自带这些操作手册。借助帮助系统,可以从 **Viewer** 窗查阅这些电子版的操作指南。

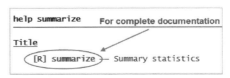

这里的[R]表示指南手册,蓝色的 **summarize** 可以直接导向相应的 PDF 文档。手册里的文档比帮助命令结果窗出现的结果要完整得多,通常还会有一些具体例子。

1.9 Stata 命令语法

Stata 的命令语法格式通常如下所示 ,命令名比如 **summarize** 会在最前面。

    command [varlist] [if] [in] [weight] [, options]

括号里的项目是该命令可能用到的不同条件与选项。

- [varlist]命令用到的变量列表。
- [if]命令使用的条件。
- [in]命令应用的观测样本范围。
- [weight]当某些样本的权重与其他不一样时。
- [, options]命令的选项。

命令语法的选项内容可以使用关键词搜索,然后点击 **Language**。

> **提示:**在使用 Stata 时特别要注意它的命令是要区分大小写的。这意味着字母小写和大写有不同的含义。换言之,Stata 认为 x 和 X 是不一样的。

1.9.1　summarize 的语法例解

接下来的几个例子将反映 Stata 的命令语法特征。每个例子都可以在命令窗里直接输入命令并回车。例如:

summarize wage, detail 为 wage 变量计算出详细概要统计量,包括从最小值到最大值的分布比例,以及额外的概要统计量(如峰度与偏度)。注意:Stata 回应先前输入的命令,并输出结果时,以句号开头。

```
. summarize wage, detail
```

earnings per hour

	Percentiles	Smallest		
1%	5.53	1.97		
5%	7.495	2.3		
10%	8.255	2.5	Obs	1000
25%	11.25	2.52	Sum of Wgt.	1000
50%	17.3		Mean	20.61566
		Largest	Std. Dev.	12.83472
75%	25.63	72.13		
90%	37.55	72.13	Variance	164.7302
95%	47.375	72.13	Skewness	1.583909
99%	70.44	76.39	Kurtosis	5.921362

summarize wage if female==1 为样本中的女性样本计算出简单概要统计量。当样本为女性,变量 female 取值为 1;否则为 0。在"if"限定条件中"等于"应使用" =="。

summarize if exper >= 10 为样本中经验(exper)大于等于 10 年的样本计算简单概要统计量。

summarize in 1/50 计算前 50 个观测样本的简单概要统计量。

summarize wage in 1/50, detail 计算前 50 个观测样本的工资(wage)变量详细概要统计量。

> **提示:**当结果窗满屏,并暂停结果输出时,结果窗的左下部会出现—**more**—:请点击之,或者按空格键,程序就会继续输出。

1.9.2　使用检阅窗口(Review window)学习命令语法

也许你现在很关心怎样才能全部掌握这些语法? 实际上你现在没有必要全部掌握,在学习 Stata 的过程中你会不断地重复并理解它们。这一过程中最有用的工具就是 Stata 的主菜单和 **Review** 窗口。比如,我们想获得前 500 个观测样本中女性报酬的详细概要统计量。与此前的例子一样,我们可以通过点击窗口选择:

Statistics > Summaries, tables, and tests > Summary and descriptive statistics > Summary statistics

在跳出的对话框中,我们可以设定需要的变量,还可以进一步选择能提供更多明细统计量的条件项(**option**),接着点击顶部的 **by/if/in** 图标。

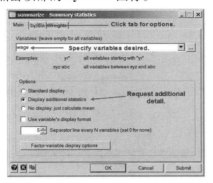

在弹出的新对话窗口中,可以输入 if 条件,如 female == 1,这样可以限定样本对象为女性。在其下的 **Use a range of observations** 旁的窗口点击,接着在下面的对话框设定选择范围为 1 ~ 500。最后点击 **OK**。

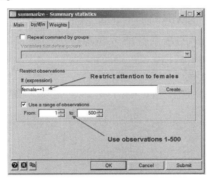

Stata 随即给出前 500 个观察值中的女性样本的概要统计量。

```
. summarize wage if female == 1 in 1/500, detail
```

                        earnings per hour

	Percentiles	Smallest		
1%	6.25	1.97		
5%	7.25	5.2		
10%	8	6.25	Obs	269
25%	10	6.35	Sum of Wgt.	269
50%	15.25		Mean	18.98892
		Largest	Std. Dev.	12.35847
75%	24.05	61.11		
90%	38.23	72.13	Variance	152.7318
95%	43.25	72.13	Skewness	1.78174
99%	72.13	72.13	Kurtosis	6.640641

现在观察一下检阅窗口(**Review** window)

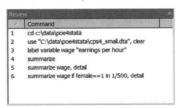

在 **Review** 窗口中显示的是使用命令窗口输入命令或利用对话框生成的一系列命令语句。比如第六行就是在命令窗口输入从而获得与此前利用对话框一样结果的命令。接下来我们将要学习 **summarize** 命令语法。

假如我们希望刚才那个命令里涵盖的样本范围改为 1~750，我们可以在命令窗口输入如下命令：

summarize wage if female ==1 in 1/750, detail

但 Stata 还提供了一种更便利的选择方式，就是在 **Review** 窗口，单击第六行。

Command 窗口立刻就出现如下命令：

```
Command
summarize wage if female==1 in 1/500, detail
```

编辑此命令，直接将 500 改成 750，然后回车。

```
Command
summarize wage if female==1 in 1/750, detail
```

总之，我们可以通过点击 **Review** 窗口中早先的命令，从而可以在命令窗口中编辑修改此命令。随着页面的展开，更早的命令会被折叠隐藏。伴随着最新的结果出现在结果窗，修订后的命令也会出现在 **Review** 窗口。

> 提示：在 **Review** 窗口中，许多命令由于过长而不能展示。在 **Command** 窗口可以通过翻页键来阅读早先的命令。

1.10 文档存储

当利用 Stata 进行长时间处理数据时，我们希望能保存相关工作过程与结果。

1.10.1 复制与粘贴

一个简单选择（通常我们不推荐这种方式），就是直接在 **Results** 里高亮相应的结果，同时右击鼠标。

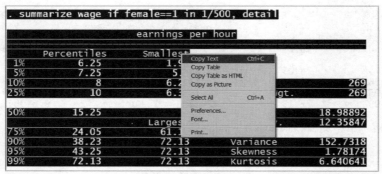

本选择就是将刚才的结果以文本形式复制（Ctrl + C），然后右击鼠标选择粘贴或者使用 Ctrl + V 将结果直接贴到其他文件里去。

但是如果你将结果贴到一个 Word 文档里去，你会发现结果比较混乱，不容易阅读，如本

例,部分结果如下所示:

```
. summarize

    Variable|   Obs    Mean   Std. Dev.    Min     Max
------------+----------------------------------------------
      wage |   1000   10.21302   6.246641    2.03    60.19
      educ |   1000   13.285     2.468171    1       18
     exper |   1000   18.78      11.31882    0       52
    female |   1000   .494       .5002142    0       1
     black |   1000   .088       .2834367    0       1
```

产生这样的结果主要是由于 Word 程序改变了字体。你在标准文本里使用 New Roman 字体,而 Stata 用的是 Courier New 字体。另外字号最好也改成 8 号或 9 号。部分结果如下所示:

```
. summarize

    Variable |     Obs        Mean    Std. Dev.      Min        Max
-------------+-------------------------------------------------------
      wage |    1000    10.21302    6.246641     2.03      60.19
      educ |    1000    13.285      2.468171     1         18
     exper |    1000    18.78       11.31882     0         52
    female |    1000    .494        .5002142     0         1
     black |    1000    .088        .2834367     0         1
```

对高亮部分的复制当然也可以以图片格式复制粘贴到其他文件中,这样的结果就是不能像 Word 一样对其进行编辑处理。

1.10.2　使用日志文件

Stata 提供了更好的选择。为了保留 Stata 结果窗口里所有结果,Stata 设置了日志文件 (**log file**)来记录所有的输入和结果内容。

输入 Stata 命令:

```
help log
```

日志文件(**log files**)有两种格式:**text** 与 **smcl** 格式。

1.10.2a　Text 格式的日志文件

text 格式是最基本的 ASCII 文件,这种格式的文件最大的好处是可以复制粘贴入 Word 或者类似 Notepad 的文本阅读器中,并被打开。因此,这种格式可以在没有安装 Stata 程序的计算机上很方便的使用。打开 text 格式的 Stata 日志文件只需要输入命令:

```
log using chap01, replace text
```

在 Results 窗口,我们可以看到完整命令语句、文件名 **chap01. log** 以及路径 **c:\ data\ poe4stata**。

```
. log using chap01, replace text

      name:  <unnamed>
       log:  c:\data\poe4stata\chap01.log
  log type:  text
 opened on:   8 Dec 2010, 08:18:45
```

如果文件名中包含空格,则必须在文件名上加引号。

```
log using "chapter 1 output", replace text
```

备选项中 replace 意味着将覆盖早先版本的 log 文件，而 **text** 意味着 log 文件是 text 格式或者 ASCII。当 log 文件开启时，**Results** 窗口里所有的东西都被同步到 log 文件。关闭 log 文件需输入如下命令：

```
log close
```

当关闭 log 文件后，我们可以通过 Word 程序或者 Notepad（记事本）之类的软件打开阅读。

1.10.2b smcl 格式的日志文件

smcl 格式是 Stata 特有的语言格式。这种格式通常不能被 word 或者 text 程序打开。然而就像 Results 窗口里的结果一样，其中的部分可以被高亮，同时可以作为图片复制粘贴到其他文件里。创造一个 **smcl** 格式的日志文件可以输入如下命令：

```
log using chap01, replace
```

由于 **smcl** 格式是 Stata 的隐含格式，因此在命令中没有必要加尾缀以表明格式。在结果窗中我们可以看到：

```
. log using ch01, replace
(note: file c:\data\poe4stata\ch01.smcl not found)
─────────────────────────────────────────────
      name:  <unnamed>
       log:  c:\data\poe4stata\ch01.smcl
  log type:  smcl
 opened on:  8 Dec 2010, 08:21:44
```

关闭这个日志文件，只要输入"**log close**"即可。

Stata 本身也便于打开 **smcl** 格式的日志文件。在 Stata 主菜单点击 **File ＞ View**（下左图）：

 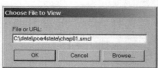

在跳出的对话框中，输入 log 文件路径或者使用 **Browse** 按钮定位，然后回车或者点击 **OK**。（上右图）

日志文件 **chap01. smcl** 会在一个新跳出的 Viewer 窗口出现，打印该 log 文件只要点击打印按钮即可。

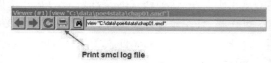

Print smcl log file

此时还可以在跳出的对话框中输入文件抬头信息，然后点击 **OK** 即可。

Smcl 格式的日志文件其优点在于有固定格式的结果利于阅读和便于打印，缺点则是如果没有安装 Stata 程序，就难于打开。这些日志文件非常像 ∗. html 文件，尽管它们是包含 text 文件，但同时也包含了大量的格式命令。这意味着如果你工作的计算机上没有 Stata 程序，那么你将无法使用该文件。幸运的是 Stata 给你提

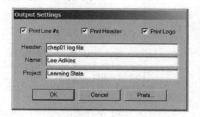

供了足够便利,你可以通过 Stata 将 ∗.**smcl** 日志文件转换成简单的 text 文件。

在 Stata 的工具栏上,我们可以选择 **File ＞ Log ＞ Translate**。(下左图)

在跳出的对话框中,我们进行选择设定。如果输出的文件名已经存在,你需要确定是否替代。点击 **Translate**。(下右图)

或者,输入命令:

```
translate chap01.smcl chap01.log, replace
```

对应的日志文件就会被改为 text 文件,你也可以输入如下命令:

```
translate chap01.smcl chap01.txt, replace
```

1.10.2c　Log 文件概述

在 **Command** 窗口中打开一个日志文件需输入:

```
log using chap01
```

这将会在当前目录下打开 **chap01. smcl** 日志文件。本命令的其他形式是:

```
log using chap01, replace      打开已存在的日志文件(如果没有就创建)并替换覆盖。
log using chap01, append       打开一个已存在的日志文件,并把新的结果附在后面。
log close       关闭日志文件。
```

在当前目录下,将 ∗. smcl 文件转换成 text 文件:

```
translate  chap01.smcl   chap01.txt
```

如果该 text 文件已经存在,同时希望转换后的新 log 文件能直接覆盖,命令如下:

```
translate  chap01.smcl   chap01.txt, replace
```

如果想在 Command 窗口直接打印,输入:

```
print  chap01.smcl
```

若想利用下拉菜单的话,则依次点击主菜单栏上的 **Log Begin/Close/Suspend/Resume**。

1.11　使用数据浏览窗

我们很容易就想到能否直接检查数据里的变量及其分布,Stata 提供了这样的便利。在 Stata 的工具栏上有很多按钮,滑动鼠标光标会出现按钮说明。点击其中对应的 **Data Browser**。

Stata 的数据浏览器能让我们完整地浏览数据,但是不能编辑,这点可以有效地保证不会由于误操作导致数据值修改。使用右侧和底部的滑块(slide bars)有利于我们更快地浏览数据全貌。另外与普通视窗类似,点击右下角可以改变数据浏览窗的页面大小直到与计算机屏幕一致。在 Stata 11 中,数据编辑器(**Data Editor**)或数据浏览器(**Data Browser**)可以在工作的时候打开,而不会对数据有损害。

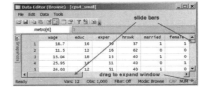

1.12　使用 Stata 制图

Stata 提供很多高质量的绘图工具。在学习制图时，我们鼓励使用对话框，同时应认真学习制图手册（Graphics Manual，help graph），这会对 Stata 的优良制图能力特征有更好的认识。本节我们主要以直方图（Histogram）和散点图（Scatter Plot）为例。接下来将详解基本图形下的各种备选项。

1.12.1　直方图（Histograms）

在 Stata 主菜单上选择 **Graphics > Histogram**。

在弹出的对话框里会出现许多选项，对任一简单直方图而言，你只需在下拉菜单里选择特定变量。对坐标轴命名可以点击 Titles，并在对应的 X 和 Y 轴框里填注内容。选择 Percent 意味着在直方图的纵轴方向上显示百分比。最后点击 **OK**。

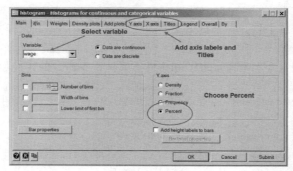

结果如下图：

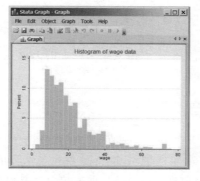

在制图工具栏上，会有下图所示选项。

保存图片点击 **Save** 图标，弹出的对话框表明图形文件会直接存在当前目录下，对本书而言就是 **c：\ data \ poe4stata**。在下拉菜单中，我们可以补充文件名称和选择图片类型格式。默认的 ∗. **gph** 是 Stata 特定图像格式，当你需要在 Stata 里进一步编辑图形时，该格式会让你感觉非常方便。其他格式里，∗. **png** 是广泛使用的图形格式，类似屏幕截取。如果该图片用于 Word，则应选 ∗. **emf** 格式，若用于 Mac

系统则选择 ∗.**pdf**。

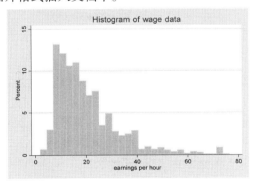

相应的 Stata 命令如下：

```
graph save Graph "C:\data\poe4stata\histogram of wages.gph", replace
```

由于文件名中有空格，所以要加引号。replace 选项则意味着如果存在同样名字的文件，会被本文件直接替代。对应的命令我们可以简化为：

```
graph save chap01hist, replace
```

在本例中，文件将被保存为 C:\data\poe4stata\chap01hist.gph。

进一步，保存步骤还可以直接简化为：

```
histogram wage, percent title(Histogram of wage data)
        saving(chap01hist,replace)
```

两步保存的好处是你可以在最终保存之前修改图形特征。一步保存法则意味着你要确保图形无误。

当图形文件保存之后，你可以把图形直接插入 Word 文本中，当然你也可以使用制图按钮 COPY，点击，然后直接将图片粘贴（Ctrl + V）入已打开的文档中。比如下图的图例就是以∗.**emf** 格式保存并以图片格式插入文档中。

注意我们的操作都可以直接使用如下命令来实现：

```
histogram wage, percent  ytitle(Percent)  xtitle(wage)
        title(Histogram of wage data)  saving(chap01hist, replace)
```

> 提示：此例中的命令相当长。Stata 虽然处理此例长命令没有任何问题，但是在本文以及 Do 文件里，我们有时使用行连接符（line-join indicator）"///"将之分为两个或更多的部分。因此，在 do-file 里，该命令可以如下：
>
> ```
> histogram wage, percent ytitle(Percent) xtitle(wage) ///
> title(Histogram of wage data) saving(chap01hist, replace)
> ```

1.12.2　散点图（Scatter Diagrams）

散点图是双变量的图形（**Two-way Graph**）。在主菜单栏上可以选择如右图所示。

在对话框里，点击 **Create**，弹出新的对话框。

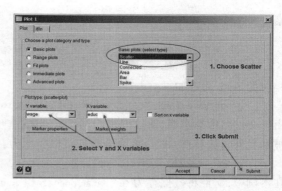

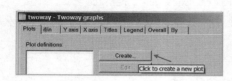

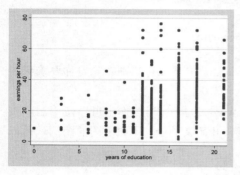

选择 Y 变量(纵轴)和 X 变量(横轴),接着选择 **Scatter plot**,点击 **Submit**。结果就像直方图一样会被保存为一个文件,或者复制粘贴入某个文档。图中的每个点反映了对应的数据配对(学历与工资),大略观察可以看到教育年限越长,工资会越高。对应的 Stata 命令如下(带备选项)。

twoway (scatter wage educ), saving(wage _educ, replace)

1.13　使用 Stata Do 文件

当我们在面对同样问题的时候,有没有一种办法可以避免重复先前的选择与点击并产生同样的结果呢? Stata 提供了 Do 文件可以批量处理多行命令,从而很方便地解决这一问题。

当你疲于点击鼠标敲击键盘时,Do 文件为你输入命令在 Review 窗口得到同样结果提供极大便利。如果你在电脑上一直在处理相关范例,此时 Review 窗口会排满命令行。我们将这些命令归集于一个命名为 chap01.do 的 **Do-file** 文件。Stata 的 Do 文件专属标志就是此类文件的扩展名为 ∗.**do**。

另一种保留系列命令的方法是使用命令日志文件(**command log file**),该文件实际上就是通过一个简单的 text 文件来记录你在使用 Stata 时输入的内容。这一文件实际上是全部log 文件的一个子集而已,原因在于只包括了输入的内容。打开一个命令日志文件需要使用如下命令:

cmdlog using filename [, append replace]

其中*filename* 不需要设定扩展名,Stata 自动添上.**txt** 尾缀。这样的 ASCII 文件会自动转成 Do 文件。关闭一个命令日志文件、暂停或者重启 log 应用,命令如下。

cmdlog {close |on |off}

另一种方式,在 **Review** 窗口,右击,然后在下拉菜单选择 **Select All**。当所有的命令都被选上后,再次右击,选择 **Send to Do-file Editor**。

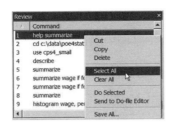
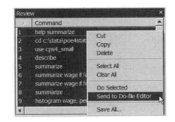

此时 Do-file 编辑器（**Do-file Editor**）会被打开。保留该 Do 文件,请点击 **File > Save** 或直

接点击 **Save** 按钮,然后输入文件名 **ch01. do**。

　　Stata 的 Do-file 编辑器是个非常简单的文本编辑器,它允许对里面保存的命令进行编辑修订。下面的文件里我们删掉、调整以及增加了一些命令。Stata 默认日志文件总是新的,先前的工作已被保留和清除,当前的工作目录也早被设定好。注意一下评论行是以"＊"开头,评论或者标志内容可以跟在"//"符号后面。很长的行分割时可以使用"///"。

　　＊ file ch01 .do　用于标志打开的文件。

　　version 11.1　用于设定使用的 Stata 版本。这个命令很重要,因为当 Stata 安装之后,会包括此前所有版本。比如你所使用的 Do 文件是基于此前的某个版本,同时希望再次得到同样的结果,此时你需要将相应的版本设定为 10.1 或者其他更早的版本。

　　capture log close　本命令用于保护误开启新的 log 文件而另一个当时正被打开。

　　set more off　阻止 Stata 在运行时由于 Review 窗口满屏导致的暂停。

　　log close　通常以这一命令结尾。

　　Do 文件是将多个命令集合起来处理,或者说批处理,其相关命令的 replace 选项是以新生成的结果替代旧的已保存内容。

　　上图中 Do 文件里其余命令都来自我们此前已经探索研究过的命令列表。

　　执行这一系列命令只需要点击 Do-file 编辑器工具栏里的 **Do icon** 按钮。

　　出现在 **Result** 窗口的结果会被记录到特定的 log
文件。

　　Do 文件编辑器有多个很有用的特别之处。首先可以
同时打开多个 Do 文件,其次 Do 文件编辑器可以打开和编辑 text 文件。高亮 Do 文件里的命令行,然后点击执行按钮,会对选中的命令依次执行。当然,在执行之前,首先要打开相应的数据文件,比如本书中就是 *cps4_small. dta*,务必提前打开。

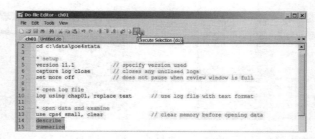

提示:当 Do 文件的文件名按钮出现星号(＊),这意味着文件的内容已发生改变,请确认已保存文件。

此外在本书的每一章后面,我们将附上 Do 文件以概括该章涉及的命令。

1.14 创建和管理变量

Stata 提供了许多用于创建新变量的工具和用于修改变量的命令。本小节我们将讨论研究这些特性。

1.14.1 创建(生成)新变量

创建新的变量通常会使用 Stata 的生成命令。使用下拉菜单法,则在主菜单上依次点击 **Data** > **Create or change variables** > **Create new variable**。

弹出对话框:

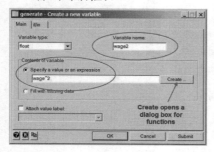

另外,也可以在 Command 窗口直接输入 db generate 弹出对话框,然后输入相应内容,相关说明如下:

新变量名字(**new variable name**):命名要有逻辑、有意义,且不要太长。

新变量的内容或表达(**contents of new variable**):一般用数学表达的公式(等号非必须)。在本例中新变量 **wage2** 是变量 **wage** 的平方。运算符“＾”在 Stata 里指幂运算,**wage＾2** 表示 wage 的二次幂,**wage＾3** 就表示 wage 的三次方,以此类推。

变量类型(**variable type**):变量类型默认的是浮点型,这个跟变量数据存储的模式有关系,具体根据研究需要设定。如果感兴趣,输入 help data type 命令可以了解更多内容。

点击 **OK**,在 **Results** 窗口(和 **Review** 窗口)我们可以看到命令执行的形式:

```
generate wage2 = wage∧2
```

本命令行还可简化为:

```
gen wage2 = wage∧2
```

1.14.2　使用表达式构建(生成)器

假如你在创建新变量的过程中突然忘了准确的函数表达式,怎么办? 比如我们要生成一个新的变量 **lwage**,该变量为 WAGE 的自然对数。执行 1.14.1 节的步骤直到跳出 **generate** 对话框,输入新变量的名字 lwage,点击 **Create** 按钮,打开表达式构建(生成)器(**Expression builder**)。

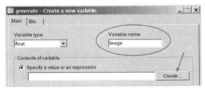

在表达式生成器对话框中,你可以根据数学分类来选择具体的数学函数,对每个函数,底部的灰色框里会同步跳出函数表达式的解释说明(下面左图)。

本例中,双击函数 ln( ),该表达式会出现在 Expression builder 窗口(下面右图)。

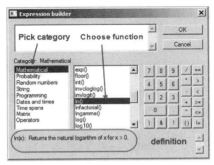 

此时在 **x** 位置填入变量 **wage**,然后点击 **OK** 按钮。

在弹出的对话框里,你会发现新变量内容框内出现 lwage 的准确的自然对数表达式 ln(wage)。然后点击 OK。

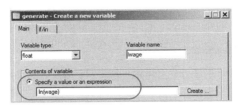

本命令执行的结果就是 **Variables** 窗口立刻出现新的变量 **lwage**。在 **Results** 窗口出现的命令行为:

```
generate lwage = ln(wage)
```

这一命令行同样出现在 **Review** 窗口。更简化的命令如下:

```
Gen lwage = ln(wage)
```

1.14.3　删除和保留变量与观测值

输入命令 help drop,你会找到删除变量与观测值的命令及其选项。

删除变量(drop variables):使用 drop varlist,其中 varlist 是一系列变量的意思。例如,**drop wage2 lwage**,将删除这两个变量。

除了删除变量用 **drop** 外,你也许希望保留(**keep**)特定的变量或观测值。

保留变量(keep variables):使用 **keep varlist**,其中 **varlist** 是一系列变量的意思。例如, **keep wage2 lwage**,意味着将删除除了这两个变量以外的所有变量。

从菜单操作来看,从 Stata 主菜单开始,选择 **Data ＞ Variables Manager**。

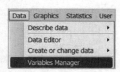

变量管理器(**Variables Manager**)打开,在此可以对数据变量多个定义特征进行修订。删除还是保留变量,只要高亮之,然后右击鼠标即可。

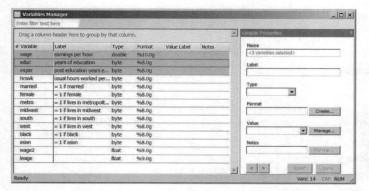

想删除或者保留特定观测值,可以使用下拉菜单 **Data ＞ Create or change data ＞ Keep or drop observations**。(下面左图)

又如想删除 wage 变量大于 5.50 的样本,进入对话框。(上面右图)

或者直接在 **Command** 窗口:

删除观测值(drop observations):使用 drop if exp,其中 *exp* 是 Stata 表达式。本例中,命令语句为 drop if wage ＞ 5.50,将删除所有 **wage** 大于 5.50 的观测值,或缺失值。

> 提示:命令 **drop if _n ＞ 100** 将删除排列顺序在 100 以外的样本,也就是保留前 100 个观测值。变量 **_n** 是观测值在 Stata 数据表中的排列顺序值,在数据输入时自动赋值并一直存在。

删除某个特定范围的观测值(drop a range of observations):使用 **drop in 1/50** 命令可以删除前 50 个观测值。

保留观测值(keep observations):使用 **keep if exp**,其中 *exp* 是 Stata 表达式。本例中,命令语句为 **keep if wage ＜＝ 5.50**,将删除所有 **wage** 大于 5.50 的观测值。

在浏览过程中,如下图所示,我们还会看到数据工具(data utilities)有很多诸如修改变量名等子项。

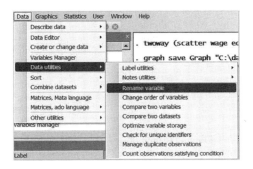

1.14.4　使用算术运算符

算术运算符有：

+ 　　加

− 　　减,或生成负值或取负

* 　　乘

/ 　　除

^ 　　幂

下面的命令展示了这些算术运算符如何应用：

```
generate wage1 = wage +1 (加)
generate negwage = -wage (取负)
generate blackeduc = black* educ (乘)
generate blackeduc_south = black* educ* south (乘)
generate blackeduc_west = blackeduc* west (与新变量相乘)
generate wage_yr = wage/educ (除)
generate blackeduc_midwest = (black* educ)* midwest (乘)
```

最后一个命令行运用了括号。正如一般代数括号控制运算顺序一样,在这个命令中,括号里的表达式将被优先运算。

这里创建的变量不过是基于展示验证算术运算符的目的,我们将用如下命令删除它们：

```
drop blackeduc_west  blackeduc_midwest  wage1 negwage  wage_yr
```

> **提示**：对于大批量或多个变量输入而言,比较简单的方法是在敲入命令之后,比如本例中 drop,然后依次点击 Variables 窗中的变量,对应变量会自动出现在 Command 窗中。另一个迅速输入变量名的方法是利用 Stata 的变量名自动补充完成特点。方法是在 Command 窗口输入变量名中的几个字母,然后敲击 Tab 键,Stata 会自动跳出该变量名的其余部分。如果有多个变量的名字与输入的字母相配,Stata 则会全部补充出来,同时闪烁提示输入的是非独特的变量缩写。后文第 10 章会有类似的简述。

1.14.5　使用 Stata 数学函数

Stata 具有非常丰富好用的数学和统计函数。在 Command 窗口输入 help functions,我们可以使用数学函数和密度函数。

```
help functions

Title
    [D] functions — Functions in expressions
    Quick references are available for the following types of functions:
```

Type of function	See help
Mathematical functions	math functions
Probability distributions and density functions	density functions
Random-number functions	random-number functions

点击 **math functions**,菜单滚动,你会发现许多新的函数功能,其中的一些应用如下:

```
generate lwage = ln(wage) (自然对数)
generate elwage = exp(lwage) (指数函数,本例中是自然对数的逆函数)
generate rootexper = sqrt(exper) (平方根)
```

注意指数函数 e^x。使用 Stata **browser** 窗口比较 **wage** 和 **elwage** 两个值,我们会发现这两个值是一样的,其原因在于指数函数是对数函数的逆函数。**lwage** 是 **wage** 的自然对数,**elwage** 是 **lwage** 的逆函数。ln(wage)是自然对数函数,是以 10 为底的 log(wage)。在《POE4》及本书中,**ln(x)**一般表示自然对数。

1.15　使用 Stata 密度函数

在 **Command** 窗口输入 help functions,在弹出的窗口中继续点击 **density functions**,会出现 Stata 所能提供的诸如二项式分布、卡方分布、F 分布、正态分布以及 t 分布等概率分布函数。Stata 为每个概率分布提供了多类别的函数。我们重点讨论累积分布函数(**cumulative distribution functions**,*cdfs*),以及可以用于计算分布临界值的反函数。本小节重点在于完整性,在于考虑分布函数时可以作为简明性指南。

1.15.1　累积分布函数

如果 X 是随机变量,x 是某个特定的值,我们拟计算 X 小于等于 x 的概率。令 $F(x)$ 表示 X 的累积分布函数,则 X 小于等于 x 的期望概率为:

$$P(X \leqslant x) = F(x)$$

对主要的分布函数而言,*cdfs* 有下列类型:

normal(z)对任一的 z,计算它的累积正态分布概率。如果 X 服从均值为 μ 和方差为 σ^2 的正态分布,则 $Z = (X-\mu)/\sigma$ 为服从均值为 0,方差为 1 的标准正态分布的随机变量。所有的正态分布概率都可以转换为计算某个形式的标准正态分布概率,也就是:

$$P(X \leqslant x) = P(Z \leqslant (x-\mu)/\sigma) = F(z) = \Phi(z)$$

其中 $\Phi(z)$ 是标准正态 *cdf* 常用的表达符号,而不是 F。在这个概率函数中,必须要先计算出 $z = (x-\mu)/\sigma$。

对卡方分布而言有两个函数。一个用于计算正常下侧 *cdf* 值,另一个则是计算上侧累积概率。如果 *cdf* 值设定为 $P(X \leqslant x)$,则补充函数则为 $1 - P(X \leqslant x)$。

chi2(n,x)　对任一给定 $x > 0$,计算自由度为 n 的卡方分布的下侧累积概率。

chi2tail(n, x)　对任一给定 $x > 0$,计算自由度为 n 的卡方分布的上侧累积概率,chi2tail(n,x) = 1 - chi2(n,x)。

对 F 分布而言,我们有两个函数。一个是用于计算一般 *cdf* 值,另一个函数则用来计算另一侧累积概率。

　　　F(n1,n2,f)　对任一给定 $f > 0$,计算分子自由度为 $n1$、分母自由度为 $n2$ 的 F 分布的下侧累积概率。

　　　Ftail(n1,n2,f)　对任一给定 $f > 0$,计算分子自由度为 $n1$、分母自由度为 $n2$ 的 F 分布的上侧累积概率。注意 Ftail(n1,n2,f) = 1 - F(n1,n2,f)。

　　对 t 分布来说,只有尾概率函数。

　　　ttail(n,t)　对任一给定 t 值,计算自由度为 n 的 Student's t 分布的上侧(upper - tail)累积概率,一般返回的是 $T > t$ 的概率。

1.15.2　逆累积分布函数

　　累积分布函数计算的是某个随机变量 X 取值小于或等于某个特定值 x 的概率。相反的问题来了,就是什么样的 x 能使得概率 p 比它小? 这里,我们是给定了概率值 $p = P(X \leq x)$,希望确定 x 的值,这实际上就是分布的百分位数。Stata 同样提供了这些分位数值的计算函数。

　　　invnormal(p)　对任一给定 $0 < p < 1$,计算出下侧累积概率为 p 的标准正态分布分位数:如果 normal(z) = p,则 invnormal(p) = z。

　　　invchi2(n,p)　对任一给定 $0 < p < 1$,计算出自由度为 n,下侧累积概率为 p 的 chi2() 的分位数:如果 chi2(n,x) = p,则 invchi2(n,p) = x。

　　　invchi2tail(n,p)　对任一给定 $0 < p < 1$,计算出自由度为 n,上侧累积密度为 p 的 chi2tail() 的分位数:如果 chi2tail(n,x) = p, 则 invchi2tail(n,p) = x。

　　　invF(n1,n2,p)　对任一给定 $0 < p < 1$,计算出分子自由度为 $n1$、分母自由度为 $n2$ 的下侧累积概率为 p 的 F 分布的分位数:如果 F(n1,n2,f) = p, 则 invF(n1,n2,p) = f。

　　　invFtail(n1,n2,p)　对任一给定 $0 < p < 1$,计算出分子自由度为 $n1$、分母自由度为 $n2$ 的上侧(upper - tail)累积概率为 p 的 F 分布的分位数:如果 Ftail(n1,n2,f) = p,则 invFtail(n1,n2,p) = f。

　　　invttail(n,p)　对任一给定 $0 < p < 1$,计算出自由度为 n 的逆累积概率为 p 的上侧(upper - tail) t 分布的分位数:如果 ttail(n,t) = p, 则 invttail(n,p) = t。

1.16　使用和展示标量

　　当计算一个概率或者百分位数时,我们通常期望获得一个值,而不是 1000 个值。Stata 允许这些单个值或标量[help scalar]用于计算或者展示[help display]。

1.16.1　标准正态 cdf 示例

　　例如,让我们计算服从标准正态分布的随机变量 Z 取值小于等于 1.27 的概率。这需要用到正态 cdf 函数。在 **Command** 窗口输入下列命令:

　　　scalar phi = normal(1.27)　计算特定标量,其为某个期望值。
　　　display phi　在下一行报告计算出来的概率值。
　　　　　.89795768
　　　display "Prob (Z <= 1.27) = " phi　在屏幕上展示插入的文本。
　　　　　Prob (Z <= 1.27) = .89795768
　　　di "Prob (Z <= 1.27) = " phi　本命令显示 display 可以被缩略为 di。
　　　　　Prob (Z <= 1.27) = .89795768

　　注意:我们一开始并没有创建变量 phi,但是我们能够在屏幕上显示这个值以及相应的函数。

```
di "Prob (Z <= 1.27) = " normal(1.27)
Prob (Z <= 1.27) = .89795768
```

1.16.2 t 分布示例

计算服从自由度为 20 的 t 分布的随机变量取值大于 1.27 的概率。

```
scalar p = ttail(20,1.27)
di "Prob (t(20) > 1.27) = " p
Prob (t(20) > 1.27) = .1093311
```

或者

```
di "Prob (t(20) > 1.27) = " ttail(20,1.27)
Prob (t(20) > 1.27) = .1093311
```

1.16.3 计算标准正态分布的百分位数示例

计算某个服从标准正态分布的 z 值,使得所有的值有 90% 的可能性落在它的左侧,也就是 $P(Z < z) = 0.90$。本例中,z 就是标准正态分布的 90% 百分位数。

```
scalar z = invnormal(.90)
di "90th percentile value of standard normal is " z
90th percentile value of standard normal is 1.2815516
```

1.16.4 计算 t 分布的百分位数示例

计算服从自由度为 20 的 t 分布的 t 值,使得其余随机变量有 90% 的概率落在它的左侧,也就是 $P(t(20) < t) = 0.90$。本例中,t 就是 90% 的百分位数。这个问题稍微复杂的就是 Stata 对 t 分布提供了单侧函数,换言之,90% 分位数与基于上侧分布的 10% 分位数一致,即 $P(t(20) > t) = 0.10$。

```
scalar t = invttail(20,.10)
di "90th percentile value of t(20) distribution is " t
90th percentile value of t(20) distribution is 1.3253407
```

你可能会注意到 $t(20)$ 的 90% 分位数比标准正态分布的 90% 分位数要大,这是因为 t 分布比标准正态分布要宽。如前所提及,在显示命令中,可以直接把 invttail 函数放进去。

```
di "90th percentile value of t(20) distribution is " invttail(20,.10)
90th percentile value of t(20) distribution is 1.3253407
```

1.17 标量对话窗

我们将经常使用标量函数,但没有下拉菜单以供使用。然而有一个渠道可以利用, 输入:

```
Help  scalar
```

帮助的 Viewer 窗口打开, 鼠标点击 **define**。

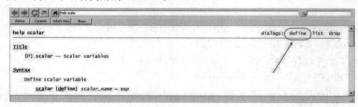

　　或者在 Command 窗口输入 db scalardefine,一个对话框会打开,你可以在里面填上标量名以及函数表达式。比如,我们要求对自由度为 20 的 t 分布的 95% 百分位数求解,我们命名为 **t95**,也就是对任意 t, $P(t(20) > t) = 0.05$,适用函数 **invttail**$(\mathbf{20},\mathbf{.05})$,求解过程就是在下面的对话窗里输入相关内容,然后点击 **OK**。

　　而这个对话窗最重要的优点是当你忘了你想要的函数名时,点击 **Create** 按钮,便会弹出表达式构建器(**Expression builder**)对话框。

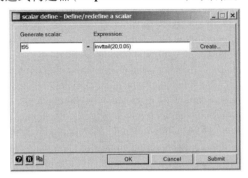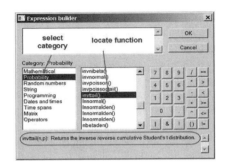

　　选择某个特定函数类,然后在函数列表里滑动选择,根据在底部解释框里的函数说明来选择需要的函数。这里双击 invttail( ),函数返回到表达式构建器窗口。

　　在 n 和 p 输入你要设定的值,这里 $n = 20$(自由度),$p = 0.05$(上侧概率),然后点击 **OK**。

　　然后在 scalar define 对话窗出现 invttail(20,.05),此时记住给标量命名,然后点击 **OK**。在 Command 窗口出现下面的隐藏命令。

```
scalar define t95  = invttail(20,0.05)
```

　　这里的定义是可选的,根据需要也可以删掉。结果显示可以用如下命令:

```
di "95th percentile of t(20) is " t95
95th percentile of t(20) is 1.7247182
```

　　本节中,使用 **Create 和 Expression builder** 的过程看上去有点沉闷乏味,但是有时候这样做还是比你通过帮助文件去查找相关函数要快得多,尤其当你记不得那些函数名时。

　　关闭 log 文件,命令如下。

```
log close
```

　　当日志文件为 **smcl** 格式时,比如 log using chap01, replace,而此时你希望转成 text 格式,命令如下:

```
Translate  chap01.smcl  chap01.txt
```

1.18　使用因子变量

　　Stata11 新开发了一个功能便于使用分类变量和离散变量、二元变量或者指示变量。分类变量用于区分组别。个体通常会根据他们的住处(北部、西部、中西部等),或职业(白领、蓝领等),或民族/种族(白人、黑人、亚裔、印第安人等)进行分组。而诸如女人生孩子的数量或一个家庭拥有的计算机数量,则是一个计数变量(非负整数,这也可以被视为个体分类变量)。一种特殊的分类变量是指示变量,这种变量只有两类,比如,男性与女性。指示变量另外一个称呼是虚拟变量。虚拟的意思是我们用诸如 0 和 1 这样的数值来代表某个定性特征,比如性别。

Stata 视分类变量为因子变量(**factor variables**),在运算时,通过"i."这样的前缀运算符(算子)来自动实现,比如 i.female 或 i.black。而连续型变量则通过前缀"c."来设定,比如 c.wage,诸如教育年限或工作年限也可以这样处理。在统计分析中可以使用这样的前缀设置,具体见 help factor variables。

例如:

　　summarize i.female

```
. summarize i.female
```

Variable	Obs	Mean	Std. Dev.	Min	Max
1.female	1000	.514	.5000541	0	1

结果展示的是女性样本的概要统计量(如果 female = 1),这里基本参照组是男性(female = 0)。若想在一张表里把所有分类组的概要统计量都报告出来,则使用如下命令:

summarize i.female, allbaselevels

```
. summarize i.female, allbaselevels
```

Variable	Obs	Mean	Std. Dev.	Min	Max
female					
0	1000	(base)			
1	1000	.514	.5000541	0	1

若想将女性组 female = 1 定义为基准组,则用如下命令:

summarize i.female

```
. summarize ib1.female
```

Variable	Obs	Mean	Std. Dev.	Min	Max
0.female	1000	.486	.5000541	0	1

若想报告所有分组变量的概要统计量(而不是自动删除基础参照组),则使用:

summarize ibn.female

```
. summarize ibn.female
```

Variable	Obs	Mean	Std. Dev.	Min	Max
female					
0	1000	.486	.5000541	0	1
1	1000	.514	.5000541	0	1

因子变量与连续变量可以使用运算符"#"来进行交互相乘。

```
summarize c.wage#i.female i.female#i.married
```

```
. summarize c.wage#i.female i.female#i.married
```

Variable	Obs	Mean	Std. Dev.	Min	Max
female# c.wage 0 1	1000 1000	10.76123 9.85443	14.19308 13.25106	0 0	72.13 76.39
female# married 0 1 1 0	1000 1000	.296 .229	.4567194 .4203995	0 0	1 1
1 1	1000	.285	.4516403	0	1

连续变量 wage 和指示变量 female 的交乘项系数说明了男性的平均工资是 \$10.76,而女性的平均工资为 \$9.85。而工资和指示变量 **female** 和 **married** 交乘的结果显示,总共 1000 个样本里,29.6% 为已婚男性,22.9% 为未婚女性,28.5% 为已婚女性,剩余的就是未婚男性类别。

变量的完全交乘可以通过运算符 "##" 来实现。Stata 视 **A##B** 为 **A**、**B** 和 **A#B**。比如,本例中,报告所有组别的概要统计量:

```
Summarize  ibn.female## (c.wage ibn.married)
```

```
. summarize ibn.female##(c.wage ibn.married)
```

Variable	Obs	Mean	Std. Dev.	Min	Max
female 0 1	1000 1000	.486 .514	.5000541 .5000541	0 0	1 1
wage	1000	20.61566	12.83472	1.97	76.39
married 0 1	1000 1000	.419 .581	.4936423 .4936423	0 0	1 1
female# c.wage 0 1	1000 1000	10.76123 9.85443	14.19308 13.25106	0 0	72.13 76.39
female# married 0 0 0 1 1 0	1000 1000 1000	.19 .296 .229	.3924972 .4567194 .4203995	0 0 0	1 1 1
1 1	1000	.285	.4516403	0	1

1.18.1　使用逻辑运算符创建指示变量

创建一个指示变量,我们可以设定是否满足某个条件来生成。如果条件为真,则变量设为 1,否则为 0。比如,为满足教育年限在 9 ~ 12 年的人设置指示变量,我们可以使用如下命令:

```
generate hs = (9 >= educ)&(educ <=12)
```

注意本章数据集 *cps*4_*small* 没有任何缺失值。如果数据集拥有缺失值,而你想确保样本中没有缺失值,命令如下:

```
generate hs = (9 >= educ)&(educ <=12) if ! missing(educ)
```

如果变量 **educ** 大于等于 9，且小于等于 12，则变量 **hs** 设定为 1，否则 **hs** 为 0。

这里运算符"&"逻辑上等于"和"。关于其他运算符及其优先顺序，请输入 help operators。

1.18.2 使用 tabulate 创建指示变量

为每个分组变量创建独立的指示变量，使用 tabulate 命令更为方便。例如，我们打算为每个可能的教育年限都设置一个独立的 0 – 1 虚拟变量。

```
tabulate educ, gen(ed)
```

这个命令会为每个教育层次的观测值计数。

```
. tabulate educ, gen(ed)
```

years of education	Freq.	Percent	Cum.
0	1	0.10	0.10
3	6	0.60	0.70
6	8	0.80	1.50
8	11	1.10	2.60
9	8	0.80	3.40
10	11	1.10	4.50
11	16	1.60	6.10
12	328	32.80	38.90
13	171	17.10	56.00
14	109	10.90	66.90
16	217	21.70	88.60
18	88	8.80	97.40
21	26	2.60	100.00
Total	1,000	100.00	

逗号后的选项 gen(ed) 意味着产生了 13 个指示变量（**ed1 – ed13**），对应着变量 **educ** 每个可能值。从 **Variables** 窗口，我们可以看到这些变量名单。

关键术语①

算术运算符	因子变量	标量对话框
分类变量	**generate**	散点图
cd	**help**	**search**
cdf	帮助命令	搜索命令
clear	**histogram**	smcl 格式
命令语法	如果	标准正态分布
命令窗口	在/序列	**summerize**
累积分布函数	指示变量	**概要统计变量**
当前路径	逆累积分布函数	**全面统计**
数据浏览器	**keep**	语法
数据工具	关键词搜索	text 格式
定义文件	**label**	**translate**
密度函数	**log close**	基本制图
describe	log 文件	**use**
对话框，**db**	**log using**	打开"*data file*"文件,清除
display	逻辑运算符	**变量管理器**
选择	数学函数	变量窗
Do 文件	运算符	**变量管理器**
Do 文件编辑器	选项	工作目录
drop	结果窗	
exit	检阅窗	
表达式构建器	标量	

第 1 章 Do 文件

下面将报告本章中使用最多的代码文件。

```
*    file chap01.do for Using Stata for Principles of Econometrics, 4e cd c:\data\poe4stata
*    Stata do - file
*    copyright C 2011 by Lee C. Adkins and R. Carter Hill
*    used for "Using Stata for Principles of Econometrics, 4e"
*    by Lee C. Adkins and R. Carter Hill (2011)
*    John Wiley and Sons, Inc.

*    setup
version 11.1
capture log close // this is a comment too
set more off

*    open log file
log using chap01, replace text

*    open data
```

---

① Stata 中的术语加黑表示。

```
use cps4_small, clear
describe

*    assign or modify label
label variable wage "earnings per hour"

* --------------------------------------------------------------
*    this is a comment
*
/* this type of comment "/*  * /" can contain other comments * /
*
*    these commands presume you have changed to the working
*    directory. To change to a working directory enter
*
*            cd c:\data\poe4
*
*    use the clear option if previous work in memory can be erased
* --------------------------------------------------------------

/*
With few exceptions, the basic language syntax is

        [prefix:] command [varlist] [=exp] [if] [in] [weight]
                        [using filename] [, options]

see              language element      description
  ------------------------------------------------------------------
help prefix       prefix :             prefix command
help command      command              Stata command
help varlist      varlist              variable list
help exp          =exp                 expression
help if           if                   if exp qualifier
help in           in                   in range qualifier
help weight       weight               weight
help using        using filename       using filename modifier
help options      options              options
  ------------------------------------------------------------------
* /
*    summarize and variations
summarize
summarize wage, detail
summarize if exper >= 10
summarize in 1/50
summarize wage in 1/50, detail
summarize wage if female ==1 in 1/500, detail

* --------------------------------------------------------------
*    path to dialog box via pull - down menu
*
*    Statistics > Summaries, tables, and tests > Summary and descriptive
*          statistics > Summary statistics
*
*    or enter: db summarize
```

```
*
*   or enter: help summarize
* ------------------------------------------------------------

*   illustrating help commands
help viewer
search mixed model
findit mixed model

*   histogram menu: Graphics > Histogram
help histogram
db histogram
histogram wage, percent title(Histogram of wage data)
more

* ---------------------------------------------------
*   the above command – more – causes execution of
*   the Do – file to pause so that the histogram can
*   be inspected before the next command is carried out
*   Press the space bar to continue
* ---------------------------------------------------

*   saving graphs
graph save Graph "C:\data\poe4stata\histogram of wages.gph", replace

*   alternative saving option
graph save chap01hist, replace

*   one – part construction
histogram wage, percent title(Histogram of wage data)
saving(chap01hist,replace)
more

*   enhanced figure with long lines indicator "///"
histogram wage, percent ytitle(Percent) xtitle(wage) title(Histogram of wage data) ///
          saving(chap01hist, replace)

*   scatter diagram

twoway (scatter wage educ), saving(wage_educ, replace)
more

*   creating new variables
generate lwage = ln(wage)
label variable lwage "ln(wage)"
generate exper2 = exper^2
label variable exper2 "experience squared"
* ---------------------------------------------------
*   Note: to drop variables use command: drop lwage exper2
* ---------------------------------------------------

*   Computing normal probabilities
help functions
```

```
help normal
scalar phi = normal(1.27)
di phi
display phi
display "Prob (Z <= 1.27) = " phi
di "Prob (Z <= 1.27) = " phi
di "Prob (Z <= 1.27) = " normal(1.27)

*   Computing percentile values
scalar z = invnormal(.90)
di "90th percentile value of standard normal is " z

*   factor variables
help factor variables
summarize i.female
summarize i.female, allbaselevels  // identify base level
summarize ib1.female   // change base level, omitted group, to female =1
summarize ibn.female   // show summarize statistics for all levels (no omitted group)

*   interacting factor variables
summarize c.wage#i.female i.female#i.married

*   fully interacted or full factorial
summarize ibn.female##(c.wage ibn.married)

*   create indicator variables
generate hs = (9 <= educ)&(educ <=12)
label variable hs " =1 if 9 <=educ <=12"
tabulate educ, gen(ed)

log close
```

第 2 章

简单线性回归模型

本章概要

2.1 食品支出数据

反复出现在《POE4》前几章中的例子是一个经济模型,它反映了家庭每周食品支出与每周收入之间的关系。首先,启动 Stata 并改变工作目录,这个过程如何实现将取决于你的计算机硬件和操作系统。

在我们这本基于 Windows 系统的书中我们使用工作目录 c:\data\poe4stata,因此改变工作目录请输入:

    cd c:\data\poe4stata

然后按回车,或者在 Stata 下拉菜单中按照路径 **File > Change Working Directory** 进行设置。

2.1.1 提出新问题

如果想要开始一个新的问题,就必须关掉所有打开的日志文件,并从内存中清除所有数据。开启或关闭 Stata 日志文件,可以单击工具栏上的图标。

在你打开一个日志文件后,将会出现一个对话框给你一些选项。在开始新的日志文件之前,你必须关掉之前打开的日志文件,或者在命令窗口输入:

    log close

清除 Stata 的内存可以输入:

    clear

2.1.2 开始一个日志文件

开始或关闭一个 Stata 日志文件,可以单击工具栏上的图标,或者输入命令:

    log using chap02, replace text

这将会在当前目录里打开一个文本格式的日志文件,选择替换选项,将导致 **chap02. log** 以前的任何版本被清除和重写。

> 提示:针对每一章节或章节的部分,用户都应该打开一个日志文件,我们会在前几个章节提醒你开始和关闭日志文件,后面的章节将不会再提示,因此要习惯使用日志文件。

2.1.3 打开一个 Stata 数据文件

食品支出例子的数据在 Stata 数据文件 *food. dta* 中,定义文件是 *food. def*。单击工具栏上的 **Open**(**use**)打开 Stata 数据文件。

找到 *food. dta* 文件,选定并单击 **Open**。在命令窗口,要打开当前目录下的数据文件,可以输入:

        use food

如果你想清除 Stata 内存的同时打开新的数据文件,可以输入:

    use food, clear

Clear 选项将会从内存中清除之前打开的所有数据集。然而,在打开新的数据文件之前进行数据文件"管理"会更安全。

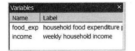

从 Stata 网站加载数据,输入:

　　use http://www.stata.com/texts/s4poe4/food

在变量(**Variables**)窗口列示出两个变量——**food_exp** 和 **income** 以及它们的标签,可能也会出现变量类型和格式等其他信息,我们选择隐藏这些列。

2.1.4　浏览并列出数据

在开始每个新问题时,都应谨慎地检查数据,在命令行输入:

　　describe

想要了解更多关于这些选项的信息请在 **Command** 窗口中键入 **help describe**。对于一个简单的概述没有其他要求,因此单击 OK。

```
. describe

Contains data from food.dta
  obs:           40
  vars:           2
  size:         800 (99.9% of memory free)

                 storage  display   value
variable name    type     format    label    variable label

food_exp         double   %10.0g             household food expenditure per week
income           double   %10.0g             weekly household income
```

以上输出的是 *food. dta* 数据文件的基本信息。

学习计量经济学的一个很好的座右铭是 X 档案的咒语"不要相信任何人!",因此我们要检查我们的数据,使用 **Data Browser**。
打开电子表格视图,可以查看数据值(下面左图)。关闭数据浏览可以单击"x"。

如果你想"打印"或列示某些数据行,可以通过单击下拉菜单 **Data** > **Describe data** > **List data** 来实现。(下面右图)

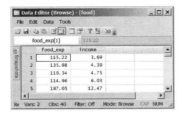

在打开的对话框中,只需单击 **OK** 就可以将所有的数据列示在 **Results** 窗口。Stata 命令是 list,列示命令的语法如下:

　　list [varlist] [if] [in] [, options]

要列示报告特定变量的值,需要输入变量名称。使用"if"或"in"可以修改列示值的范围,从而指向特定的行。例如:

　　list in 1/5

　　list food_exp in 1/5

　　list food_exp if income <= 10

结果窗口（**Results**）将会显示：

```
. list in 1/5
```

	food_exp	income
1.	115.22	3.69
2.	135.98	4.39
3.	119.34	4.75
4.	114.96	6.03
5.	187.05	12.47

```
. list food_exp in 1/5
```

	food_exp
1.	115.22
2.	135.98
3.	119.34
4.	114.96
5.	187.05

```
. list  food_exp if income <= 10
```

	food_exp
1.	115.22
2.	135.98
3.	119.34
4.	114.96

　　如果结果窗口已经显示满，你可能会在底部发现-more-，它表明一个暂停，单击-more-或按空格键，Stata 命令 **set more off** 将关闭暂停功能，继续显示结果。

2.2　计算概要统计量

　　现在，检查数据以确定该数据是否具有在定义文件中所报告的概要统计值，使用下拉菜单，单击：

Statistics > Summaries, tables, and tests > Summary and descriptive
　　　　　statistics > Summary statistics

在产生的对话框中点击 **OK**，可以获得数据集中所有变量的概要统计量，你也可以输入命令行 **db summarize** 或 **db su** 打开对话框。在 **Command** 窗口等效输入：

```
summarize
```

summarize 命令的语法如下：

```
summarize [varlist] [if] [in] [weight] [, options]
```

一个重要选项可以使我们获得更详细的概要统计量，Stata 命令如下：

```
        summarize food_exp, detail

. summarize
```

Variable	Obs	Mean	Std. Dev.	Min	Max
food_exp	40	283.5735	112.6752	109.71	587.66
income	40	19.60475	6.847773	3.69	33.4

```
. * summarize food expenditure with detail
. summarize food_exp, detail
```

household food expenditure per week

	Percentiles	Smalles		
1%	109.71	109.71		
5%	115.09	114.96		
10%	127.66	115.22	Obs	40
25%	199.245	119.34	Sum of wgt.	40
50%	264.48		Mean	283.5735
		Largest	Std. Dev.	112.6752
75%	367.46	447.76		
90%	443.025	460.36	Variance	12695.7
95%	471.455	482.55	Skewness	.4920827
99%	587.66	587.66	Kurtosis	2.851322

在结果窗口中将会以数据百分比的形式显示最小观测值和最大观测值,样本的数量和权重可以忽略。Stata 将会报告很多你所不知道的东西,关键是要能够识别出你明白的信息。例如,结果中包括如下信息:

```
Mean        283.5735
Std. Dev.   112.6752
Variance    12695.7
```

这些都是 food_exp 变量的概要统计量。

- Mean 指样本的平均值 $\bar{y} = \sum y_i/N$。
- Std. Dev. 是指样本的标准差,也就是样本方差的平方根。
- Variance 是指样本的方差, $\mathrm{var}(y) = \sum (y_i - \bar{y})^2/N - 1$。

偏度和峰度值将在后文讨论。

2.3　创建散点图

在简单的回归模型中,绘制数据值的散点图很重要,这可以通过在 Stata 的下拉菜单中选择 **Graphics > Twoway graph**(**scatter**, **line**, **etc.**)来实现。想要了解更详细的信息可以输入 `help twoway`。

在对话框中单击 **Create**。

在出现的对话框中选择 **Basic plots** 栏目下的 **Scatter** 选项,然后使用下拉箭头选择 Y 变量(纵轴)和 X 变量(横轴)。

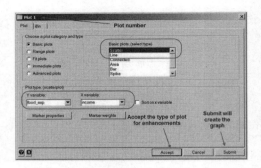

单击 **Submit**,创建散点图。Stata 命令如下:

```
twoway (scatter food_exp income)
```

如果选择 **Accept**,Plot 1 将会出现在图形定义窗口中,单击 **OK** 便可创建图形。

将图以 Stata 图形扩展名 *.**gph** 保存到磁盘默认目录,使用:

```
graph save food1, replace
```

绘图以及将图形保存到磁盘可以使用 **saving** 选项一步完成:

```
twoway (scatter food_exp income), saving(food1, replace)
```

你可以使用 **name** 选项将图保存到内存而非磁盘中,这样,在研究测试环境下将会方便很多:

```
twoway (scatter food_exp income), name(food1, replace)
```

2.3.1　巩固图形绘制

为了加强绘图练习,在 Plot 1 的对话框中,单击 **Accept**,这将在图形对话框中创建一个图形定义或描述文件,称为 **Plot 1**。

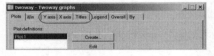

单击选项卡 Y 轴,在出现的对话框中选择:

这里有多种选择,但我们要指定垂直轴的范围。

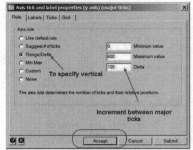

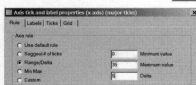

单击 **Range/Delta** 选项。通过数据概要统计量我们知道了 **food_exp** 的最小和最大值,据此我们可以将整个数据范围设定为最小值 0 到最大值 600。**Delta** 是轴刻度线之间距离的测量单位,这个值设置为 100。单击 **Accept**。

对 X 轴重复以上过程,设置最大值为 35,Delta 为 5,单击 **Accept**。

在 **Twoway Graph** 对话框中单击 **Titles** 栏添加标题。

单击 **OK** 创建图形然后关闭窗口。这将产生一个具有 Y 轴和 X 轴以及变量标签的图形:

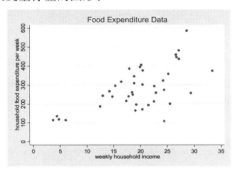

运用 Stata 命令创建这个图形可以使用如下命令:

```
twoway (scatter food_exp income), /// /*  basic plot control      */
        ylabel(0(100)600)     /// /*  Y axis 0 - 600 & ticks at 100 */
        xlabel(0(5)35)        /// /*  X axis 0 - 35 & ticks each 5  */
        title(Food Expenditure Data) /*  graph title       */
```

在这个命令语句中,"///"表示继续下一行的命令,这在命令语句较长或者在特定命令语句后插入注释时是很有用的,就像我们这里所做的那样。"/* ... */"注释形式是很有用的,因为它可以插入任何地方,而且这个内容是被 Stata 视为注释并忽略执行的。想要了解选择注释的命令可以输入 help comments。

twoway (scatter food_exp income)　该命令同样可以用于创建简单的散点图。这里的逗号很重要,在显示选项时将会被应用。

ylabel(0(100)600)　设定 Y 轴的范围为 0 到 600,间隔 100。

xlabel(0(5)35)　设定 X 轴的范围为 0 到 35,增量间隔为 5。

title(Food Expenditure Data)　设定主标题。

你可以再一次添加 **saving** 选项到 **twoway** 命令,或者使用选项 **name** 保存到内存,或者使用一个 **graph save** 命令。在本章的 **Do** 文件中,我们使用 **graph save** 命令。

2.4　回归分析

简单的线性回归模型如下:

$$y = \beta_1 + \beta_2 x + e$$

给定数据的因变量 y(**food_exp**)和自变量 x(**income**),我们可以使用 Stata 来估计未知参数。回归分析使用下拉菜单:

Statistics > Linear models and related > Linear regression

在 **Regress-Linear regression** 对话框中选择 **food_exp** 为因变量,这是回归模型中左边的变量。选择(或输入)**income** 作为自变量(右边的变量)。Stata 在模型估计中将会自动包含截距项,单击 **OK**。

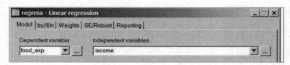

或者使用如下命令行语法:

```
regress depvar [indepvars] [if] [in] [weight] [, options]
```

参见 help regress。这个命令行表明回归时,因变量 depvar 列示在先,一个或多个(多元回归)自变量 indepvs 列示在后。如果需要,你可以使用 if 或 in 或者选项来限制样本,为观测样本分配权重。在以后的章节,我们会更多地讨论这些选项。

对于食品支出例子,简单的回归命令如下:

```
regress food_exp income
```

也可以简化为:

```
reg food_exp income
```

在 **Results** 窗口中将会显示这个回归的 Stata 命令,并显示回归的结果。我们将会探讨所有这些项目,但是现在集中在前两列 **food_exp** 和 **Coef** 上。

第一列给出了变量的名称,请记住,计算机软件不会知道你把这些估计值叫做"b1"和"b2",而是直接列示这些变量名称。Stata 首先列示的是斜率系数 **income**。在 y 轴上的截距项以 **_cons** 表示,简称"常数"或"常数项",这是另一种常见的 y 轴截距的名称。

```
. regress food_exp income
```

Source	SS	df	MS		
Model	190626.984	1	190626.984		
Residual	304505.176	38	8013.2941		
Total	495132.16	39	12695.6964		

Number of obs =	40
F(1, 38) =	23.79
Prob > F =	0.0000
R-squared =	0.3850
Adj R-squared =	0.3688
Root MSE =	89.517

food_exp	Coef.	Std. Err.	t	P>|t|	[95% Conf. Interval]	
income	10.20964	2.093264	4.88	0.000	5.972052	14.44723
_cons	83.416	43.41016	1.92	0.062	-4.463279	171.2953

2.4.1 拟合值及残差

拟合值或者预测值 $\hat{y}$ 可以使用我们所谓的后估计(postestimation)命令来获得,它们被称为"postestimation"选项是因为它们是在完成对模型回归之后进行的估计。**help regress** 之后,跳出的观察窗的右上角有后估计命令详细信息链接。

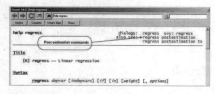

Stata 菜单栏上的路径如下:

Statistics > Postestimation > Predictions, residuals, etc.

然后单击 **Statistics**。

在出现的对话框中有几个选项,为了获得拟合值,点击 **Linear prediction** 并为拟合值输入一个名称如 **yhat**,单击 **OK**。

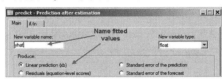

为了得到最小二乘残差:

$$\hat{e}_i = y_i - \hat{y}_i = y_i - b_1 - b_2 x_i$$

再次打开对话框,点击 **Residuals** 并为残差输入名称如 **ehat**,单击 **OK**。

这些命令生成了两个变量 **yhat** 和 **ehat**,并显示在 **Variables** 窗口中:

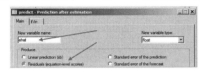

检查这些值可以通过选择 **Data Browser** 或者使用命令 **Browse** 来实现。

计算拟合值和最小二乘残差值的 Stata 命令可以通过使用基本的后估计命令 **predict** 来获得。关闭数据浏览窗并在 **Command** 窗口键入:

```
help predict
```

predict 的基本语法如下:

```
predict [type] newvar [if] [in] [, single_
options]
```

这里需要变量的名称 **newvar** 和一个备选项。使用选项 **xb**("x 乘以 b"的简写),可以获得拟合值。

```
predict yhat, xb
```

对 **predict** 命令来说,计算拟合值实际上是个默认命令,因此我们可以使用:

```
predict yhat
```

使用 **residuals** 选项可以获得残差,在食品支出模型中如下:

```
predict ehat, residuals
```

选项 residuals 可以缩略为 r,也可以缩写为 res 或者 resid。

2.4.2　弹性的计算

给定变量的参数估计值和概要统计量之后,我们就可以轻易地计算出其他的数据,比如食品支出对收入的弹性,计算方法如下:

$$\hat{\varepsilon} = b_2 \cdot \frac{\overline{x}}{\overline{y}} = 10.21 \times \frac{19.60}{283.57} = 0.71$$

Stata 后估计的命令可以自动计算这个弹性,选择: **Statistics ＞ Postestimation ＞ Marginal effects**。

在弹出的对话框中选择单选按钮 **Elasticities** 和 **Variable**，在我们这个简单的回归模型中只有一个变量 **income** 可以选择。使用最简单的方法估计弹性可以选择 **At** 标签，单击单选按钮 **All covariates at their means in the sample**。

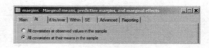

在结果窗口中我们可以找到**条件边际效应**（**Conditional marginal effects**）。

```
. margins, eyex(income) atmeans

Conditional marginal effects                    Number of obs    =    40
Model VCE      : OLS

Expression     : Linear prediction, predict()
ey/ex w.r.t.   : income
at             : income         =    19.60475  (mean)
```

	ey/ex	Delta-method Std. Err.	z	P>|z|	[95% Conf. Interval]	
income	.7058399	.1489436	4.74	0.000	.4139159	.9977639

Margins 对话窗非常强大，可以进行你可能不了解的计算，我们展示一下来说明几点。在经济分析中，保持其他所有不变，一个变量的变化源自另一个变量的变化称为**边际效应**（**marginal effect**）。在线性回归模型中，这就是斜率的解释，在简单的线性模型中就是导数 dy/dx。Stata 将会在更复杂的模型中计算这个值，我们后面也会讨论这个特征。

在线性回归模型中，弹性为：

$$\varepsilon = \frac{\text{percentage change in } y}{\text{percentage change in } x} = \frac{\Delta y/y}{\Delta x/x} = \frac{\Delta y}{\Delta x} \cdot \frac{x}{y}$$

在导数形式中用"d"替换 Δ：

$$\varepsilon = \frac{dy/y}{dx/x} = \frac{dy}{dx} \cdot \frac{x}{y} = \beta_2 \frac{x}{y}$$

在微积分中 $d\ln(y) = dy/y, d\ln(x) = dx/x$，因此一个简单线性回归模型的弹性可简写如下：

$$\varepsilon = \frac{d\ln(y)}{d\ln(x)} = \frac{dy/y}{dx/x}$$

回归中弹性的 Stata 后估计命令如下：

```
margins, eyex( income ) atmeans
```

Stata 不仅会报告弹性，也能计算标准误差[①]和置信区间，它还展示计算出的收入值，即样本均值。最常见是计算均值点的弹性，$(\bar{x}, \bar{y}) = (19.60, 283.57)$，因为它是回归线的代表性点。

> 提示：计算机软件对学习过程是有危害的，你不能在不明白计算是如何产生的或者数量是如何解释的情况下依靠单击鼠标获得答案。简捷的计算技巧不能代替真正地学习知识。

除了计算特定点的弹性，我们也可以求出 y 和 x 每个值的弹性，然后求所有观测值的平均弹性，在这种情况下平均弹性被称作**平均边际效应（Average marginal effect）**，计算如下：

$$AME = \bar{\varepsilon} = \frac{1}{N} \sum_{i=1}^{N} b_2 \frac{x_i}{y_i}$$

Stata 将计算：

$$\widehat{AME} = \frac{1}{N} \sum_{i=1}^{N} b_2 \frac{x_i}{\hat{y_i}} = \frac{1}{N} \sum_{i=1}^{N} b_2 \left(\frac{x_i}{b_1 + b_2 x_i} \right)$$

这个 Stata **margins** 命令省略了之前用到的"atmeans"选项：

```
margins, eyex( income )
```

现在，这个结果就是**平均边际效应**[②]**（Average marginal effects）**，而不是上面提到的**条件边际效应（Conditional marginal effects）**。

```
. margins, eyex( income )

Average marginal effects                        Number of obs    =        40
Model VCE    : OLS

Expression   : Linear prediction, predict()
ey/ex w.r.t. : income
```

	ey/ex	Delta-method Std. Err.	z	P>|z|	[95% Conf. Interval]	
income	.6796126	.1466535	4.63	0.000	.3921769	.9670482

我们可以核实这个计算。在一个回归分析之后，Stata 在内存中无限定地保存了回归系数，被指定为 **_b**[**varname**]。在食品支出的回归分析之后，估计的斜率被存储为 **_b**[**income**]，为每个观测样本估计的弹性计算便如下所示：

```
generate elas = _b[income]* income/yhat
```

平均弹性为：

```
summarize elas
```

我们在结果窗口中可以得到：

```
. generate elas = _b[income]*income/yhat

. summarize elas
```

Variable	Obs	Mean	Std. Dev.	Min	Max
elas	40	.6796126	.1168024	.3111216	.8034579

---

① 标准误差的计算将在本章后面的附录里有讨论。
② 更多的计算细节见本章附录。

在这些结果中,**Std. Dev.** 表示样本标准偏差,margins 命令产生了 **Delta-method Std. Err.**,这些并不是相同的,《*POE4*》第 5 章介绍了德尔塔(Delta)法。

2.4.3 绘制拟合回归线

绘制拟合回归线可以使用下拉菜单 **Graphics** > **Twoway graph**(**scatter**,**line**,**etc.**)来实现。如果你继续这个会话并且已经做了 2.3 节的散点图,散点图(**Plot** 1)就已经存在了。我们将为线性预测创建一个新的图形,单击 **Create**,在 Plot 2 对话框中选择 **Fit plots** 和 **Linear prediction**,并将 **food_exp** 作为 Y 变量,**income** 作为 X 变量。

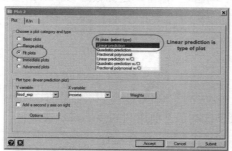

单击 **Accept**,点击 **Titles**,输入新的标题。返回到 Plots 标签,单击 **Submit** 保持窗口打开就可以创建图形了。

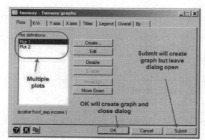

当几个图形同时显示并运行在内存中时,Stata 将会把一个图形叠加到另一个上面,产生的图形如下:

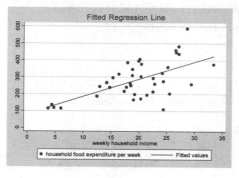

进入命令窗口,我们可以输入:

```
twoway (scatter food_exp income)    ///    /*    basic plot control * /
       (lfit food_exp income),      ///    /*    add linear fit * /
       ylabel(0(100)600)            ///    /*    label Y axis * /
```

```
xlabel(0(5)35)                    ///   /*   label X axis * /
title(Fitted Regression Line)     /*   graph title * /
```

2.4.4　估计误差项方差

除了回归系数外,另一个重要的参数便是误差项方差:

$$\mathrm{var}(e_i) = \sigma^2 = E[e_i - E(e_i)]^2 = E(e_i^2)$$

这个参数估计如下:

$$\hat{\sigma}^2 = \frac{\sum \hat{e}_i^2}{N-2}$$

在这里 $\hat{e}_i = y_i - \hat{y}_i = y_i - b_1 - b_2 x_i$ 为最小二乘残差,分母中的"2"表示回归参数的个数,即 β_1 和 β_2。在 Stata 回归分析结果中,这个数量显示在方差分析表中:

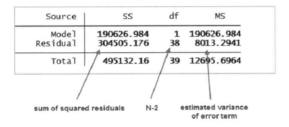

再来看残差行,列 **SS** 包括误差平方和,值 304505.176 便是最小二乘残差平方和。

$$SSE = \sum_{i=1}^{N} \hat{e}_i^2 = \mathrm{SS\ Residual}$$

df 列表示残差的自由度,在这个例子中为 $N - 2 = 38$。由于只有一个参数 β_2(不含截距项),故模型的自由度为 1。**MS** 列报告的是残差平方的均值,残差平方的均值便是估计的误差方差:

$$\hat{\sigma}^2 = \frac{\sum \hat{e}_i^2}{N-2} = \mathrm{MS\ Residual} = 8013.2941$$

表的其他部分将会在后文解释。

2.4.5　观察估计方差和协方差

在一个回归分析之后,会计算出很多与回归相关的数据,但 Stata 并不报告这些数据。在食品支出模型中,最小二乘估计的方差和协方差如下:

$$\widehat{\mathrm{var}(b_1)} = \hat{\sigma}^2 \left[\frac{\sum x_i^2}{N \sum (x_i - \bar{x})^2} \right] = 1884.4423$$

$$\widehat{\mathrm{var}(b_2)} = \frac{\hat{\sigma}^2}{\sum (x_i - \bar{x})^2} = 4.3817522$$

$$\widehat{\mathrm{cov}(b_1, b_2)} = \hat{\sigma}^2 \left[\frac{-\bar{x}}{\sum (x_i - \bar{x})^2} \right] = -85.903157$$

这些可以使用 **estat** 命令来观测,在命令行输入:

```
help estat
```

要得到估计的方差和协方差应键入：

estat vce

结果报告表将回归系数的估计方差显示在对角线上，回归系数之间的协方差显示在非对角线上，Stata 将 b_2 方差安排在左上角。

$$\text{Stata covariance matrix} = \begin{bmatrix} \widehat{\text{var}(b_2)} & \widehat{\text{cov}(b_1, b_2)} \\ \widehat{\text{cov}(b_1, b_2)} & \widehat{\text{var}(b_1)} \end{bmatrix}$$

```
. estat vce

Covariance matrix of coefficients of regress model

        e(V) |     income       _cons
-------------+------------------------
      income |  4.3817522
       _cons | -85.903157   1884.4423
```

估计误差的平方根就是估计系数的标准误差：

$$\text{se}(b_1) = \sqrt{\widehat{\text{var}(b_1)}} = 43.41016$$

$$\text{se}(b_2) = \sqrt{\widehat{\text{var}(b_2)}} = 2.093264$$

当执行回归分析时，Stata 会自动算出这些数据，标为 **Std. Err**。

food_exp	Coef.	Std. Err.	t	P>|t|	[95% Conf. Interval]	
income	10.20964	2.093264	4.88	0.000	5.972052	14.44723
_cons	83.416	43.41016	1.92	0.062	-4.463279	171.2953

2.5 运用 Stata 获得预测值

根据食品支出模型，每周收入为 \$2000 的家庭每周食品支出预测值为：

$$\hat{y}_i = 83.42 + 10.21x_i = 83.42 + 10.21(20) = 287.61$$

我们可以在数据文件中添加一个不完整的观测值，令 Stata 为我们做这项工作。在 Stata

工具栏中单击 **Data Editor** 图标。这将打开一个电子表格视图，比如 **Data Browser**，与 **Data Editor** 视图不同的是我们可以改变数据文件。向下滚动到第 40 个和最后一个观测值，在第 41 行高亮显示 income 这一格，在上面公式栏窗口输入 20 并按 **Enter** 键。

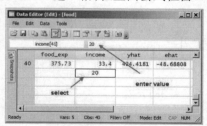
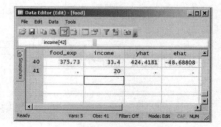

Data Editor 将显示观测值为 41 的收入值为 20，其他变量的值使用 "." 表示。在 Stata 中，一个句号表示一个缺失值，这也是本例中我们想要达到的效果。单击 ✕ 关闭 **Data Editor**。等效的 Stata 命令如下：

```
edit
set obs 41
replace income = 20 in 41
```

命令 **set** 具有控制很多系统参数包括观测数量的功能。命令 **replace** 就只有数据处理功能，可以通过菜单路径 **Data > Create or change data > Change contents of variable** 找到。**replace** 语法如下：

```
replace oldvar = exp [if] [in] [, nopromote]
```

这里就是在行 41 用值 20 替换 **income** 值，你可以使用 help set 和 help replace 获得更多关于这些命令的信息。

因为变量 **yhat** 已经存在，对要获得的预测值或拟合值，我们令之为 **yhat0**。可以省略 **xb** 选项，因为它是 predict 的缺省值。

```
predict  yhat0
```

predict 命令将计算 **income** 所有值的预测值或拟合值，包括在观测值 **41** 中为 **20** 的 **income** 值。在观测值 **41** 中列示 **income** 和 **yhat0**。

```
list income yhat0 in 41
```

在结果窗口中我们可以看到：

```
. list income yhat0 in 41
```

	income	yhat0
41.	20	287.6089

yhat0 值是每周收入为 \$2000 的家庭每周的食品预测支出。

2.5.1　保存 Stata 数据文件

由于添加了几个变量改变了数据文件，因此需要保存 Stata 数据文件，单击 **File > Save As**（右图）。
以新的名称如 **chap02.dta** 保存数据文件，Stata 命令语句如下：

```
save chap02.dta
```

最后，关闭日志文件：

```
log close
```

2.6　估计非线性关系

线性回归模型可以用于估计非线性和曲线性关系，由于线性回归是指模型的参数不以非线性的方式输入，因此这并不矛盾。回归模型 $y = \beta_1 + \beta_2 x + e$ 就是线性的，其中，变量 y 和 x 可以转换为其他变量。回归模型 $y = \exp(\beta_1 + \beta_2 x) + e$ 就是非线性的，因为其中的参数作为指数形式，体现非线性关系。

使用多项式关系和对数关系是变量转换的两种普遍方式，在这部分中，我们将探究二次式模型和对数线性模型。

2.6.1　二次式模型

我们使用房地产数据来估计二次模型 $y = \beta + \beta x^2 + e$。开始一个新的日志文件并打开数据 br. dta。

```
log using chap02_quad, replace text
use br, clear
describe
summarize
```

变量的部分特征描述和概要统计量如下：

```
                storage  display    value
variable name   type     format     label    variable label

price           float    %9.0g               sale price, dollars
sqft            float    %9.0g               total square feet
. summarize
    Variable  |      Obs        Mean    Std. Dev.       Min        Max
       price  |     1080    154863.2    122912.8      22000    1580000
        sqft  |     1080    2325.938    1008.098        662       7897
```

最直接的方式是创建一个新的变量 **sqft2**，令其为变量 **sqft** 的平方。

```
generate sqft2 = sqft^2
```

以房价为因变量、住房面积的平方为自变量进行回归，从而获得拟合值 **priceq**。

```
regress price sqft2
predict priceq, xb
regress price sqft2
```

Source	SS	df	MS		
Model	1.1286e+13	1	1.1286e+13	Number of obs =	1080
Residual	5.0150e+12	1078	4.6522e+09	F(1, 1078) =	2425.98
				Prob > F =	0.0000
				R-squared =	0.6923
				Adj R-squared =	0.6921
Total	1.6301e+13	1079	1.5108e+10	Root MSE =	68207

price	Coef.	Std. Err.	t	P>|t|	[95% Conf. Interval]	
sqft2	.0154213	.0003131	49.25	0.000	.014807	.0160356
_cons	55776.56	2890.441	19.30	0.000	50105.04	61448.09

为了绘制拟合曲线，我们将介绍制图命令 **twoway graph** 一些新的选项。首先，我们画出原始数据，第二个就是运用 **twoway** 的制图选项 **line** 来绘制拟合线。其他图形类型可以参照 help twoway 中的介绍。由于房子面积大小不一，为了使拟合曲线连续平滑而不是像直接绘制观测值得到的锯齿形状的线条，就必须添加 sort 选项。添加 **lwidth**(**medthick**) 选项可以使拟合曲线比默认值更粗一点。

```
twoway (scatter price sqft)        /// /* basic plot * /
       (line priceq sqft,          /// /* 2nd plot: line is continuous * /
       sort lwidth(medthick))      /* sort & change line thickness * /
graph save br_quad, replace
```

得到的图形展示了二次函数的曲线形状，斜率不恒定，而且房子面积越大，每单位面积的价钱增加得越多。这个函数以递增的比率递增，因此斜率和弹性的计算必须有别于我们之前考虑的"直线"或者线性关系函数。

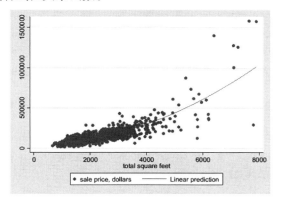

　　拟合二次回归函数 $\hat{y} = b + bx^2$ 的斜率为 $d\,\hat{y}/dx = 2b_2x$。为了计算不同的 $x\,(= \mathbf{sqft})$ 值的斜率，我们可以使用简单的 display（见 help display）命令，简写为 di，与本章前面一样，我们将用 **_b[sqft2]** 表示这个回归系数。计算 $\mathbf{sqft} = 2000$，4000 和 6000 时的斜率。

```
di "slope at 2000  = " 2* _b[ sqft2 ]* 2000
di "slope at 4000  = " 2* _b[ sqft2 ]* 4000
di "slope at 6000  = " 2* _b[ sqft2 ]* 6000

. *  slope and elasticity calculations
. di "slope at 2000  = " 2* _b[ sqft2 ]* 2000
slope at 2000  = 61.685207

. di "slope at 4000  = " 2* _b[ sqft2 ]* 4000
slope at 4000  = 123.37041

. di "slope at 6000  = " 2* _b[ sqft2 ]* 6000
slope at 6000  = 185.05562
```

使用相同的方法我们可以从回归估计结果中看到这个预测值：

```
di "predicted price at 2000 = " _b[_cons] +_b[ sqft2 ]* 2000^2
di "predicted price at 4000 = " _b[_cons] +_b[ sqft2 ]* 4000^2
di "predicted price at 6000 = " _b[_cons] +_b[ sqft2 ]* 6000^2

. di "predicted price at 2000 = " _b[_cons] +_b[ sqft2 ]* 2000^2
predicted price at 2000 = 117461.77

. di "predicted price at 4000 = " _b[_cons] +_b[ sqft2 ]* 4000^2
predicted price at 4000 = 302517.39

. di "predicted price at 6000 = " _b[_cons] +_b[ sqft2 ]* 6000^2
predicted price at 6000 = 610943.42
```

这个拟合函数的弹性 $\hat{\varepsilon} = (d\,\hat{y}/dx) \times (x/\hat{y}) = 2b_2 x^2/\hat{y}$，使用估计系数我们可以计算出这个值：

```
di "elasticity at 2000 = " 2* _b[sqft2]* 2000^2/(_b[_cons] + _b[sqft2]* 2000^2)
di "elasticity at 4000 = " 2* _b[sqft2]* 4000^2/(_b[_cons] + _b[sqft2]* 4000^2)
di "elasticity at 6000 = " 2* _b[sqft2]* 6000^2/(_b[_cons] + _b[sqft2]* 6000^2)
```

```
. di "elasticity at 2000 = " 2* _b[sqft2]* 2000^2/(_b[_cons] + _b[sqft2]* 2000^2)
elasticity at 2000 = 1.0503027


. di "elasticity at 4000 = " 2* _b[sqft2]* 4000^2/(_b[_cons] + _b[sqft2]* 4000^2)
elasticity at 4000 = 1.6312505


. di "elasticity at 6000 = " 2* _b[sqft2]* 6000^2/(_b[_cons] + _b[sqft2]* 6000^2)
elasticity at 6000 = 1.8174084
```

一个更流行的高效方法是使用因子变量。如果我们使用 $x^2 = x \times x$，令连续变量 $x = $ **sqft** 转换为因子变量符号 c.sqft，我们就可以直接估计这个二次函数而不用创建一个新的变量。

```
    regress price c.sqft#c.sqft
```

```
. regress price c.sqft#c.sqft
```

Source	SS	df	MS			
Model	1.1286e+13	1	1.1286e+13			
Residual	5.0150e+12	1078	4.6522e+09			
Total	1.6301e+13	1079	1.5108e+10			

Number of obs = 1080
F(1, 1078) = 2425.98
Prob > F = 0.0000
R-squared = 0.6923
Adj R-squared = 0.6921
Root MSE = 68207

price	Coef.	Std. Err.	t	P>|t|	[95% Conf.	Interval]
c.sqft# c.sqft	.0154213	.0003131	49.25	0.000	.014807	.0160356
_cons	55776.57	2890.441	19.30	0.000	50105.04	61448.09

从这个说明中可以看到这个预测与之前的估计是一致的，你可以通过浏览（**browsing**）数据来核实。

```
    predict price2
```

使用因子符号最大的好处就是 Stata 可以运用 **margins** 命令正确地计算斜率和弹性。首先，斜率可以用带 dydx(*) 的 **margins** 命令来估计，其中 ∗ 符号表示模型中任何需要计算斜率的变量，在这个例子中即为 **sqft**。其次，我们可以方便地使用 **at** 选项来计算指定值的斜率。

```
        margins, dydx(*) at(sqft=(2000 4000 6000))

. margins, dydx(*) at(sqft=(2000 4000 6000))

Conditional marginal effects              Number of obs   =        1080
Model VCE      : OLS

Expression     : Linear prediction, predict()
dy/dx w.r.t. : sqft

1._at          : sqft            =        2000

2._at          : sqft            =        4000

3._at          : sqft            =        6000
```

		Delta-method					
		dy/dx	Std. Err.	z	P>|z|	[95% Conf. Interval]	
sqft	_at						
	1	61.68521	1.252385	49.25	0.000	59.23058	64.13983
	2	123.3704	2.504769	49.25	0.000	118.4612	128.2797
	3	185.0556	3.757154	49.25	0.000	177.6917	192.4195

这样不仅能够正确地计算出斜率,还为我们提供了标准误差和区间估计。弹性的计算使用 eyex(*)选项。

```
        margins, eyex(*) at(sqft=(2000 4000 6000))

. margins, eyex(*) at(sqft=(2000 4000 6000))

Conditional marginal effects              Number of obs   =        1080
Model VCE      : OLS

Expression     : Linear prediction, predict()
ey/ex w.r.t. : sqft

1._at          : sqft            =        2000

2._at          : sqft            =        4000

3._at          : sqft            =        6000
```

		Delta-method					
		ey/ex	Std. Err.	z	P>|z|	[95% Conf. Interval]	
sqft	_at						
	1	1.050303	.0336868	31.18	0.000	.9842778	1.116328
	2	1.631251	.0203148	80.30	0.000	1.591434	1.671067
	3	1.817408	.0112071	162.17	0.000	1.795443	1.839374

以上计算出的斜率和弹性是有条件的,因为它们是在特定值上计算出来的。利用没有 **at** 选项的 margin 命令可以计算出平均边际效应或平均弹性。

```
        margins, eyex(*)

. margins, eyex(*)

Average marginal effects                  Number of obs   =        1080
Model VCE      : OLS

Expression     : Linear prediction, predict()
ey/ex w.r.t. : sqft
```

		Delta-method				
		ey/ex	Std. Err.	z	P>|z|	[95% Conf. Interval]
sqft		1.102401	.0292176	37.73	0.000	1.045135	1.159666

为了证实这些平均边际效应（**Average marginal effects**）是我们所期望的,我们可以通过保存的回归系数来直接进行计算。起初指向个体系数可能比较困难,我们可以使用 **coeflegend** 选项重新执行回归分析。

```
regress, coeflegend
```

这将会回到方差分析表和系数图例。

price	Coef.	Legend
c.sqft# c.sqft	.0154213	_b[c.sqft#c.sqft]
_cons	55776.57	_b[_cons]

对于因子模型的参数设定,_b[varname] 就是 _b[c.sqft#c.sqft]。

```
generate elas2 = 2*_b[c.sqft#c.sqft]*(sqft^2)/price2
summarize elas2
```

```
. generate elas2 = 2*_b[c.sqft#c.sqft]*(sqft^2)/price2

. summarize elas2
```

Variable	Obs	Mean	Std. Dev.	Min	Max
elas2	1080	1.102401	.3528353	.2161448	1.890364

注意到这个平均弹性实际上就是 margins 命令已计算出来的,只不过 summarize 命令再次计算出一个特定样本标准偏差,而 margins 命令是根据 Delta-method 计算的标准误差。现在,关闭日志文件。

```
log close
```

2.6.2 对数线性模型

我们将使用同样的数据估计对数线性模型 $\ln(y) = \beta_1 + \beta_2 x + e$,拟合曲线如下：

$$\widehat{\ln(y)} = b_1 + b_2 x$$

为了获得 y 的拟合值,我们自然要计算反对数：

$$\hat{y} = \exp(\widehat{\ln(y)}) = \exp(b_1 + b_2 x)$$

拟合对数线性曲线的斜率为：$d\hat{y}/dx = b_2\hat{y}$,弹性为：$\hat{\varepsilon} = (d\hat{y}/dx) \times (x/\hat{y}) = b_2 x$。打开一个新的日志,使用数据 $br.dta$。变量 **price** 的详细概要统计量数据和它的直方图表明它是具有右长尾的偏态分布。

```
log using chap02_llin, replace text
use br, clear
summarize price, detail
. summarize price, detail
```

sale price, dollars

	Percentiles	Smallest		
1%	31000	22000		
5%	59897.5	22000		
10%	74450	22654	Obs	1080
25%	99000	23000	Sum of Wgt.	1080
50%	130000		Mean	154863.2
		Largest	Std. Dev.	122912.8
75%	170325	1280000		
90%	244200	1400000	Variance	1.51e+10
95%	315000	1575000	Skewness	6.291909
99%	610000	1580000	Kurtosis	60.94976

需要注意的是,由于存在一些约 $1500000 的极大值,因此这个样本均值比中位数(50百分位)稍大,且偏度系数是正的,而不是像对称分布的正态分布那样为零。

```
histogram price, percent
graph save price, replace
```

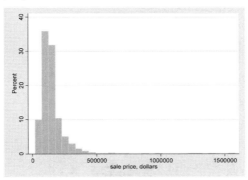

现在,创建价格(price)的对数和直方图:

```
generate lprice = ln(price)
histogram lprice, percent
graph save lprice, replace
```

这个图形尽管不是完全像正态分布那样的钟形,但更对称了,正如下图所示:

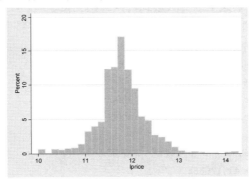

这个对数线性回归模型如下:

```
reg lprice sqft
```

. reg lprice sqft

Source	SS	df	MS
Model	185.472091	1	185.472091
Residual	111.400275	1078	.103339773
Total	296.872366	1079	.275136577

Number of obs =	1080
F(1, 1078) =	1794.78
Prob > F =	0.0000
R-squared =	0.6248
Adj R-squared =	0.6244
Root MSE =	.32147

lprice	Coef.	Std. Err.	t	P>|t|	[95% Conf. Interval]
sqft	.0004113	9.71e-06	42.36	0.000	.0003922 .0004303
_cons	10.8386	.0246075	440.46	0.000	10.79031 10.88688

使用下面语句得到预测值:

```
predict lpricef, xb
```

```
generate pricef = exp(lpricef)
```
这个价格变量是预测的价格,绘出拟合曲线。
```
reg lprice sqft
predict lpricef, xb
generate pricef = exp(lpricef)
twoway (scatter price sqft) ///
        (line pricef sqft, sort lwidth(medthick))
graph save br_loglin, replace
```

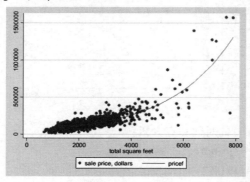

由于这个拟合曲线并不是线性关系,因此它的斜率和弹性必须由特定的点计算出。值得注意的是,Stata 不能识别这个以对数形式转换的因变量,margins 命令不能执行这个计算,所以我们必须用最直接的方式来计算斜率和弹性。注意到这些斜率是以假定的房价而不是以给定房屋面积的预测价格来计算的。
```
di "slope at 100000 = " _b[sqft]* 100000
di "slope at 500000 = " _b[sqft]* 500000
di "elasticity at 2000 = " _b[sqft]* 2000
di "elasticity at 4000 = " _b[sqft]* 4000

. di "slope at 100000 = " _b[sqft]* 100000
slope at 100000 = 41.126885

. di "slope at 500000 = " _b[sqft]* 500000
slope at 500000 = 205.63442

. di "elasticity at 2000 = " _b[sqft]* 2000
elasticity at 2000 = .82253769

. di "elasticity at 4000 = " _b[sqft]* 4000
elasticity at 4000 = 1.6450754
```
我们也可以对这个样本中每个拟合房价计算其平均边际效应。

```
generate me = _b[sqft]*pricef
summarize me
```

```
. generate me = _b[sqft]*pricef

. summarize me
```

Variable	Obs	Mean	Std. Dev.	Min	Max
me	1080	61.00072	42.91725	27.51118	539.2198

同样,平均弹性计算如下:

```
generate elas = _b[sqft]*sqft
summarize elas
```

```
. generate elas = _b[sqft]*sqft

. summarize elas
```

Variable	Obs	Mean	Std. Dev.	Min	Max
elas	1080	.9565858	.4145993	.27226	3.24779

关闭日志文件:

```
log close
```

2.7　用指示变量进行回归

指示变量通常是 0—1 的二进制变量,在回归分析中,它们可以用来指示定性因素,如房地产模型中房屋的地点。打开一个新的日志并打开数据 *utown. dta*,描述并汇总这些数据。

```
log using chap02_indicator, replace text
use utown, clear
describe
summarize
```

这个描述表示如果房屋处在大学附近,变量 lutown 为 1,否则就为 0。

variable name	storage type	display format	value label	variable label
price	double	%10.0g		house price, in $1000
sqft	double	%10.0g		square feet of living area, in 100s
age	byte	%8.0g		house age, in years
utown	byte	%8.0g		=1 if close to university
pool	byte	%8.0g		=1 if house has pool
fplace	byte	%8.0g		=1 if house has fireplace

概要统计显示,在 1000 个观察值中有 52% 的房屋位于大学附近。

```
. summarize
```

Variable	Obs	Mean	Std. Dev.	Min	Max
price	1000	247.6557	42.19273	134.316	345.197
sqft	1000	25.20965	2.91848	20.03	30
age	1000	9.392	9.426728	0	60
utown	1000	.519	.4998889	0	1
pool	1000	.204	.4031706	0	1
fplace	1000	.518	.4999259	0	1

在一个单独的有普通坐标轴数值的图中为房价创建直方图可以使我们更容易将其作比

较。首先,利用创建并保存两个单独的直方图,直方块宽度为 $12000 [**width(12)**],以低于样本最小值的 $130000 [**start(130)**] 开始标度。使用 $12000 的宽度是经过反复试验的结果。X 标签表明坐标轴交叉点起点为 130,到 350 止,之间间隔为 24。这里 Histogram 命令还使用逻辑运算符,例如,若 utown ==0,将选择由变量 **utown** 定义的数据子集。

```
histogram price if utown ==0, width(12) start(130) percent ///
    xtitle(House prices ($1000) in Golden Oaks) ///
    xlabel(130(24)350) legend(off)
graph save utown_0, replace
histogram price if utown ==1, width(12) start(130) percent ///
    xtitle(House prices ($1000) in University Town) ///
    xlabl(130(24)350) legend(off)
graph save utown_1, replace
```

使用 **graph combine** 命令可以将这两个保存的图形合并为一个,为了使一个图叠加到另一个图上,我们可以让它们进入一个单独的栏 [col(1)]。使用 help graph combine 可以看到"…iscale(1) 意味着文本和标记应该以它们最初的大小显示"。图形名称加引号标记,说明是将其以 *.gph 类型识别。

```
graph combine "utown_0" "utown_1", col(1) iscale(1)
graph save combined, replace
```

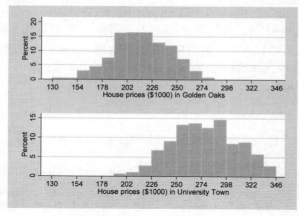

以上图形表明在大学附近的房价相对于其他地方的房价来说集中在更高的值。

除了创建两个图形并合并它们,在 Stata 中我们也可以使用一个重要的功能——**by** 命令,它可以在数据子集上重复执行 Stata 命令。在使用 **by** 命令时,重要的是要使用标签。在下面的两个命令语句中,我们首先创建一个标签定义 **utownlabel**,并指定 0 为豪华小区(Golden Oaks),1 为大学城。在第二个命令语句中,我们把这个标签应用到变量 **utown** 中。

```
label define utownlabel 0 "Golden Oaks" 1 "University Town"
label value utown utownlabel
```

直方图使用 **by** 命令,指定数据集由 **utown** 定义如下:

```
histogram price, by(utown, cols(1))        ///
        start(130) percent              ///
        xtitle(House prices ($1000))    ///
        xlabel(130(24)350) legend(off)
graph save combined2, replace
```

由此产生直方图对价格有一个单一的量度范围,脚注明示了 **by** 选项的用途。

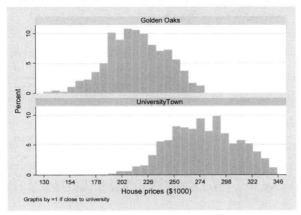

检验独立社区房价的概要统计量可以进一步地揭示这个问题。

```
        summarize price if utown==0
        summarize price if utown==1
```

. summarize price if utown==0

Variable	Obs	Mean	Std. Dev.	Min	Max
price	481	215.7325	26.73736	134.316	276.977

. summarize price if utown==1

Variable	Obs	Mean	Std. Dev.	Min	Max
price	519	277.2416	30.78208	191.57	345.197

再次使用 **by** 选项会更简单有效。使用 **by** 命令时,这些数据必须根据定义样本子集的变量的值进行分类。分类可以用如下命令语句进行操作:

```
    by utown, sort: summarize price
```

. by utown, sort: summarize price

-> utown = Golden Oaks

Variable	Obs	Mean	Std. Dev.	Min	Max
price	481	215.7325	26.73736	134.316	276.977

-> utown = University Town

Variable	Obs	Mean	Std. Dev.	Min	Max
price	519	277.2416	30.78208	191.57	345.197

与以上命令等效但更简洁的命令为:

```
      bysort utown: summarize price
```

```
. bysort utown: summarize price
```

-> utown = Golden Oaks

Variable	Obs	Mean	Std. Dev.	Min	Max
price	481	215.7325	26.73736	134.316	276.977

-> utown = University Town

Variable	Obs	Mean	Std. Dev.	Min	Max
price	519	277.2416	30.78208	191.57	345.197

尽管我们用了 i.utown 命令,不过通常用指示变量作为解释变量的回归方程可以有相同的语法:

```
      regress price utown
```

```
. regress price utown
```

Source	SS	df	MS
Model	944476.744	1	944476.744
Residual	833969.397	998	835.640678
Total	1778446.14	999	1780.22637

```
Number of obs =    1000
F(  1,   998) = 1130.24
Prob > F      =  0.0000
R-squared     =  0.5311
Adj R-squared =  0.5306
Root MSE      =  28.907
```

price	Coef.	Std. Err.	t	P>|t|	[95% Conf. Interval]	
utown	61.50911	1.829589	33.62	0.000	57.91882	65.09939
_cons	215.7325	1.318066	163.67	0.000	213.146	218.319

注意到当 **utown = 0** 时,这个估计的常数项就是平均价格,**utown** 的系数就是两个样本均值的差。

你可能在统计课程中做过两个总体均值是否相等的检验,Stata 为此准备了 **ttest** 命令。

```
      ttest price, by(utown)
```

```
. ttest price, by(utown)
```

Two-sample t test with equal variances

Group	Obs	Mean	Std. Err.	Std. Dev.	[95% Conf. Interval]	
Golden O	481	215.7325	1.219119	26.73736	213.337	218.128
Universi	519	277.2416	1.351183	30.78208	274.5871	279.8961
combined	1000	247.6557	1.334251	42.19273	245.0375	250.274
diff		-61.50911	1.829589		-65.09939	-57.91882

```
      diff = mean(Golden O) - mean(Universi)                  t = -33.6191
Ho: diff = 0                              degrees of freedom =      998

  Ha: diff < 0                 Ha: diff != 0                 Ha: diff > 0
Pr(T < t) = 0.0000      Pr(|T| > |t|) = 0.0000         Pr(T > t) = 1.0000
```

```
      log close
```

附录 2A　平均边际效应

在最近的 Stata 版本中,边际效应的计算有了很大的改进,但是理解这些计算还是需要花一些工夫。我们举几个例子来说明。

2A.1　线性关系中的弹性

对于线性关系 $y = \beta_1 + \beta_2 x + e$,弹性被定义为:

$$\varepsilon = \frac{dy/y}{dx/x} = \frac{dy}{dx} \cdot \frac{x}{y} = \beta_2 \frac{x}{y}$$

为在曲线上获得代表性的点,Stata 用给定的点 $x = x_0$ 算出相应的拟合值 $\hat{y}_0 = b_1 + b_2 x_0$。然后估计的弹性为:

$$\hat{\varepsilon}_0 = b_2 \frac{x_0}{\hat{y}_0} = b_2 \frac{x_0}{b_1 + b_2 x_0}$$

这是最小二乘估计中比较复杂的非线性方程,但是很容易计算,而计量经济学家对于得到的任何估计都想要一个标准误差,简单的方差规则并不适用,如 $\mathrm{var}(b_1 + b_2 x_0) = \mathrm{var}(b_1) + x_0^2 \mathrm{var}(b_2) + 2x_0 \mathrm{cov}(b_1, b_2)$。相反的,估计弹性的标准误差必须使用第 5 章中解释的 Delta 法,现在我们仅仅注意到 Stata 命令 nlcom 能够计算出估计的非线性方程和确切的标准误差。

为了说明,打开食品数据和汇总收入数据。在执行 Stata 估计命令后,特定的信息将被保存,在 summarize 命令后使用命令 return list 就可以查看这些保存的项目。

```
log using chap02_ame, replace text
use food, clear
summarize income
return list
```

```
. return list

scalars:
              r(N) =   40
          r(sum_w) =   40
           r(mean) =   19.60475
            r(Var) =   46.89198967948718
             r(sd) =   6.847772607168492
            r(min) =   3.69
            r(max) =   33.4
            r(sum) =   784.1899999999999
```

这些被保存的项目有"返回"值,如 r(mean) 表示平均值。这些值被保存为标量,在接下来的公式中可以用到:

```
scalar xbar = r(mean)
```

为了估计均值的弹性,我们可以使用本章提到的 margins 命令。由于我们之前已经看过了,因此回归结果略去不报告。

```
        quietly regress food_exp income
        margins, eyex(*) atmeans

. margins, eyex(*) atmeans

Conditional marginal effects                    Number of obs   =      40
Model VCE    : OLS

Expression   : Linear prediction, predict()
ey/ex w.r.t. : income
at           : income          =     19.60475  (mean)
```

		Delta-method				
	ey/ex	Std. Err.	z	P>|z|	[95% Conf. Interval]	
income	.7058399	.1489436	4.74	0.000	.4139159	.9977639

使用 nlcom 命令可以计算出非线性方程中的参数值,从而直接计算出弹性,这些值是相互匹配的。nlcom 命令计算出的 **Std. Err.** 值用的是德尔塔方法(**Delta-method**)。

```
        nlcom _b[income]*xbar/(_b[_cons]+_b[income]*xbar)

. nlcom _b[income]*xbar/(_b[_cons]+_b[income]*xbar)

    _nl_1:    _b[income]*xbar/(_b[_cons]+_b[income]*xbar)
```

food_exp	Coef.	Std. Err.	t	P>|t|	[95% Conf. Interval]	
_nl_1	.7058399	.1489436	4.74	0.000	.4043194	1.00736

实验统计和区间估计将在第 3 章中讨论。区间估计[95% Conf. Interval]与弹性计算不同,因为 margins 命令使用的是标准正态分布(注意这个检验统计量被称为"z")的百分位数值,而 nlcom 使用的是 t 分布(注意这个检验统计量被称为"t")的百分位数值。

```
        log close
```

2A.2　二次关系中的弹性

在二次模型中使用因子标记使得 Stata 能够正确地计算出斜率和弹性。拟合的二次模型方程中弹性表示为:$\hat{\varepsilon}_0 = 2b_2 x_0^2 / (b_1 + b_2 x_0^2)$。利用之前章节的方法,计算 2000 平方英尺房屋的弹性:

```
        log using chap02_quad_ame, replace text
        use br, clear
        quietly regress price c.sqft#c.sqft
        margins, eyex(*) at(sqft=2000)

. margins, eyex(*) at(sqft=2000)

Conditional marginal effects                    Number of obs   =    1080
Model VCE    : OLS

Expression   : Linear prediction, predict()
ey/ex w.r.t. : sqft
at           : sqft            =        2000
```

		Delta-method				
	ey/ex	Std. Err.	z	P>|z|	[95% Conf. Interval]	
sqft	1.050303	.0336868	31.18	0.000	.9842778	1.116328

效仿这个命令,类似的 nlcom 命令输出结果为:

```
nlcom 2*_b[c.sqft#c.sqft]*(2000^2)/
        (_b[_cons]+_b[c.sqft#c.sqft]*(2000^2))
```

```
. nlcom 2*_b[c.sqft#c.sqft]*(2000^2)/(_b[_cons]+_b[c.sqft#c.sqft]*(2000^2))

    _nl_1:   2*_b[c.sqft#c.sqft]*(2000^2)/(_b[_cons]+_b[c.sqft#c.sqft]*
(2000^2 > ))
```

price	Coef.	Std. Err.	t	P>|t|	[95% Conf. Interval]	
_nl_1	1.050303	.0336868	31.18	0.000	.9842035	1.116402

```
log close
```

2A.3 对数线性模型的斜率

我们将使用相同的数据来估计对数线性模型 $\ln(y) = \beta_1 + \beta_2 x + e$。拟合曲线为:

$$\widehat{\ln(y)} = b_1 + b_2 x$$

为了获得 y 的拟合值,自然要计算反对数:

$$\hat{y} = \exp\left(\widehat{\ln(y)}\right) = \exp(b_1 + b_2 x)$$

这个拟合对数线性曲线的斜率为:$d\,\hat{y}/dx = b_2\hat{y} = b_2 \times exp(b_1 + b_2 x)$。在 2.6.2 中,我们选择一个 y 值并计算出它的斜率,简单地拟合了对数线性曲线。为了与 margins 计算方法精髓一致,我们使用 nlcom 命令在给定的 x 值上估算斜率,比如 **sqft** = 2000。

```
log using chap02_llin_me, replace text
use br, clear
gen lprice = log(price)
quietly regress lprice sqft
nlcom _b[sqft]*exp(_b[_cons]+_b[sqft]*2000)
log close
```

```
. nlcom _b[sqft]*exp(_b[_cons]+_b[sqft]*2000)

    _nl_1:   _b[sqft]*exp(_b[_cons]+_b[sqft]*2000)
```

lprice	Coef.	Std. Err.	t	P>|t|	[95% Conf. Interval]	
_nl_1	47.6971	1.080834	44.13	0.000	45.57632	49.81788

附录 2B 一个模拟实验

在《*POE4*》附录 2G 中介绍了一个模拟实验[1]。我们生成人工数据,然后利用统计学方法对生成的数据进行处理。在这个实验中,我们使用的样本大小为 40:

$$E(y_i \mid x_i = 10) = 100 + 10x_i = 100 + 10 \times 10 = 200, \quad i = 1, \cdots, 20$$

$$E(y_i \mid x_i = 20) = 100 + 10x_i = 100 + 10 \times 20 = 300, \quad i = 21, \cdots, 40$$

---

[1] 利用 Stata 做模拟实验,欲了解更多内容参见 A. Colin Cameron and Pravin K. Trivedi (2010)"应用 Stata 学微观计量经济学(修订版)."Stata 出版社。(已由重庆大学出版社引进出版。)

假定产生的随机误差服从正态分布 $N(0, 2500 = 50^2)$，我们创建这样的数据并把它保存为典型的蒙特卡洛（Monte Carlo）样本。

```
clear all
log using chap02_app2G, replace text
```

首先，我们为实验创建一些含有常数项的通用"宏"：

```
global numobs 40   // sample size
global beta1 100   // intercept parameter
global beta2 10    // slope parameter
global sigma 50    // error standard deviation
```

蒙特卡洛实验（Monte Carlo）使用随机数，参见《POE4》附录 B4，也可以输入 Stata 命令 help random numbers。随机数重复产生，并需要一个起点。如果没有起点，Stata 会随机指定一个起点数，因此，我们就可以获得相同的结果。设定系统参数 **seed**：

```
set seed 1234567
```

使用 rnormal(0, $sigma)产生的随机数以零为均值、标准差 $\sigma = 50$，用 $ 标志表示我们使用的是通用变量。数据 x 和 y 产生过程如下：

```
set obs $numobs
generate x = 10
replace x = 20 if _n > $numobs/2
generate y = $beta1 + $beta2* x + rnormal(0, $sigma)
```

利用这些数据我们可以估计一个回归分析，来看估计值多大程度接近于真实值。

```
regress y x
di "rmse " e(rmse)
estat vce
```

. regress y x

Source	SS	df	MS
Model	76256.9134	1	76256.9134
Residual	82705.2254	38	2176.4533
Total	158962.139	39	4075.95227

```
Number of obs =      40
F( 1,    38) = 35.04
Prob > F      = 0.0000
R-squared     = 0.4797
Adj R-squared = 0.4660
Root MSE      = 46.652
```

y	Coef.	Std. Err.	t	P>|t|	[95% Conf. Interval]	
x	8.73252	1.475281	5.92	0.000	5.745971	11.71907
_cons	127.2055	23.32624	5.45	0.000	79.98398	174.427

. di "rmse " e(rmse)
rmse 46.652474

. estat vce

Covariance matrix of coefficients of regress model

e(V)	x	_cons
x	2.1764533	
_cons	-32.646799	544.11332

我们生成的数据可以保存起来用于以后的研究：

```
save mc1, replace
```

一个回归结果并不能显示最小二乘估计量的重复取样内容，我们必须多次执行这个过程。我们可以利用 Stata 的 simulate 来做。simulate 命令将按顺序重复这些步骤，并编成程序，然后从每个重复执行过程中收集结果。一个程序是独立的一系列命令，例如，下面的这

个程序 **chap02sim** 创建了人造数据,估计回归并返回结果。由于它返回结果,因此被称为 rclass 程序。注意到我们重置了 **seed** 值,并用 **end** 关闭程序。

```
program chap02sim, rclass
        version 11.1
        drop _all
        set obs $numobs
        generate x = 10
        replace x = 20 if _n > $numobs/2
        generate ey = $beta1 + $beta2*x
        generate e = rnormal(0, $sigma)
        generate y = ey + e
        regress y x
        return scalar b2 =_b[x]                 // saves slope
        return scalar b1 =_b[_cons]             // saves intercept
        return scalar sig2 = (e(rmse))^2        // saves sigma^2
    end
```

Simulate 命令将变量命名为 **b1r**,**b2r** 和 **sig2r**,这些变量包含返回程序值;**reps(1000)** 表示我们将执行这个程序 1000 次,nodots 和 nolegend 禁止了一些结果的输出,指定 seed(1234567),并在最后指定程序名称为 chap02sim。

```
simulate b1r = r(b1) b2r = r(b2) sig2r = r(sig2) , ///
    reps(1000) nodots nolegend seed(1234567): chap02sim
```

Stata 完成这个 simulation 命令只需几秒,然后我们就可以汇总结果了。

```
di " Simulation parameters"
di " beta1 = " $ beta1
di " beta2 = " $ beta2
di " N = " $ numobs
di " sigma^2 = " $ sigma^2
summarize, detail
```

需要说明的是,b2r=r(b2)的汇总统计表明 1000 个样本的平均值非常接近 10,而且这些估计的样本方差 2.31 与真实的方差 $\text{var}(b_2) = 2.50$ 也很接近。

```
. di " Simulation parameters"
Simulation parameters

. di " beta1 = " $beta1
beta1 = 100

. di " beta2 = " $beta2
beta2 = 10

. di " N = " $numobs
N = 40

. di " sigma^2 = " $sigma^2
sigma^2 = 2500
```

r(b2)

	Percentiles	Smallest		
1%	6.403119	5.009561		
5%	7.381377	5.379227		
10%	7.95141	5.506445	Obs	1000
25%	8.966896	5.726702	Sum of Wgt.	1000
50%	9.988169		Mean	9.997464
		Largest	Std. Dev.	1.558116
75%	11.06335	14.48513		
90%	11.98034	14.83626	Variance	2.427726
95%	12.56822	14.84318	Skewness	-.0553848
99%	13.52443	14.93775	Kurtosis	2.97382

这些估计的直方图有一个叠加的正态分布曲线（见《*POE*4》附录 C. 10 或者使用 help kdensity）。正如所期望的那样,产生的数据表明这些估计的直方图形状近似于正态分布,如下图:

```
histogram b2r, percent normal
graph save b2r, replace
log close
```

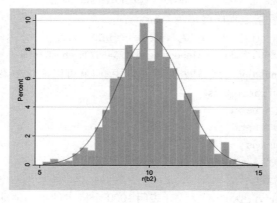

关键术语

atmeans	**list**	**rnormal**
by	**list in**	**save**
bysort	**log**	**saving**
cd	**log close**	**scalar**
clear	线性模型	散点图
数据浏览器	**lwidth**	随机数
数据编辑器	边际效应	**set more off**
德尔塔方法	**margins**	**set obs**
di	**mean**	**set seed**
display	线性模型	**模拟**
dydx	对数线性模型	标准偏差
弹性	二次模型	标准误差
estat	**msymbol**	std. dev.
estat vce	**name**	std. err.
eyex	**nlcom**	**summarize , detail**

因数变量	后估计	**title**
gen	**predict**	**ttest**
generate	**program**	**twoway**
global	二次模型	**twoway lfit**
graph	随机数	**twoway line**
graph combine	**range/delta**	**twoway scatter**
graph save	**reg**	**use**
graph save	**regress**	方差
histogram	**replace**	**xb**
label define	**residuals**	**xlabel**
label value	**return list**	**ylabel**
lfit	**return scalar**	

第 2 章 Do 文件

在每章结束的时候我们将会给出一个包含在 Do 文件里的命令执行清单。以"＊"符号开始的行是注释,为你的计算机编码做注解是一个好办法,以后会大有用处。

```
*  file chap02.do for Using Stata for Principles of Econometrics, 4e
cd c:\data\poe4stata
*  Stata Do-file
*  copyright C 2011 by Lee C. Adkins and R. Carter Hill
*  used for "Using Stata for Principles of Econometrics, 4e"
*  by Lee C. Adkins and R. Carter Hill (2011)
*  John Wiley and Sons, Inc.

*  setup
version 11.1
capture log close
set more off

*  open food data
log using chap02_food, replace text
use food, clear

*  examine data
describe

*  browse
list
list in 1/5
list food_exp in 1/5
list food_exp if income < 10

*  compute summary statistics
summarize

*  summarize food expenditure with detail
summarize food_exp, detail
```

```
* simple plot data
twoway (scatter food_exp income)
graph save food1, replace             // open for editing with: graph use food1

* save graph using saving
twoway (scatter food_exp income), saving(food1, replace)

* store the graph in memory only
twoway (scatter food_exp income), name(food1, replace)
* enhanced plot /* with comments * /
twoway (scatter food_exp income), ///  /* basic plot control * /
        ylabel(0(100)600)          ///  /* Y axis 0 to 600 with ticks each 100 * /
        xlabel(0(5)35)             ///  /* X axis 0 to 35 with ticks each 5 * /
        title(Food Expenditure Data)  /* graph title * /
graph save food2, replace

* compute least squares regression
regress food_exp income

* calculate fitted values & residuals
predict yhat, xb
predict ehat, residuals

* compute elasticity at means
margins, eyex(income) atmeans

* compute average of elasticities at each data point
margins, eyex(income)
generate elas = _b[income]* income/yhat
summarize elas

* plot fitted values and data scatter
twoway (scatter food_exp income)   ///  /* basic plot control * /
        (lfit food_exp income),    ///  /* add linear fit * /
        ylabel(0(100)600)          ///  /* label Y axis * /
        xlabel(0(5)35)             ///  /* label X axis * /
        title(Fitted Regression Line) /* graph title * /
graph save food3, replace

* examine variances and covariances
estat vce

* add observation to data file
edit
set obs 41
replace income=20 in 41

* obtain prediction
predict yhat0
list income yhat0 in 41
```

```
log close

*  to save changes to food data
*  save chap02.dta, replace

*  Chapter 2.8.2 Using a Quadratic Model

*  new log file
log using chap02_quad, replace text

*  open br data and examine
use br, clear
describe
summarize

*  create new variable
generate sqft2 = sqft^2

*  regression
regress price sqft2
predict priceq, xb

*  plot fitted line
twoway (scatter price sqft)        ///    /*  basic plot * /
    (line priceq sqft,             ///    /*  2nd plot: line is continuous * /
        sort lwidth(medthick))            /*  sort & change line thickness * /
graph save br_quad, replace

*  slope and elasticity calculations
di "slope at 2000 = " 2* _b[ sqft2]* 2000
di "slope at 4000 = " 2* _b[ sqft2]* 4000
di "slope at 6000 = " 2* _b[ sqft2]* 6000
di "predicted price at 2000 = " _b[_cons] + _b[ sqft2]* 2000^2
di "predicted price at 4000 = " _b[_cons] + _b[ sqft2]* 4000^2
di "predicted price at 6000 = " _b[_cons] + _b[ sqft2]* 6000^2
di "elasticity at 2000 = " 2* _b[ sqft2]* 2000^2/(_b[_cons] + _b[ sqft2]* 2000^2)
di "elasticity at 4000 = " 2* _b[ sqft2]* 4000^2/(_b[_cons] + _b[ sqft2]* 4000^2)
di "elasticity at 6000 = " 2* _b[ sqft2]* 6000^2/(_b[_cons] + _b[ sqft2]* 6000^2)

*  using factor variables
regress price c.sqft#c.sqft
predict price2
margins, dydx(* ) at(sqft = (2000 4000 6000))
margins, eyex(* ) at(sqft = (2000 4000 6000))
margins, eyex(* )
regress, coeflegend
generate elas2 = 2* _b[ c.sqft#c.sqft]* (sqft^2)/price2
summarize elas2

log close
*  Chapter 2.8.4 Using a Log - linear Model
```

```
log using chap02_llin, replace text
use br, clear

* distribution of prices
summarize price, detail
histogram price, percent
graph save price, replace

* distribution of log(price)
generate lprice = ln(price)
histogram lprice, percent
graph save lprice, replace

* log - linear regression
reg lprice sqft
predict lpricef, xb

* price prediction using anti - log
generate pricef = exp(lpricef)
twoway (scatter price sqft) ///
       (line pricef sqft, sort lwidth(medthick))
graph save br_loglin, replace

* slope and elasticity calculations
di "slope at 100000 = " _b[sqft]* 100000
di "slope at 500000 = " _b[sqft]* 500000
di "elasticity at 2000 = " _b[sqft]* 2000
di "elasticity at 4000 = " _b[sqft]* 4000

* average marginal effects
generate me = _b[sqft]* pricef
summarize me

generate elas = _b[sqft]* sqft
summarize elas

log close

* Section 2.9 Regression with Indicator Variables

* open new log
log using chap02_indicator, replace text
* open utown data and examine
* use utown, clear
describe
summarize

* histograms of utown data by neighborhood
histogram price if utown ==0, width(12) start(130) percent ///
        xtitle(House prices ($1000) in Golden Oaks)         ///
          xlabel(130(24)350) legend(off)
```

```
graph save utown_0, replace

histogram price if utown ==1, width(12) start(130) percent ///
xtitle(House prices ($1000) in University Town) ///
                xlabel(130(24)350) legend(off)
graph save utown_1, replace

graph combine "utown_0" "utown_1", col(1) iscale(1)
graph save combined, replace

* using by option
label define utownlabel 0 "Golden Oaks" 1 "University Town"
label value utown utownlabel
histogram price, by(utown, cols(1))  ///
        start(130) percent  ///
        xtitle(House prices ($1000))  ///
        xlabel(130(24)350) legend(off)
graph save combined2, replace

* summary stats
summarize price if utown ==0
summarize price if utown ==1

* summary stats using by
by utown, sort: summarize price

* summary stats using bysort
bysort utown: summarize price

* regression
regress price utown

* test of two means
ttest price, by(utown)
log close

* Appendix 2A on calculation of Average marginal effects

* food expenditure example
log using chap02_food_me, replace text
use food, clear
summarize income
return list
scalar xbar = r(mean)
quietly regress food_exp income
margins, eyex(* ) atmeans
nlcom _b[income]* xbar/(_b[_cons] +_b[income]* xbar)
log close

* quadratic house price example
log using chap02_quad_me, replace text
```

```
use br, clear
quietly regress price c.sqft#c.sqft
margins, eyex(* ) at(sqft =2000)
nlcom    2* _b[c.sqft#c.sqft]* (2000^2)/(_b[_cons] +_b[c.sqft#c.sqft]* (2000^2))
log close


*  slope in log - linear model
log using chap02_llin_me, replace text
use br, clear
gen lprice = log(price)
quietly regress lprice sqft
nlcom _b[sqft]* exp(_b[_cons] +_b[sqft]* 2000)
log close


*  Appendix 2B

* clear memory and start new log
clear all
log using chap02_app2G, replace text


*  define some global macros
global numobs 40        // sample size
global beta1 100         // intercept parameter
global beta2 10         // slope parameter
global sigma 50         // error standard deviation


*  random number seed
set seed 1234567


*  create artificial data using y = beta1 +beta2* x +e
set obs $numobs
generate x = 10
replace x = 20 if _n > $numobs/2
generate y = $beta1 + $beta2* x + rnormal(0, $sigma)


*  regression with artifical data
regress y x
di "rmse " e(rmse)
estat vce


* data file mc1.data created using following command
* save mc1, replace


*  program to generate data and estimate regression
program chap02sim, rclass
    version 11.1
    drop _all
    set obs $numobs
    generate x = 10
        replace x = 20 if _n > $numobs/2
    generate ey = $beta1 + $beta2* x
```

```
        generate e = rnormal(0, $sigma)
        generate y = ey + e
        regress y x
    return scalar b2 = _b[x]   // saves slope
        return scalar b1 = _b[_cons]   // saves intercept
        return scalar sig2 = (e(rmse))^2   // saves sigma^2
end

*  simulate command
simulate b1r = r(b1) b2r=r(b2) sig2r=r(sig2) , ///
        reps(1000) nodots nolegend seed(1234567): chap02sim

*  display experiment parameters
di " Simulation parameters"
di " beta1 = " $beta1
di " beta2 = " $beta2
di " N = " $numobs
di " sigma^2 = " $sigma^2

*  summarize experiment results
summarize, detail

*  histogram sampling distribution of LS estimates
histogram b2r, percent normal
graph save b2r, replace
log close
```

第 3 章

区间估计和假设检验

本章概要

3.1 区间估计

区间估计也就是人们所熟知的置信区间。当 Stata 执行回归分析时,它的标准输出部分是报告每个系数的 95% 的置信区间估计值。开始一个新的 Stata 会话并改变你的工作目录。打开一个新的日志文件并估计前一章节 2.4 中所演示的食品支出模型。

```
log using chap03, replace text
use food, clear
reg food_exp income
```

这个回归结果包括[95% Conf. Interval],它是相应系数估计区间的上下边界。

food_exp	Coef.	Std. Err.	t	P>|t|	[95% Conf. Interval]	
income	10.20964	2.093264	4.88	0.000	5.972052	14.44723
_cons	83.416	43.41016	1.92	0.062	-4.463279	171.2953

这个区间估计计算为 Coef. ± t-critical* Std. Err。由于是标准误差,因此这些系数的值是给定的。剩下的就是 t 临界值(t-critical),这个可以在《POE4》表 2 中找到,或者像我们现在演示的那样用 Stata 解决。

3.1.1 t 分布的临界值

我们可以使用 Stata 计算很多概率分布的临界值,这在很多情况下是非常方便的。在 Stata 中,临界值被创建为标量,通常带有表明它们"逆"功能的前缀 inv。回想某个标量值的命令输入:

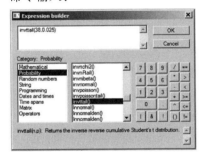

```
help scalar
```

如果你想使用对话框,在观察窗中单击 define。使用表达式构建器(**Expression Builder**)(在本书中参见 1.14.2 节)定位 **invttail( )**,双击,并填写自由度 $N-2=38$,以及满足 95% 置信区间的上尾 t 分布概率值 0.025(上尾 2.5% 的概率定义了 t 分布 97.5% 的百分位数概率)。单击 **OK**。

在标量定义框中我们可以看到:

单击底部的 **Submit**,在 **Results** 窗口(以及在 **Review**窗口)Stata 命令如下:

```
scalar define tc975 = invttail(38,0.025)
```

这个可选定义并不是必须的,因此这个命令可以简化为:

```
scalar tc975 = invttail(38,0.025)
```

查看这个标量我们必须显示它:

```
di "t critical value 97.5 percentile = "  tc975
```

这将产生:

```
. di "t critical value 97.5 percentile = "  tc975
t critical value 97.5 percentile = 2.0243942
```

其他 t 临界值的例子如下:

```
di "t(30) 95th percentile = " invttail(30,0.05)
```

```
. di "t(30) 95th percentile = " invttail(30,0.05)
t(30) 95th percentile = 1.6972609

di "t(20) 5th percentile    = " invttail(20,0.95)

. di "t(20) 5th percentile   = " invttail(20,0.95)
t(20) 5th percentile   = -1.7247182

di "t(30) 2.5th percentile   = " invttail(30,0.975)

. di "t(30) 2.5th percentile   = " invttail(30,0.975)
t(30) 2.5th  percentile    = -2.0422725
```

3.1.2　创建一个区间估计

用回归结果和我们刚刚计算出的 t 临界值,95% 的区间估计可以使用计算器计算,你也可以使用 Stata 内存中保存的结果来获得区间估计。正如前面提到的,当估计一个回归时,特定的结果将被保存方便以后使用。估计系数和标准误差分别保存为_b[varname]和_se[varname]。在食品支出方程估计后,估计的斜率系数为_b[income],截距为_b[_cons],它们的标准误差分别为_se[income]和_se[_cons]。想要了解更多关于这些内容的信息,可以在 **Command** 窗口输入 help _variables。95% 的区间估计为 $b_k \pm t_c se(b_k)$,斜率区间估计的上下边界为:

```
scalar ub2 = _b[income] + tc975* _se[income]
scalar lb2 = _b[income] - tc975* _se[income]
```

这些可以使用如下命令展示:

```
di "beta 2 95% interval estimate is " lb2 " , " ub2
```

得出:

```
. di "beta 2 95% interval estimate is " lb2 " , " ub2
beta 2 95% interval estimate is 5.9720525 , 14.447233
```

3.2　假设检验

利用统计表中的回归结果和 t 临界值,用于参数假设检验的 t 统计量可以由计算器算出。但是在本节中,我们将使用 Stata 来计算这个检验统计值、临界值和 p 值。我们继续使用食品支出回归模型来举例说明。

3.2.1　右侧显著性检验

为检验原假设 $H_0: \beta_2 = 0$ 和备择假设 $H_1: \beta_2 > 0$,我们可以使用下面的命令语句来构造并展示 t 统计量值和临界值:

```
scalar tstat0 = _b[income]/_se[income]
di "t statistic for Ho: beta2 =0 = " tstat0
di "t(38) 95th percentile = " invttail(38,0.05)
```

```
. scalar tstat0 = _b[income]/_se[income]
```

```
. di "t statistic for Ho: beta2 =0 = " tstat0
t statistic for Ho: beta2 =0 = 4.8773806
```

```
. di "t(38) 95th percentile = " invttail(38,0.05)
t(38) 95th percentile = 1.6859545
```

注意到临界值来自于 t 分布的右侧,我们使用 invttail 命令找到这个临界值。当估计回归模型时,Stata 会自动生成系数为零的原假设的 t 统计量值,列示在标记为"t"的那一栏里。

有时我们会想要检验更复杂系数的假设,为了实现这一点,我们可以使用后估计命令 **lincom**。在 Stata 下拉菜单中选择 **Statistics > Postestimation > Linear combinations of estimates**。

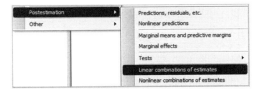

在对话框中键入你想估计的表达式,它可以是任何线性表达式,称为线性组合,包括两

个系数 b_1 和 b_2,如 $5b_2 - 3b_1 = 1$。当然,Stata 并不会直接提到 b_1 和 b_2,而是通过 _b[income] 和 _b[_cons] 来表示。在 lincom 命令的情况下,我们可以简单地指定变量名称,如 5* income - 3* _cons -1。这个命令将计算出表达式的值及其标准误差,并产生 t 统计量和区间估计。

```
. lincom 5* income - 3* _cons -1
```

```
(1)  5* income - 3* _cons = 1
```

food_exp	Coef.	Std. Err.	t	P>|t|	[95% Conf. Interval]	
(1)	-200.1998	140.1664	-1.43	0.161	-483.9518	83.55225

作为另一个示例,只须键入:in come

单击 **OK**。在 **Result** 窗口,我们可以发现隐藏的 Stata 命令和回归输出的相同结果。

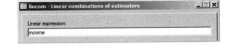

```
. lincom income
```

```
(1)  income = 0
```

food_exp	Coef.	Std. Err.	t	P>|t|	[95% Conf. Interval]	
(1)	10.20964	2.093264	4.88	0.000	5.972052	14.44723

3.2.2 经济假设的右侧检验

为检验原假设 $H_0: \beta_2 \leqslant 5.5$ 和备择假设 $H_1: \beta_2 > 5.5$，我们再次计算这个检验统计量和 0.01 右侧临界值：

```
scalar tstat1 = (_b[income] -5.5)/_se[income]
```

注意到我们使用了插入成分来控制操作顺序：

```
di "t - statistic for Ho: beta2 = 5.5 is " tstat1
di "t(38) 99th percentile = " invttail(38,0.01)
```

这将产生如下结果：

```
. di "t - statistic for Ho: beta2 = 5.5 is " tstat1
t - statistic for Ho: beta2 = 5.5 is 2.2499045

. di "t(38) 99th percentile = " invttail(38,0.01)
t(38) 99th percentile = 2.4285676
```

使用 **lincom** 输入：

```
lincom income - 5.5
```

结果显示值 $b_2 - 5.5$ 被算出，表示为 [**Coef.**]，t 统计量也被计算出来，表示为 [**t**]，这个值的 95% 的区间估计同样显示在结果中。

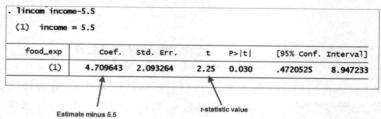

3.2.3 经济假设的左侧检验

为说明左侧检验，使原假设为 $H_0: \beta_2 \geqslant 15$，备择假设为 $H_1: \beta_2 < 15$，这个命令序列为：

```
scalar tstat2 = (_b[income] -15)/_se[income]
di "t - statistic for Ho: beta2 = 15 is " tstat2
```

我们再次使用 invttail 命令来计算 0.05 的临界值，由于拒绝域在左侧，这次我们需要右侧 95% 的概率。

```
di "t(38) 5th percentile = " invttail(38,0.95)
```

得出：

```
. di "t - statistic for Ho: beta2 = 15 is " tstat2
t - statistic for Ho: beta2 = 15 is -2.2884634

. di "t(38) 5th percentile = " invttail(38,0.95)
t(38) 5th percentile = -1.6859545
```

使用 lincom 命令则输入：

```
lincom income - 15
. lincom income - 15
```

(1) income = 15

food_exp	Coef.	Std. Err.	t	P>|t|	[95% Conf. Interval]	
(1)	-4.790357	2.093264	-2.29	0.028	-9.027948	-.5527666

3.2.4 经济假设的双侧检验

除了临界值的计算,双侧检验与单侧检验具有相同的结构。例如对于一个显著性水平为 0.05 的检验,t 分布的临界值必须为 2.5% 和 97.5%。为检验原假设 $H_1: \beta_2 = 7.5$ 和备择假设 $H_1: \beta_2 \neq 7.5$,使用如下命令:

```
scalar tstat3 = (_b[income]-7.5)/_se[income]
di "t-statistic for Ho: beta2 = 7.5 is " tstat3
di "t(38) 97.5th percentile = " invttail(38,0.025)
di "t(38) 2.5th percentile = " invttail(38,0.975)
```

结果如下:

```
. di "t-statistic for Ho: beta2 = 7.5 is " tstat3
t-statistic for Ho: beta2 = 7.5 is 1.2944586

. di "t(38) 97.5th percentile = " invttail(38,0.025)
t(38) 97.5th percentile = 2.0243942

. di "t(38) 2.5th percentile = " invttail(38,0.975)
t(38) 2.5th percentile = -2.0243942
```

由于 Stata invttail 命令对于 t 分布的上尾(upper-tail,右侧)分布有效,与左侧(lower-tail)分布临界值可能会混淆,因此要让你的大脑一直运转。t 分布图形是对称的,在百分比为 90,95,97.5 和 99 上为正数,百分比为 1,2.5,5 和 10 为负数。

运用 **lincom**,输入

```
lincom income-7.5
. lincom income-7.5
```

(1) income = 7.5

food_exp	Coef.	Std. Err.	t	P>|t|	[95% Conf. Interval]	
(1)	2.709643	2.093264	1.29	0.203	-1.527948	6.947233

3.3 p 值

能够轻易地计算出 p 值是 Stata 一个强大的特性,回忆一下:

- 如果 $H_1: \beta_k > c$,$p = t$ 右侧的概率。
- 如果 $H_1: \beta_k < c$,$p = t$ 左侧的概率。
- 如果 $H_1: \beta_k \neq c$,$p = |t|$ 右侧概率与 $-|t|$ 左侧概率之和。

> **假设检验中的 p 值原则**:当 p 值小于或等于显著性水平 α 时,拒绝原假设。也就是说,若 $p \leqslant \alpha$ 则拒绝 H_0,若 $p > \alpha$ 则不能拒绝 H_0。

t 分布的临界值可以从表中查找,也可以使用 invttail 函数算出。然而,p 值必须使用计算机计算。Stata 使用 ttail 函数,在命令窗口中输入 help ttail 可以得到这个语法的命令及其定义。

> ttail(n,t) "returns the reverse cumulative (upper - tail) Student's t
> distribution; it returns the probability T > t."

其中,**n** 为自由度,**t** 为 t 统计量的值,ttail 函数再次返回一个上尾(upper-tail)概率值。

3.3.1　右侧检验的 p 值

在上面 3.2.2 部分中,我们检验了假设 $H_0: \beta_2 \leqslant 5.5$ 和备择假设 $H_1: \beta_2 > 5.5$,我们使用以下语句计算出 t 统计量值:

> scalar tstat1 = (_b[income] - 5.5)/_se[income]

为计算并显示 p 值,我们使用:

> di "p value right tail test ho:beta2 = 5.5 is " ttail(38,tstat1)

结果如下:

> . di "p - value for right - tail test ho:beta2 = 5.5 is " ttail(38,tstat1)
> p - value for right - tail test ho:beta2 = 5.5 is .01516329

回想一下,如果忘了这个语法,可以通过输入 help scalar 找到标量定义对话框。在出现的结果查看窗中单击 define,点击 **Create**,接着在表达式构建器(**Expression builder**)对话框中选择 **Probability** 并向下滚动到看起来正确的代码。函数的定义出现在框的底部,它对我们有很大帮助。然后双击函数名称,在表达式构建器对话框中输入自由度 **n** 和 t 统计量

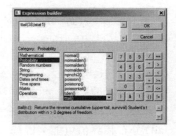

值 t,单击 **OK**。

在出现的对话框中为这个公式输入名称,然后单击 **OK**。

3.3.2　左侧检验的 p 值

为说明 p 值的左侧检验,使用上面 3.2.3 部分的例子,使原假设为 $H_0: \beta_2 \geqslant 15$,备择假设为 $H_1: \beta_1 < 15$。我们计算如下:

> scalar tstat2 = (_b[income] - 15)/_se[income]

左侧检验的 p 值在左侧,或者比 t 分布的左尾部更小。输入命令:

> di "p value left tail test ho:beta2 = 15 is " 1 - ttail(38,tstat2)

想要知道从左侧 **tstat2** 到右侧 **tstat2** 的面积,我们就必须使用 1 - ttail(38,tstat2) 和 ttail(38,tstat2)来进行计算。结果如下:

> . di "p - value for left - tail test ho:beta2 = 15 is " 1 - ttail(38,tstat2)
> p - value for left - tail test ho:beta2 = 15 is .01388071

3.3.3　双侧检验的 p 值

在上面的 3.2.4 节中,我们检验了假设 $H_0: \beta_2 = 7.5$ 及其备择假设 $H_1: \beta_2 \neq 7.5$,t 统计量使用了如下命令计算:

```
scalar tstat3 = (_b[income]-7.5)/_se[income]
```

双侧检验的 p 值是 $|t|$ 的右侧面积和 $-|t|$ 的左侧面积的总和,使用:

```
scalar phalf = ttail(38,abs(tstat3))
```

这个命令计算了 $1/2$ 的 p 值,也就是从 t 分布的上侧部分到 t 统计量的绝对值(**abs** 函数)的右侧,用这个值乘以 2,并报告出来:

```
scalar p3 = 2* phalf
di "p value for two tail test ho:beta2 = 7.5 is " p3
```

结果如下:

```
. di "p-value for two-tail test ho:beta2 = 7.5 is " p3
p-value for two-tail test ho:beta2 = 7.5 is .20331828
```

当然,没必要分开进行计算,也可以单独计算,过程如下:

```
di "p value for ho:beta2 = 7.5 is " 2* ttail(38,abs(tstat3))
```

```
. di "p-value for ho:beta2 = 7.5 is " 2* ttail(38,abs(tstat3))
p-value for ho:beta2 = 7.5 is .20331828
```

3.3.4 在 Stata 中输出 p 值

当进行回归分析并使用 post-estimation 命令 lincom 时,就可以得到 p 值。例如,这个回归输出结果如下:

food_exp	Coef.	Std. Err.	t	P>|t|	[95% Conf. Interval]
income	10.20964	2.093264	4.88	0.000	5.972052 14.44723
_cons	83.416	43.41016	1.92	0.062	-4.463279 171.2953

p-value for a two-tail test that the coefficient is zero

列标签为 $p>|t|$ 表示系数为零的原假设的 p 值。相对于 t 统计量的绝对值,这个符号赋予了概率 **P** 值更深的含义。这实际上转化为两个语句,即这个概率比 t 的正值更大,又比 t 的负值更小。如果需要进行单侧显著性检验,只要估计满足备择假设,那么这个 p 值就是双侧检验的 p 值的 $1/2$,因为概率只在这个分布的一侧发生。

使用 lincom 命令,便会呈现相同的内容。

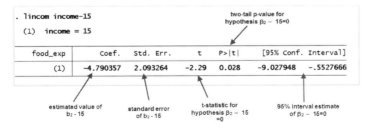

3.3.5 检验并估计参数的线性组合

一个更为普遍的线性假设包括两个参数,形式可能如下:

$$H_0: c_1\beta_1 + c_2\beta_2 = c_0$$

其中,c_0, c_1 和 c_2 为特定常数,这个假设检验使用 t 统计量:

$$t = \frac{(c_1 b_1 + c_2 b_2) - c_0}{\text{se}(c_1 b_1 + c_2 b_2)}$$

这里双侧和单侧假设检验(ⅰ)-(ⅲ)的拒绝域与 3.3 节所介绍的是一致的,结论的解释也一样。t 统计量分母中的标准误差是下面这个方差的平方根:

$$\widehat{\text{var}[c_1 b_1 + c_2 b_2]} = c_1^2 \widehat{\text{var}(b_1)} + c_2^2 \widehat{\text{var}(b_2)} + 2c_1 c_2 \widehat{\text{cov}(b_1, b_2)}$$

为了手工计算这个值,可以运用最小二乘估计的协方差矩阵,用 **estat vce** 命令获得后估计值:

```
. estat vce
```

Covariance matrix of coefficients of regress model

e(V)	income	_cons
income	4.3817522	
_cons	-85.903157	1884.4423

利用 lincom 我们可以估计线性组合如 $c_1 \beta_1 + c_2 \beta_2$,也可以检验更普遍的线性假设形式。例如,如果 $c_1 = 1, c_2 = 20$,则:

```
lincom _cons + income* 20
. lincom _cons + income* 20
(1) 20* income + _cons = 0
```

food_exp	Coef.	Std. Err.	t	P>|t|	[95% Conf. Interval]
(1)	287.6089	14.17804	20.29	0.000	258.9069	316.3108

为检验线性组合等于 250 的原假设,使用如下语句:

```
lincom _cons + income* 20 - 250
. lincom _cons + income* 20 - 250
(1) 20* income + _cons = 250
```

food_exp	Coef.	Std. Err.	t	P>|t|	[95% Conf. Interval]
(1)	37.60886	14.17804	2.65	0.012	8.906915	66.31081

附录 3A 图形工具

为了用图形说明单双侧检验的拒绝域及 p 值,首先,我们构造一个 t 分布值,然后掩盖适当的尾部面积。例如,自由度为 38 的 t 分布,双侧检验的拒绝域对应的 t 值,要么比 2.024 大,要么比 -2.024 小。

首先,清空内存。概率密度函数值 $f(t)$ 可以使用 Stata 函数 tden(n,t)计算得到,其中,**n** 为自由度,**t** 为一个值。**graph twoway function**(help twoway function)将为这个特定的函数绘制一个线形图,这个命令语句为:

```
twoway function [[y] =] f(x) [if] [in] [, options]
```

在这个 twoway 函数中,使用 **recast** 选项我们可以得到掩盖部分的面积,同时 **recast** 设定了一种新的图型——面积图,而不是线形图。

```
twoway (function y = tden(38,x), range( -5 -2.024)    ///
        color(ltblue) recast(area))                   ///
```

```
    (function y = tden(38,x), range(2.024 5)            ///
        color(ltblue) recast(area))                      ///
    (function y = tden(38,x), range( - 5 5)),           ///
legend(off) plotregion(margin(zero))                     ///
ytitle("f(t)") xtitle("t")                               ///
text(0 - 2.024 " - 2.024", place(s))                     ///
text(0 2.024 "2.024", place(s))                          ///
title("Two - tail rejection region" "t(38), alpha = 0.05")
```

选项 **plotregion**(help region options)剔除了图形边缘。在 **place** 命令给定的位置坐标中,**text** 选项(**help graph text**)可以使文本放置在图形中,如下图:

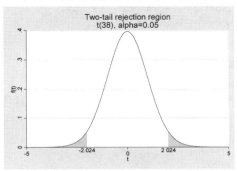

同样,对于右侧检验拒绝域可以使用:

```
twoway (function y = tden(38,x), range(1.686 5)          ///
        color(ltblue) recast(area))                      ///
    (function y = tden(38,x), range( - 5 5)),           ///
    legend(off) plotregion(margin(zero))                 ///
    ytitle("f(t)") xtitle("t")                           ///
    text(0 1.686 "1.686", place(s))                      ///
    title("Right - tail rejection region" "t(38), alpha = 0.05")
```

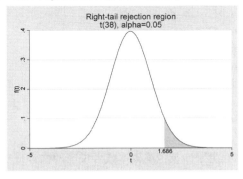

附录 3B　蒙特卡洛模拟实验

利用第 2 章中模拟所用到的实验设计,我们来探究假设检验和区间估计的重复抽样内容。一个 5% 显著性水平的检验应导致 5% 的概率拒绝真实的原假设,一个 95% 的区间估计应以 95% 的概率覆盖或者包括真实的参数值。我们可以用蒙特卡洛模拟来证实这些内容:

```
clear all
log using app3c, replace text
global numobs 40
global beta1 100
global beta2 10
global sigma 50
set seed 1234567
set obs $numobs
gen x = 10
replace x = 20 if _n > $numobs/2
gen y = $beta1 + $beta2* x + rnormal(0, $sigma)
quietly regress y x
```

从保存的结果中创建 t 统计量来检验斜率参数为 10 的真实原假设。

```
scalar tstat = (_b[x] - $beta2)/_se[x]
di "ttest of ho b2 = 10 " tstat
```

返回 t 统计量值和 95% 区间估计的上下边界,并将在模拟过程中重复执行的程序如下:

```
program chap03sim, rclass
        version 11.1
        drop _all
        set obs $numobs
        gen x = 10
        replace x = 20 if _n > $numobs/2
        gen ey = $beta1 + $beta2* x
        gen e = rnormal(0, $sigma)
        gen y = ey + e
        regress y x
        scalar tc975 = invttail($numobs - 2,0.025)
        * calculating 95% interval estimate
        return scalar b2 = _b[x]
        return scalar se2 = _se[x]
        return scalar ub = _b[x] + tc975* _se[x]
        return scalar lb = _b[x] - tc975* _se[x]

        * calculating t - statistic
        return scalar tstat = (_b[x] - $beta2)/_se[x]
    end
```

　　在蒙特卡洛模拟实验中,由于涉及拒绝概率或者说区间估计成功的可能性,因此实验样本数量的选取是非常重要的。基于以下原因:95% 的置信区间估计应该能够包含 95% 的样本重复次数中的真实参数值,我们选取了 10000 个样本数量。在蒙特卡洛实验中,M 个重复样本是独立实验,在这些实验中,我们期望实验"成功",即区间要以 $P = 0.95$ 的概率成功包含真实参数值。实验成功次数服从二项(**binomial**)分布,在 M 次试验中,成功次数的比例 $\hat{P}$ 是一个随机变量,它的期望为 P,方差为 $P(1-P)/M$。如果蒙特卡洛实验的样本数 M 很大,那么实验成功次数的比例也就是 0.95 的概率为:$P \pm 1.96\sqrt{P(1-P)/M}$。同样的,对于一个拒绝概率 $\alpha =$

0.05的检验,拒绝次数百分比落在 $\alpha \pm 1.96\sqrt{\alpha(1-\alpha)/M}$ 区间的概率为 0.95。

样本数量是 10 000 还是 1000,由以下语句限定:

```
di "lower bound with 10000 replications " 0.05 - 1.96* sqrt(0.05* 0.95/10000)
di "upper bound with 10000 replications " 0.05 + 1.96* sqrt(0.05* 0.95/10000)
di "lower bound with 1000 replications " 0.05 - 1.96* sqrt(0.05* 0.95/1000)
di "upper bound with 1000 replications " 0.05 + 1.96* sqrt(0.05* 0.95/1000)

. di "lower bound with 10000 replications " 0.05 - 1.96* sqrt(0.05* 0.95/10000)
lower bound with 10000 replications .04572828


. di "upper bound with 10000 replications " 0.05 + 1.96* sqrt(0.05* 0.95/10000)
upper bound with 10000 replications .05427172


. di "lower bound with 1000 replications " 0.05 - 1.96* sqrt(0.05* 0.95/1000)
lower bound with 1000 replications .03649163


. di "upper bound with 1000 replications " 0.05 + 1.96* sqrt(0.05* 0.95/1000)
upper bound with 1000 replications .06350837
```

当蒙特卡洛模拟实验样本数为 10000 时,观测到的拒绝次数以 95% 的概率落在区间 0.0457到 0.0543 之间,当样本数仅为 1000 时,这个区间为 0.0365 到 0.0635。

如第 2 章那样,用 simulate 命令创建新的变量 **b2r**,**se2r**。此外,在真的原假设 $\beta_2 = 10$ 的情况下,我们为区间估计的上下边界及 t 统计量添加变量 **ubr**,**lbr** 和 **tstatr**。

```
simulate b2r = r(b2) se2r = r(se2) ubr = r(ub) lbr = r(lb) ///
        tstatr = r(tstat) , reps(10000) nodots nolegend ///
                seed(1234567): chap03sim
```

为了计算区间估计成功的次数,我们估算区间估计有多少次包含了真实参数值 10,具体如下:

```
gen cover = (lbr < $beta2) & ($beta2 <ubr)
```

假设检验应以 5% 的概率拒绝真的原假设,这里,使用右侧(right-tail)检验来展示。我们可以核实并汇总这些值:

```
gen reject = (tstatr > invttail($nobs,0.05))
list b2r se2r tstatr reject lbr ubr cover in 101/120, table
```

	b2r	se2r	tstatr	reject	lbr	ubr	cover
101.	8.318099	1.502351	-1.119513	0	5.276749	11.35945	1
102.	10.95639	1.548826	.6174955	0	7.82096	14.09183	1
103.	13.36436	1.70848	1.96921	1	9.905719	16.82299	1
104.	9.740551	1.876146	-.1382883	0	5.942492	13.53861	1
105.	12.34023	1.627542	1.437893	0	9.045445	15.63502	1

```
summarize cover reject
. summarize cover reject
```

Variable	Obs	Mean	Std. Dev.	Min	Max
cover	10000	.9518	.2141993	0	1
reject	10000	.0473	.2122904	0	1

```
log close
```

这时,我们看到区间估计以 95.18% 的次数包含了参数真值,并以 4.73% 的次数拒绝了真实值,这在我们计算的取样误差范围内。

关键术语

_b[_cons]	区间估计	**scalar**
_b[varname]	**invttail**	样本设定
_se[_cons]	左侧检验	模拟
_se[varname]	**lincom**	**tden**
置信区间 1	估计的线性组合	**ttail**
覆盖率	后估计	双侧检验
define	p 值	**twoway**
estat vce	**recast(area)**	
表达式构建器	右侧检验	

第 3 章 Do 文件

```
*   file chap03.do for Using Stata for Principles of Econometrics, 4e

cd c:\data\poe4stata

*   Stata Do - file
*   copyright C 2011 by Lee C. Adkins and R. Carter Hill
*   used for "Using Stata for Principles of Econometrics, 4e"
*   by Lee C. Adkins and R. Carter Hill (2011)
*   John Wiley and Sons, Inc.

*   setup

version 11.1
capture log close
set more off

*   open log
log using chap03, replace text

*   open food
use food, clear

*   estimate regression
reg food_exp income

*   compute t - critical value
scalar tc975 = invttail(38,.025)
di "t critical value 97.5 percentile = " tc975

*   calculating 95% interval estimate
scalar ub2 = _b[income] + tc975* _se[income]
scalar lb2 = _b[income] - tc975* _se[income]
```

```
di "beta 2 95% interval estimate is " lb2 " , " ub2

*   examples of computing t - critical values
di "t(30) 95th percentile = " invttail(30,0.05)
di "t(20) 95th percentile = " invttail(20,0.05)
di "t(20) 5th percentile = " invttail(20,0.95)
di "t(30) 97.5th percentile = " invttail(30,0.025)
di "t(30) 2.5th percentile = " invttail(30,0.975)

*   right - tail test ho:beta2 = 0
scalar tstat0 = _b[income]/_se[income]
di "t statistic for Ho: beta2 =0 = " tstat0
di "t(38) 95th percentile = " invttail(38,0.05)

*   using lincom
lincom income

*   right - tail test ho:beta2 = 5.5
scalar tstat1 = (_b[income] - 5.5)/_se[income]
di "t - statistic for Ho: beta2 = 5.5 is " tstat1
di "t(38) 99th percentile = " invttail(38,0.01)

*   using lincom for calculation
lincom income - 5.5

*   left - tail test ho:beta2 = 15
scalar tstat2 = (_b[income] - 15)/_se[income]
di "t - statistic for Ho: beta2 = 15 is " tstat2
di "t(38) 5th percentile = " invttail(38,0.95)
lincom income - 15

*   two - tail test ho:beta2 = 7.5
scalar tstat3 = (_b[income] - 7.5)/_se[income]
di "t - statistic for Ho: beta2 = 7.5 is " tstat3
di "t(38) 97.5th percentile = " invttail(38,0.025)
di "t(38) 2.5th percentile = " invttail(38,0.975)
lincom income - 7.5

*   two - tail test ho:beta1 = 0
lincom _cons

*   p - value for right - tail test
scalar tstat1 = (_b[income] - 5.5)/_se[income]
di "p - value for right - tail test ho:beta2 = 5.5 is " ttail(38,tstat1)

*   p - value for left - tail test
scalar tstat2 = (_b[income] - 15)/_se[income]
di "p - value for left - tail test ho:beta2 = 15 is " 1 - ttail(38,tstat2)

*   p - value for a two - tail test
```

```
scalar tstat3 = (_b[income] - 7.5)/_se[income]
scalar phalf = ttail(38,abs(tstat3))
scalar p3 = 2* phalf
di "p - value for two - tail test ho:beta2 = 7.5 is " p3
di "p - value for ho:beta2 = 7.5 is " 2* ttail(38,abs(tstat3))

*    linear combinations of parameters
*    estimating a linear combination
estat vce
lincom _cons + income* 20

*    testing a linear combination
lincom _cons + income* 20 - 250

log close

*    Appendix 3A Graphing rejection regions

clear

*    specify critcal values as
globals global
t025 = invttail(38,0.975)
global t975 = invttail(38,0.025)

*    draw the shaded areas, then draw the overall curve
twoway (function y = tden(38,x), range( - 5 $t025)      ///
                color(ltblue) recast(area))            ///
       (function y = tden(38,x), range( $t975 5)       ///
                color(ltblue) recast(area))            ///
       (function y = tden(38,x), range( - 5 5)),       ///
       legend(off) plotregion(margin(zero))            ///
                ytitle("f(t)") xtitle("t")             ///
          text(0 - 2.024 " - 2.024", place(s))         ///
          text(0 2.024 "2.024", place(s))              ///
          title("Two - tail rejection region" "t(38), alpha =0.05")

*    one - tail rejection region
twoway (function y = tden(38,x), range(1.686 5)        ///
                color(ltblue) recast(area))            ///
       (function y = tden(38,x), range( - 5 5)),       ///
       legend(off) plotregion(margin(zero))            ///
                ytitle("f(t)") xtitle("t")             ///
          text(0 1.686 "1.686", place(s))              ///
          title("Right - tail rejection region" "t(38), alpha =0.05")

*    Appendix 3C

*    set up
clear all
```

```
*   open log
log using app3c, replace text

*   define global variables
global numobs 40
global beta1 100
global beta2 10
global sigma 50

*   set random number seed
set seed 1234567

*   generate sample of data
set obs $numobs
gen x = 10
replace x = 20 if _n > $numobs/2
gen y = $beta1 + $beta2* x + rnormal(0, $sigma)

*   regression
quietly regress y x

*   test h0: beta2 = 10
scalar tstat = (_b[x] - $beta2)/_se[x]
di "ttest of ho b2 = 10 " tstat

*   program to generate data and to examine
*   performance of interval estimator and
*   hypothesis test
program chap03sim, rclass
version 11.1
drop _all
set obs $numobs
gen x = 10
    replace x = 20 if _n > $numobs/2
gen ey = $beta1 + $beta2* x
    gen e = rnormal(0, $sigma)
    gen y = ey + e
    regress y x
    scalar tc975 = invttail($numobs - 2,0.025)

    * calculating 95% interval estimate
    return scalar b2 = _b[x]
    return scalar se2 = _se[x]
    return scalar ub = _b[x] + tc975* _se[x]
return scalar lb = _b[x] - tc975* _se[x]

    * calculating t - statistic
return scalar tstat = (_b[x] - $beta2)/_se[x]
end
```

```
*    display 95% interval for test size with different number
*    of monte carlo samples

di "lower bound with 10000 replications is " 0.05 - 1.96* sqrt(0.05* 0.95/10000)
di "upper bound with 10000 replications is " 0.05 + 1.96* sqrt(0.05* 0.95/10000)
di "lower bound with 1000 replications is " 0.05 - 1.96* sqrt(0.05* 0.95/1000)
di "upper bound with 1000 replications is " 0.05 + 1.96* sqrt(0.05* 0.95/1000)

*    simulate command
simulate b2r = r(b2) se2r = r(se2) ubr = r(ub) lbr = r(lb) ///
    tstatr = r(tstat) , reps(10000) nodots nolegend ///
    seed(1234567): chap03sim

*    display experiment parameters
di " Simulation parameters"
di " beta1 = " $beta1
di " beta2 = " $beta2
di " N = " $numobs
di " sigma^2 = " $sigma^2

*    count intervals covering true beta2 = 10
gen cover = (lbr < $beta2) & ($beta2 < ubr)

*    count rejections of true h0: beta2 = 10
gen reject = (tstatr > invttail($numobs-2,0.05))

*    examine some values
list b2r se2r tstatr reject lbr ubr cover in 101/120, table

*    summarize coverage and rejection
summarize cover reject

log close
```

第 4 章

预测、拟合优度和建模

本章概要

4.1 最小二乘预测

在第 2 章中，我们已经接触了预测。现在，我们就来学习预测的标准误差（即预测精确度的度量）和预测区间。改变你的工作目录，为本章的学习开始一个新的日志文件并打开食品支出模型数据。

```
version 11.1
capture log close
set more off

log using chap04_food, replace text
use food, clear
```

让我们计算每周收入为 $2000 的家庭的食品支出预测值。

4.1.1 数据的编辑

我们将编辑数据，在观测值 41 行中输入 income = 20，这些步骤在本书的 2.5 节已经解释过了。

```
edit
set obs 41
replace income = 20 in 41
```

4.1.2 估计回归并获得后估计结果

现在，我们来估计食品支出的回归，隐藏我们所看到过的结果。

```
quietly regress food_exp income
```

使用后估计 predict 命令，得到拟合值（**yhat**）和最小二乘残差（**ehat**）。我们之前在 2.4.1 节已经看到过这些数据。

```
predict yhat
predict ehat, residuals
```

我们将添加一个新的选项 stdf 来计算预测的标准误差。定义我们要预测的新的观测值如下：

$$y_0 = \beta_1 + \beta_2 x_0 + e_0$$

其中 e_0 是一个随机误差。我们假定 $E(y_0) = \beta_1 + \beta_2 x$ 且 $E(e_0) = 0$，同时我们假定 e_0 与回归误差有相同的方差 $\mathrm{var}(e_0) = \sigma$，且 e_0 与组成样本数据的随机误差并不相关，这样，$\mathrm{cov}(e_0, e_i) = 0, i = 1, 2, \cdots, N$。$y_0$ 的最小二乘估计值由以下拟合回归线得出：

$$\hat{y_0} = b_1 + b_2 x_0$$

也就是说，预测值 $\hat{y_0}$ 是在这个最小二乘拟合线 $x = x_0$ 那一点上得出的。为评价这个预测值的好坏，我们定义了预测误差，它与最小二乘残差类似。

$$f = y_0 - \hat{y_0} = (\beta_1 + \beta_2 x_0 + e_0) - (b_1 + b_2 x_0)$$

这个预测误差的估计方差为：

$$\widehat{\mathrm{var}(f)} = \hat{\sigma}^2 \left[1 + \frac{1}{N} + \frac{(x_0 - \bar{x})^2}{\sum (x_i - \bar{x})^2} \right]$$

这个估计方差的平方根就是预测的标准误差：

$$\text{se}(f) = \sqrt{\widehat{\text{var}(f)}}$$

使用下面命令可以算出具体数值：

```
predict sef, stdf
```

浏览数据，我们发现：

这个预测值 **yhat** 和预测的标准误差 **sef** 都有具体值，而因变量 **food_exp** 和最小二乘残差 **ehat** 在观测行 41 中都是缺省值。

4.1.3 创建预测区间

定义 t 分布的临界值 t_c 为 $100(1 - \alpha/2)\%$，我们可以得到一个 $100(1 - \alpha)\%$ 预测区间为：

$$\hat{y}_0 \pm t_c \text{se}(f)$$

我们使用 invttail(n,p)命令创建这个临界值：

```
scalar tc = invttail(38,.025)
di "t critical value 97.5 percentile = "  tc
```

```
. di "t critical value 97.5 percentile = "   tc
t critical value 97.5 percentile = 2.0243942
```

生成的值为 2.0243942，现在我们用这个值及 **yhat** 和 **sef** 来生成新的变量，也就是这个预测区间的上下边界。**Generate** 命令可以简化为 gen。

```
gen lb = yhat - tc* sef
gen ub = yhat + tc* sef
```

使用 list 命令，我们可以在观测行 41 中看到这些变量值，现列示该行变量 income，lb，yhat 和 ub 的值。

```
       list income lb yhat ub in 41
. list income lb yhat ub in 41
```

	income	lb	yhat	ub
41.	20	104.1323	287.6089	471.0854

由于我们将不再使用观测样本 41，因此将它从数据文件中剔除。

```
drop in 41
```

命令 drop 有几种功能，它可以用来删除数据文件中特定的观测值，正如我们上面所做的那样，也可以用来删除变量。输入 help drop 可以详细了解这个语法。

4.2 拟合优度的度量

拟合优度的度量值 R^2 是由下面这些平方和构造而成：

$$\sum (y_i - \bar{y})^2 = \sum (\hat{y}_i - \bar{y})^2 + \sum \hat{e}_i^2$$

这些"平方和"分别是：

- $\sum (y_i - \bar{y})^2 =$ 总平方和 $= SST$：度量样本均值的 y 的总偏差。

- $\sum (\hat{y}_i - \bar{y})^2 =$ 回归平方和 $= SSR$：关于样本均值的 y 的总偏差的一部分，可以被回归解释或者应归于回归，也被称为"解释平方和"（explained sum of squares），有些软件称为模型平方和（model sum of squares）。

- $\sum \hat{e}_i^2 =$ 残差平方和 $= SSE$：关于样本均值的 y 的总偏差的一部分，不能被回归解释，也被称为非解释平方和、残差平方和或误差平方和，更准确的说法是剩余平方和。

使用这些简称，总体平方和可以表达成：

$$SST = SSR + SSE$$

拟合优度测量值 R^2 则为：

$$R^2 = \frac{SSR}{SST} = 1 - \frac{SSE}{SST}$$

当估计回归模型时，所有的这些变量都会出现在方差分析表（**Analysis of Variance Table**）中，列示在回归系数的上方。在这个表中，**source**（**Model，Residual，Total**）指与平方和分解相同的分解，标为 **SS** 的那列就是平方和，**df** 列指自由度。这个模型的自由度为 1，因为它只包含一个解释变量；剩余自由度为 $N-2$，这是观测样本数量减去模型参数个数（包括截距）后得到的值。列 **MS** 即为平方和均值，它是由列 **SS** 的值除以列 **df** 的值而来，因此 **Residual MS** 就是我们估计的误差方差。

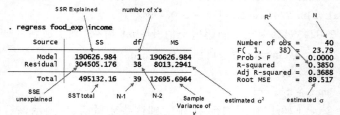

4.2.1 相关关系和 R^2

注意到在《POE4》的简单回归模型中，R^2 是变量 y 和 x 的简单二次相关关系，而且通常来讲，R^2 也是变量 y 及其拟合值 $\hat{y}$ 之间的二次相关关系。在 Stata 下拉菜单中，我们选择：

Statistics > Summaries, tables, and tests > Summary and descriptive statistics > Pairwise correlations

在 **Pairwise correlations** 对话框中，使用下拉列表填写变量名称，单击 **OK**。这个 **Stata** 命令为：

```
pwcorr food_exp income yhat
```

Result 窗口展示了这个相关关系：

```
. pwcorr food_exp income yhat
```

	food_exp	income	yhat
food_exp	1.0000		
income	0.6205	1.0000	
yhat	0.6205	1.0000	1.0000

然后对 **food_exp** 和 **income** 之间相关系数取平方，令 $r_{xy}^2 = 0.62^2 = 0.385 = R^2$。

4.3 缩放和转换数据的影响

在回归模型中，数据可以在不失去实际意义的情况下进行缩放。变量缩放应有合理的度量单位，使得缩放结果既没有极大的数据也没有极小的数据。缩放和转换变量可以使用 generate 命令轻易达成。

在食品支出数据中，变量 income 以 $100 为一个度量单位，因此 **income** = 20 表示这个家庭月收入为 $2000。为把 income 变量转换成 dollars 并估计生成的回归，在命令窗口键入：

    gen inc_dollar = income* 100

用这个新的 income 变量来估计食品支出回归模型，注意到我们已经将 regress 命令简化为 reg。

    reg food_exp income

food_exp	Coef.	Std. Err.	t	P>|t|	[95% Conf.	Interval]
income	10.20964	2.093264	4.88	0.000	5.972052	14.44723
_cons	83.416	43.41016	1.92	0.062	-4.463279	171.2953

    reg food_exp inc_dollar

food_exp	Coef.	Std. Err.	t	P>|t|	[95% Conf.	Interval]
inc_dollar	.1020964	.0209326	4.88	0.000	.0597205	.1444723
_cons	83.416	43.41016	1.92	0.062	-4.463279	171.2953

在这个回归结果中，注意 income 系数及它的标准误差的大小发生了变化，因此置信区间也改变了。

    log close

4.3.1 线性对数方程结构

使用简单的变量转化，线性回归模型就可以表示非线性变量之间的关系。拿食品支出例子来说，这个线性对数模型（linear-log model）如下：

$$FOOD\_EXP = \beta_1 + \beta_2 \ln(INCOME) + e$$

为回归这个模型，我们将创建一个新的变量，即收入（income）的对数，然后运用最小二乘回归。

```
log using chap04_linlog, replace text
use food, clear
gen lincome = ln(income)
reg food_exp lincome
```

```
. reg food_exp lincome
```

Source	SS	df	MS
Model	176519.828	1	176519.828
Residual	318612.333	38	8384.53507
Total	495132.16	39	12695.6964

Number of obs =	40
F(1, 38) =	21.05
Prob > F =	0.0000
R-squared =	0.3565
Adj R-squared =	0.3396
Root MSE =	91.567

food_exp	Coef.	Std. Err.	t	P>|t|	[95% Conf. Interval]
lincome	132.1659	28.80461	4.59	0.000	73.85397 190.4777
_cons	-97.18645	84.23744	-1.15	0.256	-267.7162 73.34333

在我们 4.3.2 节运用过的对数线性模型回归中,使用后估计命令 predict 来获得拟合值和残差。

```
predict lyhat
predict lehat, resid
```

在这个线性对数模型中,斜率为 $\beta_2/INCOME$。我们如何使用 Stata 来计算这个斜率呢? 首先,我们必须为 income 选择一个值,如果没有其他感兴趣的特定值,样本均值是一个很好的选择。计算 income 概要统计量:

```
summarize income
```

Stata 保存了大量的计算结果,你可以通过输入下面的命令来查看:

```
return list
```

```
. summarize income
```

Variable	Obs	Mean	Std. Dev.	Min	Max
income	40	19.60475	6.847773	3.69	33.4

```
. return list
```

scalars:

```
    r(N)      =    40
    r(sum_w)  =    40
    r(mean)   =    19.60475
    r(Var)    =    46.89198967948718
    r(sd)     =    6.847772607168492
    r(min)    =    3.69
    r(max)    =    33.4
    r(sum)    =    784.1899999999999
```

我们看到上面返回了大量的标量,包括均值。将其保存为标量使用:

```
scalar xbar = r(mean)
```

现在我们用 lincom 命令来计算斜率:

```
lincom lincome/xbar

. lincom lincome/xbar

(1)  .051008* lincome = 0
```

food_exp	Coef.	Std. Err.	t	P>|t|	[95% Conf. Interval]	
(1)	6.741522	1.469267	4.59	0.000	3.767147	9.715897

处在中等收入水平时,家庭每周收入增长 $100,估计食品支出增加 $6.74。这个估计的线性对数方程的斜率也可以由其他值(点)算出。

```
lincom lincome/10

lincom lincome/20

lincom lincome/30

. lincom lincome/10

(1)  .1* lincome = 0
```

food_exp	Coef.	Std. Err.	t	P>|t|	[95% Conf. Interval]	
(1)	13.21659	2.880461	4.59	0.000	7.385397	19.04777

```
. lincom lincome/20

(1)  .05* lincome = 0
```

food_exp	Coef.	Std. Err.	t	P>|t|	[95% Conf. Interval]	
(1)	6.608293	1.440231	4.59	0.000	3.692698	9.523887

```
. lincom lincome/30

(1)  .0333333* lincome = 0
```

food_exp	Coef.	Std. Err.	t	P>|t|	[95% Conf. Interval]	
(1)	4.405528	.9601537	4.59	0.000	2.461799	6.349258

4.3.2　绘制拟合线性对数模型图

运用之前章节计算出的拟合值和残差,我们用 twoway graphs 命令叠加两幅图,第一幅图为散点图,第二幅为线形图。由于数据基于 *INCOME* 进行了分类处理,因此这两幅图形将会很好地叠加。

```
twoway (scatter food_exp income, sort) ///

    (line lyhat income, sort lwidth(medthick)), ///

    xtitle(Income) ytitle(Food Expenditure) ylabel(0(100)600) ///

    title(Linear Log Model)

graph save linlog, replace
```

从图中看到这个关系不是直线关系,在数据的中央附近,拟合曲线并不是很陡峭,斜率(6.74)比从简单线性回归得出的斜率要小。为了更明显地看到这个关系,我们叠加三幅图。估计这个线性关系,使用 quietly 选项隐藏输出结果,并获得预测值和残差。

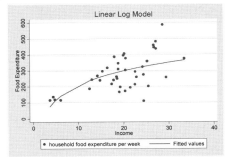

```
quietly reg food_exp income
predict yhat
predict ehat, resid
```

使用另一个新的选项 lpattern(dash)添加拟合曲线。

```
twoway (scatter food_exp income, sort) ///
      (line lyhat income, sort lwidth
(medthick)) ///
      (line yhat income, sort lpattern
(dash) lwidth(medthick)), ///
    xtitle(Income) ytitle(Food Expendi-
ture) ylabel(0(100)600) ///
    title(Linear Log Model)
graph save linlog2, replace
```

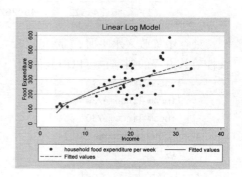

4.3.3 编辑图形

使用图形编辑器（**Graph Editor**）可以交互修改图形样式。

在图形编辑器右边，有一列带"＋"的图形元素，打开"＋"可以看到更详细的列表。点击这些元素，高亮部分表明它们是关联的。改变线性对数模型的标签"Fitted Values"，选择点击 **label[2]**。

选择 **label[2]** 后，顶部会同时显示标签颜色、大小和文本的编辑选项。只须键入你需要的文本并按 **Enter** 键。

选择 **plotregion** 和 **plot3**，当 **plot3** 被选择时，这个线性拟合曲线将出现交叉，表明 **plot3** 被选中。想要快速改变图形的线形样式，可以从下拉菜单中选择。

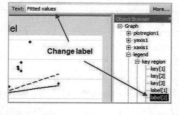 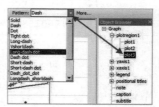

选择 **Apply** 完成更改，接着保存你所做的改动并关闭（**Stop**）图形编辑器（下面左图）。现在，我们的图形如下右图所示。

事实上，图形的每一种样式都可以在图形编辑器（Graph Editor）中进行控制，你所做的图形编辑可以用 **graph recorder** 记录，并再次应用到其他图形上。详情请见 **help graph recorder**。

 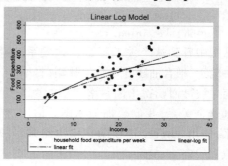

4.4　残差分析

决定选择的方程结构(functional form)是否适当,最关键的因素之一就是分析这个模型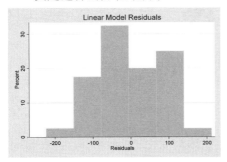的残差。在上面的 4.1.2 节中,我们针对线性模型计算了最小二乘残差,它们应该保存在内存中。如果内存中没有,我们再次估计食品支出线性模型并计算残差,即所谓的 **ehat**。如果你有扩展的研究,必须要记得保存你以后需要用到的变量。这就需要一个小的预先计划,或者简单地重新计算。

第一步,构造一个最小二乘残差的直方图。我们总是希望结果是合适的钟形,从而考虑到正态分布。

```
histogram ehat, percent title(Linear Model Residuals)
graph save olsehat_hist, replace
```

其次,我们可以详细地报告这些残差概要统计量。

```
summarize ehat, detail
. summarize ehat, detail
```

Residuals

	Percentiles	Smallest		
1%	-223.0255	-223.0255		
5%	-133.9407	-142.2519		
10%	-115.6628	-125.6295	Obs	40
25%	-52.94326	-119.058	Sum of Wgt.	40
50%	-6.324473		Mean	4.77e-08
		Largest	Std. Dev.	88.3619
75%	68.72928	117.4039		
90%	112.8848	120.0951	Variance	7807.825
95%	121.0697	122.0443	Skewness	-.0973187
99%	212.044	212.044	Kurtosis	2.989034

4.4.1　Jarque-Bera 检验

详尽的残差分析还包括偏度和峰度系数,它们是构成 **Jarque-Bera** 正态检验的元素。为变量 Y 定义样本矩为:

$$\tilde{\mu}_2 = \sum (Y_i - \bar{Y})^2/N = \tilde{\sigma}^2$$

$$\tilde{\mu}_3 = \sum (Y_i - \bar{Y})^3/N$$

$$\tilde{\mu}_4 = \sum (Y_i - \bar{Y})^4/N$$

注意到我们在这些算式中都除以 N。使用样本中心矩估计,我们可以获得偏度系数(**skewness coefficient**(S))和峰度系数(**kurtosis coefficient**(K))估计值如下:

$$\widehat{skewness} = S = \frac{\tilde{\mu}_3}{\tilde{\sigma}^3}$$

$$\widehat{kurtosis} = K = \frac{\tilde{\mu}_4}{\tilde{\sigma}^4}$$

之前已经注意到当使用 **summarize** 后,大量的数据项就会被保存,因此输入:

```
return list
```

一些返回值如下:

```
. return list
scalars:
            r(N)        =    40
            r(sum_w)    =    40
            r(mean)     =    4.76837158203e-08
            r(Var)      =    7807.824984910715
            r(sd)       =    88.36189781184373
            r(skewness) =    -.0973187365457582
            r(kurtosis) =    2.989033831200444
```

运用 N,**skewness** 和 **kurtosis** 的返回值,我们可以使用 Stata(或者计算器)来计算这个 Jarque-Bera 统计量。

$$JB = \frac{N}{6}\left(S^2 + \frac{(K-3)^2}{4}\right)$$

创建这个统计量并列示它的命令为:

```
scalar jb = (r(N)/6)* ( (r(skewness)^2) + ((r(kurtosis)-3)^2)/4 )
di "Jarque-Bera Statistic = " jb
```

结果如下:

```
. di "Jarque-Bera Statistic = " jb
Jarque-Bera Statistic = .06334
```

4.4.2　卡方分布的临界值

这个分布的临界值来自于自由度为 2 的卡方分布。临界值的计算使用 **inv** 类型函数。为找到正确的函数,键入 help scalar,然后单击 define,就像我们前几次所做的那样。另一个快速的方法是输入:

```
db scalar
```

"db"代表对话框(dialog box),这个 Stata 命令为:

```
scalar chic = invchi2tail(2,.05)
di "Chi-square(2) 95th percentile = " chic
```

产生的值如下:

```
. scalar chic = invchi2tail(2,.05)
. di "Chi-square(2) 95th percentile = " chic
Chi-square(2) 95th percentile = 5.9914645
```

这个 Jarque-Bera 统计量值 0.06334 远远低于检验的临界值 5.99,因此我们不能拒绝回归误差服从正态分布这个假设。

4.4.3　卡方分布的 p 值

我们也可以通过获得 Jarque-Bera 检验统计量的 p 值而不是卡方(chi-square)临界值来

执行这个检验。为找到正确的函数,键入 db scalar。Stata 命令如下:

```
scalar pvalue = chi2tail(2,jb)
di "Jarque - Bera p - value = " pvalue
```

产生的 p 值为:

```
. scalar pvalue = chi2tail(2,jb)
. di "Jarque - Bera p - value = " pvalue
Jarque - Bera p - value = .96882624
```

因为这个 p 值 0.9688 比犯第一类错误的概率 $\alpha = 0.05$ 大,所以与前面一样,我们也不能拒绝原假设。

```
log close
```

4.5　多项式模型

作为多项式模型的一个例子,我们拿澳大利亚西部一些郡的小麦产量随时间推移的变化来说明,这个数据文件名为 *wa_wheat. dta*。打开数据文件并清除 Stata 内存,获得变量和概要统计量的描述:

```
log using chap04_wheat, replace text
use wa_wheat, clear
describe
summarize
```

Variable	Obs	Mean	Std. Dev.	Min	Max
northampton	48	1.168654	.4250324	.3024	2.3161
chapman	48	1.072385	.3328069	.4167	2.0244
mullewa	48	.9840625	.3352854	.3965	1.7992
greenough	48	1.15306	.3653873	.4369	2.2353
time	48	24.5	14	1	48

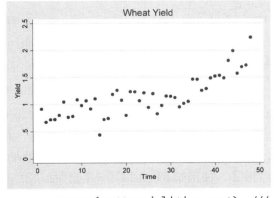

这个概要统计量表明,在 4 个不同的郡中,有 $T = 48$ 个观察值。我们的术语将与《*POE*4》一致 ,因此为格里诺郡(Greenough shire)小麦产量创建一个新的变量,命名为 *YIELD*。

```
gen yield = greenough
label variable yield "wheat yield
greenough shire"
```

创建一个散点图,显示变量 *YIELD*(产量)与 *TIME*(时间)的关系。

```
twoway (scatter yield time, sort) , ///
    xtitle(Time) ylabel(0(.5)2.5) ytitle(Yield) ///
    title(Wheat Yield)
graph save wawheat, replace
```

4.5.1　估计并校验线性关系

小麦产量的增长率是上升的,尤其是在接近这个期间结束的时候。*YIELD* 和 *TIME* 之间的线性关系并不适用,因为它不能捕捉到斜率的变化。为解释说明,估计 *YIELD* 和 *TIME* 之间的线性回归,并计算拟合值和最小二乘残差。

```
reg yield time
predict yhat
predict ehat, residuals
```

估计结果如下：

```
. reg yield time
```

Source	SS	df	MS		Number of obs =	48
					F(1, 46) =	85.20
Model	4.07486005	1	4.07486005		Prob > F =	0.0000
Residual	2.20000947	46	.047826293		R-squared =	0.6494
					Adj R-squared =	0.6418
Total	6.27486952	47	.133507862		Root MSE =	.21869

yield	Coef.	Std. Err.	t	P>|t|	[95% Conf. Interval]	
time	.0210319	.0022785	9.23	0.000	.0164455	.0256184
_cons	.6377778	.0641305	9.94	0.000	.5086898	.7668658

使用下面语句获得拟合的最小二乘直线和数据散点图：

```
twoway (scatter yield time, sort) ///
        (line yhat time, sort lwidth(medthick)) , ///
        xtitle(Time) ytitle(Yield) ylabel(0(.5)2.5) ///
        title(Wheat Yield Fitted Linear Model)
graph save wheat_fit, replace
```

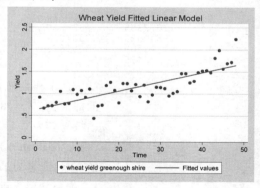

提示:长标签变量可能会导致文本下面的图难以辨认,可使用图形编辑器编辑图形并输入一个新的标签。

通过练习就会发现在开始和结束的阶段,残差集中为正值,在中间阶段则集中为负值。为了更容易观察,我们可以画出残差随时间的变化图。使用如下语句得到一个简图：

```
twoway (scatter ehat time, sort) , ///
        xtitle(Time) ytitle(Residuals) yline(0) ///
                title(Wheat Linear Model Residuals)
graph save wheat_ehat, replace
```

使用选项 yline(0)在零点创建一条水平参考线。

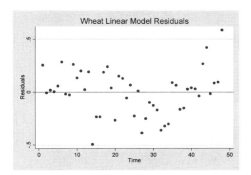

另外,Stata 在残差后估计诊断图中有一些设置。在 Stata 菜单栏按如下所示选择:

使用 help regress postestimation 命令,我们能找到绘制有效图形的对话框和描述说明的链接。

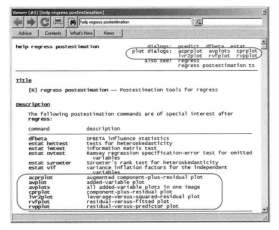

例如,使用 recast(bar) 选项可以得到一个条形图而非散点图。
　　rvpplot time, recast(bar) yline(0)

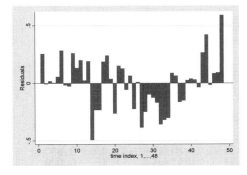

这个图清楚地展示了在开始和结束时间段残差集中显示为正值,而在中间时段残差集中显示为负值。残差模式并不可取,这可能表明需要找到一个更好的函数形式。

4.5.2　估计并校验三次方程

创建变量 **time0 = time/100**,这个缩放防止了三次方变量值极大的问题,并使得估计的系数相对较大。使用因子变量符号估计这个三次方程,并获得拟合值和残差,将它们命名为 **yhat3** 和 **ehat3**(因为 **yhat** 和 **ehat** 在之前的回归中已经存在了)。

```
generate time0 = time/100
list yield time0 in 1/5
```

	yield	time0
1.	.9141	.01
2.	.6721	.02
3.	.7191	.03
4.	.7258	.04
5.	.7998	.05

```
summarize time0
```

Variable	Obs	Mean	Std. Dev.	Min	Max
time0	48	.245	.14	.01	.48

```
reg yield c.time0#c. time0#c.time0
. reg yield c.time0#c.time0#c.time0
```

Source	SS	df	MS
Model	4.71126527	1	4.71126527
Residual	1.56360425	46	.033991397
Total	6.27486952	47	.133507862

Number of obs = 48
F(1, 46) = 138.60
Prob > F = 0.0000
R-squared = 0.7508
Adj R-squared = 0.7454
Root MSE = .18437

yield	Coef.	Std. Err.	t	P>|t|	[95% Conf. Interval]	
c.time0# c.time0# c.time0	9.681516	.8223546	11.77	0.000	8.026202	11.33683
_cons	.8741166	.0356307	24.53	0.000	.8023958	.9458374

计算最小二乘残差和预测值:

```
predict yhat3
predict ehat3, residuals
```

使用因子变量符号的好处是 margins 将为我们正确地计算斜率。

```
margins, dydx(* ) at(time = (0.15 0.30 0.45))
```

		Delta-method				
	dy/dx	Std. Err.	z	P>|z|	[95% Conf. Interval]	
time0 _at						
1	.6535024	.0555089	11.77	0.000	.5447069	.7622979
2	2.61401	.2220357	11.77	0.000	2.178827	3.049192
3	5.881521	.4995804	11.77	0.000	4.902361	6.86068

这些数据的图形和拟合曲线表明,这个三次方程的曲率在开始和结束时段与这些数据拟合得更好。

```
twoway (scatter yield time, sort) ///
        (line yhat3 time, sort lwidth(medthick)) , ///
        xtitle(Time) ytitle(Yield) ylabel(0(.5)2.5) ///
        title(Wheat Yield Fitted Cubic Model)
graph save wheat_cubic_fit, replace
```

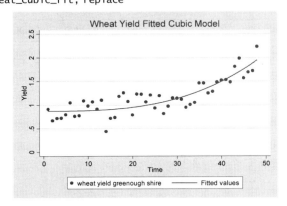

运用残差诊断图可以发现,最小二乘的残差正值和负值都降低了。

```
twoway (scatter ehat3 time, sort) , ///
        xtitle(Time) ytitle(Residuals) yline(0) ///
        title("Residuals Wheat" "Cubic Specification")
graph save wheat_cube_ehat, replace
```

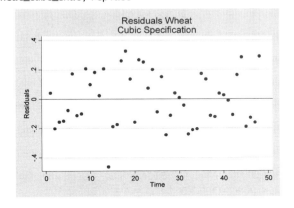

4.5.3　对数线性产量增长模型的估计

作为上一节的三次模型的替代方法,我们可以使用对数线性增长模型。

```
    gen lyield = ln(yield)
    reg lyiehd time
. reg lyield time
```

Source	SS	df	MS
Model	2.93313558	1	2.93313558
Residual	1.82466561	46	.039666644
Total	4.75780119	47	.101229813

```
Number of obs =      48
F(  1,    46) =   73.94
Prob > F      =  0.0000
R-squared     =  0.6165
Adj R-squared =  0.6082
Root MSE      =  .19916
```

lyield	Coef.	Std. Err.	t	P>|t|	[95% Conf. Interval]	
time	.0178439	.0020751	8.60	0.000	.0136669	.0220208
_cons	-.3433665	.0584042	-5.88	0.000	-.460928	-.2258049

我们估计出年增长率约为 1.78%。更多关于对数线性函数形式会在接下来的一节予以介绍。

```
    log close
```

4.6 估计对数线性工资方程

开启一个新的日志文件,打开数据文件 *cps4_small. dta*,获得变量描述并检查概要统计量。将 *EDUC* 值列表显示。

```
    log using chap04_lwage, replace text
    use cps4_small, clear
    describe
    summarize
    tabulate educ
```

我们要使用的变量如下:

variable name	storage type	display format	value label	variable label
wage	double	%10.0g		earnings per hour
educ	byte	%8.0g		years of education

绘制一个工资对受教育年限的散点图,其中 msize(small) 选项使用小(small)标签。

```
    twoway (scatter wage educ, msize(small)), ///
           xtitle(Education) ytitle(Wage) ///
           title(Wage - Education Scatter)
    graph save wage_educ, replace
```

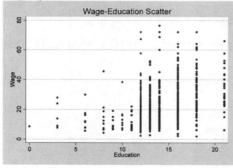

利用这些数据,我们来研究工资和受教育年限之间的关系。工资对受教育年限的关系图显示,受教育年限处于较高水平时工资有向上倾斜的趋势。这是典型的工资、薪酬和收入数据。

4.6.1 对数线性模型

对于一个对数线性模型(log-linear model),它意味着因变量形式被转换了:

```
gen lwage = ln(wage)
```

现在绘制 **ln(wage)** 对受教育年限的散点图,转换后的数据明显不那么倾斜。

```
twoway (scatter lwage educ, msize(small)), ///
        xtitle(Education) ytitle(ln(Wage)) ///
            title(ln(Wage) - Education Scatter)
graph save lwage_educ, replace
```

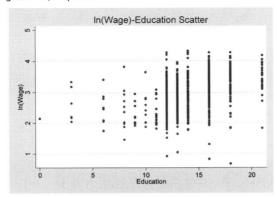

在这个例子中,我们将预测一个受了 12 年教育的人的工资水平。因此,我们编辑数据文件,添加观测样本 1001,令其值 $EDUC = 12$。

```
edit
set obs 1001
replace educ = 12 in 1001
```

估计这个对数线性回归模型,并计算这个方程的拟合值、最小二乘残差和标准误差。

```
reg lwage educ
```

```
. reg lwage educ
```

Source	SS	df	MS		Number of obs	=	1000
					F(1, 998)	=	216.41
Model	60.015841	1	60.015841		Prob > F	=	0.0000
Residual	276.76489	998	.27731953		R-squared	=	0.1782
					Adj R-squared	=	0.1774
Total	336.780731	999	.337117849		Root MSE	=	.52661

lwage	Coef.	Std. Err.	t	P>|t|	[95% Conf. Interval]
educ	.0904082	.0061456	14.71	0.000	.0783484 .1024681
_cons	1.609444	.0864229	18.62	0.000	1.439853 1.779036

计算这个预测的拟合值、最小二乘残差和标准误差以备将来使用。

```
predict lwagehat
predict ehat, residuals
```

```
    predict sef, stdf
```

基于这个回归结果,我们估计受教育年限每增加一年将导致工资大约增长 9%。

下面,我们将使用计算中产生的误差项的估计方差。由于回归结果保存在 Stata 内存中,我们便可以获取。这里运用 ereturn list 来查看回归分析之后保存在 Stata 中的项目。

```
    ereturn list
. ereturn list
scalars:
            e(N)        =    1000
            e(df_m)     =    1
            e(df_r)     =    998
            e(F)        =    216.4140443756974
            e(r2)       =    .1782044973688944
            e(rmse)     =    .5266113647668089
            e(mss)      =    60.01584096379838
            e(rss)      =    276.764890442558
```

在这些返回的标量中有自由度(**df_r**)和残差平方和(**ssr**),据此计算这个误差项的估计方差。

```
    scalar sig2 = e(rss)/e(df_r)
    di "sigma - hat squared = " sig2

. di "sigma - hat squared = " sig2
sigma - hat squared = .27731953
```

现在,使用与之前相同的命令创建一个直方图,并计算 Jarque-Bera 正态检验统计量。

```
histogram ehat, percent title(log(Wage) Model Residuals)
graph save lwage_ehat, replace
summarize ehat, detail
scalar jb = (r(N)/6)* ( (r(skewness)^2) +
((r(kurtosis) - 3)^2)/4 )
```

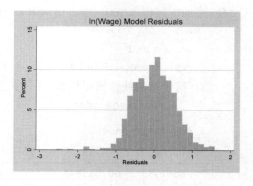

```
    di "Jarque - Bera Statistic = " jb
    scalar chic = invchi2tail(2,.05)
    di "Chi - square (2) 95th percentile =
" chic
    scalar pvalue = chi2tail(2,jb)
    di "Jarque - Bera p - value = " pvalue

. di "Jarque - Bera Statistic = " jb
Jarque - Bera Statistic = 27.528329


. scalar chic = invchi2tail(2,.05)


. di "Chi - square(2) 95th percentile = " chic
Chi - square(2) 95th percentile = 5.9914645
```

```
. scalar pvalue = chi2tail(2,jb)

. di "Jarque - Bera p - value = " pvalue
Jarque - Bera p - value = 1.053e - 06
```

残差服从正态分布的假设被拒绝，其图形可以由以下命令获得：

```
rvpplot educ, yline(0)
```

随着受教育年限的增加，残差显示了一个先下降后上升的趋势。

4.6.2　计算预测工资

对数线性模型的预测值计算公式为 $\widehat{\ln(y)} = b_1 + b_2 x$。要得到因变量 y 的预测值，我们需要使用反对数函数，以获得自然预测值。

$$\hat{y}_n = \exp(\widehat{\ln(y)}) = \exp(b_1 + b_2 x)$$

Stata 中 exp() 函数为指数函数，要建立工资预测值 ln(wage) 的反对数，我们使用如下命令：

```
gen yhatn = exp(lwagehat)
```

在大样本数据中，一个更好的预测值是"修正的"预测值（"corrected" predictor）。

$$\hat{y}_c = \widehat{E(y)} = \exp(b_1 + b_2 x + \hat{\sigma}^2/2) = \hat{y}_n e^{\hat{\sigma}^2/2}$$

回忆一下我们曾计算的估计误差方差 $\hat{\sigma}^2$，称之为 **sig2**。运用这个标量，估计的误差方差修正预测值可用下面语句生成：

```
di "correction factor = " exp(sig2/2)

. di "correction factor = " exp(sig2/2)
correction factor = 1.1487332

gen yhatc = yhatn* exp(sig2/2)
```

这个修正值为 1.1487，因此"修正的"预测值比"自然"预测值要大。由于对于任何 $a > 0$，修正值 $e^a > 1$，所以这个现象会始终存在，并且估计方差 $\hat{\sigma}^2$ 总是大于零。

4.6.3　构建工资图形

看图来比较这两个预测值会更好。

```
twoway (scatter wage educ, sort msize(small)) ///
        (line yhatn educ, sort  ///
        lwidth(medthick) lpattern(dash)) ///
        (line yhatc educ, sort lwidth(medthick) lpattern(solid))
graph save lwage_predict, replace
```

图中显示，**yhatc** 总是大于 **yhatn**，我们将自然预测值和修正值列示在观测值 1001 行中以便查看。

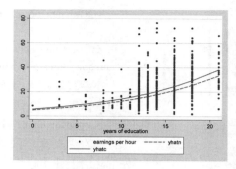

```
list educ yhatn yhatc in 1001
```

	educ	yhatn	yhatc
1001.	12	14.7958	16.99643

这些值合理吗? 我们可以通过计算样本中受教育年限为 12 年的工资概要统计量数据来大致检验一下。

```
summarize wage if educ==12 in 1/1000
```

```
. summarize wage if educ==12 in 1/1000
```

Variable	Obs	Mean	Std. Dev.	Min	Max
wage	328	15.99329	8.843706	2.5	72.13

我们可以看到,这些预测值与受教育年限为 12 年的个人实际工资平均值基本是一致的。

4.6.4   广义 R^2

广义 R^2 是"最优"估计量 **yhatc** 与变量 **wage** 之间的相关系数的平方。在这种情况下,**yhatc** 与 **yhatn** 仅仅因一个多项式常数而不同,因此他们与 **wage** 有相同的相关性。为了计算这个相关性,我们使用:

```
correlate wage yhatn yhatc
di "r2g = " r(rho)^2
```

```
. correlate wage yhatn yhatc
(obs=1000)
```

	wage	yhatn	yhatc
wage	1.0000		
yhatn	0.4312	1.0000	
yhatc	0.4312	1.0000	1.0000

```
. di "r2g = " r(rho)^2
r2g = .18593072
```

4.6.5   对数线性模型的预测区间

在对数线性模型中,预测区间表示如下:

$$\left[\exp\left(\widehat{\ln(y)} \right) - t_c \mathrm{se}(f) , \exp\left(\widehat{\ln(y)} \right) + t_c \mathrm{se}(f) \right]$$

它是基于上面 4.6.1 节构建的预测中"自然"预测值和标准误差建立的。首先,计算自由度为 998 的 97.5% 百分位的 t 值:

```
scalar tc = invttail(998,.025)
```

创建 $\ln(\text{wage})$ 的预测区间上下边界:

```
gen lb_lwage = lwagehat - tc* sef
gen ub_lwage = lwagehat + tc* sef
```

使用指数函数 exp 找到其反对数:

```
gen lb_wage = exp(lb_lwage)
gen ub_wage = exp(ub_lwage)
```

在观测值行 1001 中列示这些预测区间的值:

```
list lb_wage ub_wage in 1001
```

```
. list lb_wage ub_wage in 1001
```

	lb_wage	ub_wage
1001.	5.260397	41.61581

利用工资数据创建一个自然预测值与区间预测值对受教育年限的图:

```
twoway (scatter wage educ, sort msize(small)) ///
       (line yhatn educ, sort lwidth(medthick) lpattern(solid)) ///
       (line ub_wage educ, sort lcolor(forest_green) lwidth(medthick) ///
       lpattern(dash)) ///
       (line lb_wage educ, sort lcolor(forest_green) lwidth(medthick) ///
       lpattern(dash))
```

```
graph save lwage_interval, replace
```

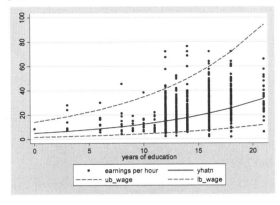

```
log close
```

4.7　双对数模型

双对数($\log$-$\log$)方程 $\ln(y) = \beta_1 + \beta_2\ln(x)$ 被广泛地用来描述需求函数和生产函数,将其称为"双对数",是因为方程两边都出现了对数形式。要使用这个模型,所有的 x 和 y 值都必须为正。这些曲线上的每一点的斜率都不一样,但是其弹性是恒定的并等于 β_2。要思考这个双对数方程,一个有用的方式是进一步观察它的斜率 $dy/dx = \beta_2(y/x)$。

重新排列使得 $\beta_2 = (dy/y)(dx/x)$,因此,这个双对数方程的斜率显示了恒定的相对(relative)变化,而线性方程的斜率显示恒定的绝对(absolute)变化。

打开一个新的日志文件,并使用数据 newbroiler. dta。

```
log using chap04_loglog, replace text
use newbroiler, clear
describe
summarize
```

我们要使用的变量如下:

```
              storage   display   value
variable name type      format    label   variable label

year          float     %9.0g             year
q             float     %9.0g             per capita consumption of boneless
                                            chicken, pounds
y             float     %9.0g             per capita real disposable income,
                                            1996 = 100
p             float     %9.0g             real price (index) of fresh
                                            chicken
```

创建数量与价格的对数形式并估计这个双对数模型,这里我们使用对数函数 ln,等效于 log。

```
gen lq = ln(q)
gen lp = ln(p)
reg lq lp
```

```
. reg lq lp

    Source |       SS       df       MS              Number of obs =      52
-----------+------------------------------           F(  1,    50) =  528.96
     Model | 7.36410139     1  7.36410139           Prob > F      =  0.0000
  Residual |  .69608941    50  .013921788           R-squared     =  0.9136
-----------+------------------------------           Adj R-squared =  0.9119
     Total | 8.0601908     51  .158042957           Root MSE      =  .11799

------------------------------------------------------------------------------
        lq |      Coef.   Std. Err.      t    P>|t|     [95% Conf. Interval]
-----------+------------------------------------------------------------------
        lp | -1.121358   .0487564   -23.00   0.000    -1.219288   -1.023428
     _cons |  3.716944   .0223594   166.24   0.000     3.672034    3.761854
------------------------------------------------------------------------------
```

估计的弹性为 -1.12。

获得修正预测值(corrected predictor)和图形。这个图形命令有点长,因此我们把它延展到第二行,但不出现在 Do 文件中。

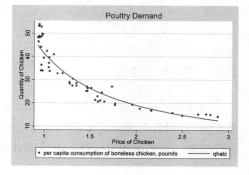

```
predict lqhat
    scalar sig2 = e(rss)/e(df_r)
    gen qhatc = exp(lqhat)* exp(sig2/2)
    twoway (scatter q p, sort msize(small)
lwidth(medthick) ///
        lpattern(solid)) ///
    (line qhatc p, sort lwidth(medthick)),
///
    xtitle(Price of Chicken) ytitle(Quanti-
```

```
ty of Chicken) ///
    title(Poultry Demand)
```

广义的 R^2 由以下命令生成：

```
correlate q qhatc
di "r2g = " r(rho)^2
log close
```

```
. correlate q qhatc
(obs=52)
```

	q	qhatc
q	1.0000	
qhatc	0.9390	1.0000

```
. di "r2g = " r(rho)^2
r2g = .88177576
```

关键术语

方差分析表	histogram	预测（predict）
chi2	**invchi2**	预测值
chi2tail	**invchi2tail**	预测区间
关联	Jarque-Bera test	回归（regress）
相关	峰度	**replace**
相关性	**lcolor**	残差诊断图
创建	**lfit**	**return list**
数据编辑器	**lincom**	R-squared
db scalar	线性对数模型	**rvpplot**
drop	**list**	标量
dydx	**ln**	散点
edit	**log**	**set obs**
ereturn list	对数线性模型	偏度
指数函数	双对数模型	变量分类
表达式构建器	**lpattern**	预测标准误差
因子变量	**lwidth**	**stdf**
gen	**margins**	**summarize**
generate	**msymbol**	**twoway**
拟合优度	自然对数	**yline**
图形编辑器	图形定义	

第 4 章 Do 文件

```
* file chap04.do for Using Stata for Principles of Econometrics, 4e
cd c:\data\poe4stata
* Stata Do - file
* copyright C 2011 by Lee C. Adkins and R. Carter Hill
* used for "Using Stata for Principles of Econometrics, 4e"
* by Lee C. Adkins and R. Carter Hill (2011)
```

```
*  John Wiley and Sons, Inc.

*  setup

version 11.1
capture log close
set more off

*  open log
log using chap04_food, replace text

*  open data
use food, clear

*  add observation
edit
set obs 41
replace income=20 in 41

*  estimate regression
quietly regress food_exp income

predict yhat
predict ehat, residuals
predict sef, stdf

*  compute t - critical value
scalar define tc = invttail(38,.025)
di "t critical value 97.5 percentile = "
tc
gen lb = yhat - tc* sef
gen ub = yhat + tc* sef
list income lb yhat ub in 41
drop in 41
drop in 41
*  R2
pwcorr food_exp income yhat
*  effect of scaling

*  create $income and regress
gen inc_dollar = income* 100
reg food_exp income
reg food_exp inc_dollar
log close

*  Chapter 4.3.3 linear - log model
log using chap04_linlog, replace text

*  open data
use food, clear
```

```
* log of income
gen lincome = ln(income)

* linear - log regression
reg food_exp lincome
predict lyhat
predict lehat, resid

* slope = beta2/x
summarize income
return list
scalar xbar = r(mean)
lincom lincome/xbar
lincom lincome/10
lincom lincome/20
lincom lincome/30
* fitted value plot
twoway (scatter food_exp income, sort)                            ///
      (line lyhat income, sort lwidth(medthick)),                 ///
      xtitle(Income) ytitle(Food Expenditure) ylabel(0(100)600)   ///
      title(Linear Log Model)
graph save linlog, replace

* linear relationship
quietly reg food_exp income
predict yhat
predict ehat, resid

* linear and linear - log fitted lines
twoway (scatter food_exp income, sort)                            ///
      (line lyhat income, sort lwidth(medthick))                  ///
      (line yhat income, sort lpattern(dash) lwidth(medthick)),   ///
      xtitle(Income) ytitle(Food Expenditure) ylabel(0(100)600)   ///
      title(Linear Log Model)
graph save linlog2, replace

* plot linear - log model residuals
twoway (scatter lehat income, sort) ,                             ///
      xtitle(Income) ytitle(Residuals)                            ///
      title(Linear Log Model Residuals)
graph save linlog_residual, replace

* analyze residuals from original equation
histogram ehat, percent title(Linear Model Residuals)
graph save olsehat_hist, replace

* Jarque - Bera test of error normality
* summarize ehat, detail
return list
```

```
scalar jb = (r(N)/6)* ( (r(skewness)^2) + ((r(kurtosis) - 3)^2)/4 )
di "Jarque - Bera Statistic = " jb
scalar chic = invchi2tail(2,.05)
di "Chi - square(2) 95th percentile = " chic
scalar pvalue = chi2tail(2,jb)
di "Jarque - Bera p - value = " pvalue
log close


* Polynomial model Chapter 4.4

* open new log
log using chap04_wheat, replace text

* open data and examine
use wa_wheat, clear
describe
summarize
gen yield = greenough
label variable yield "wheat yield greenough shire"

* plot data
twoway (scatter yield time, sort msymbol(circle)) ,            ///
      xtitle(Time) ylabel(0(.5)2.5) ytitle(Yield)             ///
      title(Wheat Yield)
graph save wawheat, replace

* regression
reg yield time
predict yhat
predict ehat, residuals

* plot fitted lines and data
twoway (scatter yield time, sort)                              ///
(line yhat time, sort lwidth(medthick)) ,                      ///
xtitle(Time) ytitle(Yield) ylabel(0(.5)2.5)                    ///
title(Wheat Yield Fitted Linear Model)
graph save wheat_fit, replace

* plot residuals
twoway (scatter ehat time, sort) ,                             ///
xtitle(Time) ytitle(Residuals) yline(0)                        ///
title(Wheat Linear Model Residuals)
graph save wheat_ehat, replace

rvpplot time, recast(bar) yline(0)
graph save wheat_ehat_bar, replace


* Chapter 4.4.2 Cubic equation for yield

* create scaled cubic variable
```

```
generate time0 = time/100
list yield time0 in 1/5
summarize time0

*  cubic regression
reg yield c.time0#c.time0#c.time0
predict yhat3
predict ehat3, residuals

*  slopes
margins, dydx(* ) at(time = (0.15 0.30 0.45))

*  plot fitted lines and data
twoway (scatter yield time, sort)                        ///
(line yhat3 time, sort lwidth(medthick)) ,               ///
xtitle(Time) ytitle(Yield) ylabel(0(.5)2.5)              ///
title(Wheat Yield Fitted Cubic Model)
graph save wheat_cubic_fit, replace

*  plot residuals
twoway (scatter ehat3 time, sort) ,                      ///
xtitle(Time) ytitle(Residuals) yline(0)                  ///
title("Residuals Wheat" "Cubic Specification")
graph save wheat_cube_ehat, replace

*  Chapter 4.5 Log - linear Models

*  Wheat growth model

gen lyield = ln(yield)
reg lyield time
log close

*  Wage Equation

*  open new log file
log using chap04_lwage, replace text

*  open cps4_small data
use cps4_small, clear

*  summarize and plot
describe
summarize
tabulate educ

twoway (scatter wage educ, msize(small)) ,               ///
xtitle(Education) ytitle(Wage)                           ///
title(Wage - Education Scatter)
graph save wage_educ, replace
```

```
* create log(wage) and plot
gen lwage = ln(wage)
twoway (scatter lwage educ, msize(small)),                          ///
xtitle(Education) ytitle(ln(Wage))                                  ///
title(ln(Wage) - Education Scatter)
graph save lwage_educ, replace

* log - linear regression
* add one observation
edit
set obs 1001
replace educ =12 in 1001
reg lwage educ
predict lwagehat
predict ehat, residuals
predict sef, stdf

* calculate sigma - hat^2
ereturn list
scalar sig2 = e(rss)/e(df_r)
di "sigma - hat squared = " sig2

* Analyze resdiduals
histogram ehat, percent title(ln(Wage) Model Residuals)
graph save lwage_ehat, replace

summarize ehat, detail
scalar jb = (r(N)/6)* ( (r(skewness)^2) + ((r(kurtosis) - 3)^2)/4 )
di "Jarque - Bera Statistic = " jb
scalar chic = invchi2tail(2,.05)
di "Chi - square(2) 95th percentile = " chic
scalar pvalue = chi2tail(2,jb)
di "Jarque - Bera p - value = " pvalue
rvpplot educ, yline(0)

* compute natural and corrected predictor and plot
gen yhatn = exp(lwagehat)
di "correction factor = " exp(sig2/2)
gen yhatc = yhatn* exp(sig2/2)
twoway (scatter wage educ, sort msize(small))                       ///
       (line yhatn educ, sort                                       ///
       lwidth(medthick) lpattern(dash))                             ///
       (line yhatc educ, sort lwidth(medthick) lpattern(solid))
graph save lwage_predict, replace

* list predicted values
list educ yhatn yhatc in 1001
summarize wage if educ ==12 in 1/1000

* R^2
```

```
correlate wage yhatn yhatc
di "r2g = " r(rho)^2

* prediction interval
scalar tc = invttail(998,.025)
gen lb_lwage = lwagehat - tc* sef
gen ub_lwage = lwagehat + tc* sef
gen lb_wage = exp(lb_lwage)
gen ub_wage = exp(ub_lwage)

* list and plot
list lb_wage ub_wage in 1001
twoway (scatter wage educ, sort msize(small))                ///
(line yhatn educ, sort lwidth(medthick) lpattern(solid))     ///
(line ub_wage educ, sort lcolor(forest_green) lwidth(medthick)  ///
     lpat tern(dash)) ///
     (line lb_wage educ, sort lcolor(forest_green) lwidth(medthick)  ///
     lpat tern(dash))
graph save lwage_interval, replace
log close

* A log-log model example
log using chap04_loglog, replace text
use newbroiler, clear
describe
summarize

gen lq = ln(q)
gen lp = ln(p)
reg lq lp
predict lqhat
scalar sig2 = e(rss)/e(df_r)
gen qhatc = exp(lqhat)* exp(sig2/2)
twoway (scatter q p, sort msize(small) lwidth(medthick)  ///
lpat tern(solid)) ///
     (line qhatc p, sort lwidth(medthick)),  ///
     xtitle(Price of Chicken) ytitle(Quantity of Chicken)  ///
   titl e(Poultry Demand)

correlate q qhatc
di "r2g = " r(rho)^2
log close
```

第 5 章

多元回归模型

本章概要

5.1　模型举例

在简单的线性回归模型中,因变量的平均值是由一个常数项和一个单一解释变量建立的线性函数表示。多元线性回归模型增加了解释变量的个数,这个简单而重要的延伸使得线性回归模型变得十分强大。

本章用到的例子是 Big Andy's Burger Barn 销售模型。Big Andy 的汉堡销售收入取决于单价和广告支出水平。因此,这个模型包含两个解释变量和一个常数项。

$$SALES = \beta_1 + \beta_2 PRICE + \beta_3 ADVERT + e$$

其中, $SALES$ 为指定城市的月销售额并以千美元度量, $PRICE$ 是以美元度量的单个汉堡的价格, $ADVERT$ 为广告支出,同样以千美元度量,且下标 $i = 1, 2, \cdots, N$。

首先,开启 Stata,并从命令行中将你的工作目录更改至你所要使用的数据文件地址,或者如果你打算使用保存在网址上的文件,则将工作目录变更至你想要编写 Stata 日志文件的地址。就如所有其他例子中一样,选择:

> cd c:\data\poe4stata

找到你想要打开的文件,这里即 *andy. dta*,并单击 **Open**。在估计任何模型之前,检查数据是否已经在你的软件中正确加载是一个好习惯。在这个例子中,检查数据的概要统计量并列示前几项观察值,它们应与教材的表 5.1 中的数据相匹配。检查的主要目的是透过概要统计量来判断数据是否有意义,即你的样本观测数量能满足需要吗? 这些变量的范围合理吗? ——此例中销售额、单价和广告支出是否为正值?

回忆一下,使用 summarize 命令能得到基本汇总统计数据集,用 list 命令可以在数据集中列示这些变量和观测值。在 list 后面附上 in 1/5 可以告知 Stata 只限制输出第一到第五个观测值。结果如下:

```
. summarize
```

Variable	Obs	Mean	Std. Dev.	Min	Max
sales	75	77.37467	6.488537	62.4	91.2
price	75	5.6872	.518432	4.83	6.49
advert	75	1.844	.8316769	.5	3.1

```
. list in 1/5
```

	sales	price	advert
1.	73.2	5.69	1.3
2.	71.8	6.49	2.9
3.	62.4	5.63	.8
4.	67.4	6.22	.7
5.	89.3	5.02	1.5

你可能选择用命令语句来估计这个回归,这通常能节约时间。

> regress sales price advert

如果你忘记了这个语法,可以使用下拉菜单,选择 **Statistics > Linear models and related > Linear regression**,这将打开 2.4 节中展示过的回归对话框。输入因变量 sales 和自变量 price 与 advert,并单击 **submit**。记住 Stata 包含了一个常数项变量(为这个模型设置了截距)。在模型中总要包含一个截距项,除非你有很好的理由省略它,因此这就是 Stata 的缺省值。结果输出如下：

Source	SS	df	MS
Model	1396.53893	2	698.269465
Residual	1718.94294	72	23.8742075
Total	3115.48187	74	42.1011063

Number of obs =	75
F(2, 72) =	29.25
Prob > F =	0.0000
R-squared =	0.4483
Adj R-squared =	0.4329
Root MSE =	4.8861

sales	Coef.	Std. Err.	t	P>|t|	[95% Conf. Interval]	
price	-7.907854	1.095993	-7.22	0.000	-10.09268	-5.723032
advert	1.862584	.6831955	2.73	0.008	.500659	3.22451
_cons	118.9136	6.351638	18.72	0.000	106.2519	131.5754

截距的参数标记为_cons，price 和 advert 的斜率参数分别被标记为 β_2 和 β_3。

方差—协方差矩阵度量了最小二乘估计量能以多大精确度估计你的模型参数。最小二乘估计的精确程度取决于很多因素，包括你的数据方差（σ^2）、样本规模以及实验设计（可由自变量的数值来反映）。信息可以由方差—协方差矩阵汇总显示，包括截距方差、每个斜率以及斜率之间的协方差的度量。

$$
\text{cov}(b_1, b_2, b_3) = \begin{bmatrix} \text{var}(b_1) & \text{cov}(b_1, b_2) & \text{cov}(b_1, b_3) \\ \text{cov}(b_1, b_2) & \text{var}(b_2) & \text{cov}(b_2, b_3) \\ \text{cov}(b_1, b_3) & \text{cov}(b_2, b_3) & \text{var}(b_3) \end{bmatrix}
$$

最小二乘估计量的方差在矩阵的对角线上，它们两两之间的协方差位于下三角上。

要输出一个回归估计的方差—协方差矩阵，可以用如下命令：

```
. estat vce
```

Covariance matrix of coefficients of regress model

e(V)	price	advert	_cons
price	1.2012007		
advert	-.01974215	.46675606	
_cons	-6.7950641	-.7484206	40.343299

b_2 的估计方差为 1.20，且 b_2 与 b_3 的估计协方差为 -0.019 7。利用这些对角线元素的平方根就得到了最小二乘标准误差，而且我们很容易验证，这与上面表中的回归结果是一致的。

使用下拉菜单选择 **Statistics** > **Linear Models and related** > **Regression diagnostics** > **Specificationtests_tests**, etc，就能弹出一个对话框，即 estat-Postestimation statistics for regress 对话框。如下图，拖动滚动条选择 Covariance matrix estimate（**vce**）选项：

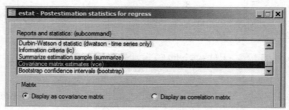

5.2 最小二乘预测

我们在第 2 章已经接触了预测,这里,我们将再次遇到它。假设 Big Andy 想要预测单价为 $5.50 且广告支出为 $1 200 的销售收入。这个预测使用如下语句展示:

di _b[_cons] + _b[price]* 5.50 + _b[advert]* 1.2

同时,**Results** 窗口将显示结果:

. di _b[_cons] + _b[price]* 5.50 + _b[advert]* 1.2

77.655513

在这个例子中,给定的单价和广告支出,销售收入为 77.66 千美元。

我们也可以运用第 4 章中用到的方法,即在数据集中添加观测值,用 **predict** 命令生成条件预测值。打开数据编辑器 **Data** > **Data editor** 并在新的数据行(这里即观测值行 76)上添加可用的自变量值。这个也可以通过命令窗口来完成。首先,用 set obs 76 设定观测值 76,接下来用 replace 命令为新的观测样本输入可用的自变量值,通过下面前三行命令语句来实现:

```
set obs 76
replace price = 5.50 in 76
replace advert = 1.2 in 76
predict yhat
list yhat in 76
```

一旦输入可用的 price 和 advert 数值,就可以使用 Stata 的 predict 命令来生成预测值。Predict 命令假定 Big Andy 回归是最后一个估计模型,并使用缺省选项 xb 从回归中获得预测值。我们再次使用 list yhat 语句,运用条件 in 76 来列示第 **76** 个观测值。

. list yhat in 76

	yhat
76.	77.65551

5.3 抽样的精确度

Stata 将许多需要手动计算的这样或那样的统计数据结果保存在内存里。为了查看这些从估计中产生的结果数据,我们使用:

ereturn list

部分数据显示如下:

```
scalars:
          e(N)      =      75
          e(df_m)   =      2
          e(df_r)   =      72
          e(F)      =      29.24785947967357
          e(r2)     =      .4482577622149436
          e(rmse)   =      4.886123970679952
          e(mss)    =      1396.538929773235
          e(rss)    =      1718.942936893432
```

为了估计方程的误差方差,使用等式:

$$\hat{\sigma}^2 = \frac{\sum_{i=1}^{N} \hat{e}_i^2}{N - K}$$

其中,$\hat{e}_i^2$ 为最小二乘残差的平方。从本质上来讲,分子就是回归的误差平方和,分母为残差自由度。

这个残差自由度被保存为 e(df_r),而误差平方和为 e(rss),因此有:

```
scalar sighat2 = e(rss)/e(df_r)
scalar list sighat2
```

得到:

```
. scalar list sighat2
sighat2 =    23.874207
```

所有的这些信息都可以从 Stata 生成的方差分析表中得到,如下所示:

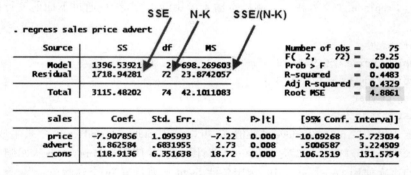

正如你所看到的,这个估计的方差为 23.874,Root MSE 为这个数的平方根,列示在表的右边并以黄色突出显示。

5.4 置信区间

回归分析结果表中给出了最小二乘估计值和标准误差估计值,这个标准误差是用来评估最小二乘估计能够度量相关参数的精确程度。

置信区间有相似的作用,然而它能更直接地被理解,因为置信区间能够给出未知参数以既定概率存在的上下边界。假设我们想要一个 β_2 的 95% 的区间估计,即 Big Andy's Burger Barn 在一定的广告支出水平上,单价的变化导致销售收入变化的程度。这个程序与第 3 章中用到的一样。这一次,用于计算临界值的 t 分布自由度将为 $N - K = 75 - 3 = 72$。

这个 95% 的置信区间是基于教材中的方程(5.13)设定的:

$$P(-t_c < t_{(72)} < t_c) = 0.95$$

在这个 $t_{(72)}$ 分布中,需要一个临界值(我们将其称为 t_c)来满足这个方程。常数 t_c 为 t 分布的 $\alpha/2$ 处的临界值,其中 α 为与拒绝域(置信区间以外的面积)相关联的总的期望概率值。临界值 t_c 可以在统计表中找到,或者在 Stata 中使用 invttail(df,α/2),可以得到 $t_{(72)}$ 分布在 0.025 处临界值为 1.993。基于 β_2 的最小二乘估计量 b_2 及它的估计标准误差 $\mathrm{se}(b_2)$,一个小的代数式就能算出 β_2 的 95% 的区间估计量。

$$[b_2 - 1.993 \times \mathrm{se}(b_2), b2 + 1.993 \times \mathrm{se}(b_2)]$$

下面,你将找到 Stata 命令来生成这个估计的置信区间的上下临界点。

```
scalar lb = _b[price] - invttail(e(df_r),.025) * _se[price]
scalar ub = _b[price] + invttail(e(df_r),.025) * _se[price]
scalar list lb ub
. scalar list bL bU
bL = -10.092676
bU = -5.7230322
```

本例中,我们使用了 Big Andy 产品销售模型回归后保存的几个结果,包括 **price** 系数的最小二乘估计值_b[price]、它的估计标准差_se[price]以及该回归模型的残差(residual)自由度($N-K$),也即 e(df_r)。

当估计一个线性模型时,Stata 都会自动给出这个 95% 的置信区间。这个区间一般出现在回归结果表的最后两列。你可以在回归分析之后使用 level()选项将概率改至 90%。例如,要在回归中获得 90% 置信区间,使用如下语句来实现:

```
regress sales price advert, level(90)
```

这个水平也可以通过会话系统改变,从下拉菜单中选择 **Statistics** > **Linear models and related** > **Linear regression** 来打开 **regress—Linear regression** 对话框,选择 **Reporting** 键,并将置信水平更改为你所满意的值,如下图所示:

5.4.1　参数线性组合的置信区间

Big Andy 打算增加 \$800 的广告支出并将价格降低 40%,则预期销售收入的变化为:

$$\lambda = -0.4\beta_2 + 0.8\beta_3$$

这是一个参数线性组合模型。Stata 内置的 lincom 命令能够计算参数线性组合的各种统计量;在每个回归估计之后,运用 lincom 可以计算系数的线性组合的点估计、标准误差、t 或 z 统计量、p 值以及置信区间。使用 Big Andy 销售收入的二乘估计量来估计 λ 值。

```
lincom -0.4* price +0.8* advert, level(90)
```

其中,添加可选的 level(90)命令是为了设定置信区间 90% 的覆盖率。结果如下:

```
. lincom -0.4* price +0.8* advert, level(90)
(1)   - .4* price + .8* advert = 0
```

sales	Coef.	Std. Err.	t	P>|t|	[90% Conf. Interval]	
(1)	4.653209	.7096133	6.56	0.000	3.470785	5.835633

Stata 再次使用这个命令并重新生成线性组合。这里 λ 的估计值为 4.65,其估计标准差为 0.7096,并且在这个 90% 置信水平上的置信区间为(3.471, 5.835)。

我们可以使用代数和算术来完成以上计算。尽管 Stata 使得计算变得简单,但是用户得提供代数式。这里,利用最小二乘估计量的估计方差和协方差来计算 $\hat{\lambda}$ 的标准误差。

```
matrix cov = e(V)
scalar lambda = -0.4* _b[price] +0.8* _b[advert]
```

```
scalar var_lambda = (-0.4)^2* cov[1,1] +(0.8)^2* cov[2,2] +2* ///
(-0.4)* (0.8)* cov[1,2]
```

命令语句 matrix cov = e(v) 将保存在 e(v) 的协方差编写到了标为 cov 的矩阵中。在第三和第四行,使用了 Stata 的矩阵索引功能从协方差矩阵中筛选出可用元素,用来计算 $\hat{\lambda}$ 的方差。例如,cov[1,1] 指协方差矩阵 cov 中位于第一行第一列的元素,即 b_2 的方差。不要忘了 Stata 在方程末尾自动设置了一个常数项,因此 b_2 实际上位于这个系数向量的第一个元素上。

一旦计算出方差,用它的平方根去除 λ 的估计值便得到标准误差。这里,这个置信区间是使用常规方法计算的。

```
scalar se = sqrt(var_lambda)
scalar t = lambda/se
scalar lb = lambda - invttail(e(df_r),.05)* se
scalar ub = lambda + invttail(e(df_r),.05)* se
```

其中,invttail(e(df_r),.05) 是用来计算这个 t_{72} 分布中 5% 的临界值的。这个结果与从 **lincom** 命令中得出的结果几乎完全匹配。

```
. scalar list lambda var_lambda se t lb ub
  lambda    =   4.6532091
var_lambda=   .50355097
se        =   .70961325
t         =   6.5573876
lb        =   3.4707851
ub        =   5.8356332
```

5.5 假设检验

5.5.1 双侧检验

原假设 $\beta_2 = 0$ 对备择假设 $\beta_2 \neq 0$ 的双侧检验的 t 值表达式为:

$$t = \frac{b_2 - 0}{se(b_2)} \sim t_{(N-K)}$$

假定原假设 $\beta_2 = 0$ 为真,则算出的 t 值为:

$$t = \frac{-7.908}{1.096} = -7.215$$

Stata 在命令行中可以轻易地计算出这个值。使用 tail(df,stat) 命令可以得到 p 值,其中,df 为自由度,stat 为这个检验统计量的值,这个功能度量了自由度为 df 的 t 分布右尾到右侧的 stat 值的面积。对于双侧检验应通过双倍计算正的 t 值的尾部面积来实现,这是因为还要包括左尾到所计算出的左边统计量值(stat)的面积,因此,运用 2* ttail (72,abs (t1))。完整的 Stata 执行代码为:

```
scalar t1 = (_b[price]-0)/_se[price]
scalar p1 = 2* ttail(72,abs(t1))
scalar list t1 p1
```

$\beta_3 = 0$ 的双侧检验的执行过程与上面类似,详细执行过程见本章结束部分。

5.5.2　单侧检验

要执行原假设为 $\beta_2 \geq 0$ 而备择假设为 $\beta_2 < 0$ 的单侧检验,我们使用相同的统计量:

$$t = \frac{b_2 - 0}{\text{se}(b_2)} \sim t_{(N-K)}$$

虽然这个计算是一样的,但是现在这个临界值在 t 分布的左尾。

```
scalar t1 = (_b[ price ] - 0)/_se[ price ]
scalar crit = - invttail(e(df_r),.05)
scalar pval = 1 - ttail(e(df_r),t1)
```

命令 ttail(e(df_r),t1) 用来计算自由度为 df_r 的随机变量 t 大于 t1 的概率。由于 t 分布是对称的且要使这个概率小于 t1,我们用 1 减去 ttail(e(df_r),t1)。

如果这个 p 值小于这个检验 5% 的显著性水平,那么在这个统计显著性水平上我们拒绝原假设,否则就不能拒绝原假设。

执行这个检验的另外一种方法是比较这个统计量和 5% 临界值的大小。Stata 运用 invttail(e(df_r),.05) 功能算出这个临界值,这些计算的结果如下:

```
. scalar list t1 crit pval
t1 = - 7.2152415
crit = - 1.6662937
pval = 2.212e - 10
```

要检验广告效果使用原假设 $\beta_3 \leq 1$ 及备择假设 $\beta_3 > 1$,执行过程如下:

```
scalar t2 = (_b[ advert ] - 1)/_se[ advert ]
scalar crit = invttail(e(df_r),.05)
scalar pval = ttail(e(df_r),t2)
```

由于备择假设在 t 分布的右尾部分,因此这个编码更容易懂。再次用 invttail 命令计算出 t 分布 5% 显著性水平的右侧临界值,用 ttail 命令计算右尾到右侧 t2 的面积,得到如下结果:

```
. scalar list t2 crit pval
    t2 = 1.2625732
    crit = 1.6662937
    pval = .10540831
```

5.5.3　线性组合的检验

Big Andy 的市场顾问声明,降价 20% 比增加 $500 的广告支出对提升销售收入更有效。根据这个模型,她认为 $-0.2\beta_2 > 0.5\beta_3$,即原假设为 $-0.2\beta_2 - 0.5\beta_3 \leq 0$,备择假设为 $-0.2\beta_2 - 0.5\beta_3 > 0$。

lincom 命令再次派上用场,因为它能估计线性组合及其标准差。但作为单侧检验,最好是直接计算临界值或 p 值,而不是依靠 lincom 命令输出结果,因为它只能提供双侧检验的 p 值。

首先,使用 lincom 命令:

```
lincom -0.2* price - 0.5* advert
```

得到:

```
(1)   - .2* price - .5* advert = 0
```

sales	Coef.	Std. Err.	t	P>|t|	[95% Conf. Interval]	
(1)	.6502787	.4009846	1.62	0.109	-.1490694	1.449627

用标准差 0.400 去除估计的系数 0.650,得到 t 值 1.62。假设估计的线性组合符合预期,那么单侧检验的 p 值就是双侧检验 p 值的一半。为避免混淆,我们建议使用下面的命令语句来计算单侧检验的临界值或 p 值。

```
scalar t = r(estimate)/r(se)
scalar crit = invttail(r(df),.05)
scalar pval = ttail(r(df),t)
scalar list crit t pval
. scalar list crit t pval
      crit =1.6662937
      t =1.6217052
      pval = .05461891
```

新的相关元素包括 r(estimate)、r(df) 和 r(se),它们是由 lincom 计算出的估计线性组合和标准误差。例如 e() 命令在估计之后就可以用了,很多其他的命令(如 test 和 lincom)也能保存结果并用于以后的计算。使用:

```
return list
```

有:

```
scalars:
r(df) =  72
r(se) =  .4009845529554849
r(estimate) =  .65027873012098
```

这表明,先前使用的 lincom 命令保存了自由度 $(N - K)$、估计值及其标准误差。当产生疑惑时,使用 ereturn list 或 return list 命令查证哪些内容已保存在结果数据中。

5.6　多项式方程

一个允许自变量和因变量之间存在非线性关系的方法是向模型中引入多项式解释变量。在这个例子中,随着广告支出的增多,每增加 \$1 000 广告支出的边际效应将会减少,这个模型变为:

$$SALES = \beta_1 + \beta_2 PRICE + \beta_3 ADVERT + \beta_4 ADVERT^2 + e$$

估计这个模型有两种方式。首先,我们可以创建新的变量 $ADVERT^2$ 并将其添加到模型中,然后估计参数,如下:

```
generate a2 = advert* advert
reg sales price advert a2
```

这将生成:

```
. reg sales price advert a2
```

Source	SS	df	MS	
Model	1583.39744	3	527.799145	
Residual	1532.08443	71	21.5786539	
Total	3115.48187	74	42.1011063	

```
Number of obs =      75
F( 3,    71) =   24.46
Prob > F      = 0.0000
R-squared     = 0.5082
Adj R-squared = 0.4875
Root MSE      = 4.6453
```

sales	Coef.	Std. Err.	t	P>|t|	[95% Conf. Interval]	
price	-7.64	1.045939	-7.30	0.000	-9.725543	-5.554457
advert	12.15124	3.556164	3.42	0.001	5.060447	19.24203
a2	-2.767964	.9406241	-2.94	0.004	-4.643515	-.8924123
_cons	109.719	6.799045	16.14	0.000	96.16212	123.2759

由 advert* advert 得到的变量 a2 就是时常被称为交互变量($interaction\ variable$)的一个简单例子。考虑交互变量最简单的方法就是,它作用在因变量上的影响依赖于另一个变量——这两个变量交互作用来决定因变量的平均值。在这个例子中,广告支出对平均销售收入的影响取决于广告支出水平本身。

当变量之间交互作用时,每增加一单位($1000)广告支出的边际效应必须基于微积分来进行人工计算。用这个平均销售收入对广告支出求偏导数得到:

$$\frac{\partial E(SALES)}{\partial ADVERT} = \beta_3 + 2\beta_4 ADVERT$$

边际效应的大小取决于参数以及广告支出水平,本例是在 $ADVERT = 0.5$ 和 $ADVERT = 2$ 这两个点上对其进行估计的,代码如下:

```
scalar me1 = _b[advert] +2* (.5)* _b[a2]
scalar me2 = _b[advert] +2* (2)* _b[a2]
```

列示结果:

```
. scalar list me1 me2
me1 =  9.3832736
me2 =  1.079383
```

5.6.1　最优广告支出水平:参数的非线性组合

在此例中,最优广告支出定义为取得最大净销售额时的水平,Big Andy 将增加广告支出水平直到每一美元额外广告支出导致销售收入刚好上升一美元。在这一点上,边际效应等于 1。

$$\beta_3 + 2\beta_4 ADVERT = 1$$

根据参数算出 $ADVERT$:

$$ADVERTO_O = \frac{1 - \beta_3}{2\beta_4}$$

这个模型中的参数便是非线性的。通过取代右边参数的最小二乘估计可以得到最优广告支出水平的一致性估计。运用德尔塔(Delta)方法估计这个标准差需要使用微积分,不过幸运的是,Stata 中的 nlcom 命令能在估计之后计算出参数的非线性组合,一如计算标准差、t 值以及置信区间等。

```
     nlcom (1-_b[advert])/(2*_b[a2])

. nlcom (1-_b[advert])/(2*_b[a2])

     _nl_1:  (1-_b[advert])/(2*_b[a2])
```

sales	Coef.	Std. Err.	t	P>|t|	[95% Conf. Interval]	
_nl_1	2.01434	.128723	15.65	0.000	1.757673	2.271006

通过以上估计,最优广告支出水平为 $2014。

5.6.2　运用因子变量进行交互作用

利用交互作用估计模型并求出边际效应更好的方法是使用 Stata 的因子变量(*factor variables*)及其内置的 **margins** 命令。在 Stata 中实现变量交互作用极其容易,但须注意的是要确保所进行的估计是你想要获得的。在 Stata 中,因子变量从分类变量、分类变量与指示变量的交互作用、分类变量和连续变量的交互作用以及连续变量之间(多项式)的交互作用中创建指示变量。它们可以通过大部分估计中以及后估计命令和一些其他命令来得到。

在 Stata 中,因子变量有它们自己的运算符。

```
Operator  Description

i.        unary operator to specify indicators
c.        unary operator to treat as continuous
#         binary operator to specify interactions
##        binary operator to specify factorial interactions
```

一元运算符(*unary operator*)是针对数学运算的数学符号,它只影响一个数字或变量——称为一个运算对象。负号出现在数字前面就是一个例子,当这种情况发生时,负号便指定了这个数字并使得它的值为负。因此,表达式 -2 中,负号就是作用在数字 2 上的一元运算符,使其值为负。二元运算符(*binary operators*)作用于两个变量,例如,在表达式 1-2 中,减号($-$)作用于 1 和 2,表示 1 减去 2。

Stata 中有一些一元运算符(*unary operators*),包括 i. 和 c.。当它们用在变量名称前面时,就会提示 Stata 这个变量是被视为连续的(如 c.price)或是离散的(i.price)。在后一种情况下,i.price 将为每个不同的 *PRICE* 值创建一个指示变量。如果变量是连续的并且数据集中的每个值都是唯一的,Stata 将在模型中创建一个指示变量集 N 以备使用——通常,这可能并不是你想做的事情。另一方面,在你的数据中为离散型变量创建指示变量集也是很有用的,本手册的其他地方给出了具体例子。

在当前的例子中,*ADVERT* 是连续的(等价于 c.advert),且我们想要使它与其自身之间交互作用。这时,在 Stata 中二元运算符(*binary operator*)# 就被用来使两个因子变量相乘,这样便产生了两个变量的交互作用。因此,使用 c.advert#c.advert 就创建了连续型变量 *ADVERT* [2]。

用这种方式指定变量至少有两个原因。首先,我们没有必要专门生成交互作用变量来添加到数据集中,将 c.advert#c.advert 添加到 regress 命令的变量列表中就可以直接将其添加到模型中。其次,用这种方式创建的变量可以使用 Stata 内置的 margins 命令来计算边际效应。使用#而不是通常的乘法符号 * 来使因子变量相乘是为了指示 Stata 这两个夹有#符号的变量已经交互作用了。这可以使你不用微积分就能同步计算边际效应。关键是要运用因子变量来建立交互作用,并且要在 margins 命令中使用适当的选项。

估计这个回归如下:

```
regress sales price advert c.advert#c.advert
```

结果如下:

```
. regress sales price advert c.advert#c.advert
```

Source	SS	df	MS
Model	1583.39741	3	527.799136
Residual	1532.08446	71	21.5786543
Total	3115.48187	74	42.1011063

```
Number of obs =      75
F( 3,    71) =   24.46
Prob > F     =  0.0000
R-squared    =  0.5082
Adj R-squared =  0.4875
Root MSE     =  4.6453
```

sales	Coef.	Std. Err.	t	P>|t|	[95% Conf. Interval]	
price	-7.64	1.045939	-7.30	0.000	-9.725543	-5.554457
advert	12.15124	3.556164	3.42	0.001	5.060446	19.24203
c.advert# c.advert	-2.767963	.940624	-2.94	0.004	-4.643514	-.892412
_cons	109.719	6.799045	16.14	0.000	96.16212	123.2759

注意到这个回归结果与手动生成 a2 并添加到模型中的结果是完全相同的。现在,交互作用项的系数为 c.advert#c.advert,同时,运用 margins 命令可得到边际效应的结果。在广告支出水平为 0.5 和 2 时的边际效应为:

```
. margins, dydx(advert) at(advert=(.5 2))
```

```
Average marginal effects                     Number of obs   =      75
Model VCE    : OLS

Expression   : Linear prediction, predict()
dy/dx w.r.t. : advert

1._at        : advert          =          .5

2._at        : advert          =           2
```

		Delta-method				
	dy/dx	Std. Err.	z	P>|z|	[95% Conf. Interval]	
advert						
_at						
1	9.383273	2.636965	3.56	0.000	4.214916	14.55163
2	1.079383	.7019353	1.54	0.124	-.2963846	2.455151

这里需要解释一下 margins 的一些语法。第一个选项为 dydx(advert),它求出括号中的变量(advert)增加一单位作用在因变量均值上的边际效应。第二个选项告诉 Stata 要计算 advert 哪些值的边际效应。在任何情况下,margins 命令产生的结果都与第一种方法相同,并且执行过程几乎不用编写任何程序或数学知识。另外,margins 命令也能生成估计标准误差、t 值、双侧检验的 p 值以及置信区间。

5.7　交互作用

变量间的交互作用在上一节中为创建多项式已经被介绍过了。交互作用的概念非常普遍,在任何一个变量的变化作用于因变量均值的影响依赖于另一个变量的情形都可以应用它。基本模型如下：

$$PIZZA = \beta_1 + \beta_2 AGE + \beta_3 INCOME + e$$

假设一个人随着年龄的增长，他或她消费比萨饼的边际倾向降低——这意味着系数 β_3 取决于年龄的大小。

$$\beta_3 = \beta_4 + \beta_5 AGE$$

取代模型中的 β_3 得到：

$$PIZZA = \beta_1 + \beta_2 AGE + \beta_4 INCOME + \beta_5 (INCOME \times AGE) + e$$

这里引进了一个新的变量 $INCOME \times AGE$，它是一个交互变量。在这个模型中，年龄（AGE）每增加一单位的边际效应取决于收入（$INCOME$），且收入（$INCOME$）每增加一单位的边际效应又取决于年龄（AGE）。

在 Stata 中，这个交互作用可以使用 generate 命令创建，但是更好的选择是运用因子变量，这样我们可以用内置的 **margins** 命令来计算边际效应。

```
use pizza4, clear
regress pizza age income c.age#c.income
margins, dxdy(age) at(income = (25 90))
```

回归结果如下：

```
. regress pizza age income c.age#c.income
```

Source	SS	df	MS		Number of obs =	40
					F(3, 36) =	7.59
Model	367043.25	3	122347.75		Prob > F =	0.0005
Residual	580608.65	36	16128.0181		R-squared =	0.3873
					Adj R-squared =	0.3363
Total	947651.9	39	24298.7667		Root MSE =	127

pizza	Coef.	Std. Err.	t	P>|t|	[95% Conf. Interval]	
age	-2.977423	3.352101	-0.89	0.380	-9.775799	3.820952
income	6.979905	2.822768	2.47	0.018	1.255067	12.70474
c.age# c.income	-.1232394	.0667187	-1.85	0.073	-.2585512	.0120725
_cons	161.4654	120.6634	1.34	0.189	-83.25131	406.1822

使用 margins 命令，结果如下：

```
. margins, dydx(age) at(income=(25 90))
```

```
Average marginal effects                    Number of obs =        40
Model VCE     : OLS

Expression    : Linear prediction, predict()
dy/dx w.r.t.  : age

1._at         : income          =          25

2._at         : income          =          90
```

	dy/dx	Delta-method Std. Err.	z	P>|z|	[95% Conf. Interval]	
age						
_at						
1	-6.058407	2.390502	-2.53	0.011	-10.74371	-1.373109
2	-14.06896	4.171058	-3.37	0.001	-22.24409	-5.893842

另一个例子是,调用 *cps_small. dta* 数据集,将 education 和 experience 的交互项添加到第 4 章中讨论过的工资(wage)模型中:

$$\ln(WAGE) = \beta_1 + \beta_2 EDUC + \beta_3 EXPER + \beta_4(EDUC \times EXPER) + e$$

```
use cps4_small, clear
gen lwage = ln(wage)
regress lwage educ exper c.educ#c.exper
```

```
. regress lwage educ exper c.educ#c.exper
```

Source	SS	df	MS
Model	65.5449479	3	21.848316
Residual	271.235783	996	.272325084
Total	336.780731	999	.337117849

Number of obs =	1000
F(3, 996) =	80.23
Prob > F =	0.0000
R-squared =	0.1946
Adj R-squared =	0.1922
Root MSE =	.52185

lwage	Coef.	Std. Err.	t	P>|t|	[95% Conf. Interval]	
educ	.0949385	.0146246	6.49	0.000	.06624	.123637
exper	.0063295	.0066985	0.94	0.345	-.0068153	.0194743
c.educ#c.exper	-.0000364	.0004838	-0.08	0.940	-.0009858	.0009129
_cons	1.392318	.2066447	6.74	0.000	.986809	1.797827

然后:

```
Regress lwage educ exper c.educ#c.exper  c.exper#c.exper
. regress lwage educ exper c.educ#c.exper c.exper#c.exper
```

Source	SS	df	MS
Model	82.3591698	4	20.5897924
Residual	254.421562	995	.255700062
Total	336.780731	999	.337117849

Number of obs =	1000
F(4, 995) =	80.52
Prob > F =	0.0000
R-squared =	0.2445
Adj R-squared =	0.2415
Root MSE =	.50567

lwage	Coef.	Std. Err.	t	P>|t|	[95% Conf. Interval]	
educ	.1271953	.0147188	8.64	0.000	.0983118	.1560789
exper	.0629807	.0095361	6.60	0.000	.0442676	.0816938
c.educ#c.exper	-.0013224	.0004949	-2.67	0.008	-.0022935	-.0003513
c.exper#c.exper	-.0007139	.000088	-8.11	0.000	-.0008867	-.0005412
_cons	.5296774	.2267415	2.34	0.020	.084731	.9746237

再次针对因子变量使用了 Stata 的一元运算符,这使得回归分析变得尤其简单。

5.8 拟合优度

正如第 4 章中我们看到的,回归模型的拟合优度是基于方差分析表中的统计量计算得到的,R^2 度量了回归分析计算出的样本偏差在因变量总偏差中的比例。这在多元回归模型中同样适用,唯一不同的是现在模型中的解释变量不止一个,因此,可以使用第 4 章中的关系。现将因变量的总的平方和(SST)分解为可解释偏差(SSR)和非解释偏差(SSE):

$$SST = SSR + SSE$$

则拟合优度度量值 R^2 为：

$$R^2 = \frac{SSR}{SST} = 1 - \frac{SSE}{SST}$$

当使用 Stata 的方差分析表时你必须得小心，在《POE4》中使用的符号应用到了这里。Stata 所指的解释偏差为 the model sum of squares（模型平方和），教材中将这个称为 the sum of squares regression（回归平方和）或者 SSR。因变量中的非解释偏差运用最小二乘残差计算得到，在教材中，这被称为 the sum of squared errors（误差平方和）即 SSE，而 Stata 称这个非解释偏差为 the residual sum of squares（残差平方和）。

Concept	POE4	Stata
Unexplained variation	SSE (sum of squared errors)	Residual SS
Explained variation	SSR (sum of squares regression)	Model SS
Total variation	SST	Total SS

上面的问题解决了，现在你可以用很多种方法得到 R^2。第一种就是使用现成的方差分析表来计算。第二种便是直接查看回归结果，因为针对线性回归它已经由缺省值计算出来了。第三种是利用之前的回归分析保存的结果，使用命令语句来计算它，当然，这个选择比第一种方法简单，但是比第二种复杂！因此我们利用 model sum of squares（Stata 保存为 e(mss)）和 residual sum of squares（Stata 保存为 e(rss)）来计算并展示 R^2。注意，由缺省值计算的 R^2 也被保存在 Stata 内存中并可以使用 e(r2) 来查看。

```
use andy, clear
reg sales price advert
```

```
. reg sales price advert
```

Source	SS	df	MS
Model	1396.53893	2	698.269465
Residual	1718.94294	72	23.8742075
Total	3115.48187	74	42.1011063

Number of obs =	75
F(2, 72) =	29.25
Prob > F =	0.0000
R-squared =	0.4483
Adj R-squared =	0.4329
Root MSE =	4.8861

sales	Coef.	Std. Err.	t	P>|t|	[95% Conf. Interval]
price	-7.907854	1.095993	-7.22	0.000	-10.09268 -5.723032
advert	1.862584	.6831955	2.73	0.008	.500659 3.22451
_cons	118.9136	6.351638	18.72	0.000	106.2519 131.5754

```
di "R-square " e(mss)/(e(mss)+e(rss))
di "R-square " 1-e(rss)/(e(mss)+e(rss))

. di "R-square " e(mss)/(e(mss)+e(rss))
R-square .44825776

. di "R-square " 1-e(rss)/(e(mss)+e(rss))
R-square .44825776
```

作为拟合优度的度量值，R^2 的一个缺点是添加回归元到模型中常常能改善模型的拟合度。当不相关的独立变量被添加到模型中时，相关的拟合度量需要为添加回归元而面对一个小小的惩罚，这就是调整后的 R^2 可能变得更小。这个**调整的 R^2（adjusted R^2）**如下：

$$\bar{R}^2 = 1 - \frac{SSE/(N-K)}{SST/(N-1)}$$

Stata 的 regress 命令默认报告这个统计量。注意到调整的 R^2（adjusted R-squared）比 R^2（R-squared）要小。事实上，估计的拟合优度由于添加解释变量受到惩罚，因此在多元线性回归模型中，R^2 永远不可能比调整的 R^2 小。

关键术语

#	**i. variable**	R^2
调整的 R^2	索引	**regress**
二元运算符	交互变量	**replace**
c. variable	**invtail(df , alpha)**	**return list**
置信区间	**level(90)**	Root MSE
di	**lincom**	**scalar**
dydx	**list**	**scalar list**
e(df_r)	边际效应	**set obs**
e(mss)	**margins**	**test**
e(rss)	**matrix**	t 值
e(V)	多元线性回归	**ttail(df , tstat)**
ereturn list	**nlcom**	一元运算符
estat vce	预测	方差
因子变量	p 值	方差协方差矩阵

第 5 章 Do 文件

```
* file chap05.do for Using Stata for Principles of Econometrics, 4e
cd c:\data\poe4stata
* Stata Do - file
* copyright C 2011 by Lee C. Adkins and R. Carter Hill
* used for "Using Stata for Principles of Econometrics, 4e"
* by Lee C. Adkins and R. Carter Hill (2011)
* John Wiley and Sons, Inc.
*
* setup
* version 11.1
* capture log close
set more off
*
* open log
* log using chap05_food, replace text
*
* open data
* use andy, clear

* Summary Statistics summarize
*
* List subset of observations
```

```
* list in 1/5
*
* Least squares regression with covariance matrix
*
* regress sales price advert
* estat vce
*
* Predict sales when price is 5.50 and adv is 1200
* di _b[_cons] + _b[price]* 5.50 + _b[advert]* 1.2
*
* Using the data editor to predict
*
*
* set obs 76
* replace price = 5.50 in 76
* replace advert = 1.2 in 76
* predict yhat
* list yhat in 76
*
* Calculate sigma - hat square
* ereturn list
* scalar sighat2 = e(rss)/e(df_r)
* scalar list sighat2
*
* Standard error of the regression
* di sqrt(sighat2)
*
* Confidence Intervals
* scalar bL = _b[price] - invttail(e(df_r),.025) * _se[price]
* scalar bU = _b[price] + invttail(e(df_r),.025) * _se[price]
*
* scalar list bL bU
*
* Using the level() command to change size of default intervals
* regress sales price advert, level(90)
*
* Interval for a linear combination
* Easy way
* lincom -0.4* price +0.8* advert, level(90)

* Hard way matrix cov = e(V)
* scalar lambda = -0.4* _b[price] +0.8* _b[advert]
* scalar var_lambda = (-0.4)^2* cov[1,1] +(0.8)^2* cov[2,2] +2* (-0.4)* (0.8)* cov[1,2]
* scalar se = sqrt(var_lambda)
* scalar t = lambda/se
* scalar lb = lambda - invttail(e(df_r),.05)* se
* scalar ub = lambda + invttail(e(df_r),.05)* se
* scalar list lambda var_lambda se t lb ub
```

```
*  t - ratios
*  scalar t1 = (_b[price] -0)/_se[price]
*  scalar t2 = (_b[advert] -0)/_se[advert]
*  scalar list t1 t2
*
*  pvalues
*  scalar p1 = 2* ttail(72,abs(t1))
*  scalar p2 = ttail(72,abs(t2))
*  scalar list p1 p2

*  One sided significance test
*  scalar t1 = (_b[price] -0)/_se[price]
*  scalar crit = - invttail(e(df_r),.05)
*  scalar pval = 1 - ttail(e(df_r),t1)
*  scalar list t1 crit pval
*
*  One sided test of Advertising effectiveness
*  scalar t2 = (_b[advert] -1)/_se[advert]
*  scalar crit = invttail(e(df_r),.05)
*  scalar pval = ttail(e(df_r),t2)
*  scalar list t2 crit pval
*
*  Linear combination
*  lincom -0.2* price -0.5* advert
*  scalar t = r(estimate)/r(se)
*  scalar crit = invttail(e(df_r),.05)
*  scalar pval = ttail(e(df_r),t)
*
*  scalar list crit t pval
*  return list
*  Polynomial
*  generate a2 = advert* advert
*  reg sales price advert a2
*  scalar me1 = _b[advert] +2* (.5)* _b[a2]
*  scalar me2 = _b[advert] +2* (2)* _b[a2]
*  scalar list me1 me2
*
*  Nonlinear combinations of variables
*  scalar advertt0 = (1 - _b[advert])/(2* _b[a2])
*  scalar list advertt0
*
*  nlcom (1 - _b[advert])/(2* _b[a2])
*
*  Polynomial using factor variables
*  regress sales price advert c.advert#c.advert
*  margins, dydx(advert) at(advert = (.5 2))
*
*  Interactions
*  use pizza4, clear
```

```
* regress pizza age income c.age#c.income
* margins, dydx(age) at(income = (25 90))
*
* use cps4_small, clear
* gen lwage = ln(wage)
* regress  lwage  educ  exper c.educ#c.exper
* regress  lwage  educ  exper c.educ#c.exper  c.exper#c.exper
*
* use andy, clear
* reg sales price advert
*
* di "R - square " e(mss)/(e(mss) + e(rss))
* di "R - square " 1 - e(rss)/(e(mss) + e(rss))
* log close
```

第 6 章

多元回归模型：更多推断

本章概要

6.1 *F* 检验

本章中所使用的案例延续上一章中的 Big Andy's Burger Barn 销售模型。该模型包括三个解释变量和一个常数项。

$$SALES_i = \beta_1 + \beta_2 PRICE_i + \beta_3 ADVERT_i + \beta_4 ADVERT_i^2 + e_i$$

其中 $SALES_i$ 为某个城市的月度销售额,以 \$1000 为单位,$PRICE_i$ 则是每个汉堡的价格,$ADVERT_i$ 是广告费用,也是以千美元为单位,$i = 1, 2, \cdots, N$。

原假设是广告支出对平均销售额没有影响,其边际效用为 0,也就是要求 $\beta_3 = 0$ 和 $\beta_4 = 0$,而备择假设就是 $\beta_3 \neq 0$ 或 $\beta_4 \neq 0$。在原假设下模型的参数约束为 0,而备择假设下则无约束。

F 检验比较的是不受约束模型与受约束模型两者的误差平方和。两者差异越大,则约束模型下的原假设为假。用于检验原假设(约束模型)的统计量公式如下:

$$F = \frac{(SSE_R - SSE_U)/J}{SSE_U/(N - K)}$$

当约束为真的时候,这个统计量服从分子自由度为 J、分母自由度为 $N - K$ 的 F 分布。

这个统计量是通过两步回归完成。第一步是无约束,第二步才是有约束的。每一步回归后保存误差平方和,无约束的回归模型其自由度为 $N - K$,有约束的回归模型其自由度为 J。然后计算下式:

$$F = \frac{(SSE_R - SSE_U)/J}{SSE_U/(N - K)} = \frac{(1896.391 - 1532.084)/2}{1532.084/(75 - 4)} = 8.44$$

我们可以通过导入数据集 *andy. dta* 来估计这个模型:

```
use andy, clear
```

在 Stata 的变量窗口,可以看到该数据集有三个变量:sales,price 和 Advert。我们可以使用 regress 函数来估计无约束模型。

```
regress sales price advert c.advert#c.advert
```

```
. regress sales price advert c.advert#c.advert
```

Source	SS	df	MS		
Model	1583.39741	3	527.799136	Number of obs =	75
Residual	1532.08446	71	21.5786543	F(3, 71) =	24.46
				Prob > F =	0.0000
				R-squared =	0.5082
Total	3115.48187	74	42.1011063	Adj R-squared =	0.4875
				Root MSE =	4.6453

sales	Coef.	Std. Err.	t	P>|t|	[95% Conf. Interval]	
price	-7.64	1.045939	-7.30	0.000	-9.725543	-5.554457
advert	12.15124	3.556164	3.42	0.001	5.060446	19.24203
c.advert#						
c.advert	-2.767963	.940624	-2.94	0.004	-4.643514	-.892412
_cons	109.719	6.799045	16.14	0.000	96.16212	123.2759

使用 e(ssr) 将误差平方和存入新创建的标量 sseu,使用 e(df_r) 将方差分析表里的残差自由度赋值给命名为 df_unrest 的标量。

```
scalar sseu = e(ssr)
```

```
scalar df_unrest = e(df_r)
```

下一步，将约束加入模型，再次利用最小二乘估计。使用同样的方法赋值误差平方和及残差自由度。

```
regress sales price
```

```
. regress sales price

      Source |       SS       df       MS              Number of obs =      75
-------------+------------------------------           F(  1,    73) =   46.93
       Model | 1219.09103      1  1219.09103           Prob > F      =  0.0000
    Residual | 1896.39084     73  25.9779567           R-squared     =  0.3913
-------------+------------------------------           Adj R-squared =  0.3830
       Total | 3115.48187     74  42.1011063           Root MSE      =  5.0969

------------------------------------------------------------------------------
       sales |      Coef.   Std. Err.      t    P>|t|     [95% Conf. Interval]
-------------+----------------------------------------------------------------
       price |  -7.829074   1.142865    -6.85   0.000    -10.1068   -5.551348
       _cons |   121.9002   6.526291    18.68   0.000    108.8933    134.9071
------------------------------------------------------------------------------
```

```
scalar sser = e(ssr)
scalar df_rest = e(df_r)
```

保留下来的来自受约束模型的残差自由度可以用于获得约束的参数数量。在线性模型里，每一个约束都会减少模型的一个参数变量，所以对一个有三个参数的无约束模型（比如 Big Andy's 销售模型）赋予一个约束，则其参数降为两个。令 K_r 为受约束模型的自变量数量，K_u 为无约束模型的自变量数量，把受约束模型的自由度 $(N-K_r)$ 减去无约束模型的自由度 $(N-K_u)$，所得到的结果就是你所面对的约束值，即 $(N-K_r)-(N-K_u)=(K_u-K_r)=J$。在 Stata 里，

```
scalar J = df_rest - df_unrest
```

接着，计算 F 统计量：

```
scalar fstat = ((sser - sseu)/J)/(sseu/(df_unrest))
```

$F_{(J,N-K)}$ 的临界值和对应的 p 值都可以算出。本例中，使用 invFtail(J,N-K,α) 函数可以算出服从分子自由度为 J 和分母自由度为 $N-K$ 的 F 分布在 α 水平下的临界值，而 Ftail(J, N-K,fstat) 函数则可以根据刚刚算出的 **fstat** 统计量计算出相应的 p 值。

```
scalar crit1 = invFtail(J,df_unrest,.05)
scalar pvalue = Ftail(J,df_unrest,fstat)
scalar list sseu sser J df_unrest fstat pvalue crit1
```

运算结果为：

```
.scalar list sseu sser J df_unrest fstat pvalue crit1

sseu =   1532.0845

sser =   1896.3908

J =                   2

df_unrest =          71

fstat =  8.44136

pvalue =   .00051416

crit1 =   3.1257642
```

对话框一样可以用来检验模型的参数约束。第一步使用 regress 估计模型，这个过程和前文 5.1 小节一样。在 **regress** 对话窗中从下拉菜单依次选择 **Select Statistics > Linear**

models and related > Linear regression。在 **regress—Linear regression** 对话窗中选择 **sales** 作为因变量，**price**，**advert**，以及交乘项 **c. advert#c. advert** 为自变量，点击 OK，进行回归。当执行完回归，后估计（post-estimation）命令可以有效地用于检验假设。从下拉菜单选择 **Statistics > Postestimation > Tests > Test parameters**，会弹出 **testparm** 对话框。

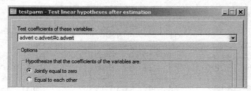

你也可以选择 **Statistics > Postestimation > Tests > Test linear hypotheses** 来检验，不过这里的检验对话框不太好用。每一个线性假设都要作为一个 *Specification* 来考虑。对 *Specification 1*（必须），输入 **advert** = 0，另外确保要么 *Coefficients are 0*，要么 *Linear expressions are equal* 这两个中有一个必须选上。接着高亮 *Specification 2* 并输入 c.advert#c.advert = 0，然后点击 **Submit** 按钮。本步骤的对话框如下所示。

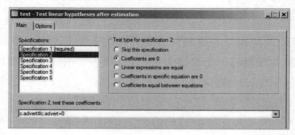

面对这些示例，在 **Command** 窗口处理则更为简便。*testparm* 是最简单的用于检验参数零约束的命令。语法如下：

        testparm *varlist*

这个语法可以简单地检验变量在原假设下系数为零，也可以使用 equal 备选项来检验参数的系数是否相等。

使用 Wald 检验方法，**test** 命令可以适用于目前绝大多数拟合模型的参数联合假设检验。这里有一些不同的假设设定方法，我们对其中的部分进行深入探讨，常用语法为：

        test (hypothesis 1) (hypothesis 2)

每个联合假设都涉及一系列参数集合。在一个线性模型里，由于变量名是清楚的，其系数可以通过变量名来确定或表征。更一般地，可以使用参数名（如果事先定义），也可以回归后用 _b[variable name] 语法调用。下述三个方法在检验联合零假设时是相同的。

        regress sales price advert c.advert#c.advert

        testparm advert c.advert#c.advert

        test (advert = 0)(c.advert#c.advert = 0)

        test (_b[advert] = 0)(_b[c.advert#c.advert] = 0)

    . testparm advert c.advert#c.advert

    (1) advert = 0

    (2) c.advert#c.advert = 0

        F(2, 71) = 8.44

        Prob > F = 0.0005

```
.test(advert =0)(c.advert#c.advert =0)
```

(1)　advert =0

(2)　c.advert#c.advert =0

　　F(2,　71) =　8.44

　　Prob > F =　　　0.0005

```
.test(_b[advert] =0)(_b[c.advert#c.advert] =0)
```

(1)　advert =0

(2)　c.advert#c.advert =0

　　F(2,　71) =　8.44

　　Prob > F =　0.0005

6.1.1　检验模型的显著性

应用 F 检验，我们可以确定模型是否在期望的水平下统计显著。考虑一个具有 K 个自变量的一般线性模型。

$$y_i = \beta_1 + x_{i2}\beta_2 + x_{i3}\beta_3 + \cdots + x_{iK}\beta_K + e_i$$

如果解释变量对 y 均值没有影响，则其斜率将为 0，因此零假设和备择假设为：

$$H_0 : \beta_2 = 0, \beta_3 = 0, \cdots, \beta_K = 0$$

$$H_1 : 至少有一个 \beta_k 非零, k = 2, 3, \cdots, K$$

F 检验时，分子自由度受 $J = K - 1$ 约束。如前，估计无约束模型和有约束模型，同时保存相应的自由度，接着使用前文的 Stata 命令计算检验统计量：

$$F = \frac{(SST - SSE)/(K - 1)}{SSE/(N - K)} = \frac{(3115.485 - 1532.084)/3}{1532.084/(75 - 4)} = 24.459$$

Stata 命令代码如下：

```
* Unrestricted Model (all variables)
regress sales price advert c.advert#c.advert
scalar sseu = e(rss)
scalar df_unrest = e(df_r)

* Restricted Model (no explanatory variables)
* regress sales
scalar sser = e(rss)
scalar df_rest = e(df_r)
scalar J =df_rest - df_unrest

* F - statistic, critical value, pvalue
scalar fstat = ((sser - sseu)/J)/(sseu/(df_unrest))
scalar crit2 = invFtail(J,df_unrest,.05)
scalar pvalue = Ftail(J,df_unrest,fstat)

scalar list sseu sser J df_unrest fstat pvalue crit2
```

结果如下：

```
.scalar list sseu sser J df_unrest fstat pvalue crit2
    sseu =　1532.0845
```

```
    sser =        3115.4819
    J =                   3
df_unrest =               71
   fstat =    24.459316
  pvalue =    5.600e - 11
   crit2 =    2.7336472
```

模型显著性检验如此重要,以至于对每个使用 Stata 进行线性回归估计的模型,这个检验结果都会自动列报。本例中,关于显著检验的 F 统计量为 24.4595, p 值也远远低于 5%,结果如下图所示,因此拒绝模型在 5% 水平下不显著的原假设。

```
. regress sales price advert c.advert#c.advert

      Source │      SS        df      MS                Number of obs =       75
─────────────┼─────────────────────────────────        F(  3,    71) =    24.46
       Model │ 1583.39741      3   527.799136           Prob > F      =   0.0000
    Residual │ 1532.08446     71   21.5786543           R-squared     =   0.5082
─────────────┼─────────────────────────────────        Adj R-squared =   0.4875
       Total │ 3115.48187     74   42.1011063           Root MSE      =   4.6453

─────────────┬──────────────────────────────────────────────────────────────────
       sales │     Coef.   Std. Err.      t     P>|t|      [95% Conf. Interval]
─────────────┼──────────────────────────────────────────────────────────────────
       price │     -7.64   1.045939    -7.30    0.000    -9.725543    -5.554457
      advert │  12.15124   3.556164     3.42    0.001     5.060446     19.24203
             │
   c.advert# │
    c.advert │ -2.767963    .940624    -2.94    0.004    -4.643514     -.892412
             │
       _cons │   109.719   6.799045    16.14    0.000     96.16212     123.2759
─────────────┴──────────────────────────────────────────────────────────────────
```

6.1.2 t 检验和 F 检验的关系

在本节中,将验证关于显著性的 t 检验和 F 检验的等价性。基本模型如下:

$$SALES_i = \beta_1 + \beta_2 PRICE_i + \beta_3 ADVERT_i + \beta_4 ADVERT_i^2 + e_i$$

β_2 的 t 值为 -7.30(见本小节结尾结果报告)。F 检验可用于检验 $\beta_2 = 0$ 的原假设(双侧备择假设就是 β_2 不等于 0)。受约束的模型为:

$$SALES_i = \beta_1 + \beta_3 ADVERT_i + \beta_4 ADVERT_i^2 + e_i$$

分别估计无约束模型、有约束模型,并用 Stata 计算 F 统计量:

```
* Unrestricted Regression
regress sales price advert c.advert#c.advert
scalar sseu = e(rss)
scalar df_unrest = e(df_r)

scalar tratio = _b[price]/_se[price]
scalar t_sq = tratio^2

* Restricted Regression
regress sales advert c.advert#c.advert
scalar sser = e(rss)
scalar df_rest = e(df_r)
scalar J = df_rest - df_unrest
```

```
*  F - statistic, critical value, pvalue
scalar fstat = ((sser - sseu)/J)/(sseu/(df_unrest))
scalar crit = invFtail(J,df_unrest,.05)
scalar pvalue = Ftail(J,df_unrest,fstat)

scalar list sseu sser J df_unrest fstat pvalue crit tratio t_sq
```
结果如下：
```
.scalar list sseu sser J df_unrest fstat pvalue crit tratio t_sq
    sseu =   1532.0845
    sser =   2683.4109
       J =                    1
df_unrest =                   71
   fstat =   53.354875
  pvalue =   3.236e - 10
    crit =   3.9758102
  tratio =    - 7.3044421
    t_sq =   53.354875
```

F 统计量为 53.35。毫不巧合的是我们发现 t 值的平方等于 F 值：$(-7.304)^2 = 53.35$，其背后的原因就是 t 分布和 F 分布之间的关系。具有 df 个自由度的 t 随机变量的平方，刚好是分子自由度为 1、分母自由度为 df 的 F 随机变量。

6.1.3　更一般的 F 检验

F 检验可以用于除了检验自变量系数为 0 的约束之外更一般的约束假设，可以检验多达 K 个与带有等号的线性假设有关的猜想。这个检验一样是通过受约束模型误差平方和与无约束模型误差平方和之比。理论上处理这个工作需要更多代数工具，但 Stata 提供了更多的备选方案使得检验较为简化。

本节的案例是基于第 5 章中最优广告水平的例子。如果广告的收益减少，那么广告的最佳水平点将为在广告上花一美元能产生一单位（千）美元的销售。令额外产生一（千）美元销售额的边际效应为 1：

$$\beta_3 + 2\beta_4 A_O = 1$$

求解 A_O 为 $\hat{A}_O(1 - b_3)/2b_4$，其中 b_3 和 b_4 为对应系数最小二乘估计量。将相关估计模型产生的结果带入得到最优广告水平为 2.014（2 014 美元）。

假设 Andy 想测试最优广告水平为 \$1900 的猜想，将 $A_O = 1.9$（注意，广告数据是以千为单位）代入，得到零假设和备择假设如下：

$$H_0: \beta_3 + 3.8\beta_4 = 1 \qquad H_1: \beta_3 + 3.8\beta_4 \neq 1$$

Stata 计算零假设下的值和标准误差命令语句如下：
```
lincom _b[advert] +3.8* _b[c.advert#c.advert] -1
```
回忆前面章节里所提及的，lincomm 命令可用于计算基于回归后参数的线性组合。该命令执行结果以及算出的 t 值如下：

(1) advert + 3.8* c.advert#c.advert =1

sales	Coef.	Std. Err.	t	P>|t|	[95% Conf. Interval]	
(1)	.6329759	.6541901	0.97	0.337	-.6714421	1.937394

由于是线性回归,因此更简单的如下语法可以产生同样的结果:

```
Lincom advert +3.8* c.advert#c.advert -1
```

无论是哪种方法,都会产生估计值以及标准误差,这些值都会被分别存入 r(estimate)和 r(se)中。因此,你会回想起可以用 scalar 命令来手动计算 t 值。

$$t = \frac{(b_3 + 3.8b_4) - 1}{se(b_3 + 3.8b_4)}$$

相关命令如下:

```
Scalar t = r(estimate)/r(se)
scalar pvalue2tail = 2* ttail(e(df_r),t)
scalar pvalue1tail =ttail(e(df_r),t)
scalar list t pvalue2tail pvalue1tail
```

ttail()命令用于计算 t 值时获得对应单侧 p 值,其中需要用到 e(df_r)保存此前销售方程回归结果产生的残差自由度。

结果如下:

```
.scalar list t pvalue2tail pvalue1tail
    t =  .96757186
    pvalue2tail =  .33654267
    pvalue1tail =  .16827134
```

我们可以使用一个代数技巧构造一个新的参数从而使得模型成为期望的约束模型。使用软件,我们可以省掉一些类似于 lincom 命令的内容。令约束条件为 $\theta = \beta_3 + 3.8\beta_4 - 1$,求解 $\beta_3 = \theta + 1 - 3.8\beta_4$,将之代入模型,并调整如下:

$$SALES_i - ADVERT_i = \beta_1 + \beta_2 PRICE_i + \theta ADVERT_i + \beta_4 (ADVERT_i^2 - 3.8ADVERT_i) + e_i$$

广告项的系数包含了完全约束,可以透过其系数 θ 的 t 值来检验这个约束是否为真。在 Stata 里,我们构建两个新的变量 $x_i = ADVERT_i^2 - 3.8ADVERT_i$ 和 $y_i = SALES_i - ADVERT_i$ 如下:

```
gen xstar = c.advert#c.advert -3.8* advert
gen ystar = sales - advert
```

以此进一步回归:

```
regress ystar price advert xstar
```

变量*advert* 的系数 t 值就是期望的统计量,它的双侧 p 值也同时给出。如果想手工计算,可以执行如下命令。

```
scalar t = (_b[advert])/_se[advert]
scalar pvalue = ttail(e(df_r),t)
scalar list t pvalue
```

整个程序的输出如下:

```
. regress ystar price advert xstar
```

Source	SS	df	MS
Model	1457.21493	3	485.738311
Residual	1532.08447	71	21.5786545
Total	2989.2994	74	40.3959379

```
Number of obs =      75
F(  3,    71) =   22.51
Prob > F      =  0.0000
R-squared     =  0.4875
Adj R-squared =  0.4658
Root MSE      =  4.6453
```

ystar	Coef.	Std. Err.	t	P>|t|	[95% Conf. Interval]
price	-7.64	1.045939	-7.30	0.000	-9.725542 -5.554457
advert	.632976	.6541901	0.97	0.337	-.671442 1.937394
xstar	-2.767964	.9406241	-2.94	0.004	-4.643515 -.8924125
_cons	109.719	6.799046	16.14	0.000	96.16212 123.2759

```
. scalar t = (_b[advert])/_se[advert]

. scalar pvalue = ttail(e(df_r),t)

. scalar list t pvalue
        t =  .96757201
   pvalue =   .1682713
```

在回归结果表中 t 值为 0.97，双侧 p 值为 0.337。这里算出的 t 值与使用 scalar 命令算出的结果完全一致（后者的位数稍多一些），单侧的 p 值刚好是回归表中双侧 p 值的一半。结果完全对上。

本节这里给出的是 Big Andy 的两个猜想联合检验。除了提出每月最优广告费为 1900 美元外，Big Andy 还要计划在价格 6 美元、广告费 1900 美元、预计销售收入 80000 美元的基础上编制采购计划。联合原假设为：

$$H_0 : \beta_3 + 3.8\beta_4 = 1 \text{ 和 } \beta_1 + 6\beta_2 + 1.9\beta_3 + 3.61\beta_4 = 80$$

备择假设则要求至少有一个猜想为假。Stata 联合检验命令如下：

```
regress sales price advert c.advert#c.advert
test (_b[advert]+3.8* _b[c.advert#c.advert]=1) (_b[_cons] + ///
6* _b[price] + 1.9* _b[advert] +3.61* _b[c.advert#c.advert] = 80)
```

本例中我们使用了 test 命令，其后带有两个约束，每个都包含了独立的参数集。注意到 **test** 可以使用回归后保存下来的系数估计值_b[varname]，因此前述检验可以再次简化为：

```
test (advert +3.8* c.advert#c.advert =1) (_cons + 6* price + ///
1.9* advert +3.61* c.advert#c.advert = 80)
```

结果如下：

```
.test (_b[advert]+3.8* _b[c.advert#c.advert]=1)///
>  (_b[_cons]+6* _b[price]+1.9* _b[advert]+3.61* _b[c.advert#c.advert] =  80)

(1)  advert +3.8* c.advert#c.advert =1
(2)  6* price +1.9* advert +3.61* c.advert#c.advert +_cons =80
     F(2,  71) =  5.74
       Prob > F =   0.0049
```

由于 p 值为 0.0049，远低于 5%，因此原（联合）假设在此水平下被拒绝。

6.2 非样本信息

有时你想在模型估计中使用一些准确的非样本信息，这有助于提高模型剩余参数的估计准确性。本例来自《POE4》,作者考虑一个啤酒销售模型,函数由啤酒价格、烈性酒价格、其他商品价格以及收入等构成,变量以其自然对数形式反映。

$$\ln(Q_t) = \beta_1 + \beta_2\ln(PB_t) + \beta_3\ln(PL_t) + \beta_4\ln(PR_t) + \beta_5\ln(I_t) + e_t$$

经济学理论认为:

$$\beta_2 + \beta_3 + \beta_4 + \beta_5 = 0$$

利用 *beer. dta* 数据集来估计这个模型。打开数据集:

```
use beer, clear
```

接着创建数据集里每个变量的自然对数。Stata 函数 log(variable)可以很方便地提供支持,因此,为每个变量生成自然对数变量,使用如下命令:

```
use beer, clear
gen lq = ln(q)
gen lpb = ln(pb)
gen lpl = ln(pl)
gen lpr = ln(pr)
gen li = ln(i)
```

为了加入线性约束(限制),我们可以使用 Stata 里的线性约束回归(**constrained regression**)。Stata 称此类限制为约束,将这些约束加入线性回归模型的程序命令为 **cnsreg**。语法命令如下:

```
constraint1
constraint2
cnsreg depvar indepvars [if] [in] [weight], constraints(1 2)
```

对每一个限制(约束)需要在前面列出,同时赋予特定值。一旦这些入驻内存,cnsreg 命令和 regress 命令一样使用;回归模型的逗号后面是约束 constraint(1 2…)。Stata 会把这些列举的约束放入模型,用最小二乘法估计其余参数,constraint 命令可以缩写为如下所示的 **c(1 2)**。啤酒销售案例的语法如下:

```
Constraint 1 lpb + lpl + lpr + li = 0
cnsreg lq lpb lpl lprli, c(1)
```

结果如下:

```
. constraint 1 lpb+lpl+lpr+li=0

. cnsreg lq lpb lpl lpr li, c(1)
```

```
Constrained linear regression                    Number of obs   =        30
                                                 F(  3,    26) =     36.46
                                                 Prob > F      =    0.0000
                                                 Root MSE      =    0.0617

 (1)  lpb + lpl + lpr + li = 0
```

lq	Coef.	Std. Err.	t	P>|t|	[95% Conf. Interval]	
lpb	-1.299387	.1657377	-7.84	0.000	-1.640065	-.958708
lpl	.1868161	.2843833	0.66	0.517	-.3977422	.7713744
lpr	.1667424	.0770752	2.16	0.040	.0083121	.3251727
li	.9458282	.4270468	2.21	0.036	.0680209	1.823635
_cons	-4.797793	3.713905	-1.29	0.208	-12.43183	2.836247

下拉菜单法也可以得到同样结果,还更有效率些。首先要定义约束条件,选择**Statistics > Other > Manage Constraints**。

点击 **Create** 按钮，弹出对话框。

选择约束序数，在 **Define expression** 框内输入期望约束表达式。点击 OK，接受条件同时关闭对话框。增加约束 ，则需再次在 **constraint—Manage constraints** 窗口点击 **Create** 按钮。当结束时，关闭即可。估计受约束模型，则在下拉菜单里选择 **Statistics** > **Linear models and related** > **Constrained linear regression**，如下所示。

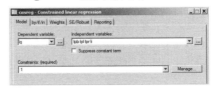

点击 OK 或者 **Submit**，对受约束模型进行估计。

6.3 模型设定

模型选择有三个重要方面要注意：(1)函数形式，(2)模型中包含哪些解释变量，(3)多元线性回归模型的假设 MR1-MR6(见第 5 章)是否成立。在本节中，我们将讨论前两者。

6.3.1 遗漏变量

如果模型中遗漏了相关变量，则最小二乘法是有偏的。为解释遗漏变量问题，我们来考察一个已婚夫妇样本，其中丈夫和妻子都在工作。数据存于 *edu_inc. dta* 文件。

清空 Stata 内存，打开数据集。

    use edu_inc, clear

第一次回归，因变量为家庭收入(faminc)，自变量为丈夫的学历(he)和妻子的学历(we)，命令行如下：

    regress faminc he we

结果如下：

```
. regress faminc he we
```

Source	SS	df	MS
Model	1.3405e+11	2	6.7027e+10
Residual	6.9703e+11	425	1.6401e+09
Total	8.3109e+11	427	1.9463e+09

```
Number of obs =      428
F( 2,   425) =    40.87
Prob > F      =   0.0000
R-squared     =   0.1613
Adj R-squared =   0.1574
Root MSE      =    40498
```

faminc	Coef.	Std. Err.	t	P>|t|	[95% Conf. Interval]	
he	3131.509	802.908	3.90	0.000	1553.344	4709.674
we	4522.641	1066.327	4.24	0.000	2426.711	6618.572
_cons	-5533.629	11229.53	-0.49	0.622	-27605.97	16538.71

遗漏妻子的学历(we)，再次回归：

```
. regress faminc he
```

Source	SS	df	MS		Number of obs	=	428
					F(1, 426)	=	61.30
Model	1.0455e+11	1	1.0455e+11		Prob > F	=	0.0000
Residual	7.2654e+11	426	1.7055e+09		R-squared	=	0.1258
					Adj R-squared	=	0.1237
Total	8.3109e+11	427	1.9463e+09		Root MSE	=	41297

faminc	Coef.	Std. Err.	t	P>|t|	[95% Conf. Interval]	
he	5155.483	658.4574	7.83	0.000	3861.254	6449.713
_cons	26191.27	8541.108	3.07	0.002	9403.309	42979.23

简单相关分析表明丈夫和妻子的学历是正相关的。理论上讲,由于模型中遗漏了妻子的学历变量 **we**,这可能会导致 **he** 系数有偏。这也为模型估计结果所证实。

```
. correlate
(obs=428)
```

	faminc	he	we	k16	xtra_x5	xtra_x6
faminc	1.0000					
he	0.3547	1.0000				
we	0.3623	0.5943	1.0000			
k16	-0.0720	0.1049	0.1293	1.0000		
xtra_x5	0.2898	0.8362	0.5178	0.1487	1.0000	
xtra_x6	0.3514	0.8206	0.7993	0.1595	0.9002	1.0000

如果包含了妻子的学历,同时还加入学龄前孩子数量(**k16**):

```
. regress faminc he we k16
```

Source	SS	df	MS		Number of obs	=	428
					F(3, 424)	=	30.43
Model	1.4725e+11	3	4.9082e+10		Prob > F	=	0.0000
Residual	6.8384e+11	424	1.6128e+09		R-squared	=	0.1772
					Adj R-squared	=	0.1714
Total	8.3109e+11	427	1.9463e+09		Root MSE	=	40160

faminc	Coef.	Std. Err.	t	P>|t|	[95% Conf. Interval]	
he	3211.526	796.7026	4.03	0.000	1645.547	4777.504
we	4776.907	1061.164	4.50	0.000	2691.111	6862.704
k16	-14310.92	5003.928	-2.86	0.004	-24146.52	-4475.326
_cons	-7755.33	11162.93	-0.69	0.488	-29696.91	14186.25

注意到和先前的回归结果进行对比,he 和 we 系数估计值没有太大的变化,这是因为 k16 与学历变量没有太强的相关性。这也意味着某个相关变量遗漏了,仍然可以获得有效的结果。我们认为这种情况下所必需的是遗漏变量与有用的关键变量没有关系,本例中有用变量就是学历变量,因此,本例里,遗漏一个相关变量没有改变涉及 we 或 he 检验值和置信区间的有效性。

6.3.2 无关变量

模型中包含无关变量会降低最小二乘法估计的精确性。最小二乘法是无偏的,但系数的标准差会不必要地变大。本例中,将两个无关变量(xtra_x5 和 xtra_x6)加入模型,这些变量与 he 和 we 相关,但是与家庭收入变量无关。利用线性回归估计模型如下:

```
. regress faminc he we k16 xtra_x5 xtra_x6
```

Source	SS	df	MS		
Model	1.4776e+11	5	2.9553e+10		
Residual	6.8332e+11	422	1.6192e+09		
Total	8.3109e+11	427	1.9463e+09		

	Number of obs	=	428
	F(5, 422)	=	18.25
	Prob > F	=	0.0000
	R-squared	=	0.1778
	Adj R-squared	=	0.1681
	Root MSE	=	40240

faminc	Coef.	Std. Err.	t	P>|t|	[95% Conf. Interval]	
he	3339.792	1250.039	2.67	0.008	882.7131	5796.871
we	5868.677	2278.067	2.58	0.010	1390.905	10346.45
k16	-14200.18	5043.72	-2.82	0.005	-24114.13	-4286.242
xtra_x5	888.8426	2242.491	0.40	0.692	-3519.001	5296.686
xtra_x6	-1067.186	1981.685	-0.54	0.590	-4962.389	2828.018
_cons	-7558.613	11195.41	-0.68	0.500	-29564.33	14447.1

值得关注的是和先前的模型相比，估计标准误差变大多少。如果无关变量与 he 和 we 不相关，那么我们在 he 和 we 的标准误差上会看不到明显的变化效应。

6.3.3 选择模型

选择一个合适的变量集以及一个合适的函数形式是一件非常考究的事情。理想的情况是你选择的函数形式能捕捉数据和变量的特征，使得相关参数估计的一致性和有效性都能得到保证。

本小节所关注的统计量主要是用于临时变量选择以及检验函数形式的适当性。

模型选择标准

模型选择标准主要有三个：调整 R^2，AIC 及 $SC(BIC)$。这些统计量有助于在多个备选模型里选择合适的对象，尽管它们的使用并非没有争议。任何情况下，只有在模型设定选择的其他依据无效时我们才可以动用这些判断准则。只有在理论和常识都无效的情况下，我们才能求助于模型选择标准以获取额外信息，了解备选模型的相对优点。明确这些，我们才可以继续讨论本主题。

在第 5 章，调整 R^2 作为最小二乘法的替代措施，相对一般 R^2 而言，克服了一个众所周知的问题，即当回归模型加入新的自变量时，它永远不会变小。计算公式如下：

$$\bar{R}^2 = 1 - \frac{SSE/(N-K)}{SST/(N-1)}$$

这个统计量在 Stata 的 regress 命令中会自动报告。

另外一个模型选择准则就是**赤池信息准则（Akaike information criterion，AIC）**，公式如下：

$$AIC = \ln\left(\frac{SSE}{N}\right) + 2\,\frac{K}{N}$$

还有一个是贝叶斯信息准则（**Bayesian information criterion，SC**），公式如下：

$$SC = \ln\left(\frac{SSE}{N}\right) + 2\,\frac{K\ln(N)}{N}$$

这两个统计量非常相似，且都是由两个部分构成。第一项是拟合性，拟合性越好，则 SSE 越小，其自然对数也就越小。添加一个自变量不会增大这个值。第二项则是由于加入新自变量导致对准则的惩罚。当 K 增加,惩罚会变大。这个准则的出发点是选择能最小化 AIC 或 SC 统计量的模型。这两个统计量的差别就是惩罚度有多大,一般而言,SC 要稍微大一点。

Stata 都能提供这些标准统计,但计算上有差别。Stata 系统开发的时候是基于较大数据集展开的,而不是这里被简化的情况,因此如果出现这种情况,建议都试一下①。

这些准则在《POE4》里都有,本书只不过是重复这些结论。因此,我们也许有必要写一个程序来计算和展示这三种模型选择规则,以后对不同的模型设定比较就可以重复运行。后文的第 9 章,我们还将在程序循环中用到模型选择程序。

在 Stata 中,程序允许任何人在命令窗输入程序名称从而自动执行代码模块。在本节后面的例子中,我们将创建一个叫 **modelsel** 的程序。每次在 **Command** 窗口输入 **modelsel** 命令,程序里的代码行会自动执行。这个例子里,只要执行过回归,程序会自动计算 **AIC**,**SC** 和给出调整 R^2。

Stata 里程序是如何工作的呢? 一个 Stata 程序以 **program** 命令开头,然后对程序赋名,比如 ***progname***。其后一个由多个 Stata 命令行组成的模块在程序启动的时候自动执行。程序通常以 **end** 结尾。下面是其基本结构。

```
Program progname
Stata commands
end
```

程序写完后,一定要编译。如果程序被写在一个独立的 Do 文件里,那么可以按通常方法运行 Do 文件。如果和其他代码一起放在 Do 文件里,请高亮程序代码段,然后按常规方法执行之。所有程序必须要被编译一次。程序执行的时候,只要输入程序名称,如***progname***,即可。

程序 modelsel 如下:

```
program modelsel
    scalar aic = ln(e(rss)/e(N))+2* e(rank)/e(N)
    scalar bic = ln(e(rss)/e(N))+e(rank)* ln(e(N))/e(N)
    di "r-square = "e(r2)" and adjusted r_square " e(r2_a)
    scalar list aic bic
end
```

程序会驻留在内存里直到关闭 Stata 或者命令 Stata 从内存中删除程序。这一完成过程有两个方法。第一个,program drop *progname* 将会从内存里删除指定程序(也就是*progname*)。另外一个就是将内存里所有程序全部删掉,使用命令 program drop_all,如果你想清空 Stata 内存里所有的程序,那就用这种方法。

这种特定程序会用到回归执行后产生和保存的结果,其中部分大家已经比较熟悉,比如 e(rss)存储误差平方和,e(N)保存样本数量。新结果中用到的 e(rank),用于度量模型中使用了多少个自变量,但排除那些完全共线性的变量。在一个典型的回归模型,e(rank)保存的是模型中系数的数目,也就是 K。

在程序体中,标量 **aic** 和 **bic**(有时被称为 **SC**(**Schwartz**)准则)直接计算,同时 **display**

---

① 实际上,所用的 Stata 的后估计命令为 estatic,使用了 $AIC = -2\ln(L) + 2k$ 与 $BIC = -2\ln(L) + k\ln(N)$,其中当模型误差项是正态分布时,L 为极大似然估计值。

命令用于显示模型调整 R^2 的值。最后 **scalar list** 命令用于显示所有的计算出的标量值。

如果你还没有准备好估计模型以及计算模型选择准则，那么请运行 modelsel 程序。然后估计回归，输入 modelsel。具体见下：

```
quietly regress faminc he
di "Model 1 (he) "
modelsel
estimates store Model1
```

结果：

```
.di "Model 1 (he)"
Model 1 (he)
.modelsel
r - square = .12580103 and   adjusted r_square   .12374892
        aic =   21.261776
        bic =   21.280744
```

使用模型选择准则，在模型回归之后运行 modelsel，然后要么选择最大的调整 R^2 值（通常这是个坏主意），或者就选最小 AIC 或 BIC 值（相对较好，但也不是个很好的主意）。

```
quietly regress faminc he we
di "Model 2 (he, we) "
modelsel
estimates store Model2
quietly regress faminc he we k16
di "Model 3 (he, we, k16) "
modelsel
estimates store Model3

quietly regress faminc he we k16 xtra_x5 xtra_x6
di "Model 4 (he, we, k16. x5, x6) "
modelsel
estimates store Model4
```

```
.di "Model 2 (he,we)"
Model 2 (he,we)

.modelsel
r - square = .16130044   and   adjusted   r_square     .15735362
        aic =   21.224993
        bic =   21.253445

.di"Model 3 (he, we, k16)"
    Model 3 (he, we, k16)

.modelsel
r - square = .17717332 and adjusted r_square     .17135143
        aic =   21.210559
        bic =   21.248495
```

```
.di"Model  4 (he, we, k16. x5, x6)"
Model  4 (he, we, k16. x5, x6)


.modelsel
r - square = .17779646 and adjusted r_square    .16805472
        aic =   21.219148
        bic =   21.276051
```

本例中,每次模型回归之后都执行 Stata 估计值存储(**estimates store**)命令,相关结果使用估计表(**estimates table**)命令进行累积保存。

```
estimates table Model1 Model2 Model3 Model4, b(%9.3f) stfmt(%9.3f) ///
            se stats(N r2 r2_a aic bic)
```

Variable	Model1	Model2	Model3	Model4
he	5155.483	3131.509	3211.526	3339.792
	658.457	802.908	796.703	1250.039
we		4522.641	4776.907	5868.677
		1066.327	1061.164	2278.067
k16			-1.43e+04	-1.42e+04
			5003.928	5043.720
xtra_x5				888.843
				2242.491
xtra_x6				-1067.186
				1981.685
_cons	26191.270	-5533.629	-7755.330	-7558.613
	8541.108	11229.533	11162.935	11195.411
N	428	428	428	428
r2	0.126	0.161	0.177	0.178
r2_a	0.124	0.157	0.171	0.168
aic	10314.652	10298.909	10292.731	10296.407
bic	10322.770	10311.086	10308.967	10320.761

```
                                        legend: b/se
```

在由 Stata 生成的本表中,每次都计算了 **aic** 和 **bic** 统计量。显然,Stata 使用的是不同的计算方法! 但是不要担心,两种方法都是有效的,而且结论是相同的。可以看出,Model3 具有最大的调整 R^2 值,同时又有最小 aic 和 bic 统计量。显然,本例中,应选择 Model3。

函数形式

尽管基于理论出发是选择函数形式的最基本的依据,但很多实例表明经济理论和常识有不足的时候。这也是 RESET 检验有效的地方。RESET 有助于初步筛查你在模型函数形式设定方面是否犯了明显的错误,它并非真正检验遗漏变量,而是检查函数形式的充分性。

检验很简单。原假设为函数形式是充分的,备择假设就是非充分的。假定函数形式是正确的,估计回归方程,获得预测值,将之平方和立方,并带入模型,再次进行回归估计,然后对 $\hat{y}^2$ 和 $\hat{y}^3$ 显著性进行联合检验。

关于这个检验实际上有好几个不同方法。第一种只将 $\hat{y}^2$ 加入模型,然后用 F 检验或者等价的 t 检验对其显著性进行检验。第二种就是将 $\hat{y}^2$ 和 $\hat{y}^3$ 都放入模型,然后做它们的显著性联合检验。我们一般把这两种方法分别称为 RESET(1) 和 RESET(2)。

再次基于家庭收入进行回归,用最小二乘法估计模型,使用 predict 保存线性预测值。

```
regress faminc he we k16
```

```
predict yhat
```

回忆语法 predict yhat, xb 从回归结果中获得基于样本的预测值 $\hat{y}_i$，这个命令中，**yhat** 是指定的名字。我们可以安全地去掉 xb，因为这是 Stata 的默认设定。现在，生成 $\hat{y}_i$ 的平方项和立方项，使用：

```
gen yhat2 = yhat^2
gen yhat3 = yhat^3
```

将 yhat2 加入模型，进行回归，利用 t 检验或者 F 检验来检验 yhat2 的显著性。对于后者，Stata 检验命令如下：

```
regress faminc he we kl6 yhat2
test yhat2
```

检验结果：

```
.test  yhat2
(1)  yhat2 =0
     Constraint  1  dropped
      F(0,  423) =  .
         Prob  > F =  .
```

显然这里的数据形式上存在一个问题。Stata 告诉我们去掉一个约束不影响检验！然而数据是有问题（**ill-conditioned**）的。计算机运行算术程序，需要数据集里的变量处于同一个量纲。让我们看看模型里变量的概要统计量。

```
. summarize faminc he we kl6
```

Variable	Obs	Mean	Std. Dev.	Min	Max
faminc	428	91213	44117.35	9072	344146.3
he	428	12.61215	3.035163	4	17
we	428	12.65888	2.285376	5	17
kl6	428	.1401869	.3919231	0	2

家庭收入变量 faminc 的量纲是以 1000 为单位，远大于其他变量。来自线性回归的预测值会有同一尺度，根据 RESET 检验的需要，当它们取平方或者立方时，数据条件的恶化导致计算机很难求解算术结果。解决的办法就是将 faminc 的量纲修改为与其他变量一致。回忆一下线性回归理论，对因变量和自变量的量纲调整，只会影响系数的大小，不会实质性影响回归结果。所以，我们将数据集中有问题的预测值删除，并将 faminc 除以 10000。

```
drop yhat yhat2 yhat3
gen faminc_sc = faminc/10000
```

然后，重新估计模型，保存预测值，生成新的平方项和立方项。

```
regress faminc_sc he we k16
```

. regress faminc_sc he we k16

Source	SS	df	MS
Model	1472.46499	3	490.821663
Residual	6838.40844	424	16.1283218
Total	8310.87343	427	19.4634038

Number of obs =	428
F(3, 424) =	30.43
Prob > F =	0.0000
R-squared =	0.1772
Adj R-squared =	0.1714
Root MSE =	4.016

faminc_sc	Coef.	Std. Err.	t	P>|t|	[95% Conf. Interval]	
he	.3211526	.0796703	4.03	0.000	.1645547	.4777504
we	.4776908	.1061164	4.50	0.000	.2691111	.6862704
k16	-1.431092	.5003928	-2.86	0.004	-2.414652	-.4475326
_cons	-.775533	1.116293	-0.69	0.488	-2.969691	1.418625

```
predict yhat
gen yhat2 = yhat^2
gen yhat3 = yhat^3
```

对 RESET(1)，将 **yhat2** 加入模型，然后使用 t 值和 F 检验来检验其显著性。

. regress faminc_sc he we k16 yhat2

Source	SS	df	MS
Model	1567.85524	4	391.963811
Residual	6743.01819	423	15.9409413
Total	8310.87343	427	19.4634038

Number of obs =	428
F(4, 423) =	24.59
Prob > F =	0.0000
R-squared =	0.1887
Adj R-squared =	0.1810
Root MSE =	3.9926

faminc_sc	Coef.	Std. Err.	t	P>|t|	[95% Conf. Interval]	
he	-.2381465	.2419692	-0.98	0.326	-.7137582	.2374653
we	-.4235108	.383214	-1.11	0.270	-1.176752	.32973
k16	1.088733	1.143928	0.95	0.342	-1.159757	3.337224
yhat2	.099368	.0406211	2.45	0.015	.0195237	.1792123
_cons	8.724297	4.03894	2.16	0.031	.785406	16.66319

. test yhat2

 (1) yhat2 = 0

        F(1, 423) = 5.98
        Prob > F = 0.0148

再一次我们会发现 t 值的平方等于 F 值，其对应 p 值也完全一致。对 RESET(2)，将 **yhat3** 加入模型，然后检验二次和三次预测值这两个变量的联合显著性。

```
. regress faminc_sc he we kl6 yhat2 yhat3
```

Source	SS	df	MS
Model	1572.19036	5	314.438072
Residual	6738.68307	422	15.9684433
Total	8310.87343	427	19.4634038

```
Number of obs =     428
F(  5,    422) =   19.69
Prob > F      =  0.0000
R-squared     =  0.1892
Adj R-squared =  0.1796
Root MSE      =  3.9961
```

faminc_sc	Coef.	Std. Err.	t	P>|t|	[95% Conf. Interval]	
he	-.8451478	1.189891	-0.71	0.478	-3.184	1.493704
we	-1.301625	1.72841	-0.75	0.452	-4.698991	2.095741
kl6	3.741007	5.217535	0.72	0.474	-6.514588	13.9966
yhat2	.3234728	.4320297	0.75	0.454	-.5257254	1.172671
yhat3	-.0085692	.0164465	-0.52	0.603	-.0408965	.023758
_cons	15.01857	12.73868	1.18	0.239	-10.0206	40.05774

```
. test yhat2 yhat3
 (1)  yhat2 = 0
 (2)  yhat3 = 0

        F(2, 422) = 3.12
        Prob > F = 0.0451
```

RESET(1) 和 RESET(2) 都在 5% 的水平下显著，据此我们可以认为初始的线性函数形式对模型化这个关系是不充分的。

Stata 提供了可执行 RESET(3) 的后估计命令，语法如下：

```
    regress faminc he we kl6

    estat ovtest
```

```
.estat ovtest
Ramsey RESET test using powers of the fitted values of faminc
        Ho:  model has no omitted variables
                F(3,421) =   2.15
                Prob > F =   0.0931
```

这里的 RESET 是将 $\hat{y}^2$，$\hat{y}^3$ 和 $\hat{y}^4$ 等加入模型里，然后检验它们的联合显著性。从技术上来说这是没有任何问题的，但是一般不推荐这么多的 $\hat{y}$ 的幂放入模型，因为 RESET 同时也会迅速失去统计能力。

6.4　数据质量差，共线性与不显著

在先前的小节中，我们提到由于数据条件差会导致 Stata 计算失败，这类似于回归中的共线性问题。共线性会严重影响参数估计和其他许多统计量的精确性。在统计模型里，出现共线性问题主要是因为实验设计比较差，比如在我们的例子里，就是因为数据样本变化不足，导致不能精确的测量参数。更麻烦的是，没有简单的手段处理这个问题，调整数据量纲对其中的线性关系几乎没有效果。

这里使用数据集 *cars. dta*，导入该数据，同时清空内存中此前的数据。

```
    use cars, clear
```

观察变量的概要统计量（summarize），了解它们的变异范围是否合理。

```
. summarize
```

Variable	Obs	Mean	Std. Dev.	Min	Max
mpg	392	23.44592	7.805007	9	46.6
cyl	392	5.471939	1.705783	3	8
eng	392	194.412	104.644	68	455
wgt	392	2977.584	849.4026	1613	5140

每个变量的变异程度可以使用其范围和标准偏差来度量。简单相关性检验(**corr**)能揭示潜在的问题。

```
. corr
(obs=392)
```

	mpg	cyl	eng	wgt
mpg	1.0000			
cyl	-0.7776	1.0000		
eng	-0.8051	0.9508	1.0000	
wgt	-0.8322	0.8975	0.9330	1.0000

注意,在潜在的解释变量(cyl, eng, wgt)里,相关性非常高,最小的相关系数发生在 cyl 和 wgt,也将近 0.9。估计这些自变量各自对每加仑英里数(**mpg**)的影响效应将会有挑战性。

为此首先构造一个简单模型,将每加仑英里数(**mpg**)视为发动机缸数(**cyl**)的函数。

```
  regress mpg cyl
. regress mpg cyl
```

Source	SS	df	MS
Model	14403.0831	1	14403.0831
Residual	9415.91039	390	24.14336
Total	23818.9935	391	60.9181419

Number of obs = 392
F(1, 390) = 596.56
Prob > F = 0.0000
R-squared = 0.6047
Adj R-squared = 0.6037
Root MSE = 4.9136

mpg	Coef.	Std. Err.	t	P>|t|	[95% Conf. Interval]
cyl	-3.558078	.1456755	-24.42	0.000	-3.844486 -3.271671
_cons	42.91551	.8348668	51.40	0.000	41.2741 44.55691

进一步在模型中加入以立方英寸为单位的汽车发动机排量(eng)、汽车重量(wgt)等变量。

```
  regress mpg cyl eng wgt
. regress mpg cyl eng wgt
```

Source	SS	df	MS
Model	16656.4443	3	5552.1481
Residual	7162.54916	388	18.4601782
Total	23818.9935	391	60.9181419

Number of obs = 392
F(3, 388) = 300.76
Prob > F = 0.0000
R-squared = 0.6993
Adj R-squared = 0.6970
Root MSE = 4.2965

mpg	Coef.	Std. Err.	t	P>|t|	[95% Conf. Interval]
cyl	-.2677968	.4130673	-0.65	0.517	-1.079927 .5443336
eng	-.012674	.0082501	-1.54	0.125	-.0288944 .0035465
wgt	-.0057079	.0007139	-8.00	0.000	-.0071115 -.0043043
_cons	44.37096	1.480685	29.97	0.000	41.45979 47.28213

现在开始检验一系列假设。第一个就是 cyl 的显著性,第二个是 eng 的显著性,第三个

则是它们的联合显著性。

```
test cyl
test eng
test cyl eng
```

结果如下：

```
.test cyl
(1)   cyl = 0
      F(  1,  388) =   0.42
          Prob > F =   0.5172
.test eng
(1)   eng = 0
      F(  1,  388) =   2.36
          Prob > F =   0.1253
.test eng cyl
(1)   eng = 0
(2)   cyl = 0
      F(  2,  388) =   4.30
          Prob > F =   0.0142
```

根本上来说，这两个变量单个的都不显著，但是它们联合在 5% 的水平下显著，出现这种情况是因为你不能有效精确度量他们各自的影响。简单相关性检验表明，自变量 cyl, eng 和 wgt 之间高度相关。这种关系可以通过辅助回归法来确认，这个方法实际上是将每个自变量与其余自变量轮流做回归。

```
regress cyl eng wgt
scalar r1 = e(r2)
regress eng wgt cyl
scalar r2 = e(r2)
regress wgt eng cyl
scalar r3 = e(r2)
```

当 R^2 大于 0.8 时，意味着变量间存在很强的多重共线性，而这对包含所有变量的模型参数估计的精确性有负作用。本例中，R^2 分别是 0.93, 0.90 和 0.87，都远大于 0.8 这个门槛，这更进一步确认了我们很难区分排量和发动机缸数对汽车每英里油耗的个别贡献。

```
.scalar list r1 r2 r3
   r1 =    .90490236
   r2 =    .93665456
   r3 =    .87160914
```

使用辅助回归代替简单相关性分析去检查共线性的好处在本例中并不特别明显。当回归模型中有很多自变量时，使用简单相关性分析会很难查出共线性。尽管没有两个变量高度相关，但是有些变量可能以不明显的方式显示线性相关，在这些情况下，多看看多元辅助回归的 R^2 会非常有价值。

关键术语

调整 R^2	F-统计量	回归
AIC	函数形式	RESET
BIC	**invFtail(J, N_K, alpha)**	约束性回归
cnsreg	**invttail(df, alpha)**	受限平方和
共线性	**irrelevantvariables**	Schwartz 准则
约束	联合显著性检验	**test(hypoth 1)(hypoth2)**
e(df_r)	**lincom**	**testparm varlist**
e(r2)	管理约束性	T 值
e(r2_a)	模型约束	**ttail(df, tstat)**
e(rank)	遗漏变量	无约束平方和
e(rss)	完整 F 检验	
estat ovtest	**predict, xb**	
estimates store	**program**	
estimates table	**program drop** *progname*	
Ftail(J, N − K, fstat)	**program drop _all**	

第 6 章 Do 文件

```
* file chap06.do for Using Stata for Principles of Econometrics, 4e
cd c:\data\poe4stata

* Stata Do-file
* copyright C 2011 by Lee C. Adkins and R. Carter Hill
* used for "Using Stata for Principles of Econometrics, 4e"
* by Lee C. Adkins and R. Carter Hill (2011)
* John Wiley and Sons, Inc.

* setup
version 11.1
capture log close
set more off

* open log
log using chap06, replace text

use andy, clear

* -----------------------------------------
* The following block estimates Andy's sales
* and uses the difference in SSE to test
* a hypothesis using an F-statistic
* -----------------------------------------

* Unrestricted Model
regress sales price advert c.advert#c.advert
scalar sseu = e(rss)
```

```
scalar df_unrest = e(df_r)

*  Restricted Model

regress sales price
scalar sser = e(rss)
scalar df_rest = e(df_r)
scalar J = df_rest - df_unrest

*  F - statistic, critical value, pvalue
scalar fstat = ((sser -sseu)/J)/(sseu/(df_unrest))
scalar crit1 = invFtail(J,df_unrest,.05)
scalar pvalue = Ftail(J,df_unrest,fstat)

scalar list sseu sser J df_unrest fstat pvalue crit1

*  -----------------------------------------
*  Here, we use Stata's test statement
*  to test hypothesis using an F - statistic
*  Note: Three versions of the syntax
*  -----------------------------------------

regress sales price advert c.advert#c.advert
testparm advert c.advert#c.advert
test (advert =0)(c.advert#c.advert =0)
test (_b[advert] =0)(_b[c.advert#c.advert] =0)


*  -----------------------------------------
*  Overall Significance of the Model
*  Uses same Unrestricted Model as above
*  -----------------------------------------

*  Unrestricted Model (all variables)
regress sales price advert c.advert#c.advert
scalar sseu = e(rss)
scalar df_unrest = e(df_r)

*  Restricted Model (no explanatory variables)
regress sales
scalar sser = e(rss)
scalar df_rest = e(df_r)
scalar J = df_rest - df_unrest

*  F - statistic, critical value, pvalue
scalar fstat = ((sser -sseu)/J)/(sseu/(df_unrest))
scalar crit2 = invFtail(J,df_unrest,.05)
scalar pvalue = Ftail(J,df_unrest,fstat)

scalar list sseu sser J df_unrest fstat pvalue crit2
```

```
* ------------------------------------------
* Relationship between t and F
* ------------------------------------------

* Unrestricted Regression
regress sales price advert c.advert#c.advert
scalar sseu = e(rss)
scalar df_unrest = e(df_r)
scalar tratio = _b[price]/_se[price]
scalar t_sq = tratio^2

* Restricted Regression
regress sales advert c.advert#c.advert
scalar sser = e(rss)
scalar df_rest = e(df_r)
scalar J = df_rest - df_unrest

* F-statistic, critical value, pvalue
scalar fstat = ((sser-sseu)/J)/(sseu/(df_unrest))
scalar crit = invFtail(J,df_unrest,.05)
scalar pvalue = Ftail(J,df_unrest,fstat)

scalar list sseu sser J df_unrest fstat pvalue crit tratio t_sq

* ------------------------------------------
* Optimal Advertising
* Uses both sets of syntax for test
* ------------------------------------------

* Equivalent to Two sided t-test
regress sales price advert c.advert#c.advert
test _b[advert]+3.8*_b[c.advert#c.advert]=1
test advert+3.8*c.advert#c.advert=1

* t stat for Optimal Advertising (use lincom)
lincom _b[advert]+3.8*_b[c.advert#c.advert]-1
lincom advert+3.8*c.advert#c.advert-1
scalar t = r(estimate)/r(se)
scalar pvalue2tail = 2*ttail(e(df_r),t)
scalar pvalue1tail = ttail(e(df_r),t)
scalar list t pvalue2tail pvalue1tail

* t stat for Optimal Advertising (alternate method)
gen xstar = c.advert#c.advert-3.8*advert
gen ystar = sales - advert
regress ystar price advert xstar
scalar t = (_b[advert])/_se[advert]
scalar pvalue = ttail(e(df_r),t)
scalar list t pvalue
```

```
* One - sided t - test
regress sales price advert c.advert#c.advert
lincom advert + 3.8* c.advert#c.advert - 1
scalar tratio = r(estimate)/r(se)
scalar pval = ttail(e(df_r),tratio)
scalar crit = invttail(e(df_r),.05)

scalar list tratio pval crit

* Joint Test
regress sales price advert c.advert#c.advert
test (_b[advert] + 3.8* _b[c.advert#c.advert] = 1) ///
(_b[_cons] + 6* _b[price] + 1.9* _b[advert] + 3.61* _b[c.advert#c.advert] = 80)

* -----------------------------------------
* Nonsample Information
* -----------------------------------------

use beer, clear
gen lq = ln(q)
gen lpb = ln(pb)
gen lpl = ln(pl)
gen lpr = ln(pr)
gen li = ln(i)

constraint 1 lpb + lpl + lpr + li = 0
cnsreg lq lpb lpl lpr li, c(1)
* -----------------------------------------
* MROZ Examples
* -----------------------------------------

use edu_inc, clear
regress faminc he we
regress faminc he

* correlations among regressors
correlate
regress faminc he we kl6

* Irrelevant variables
regress faminc he we kl6 xtra_x5 xtra_x6

* Model selection
program modelsel
scalar aic = ln(e(rss)/e(N)) + 2* e(rank)/e(N)
scalar bic = ln(e(rss)/e(N)) + e(rank)* ln(e(N))/e(N)
di "r - square = "e(r2) " and adjusted r_square " e(r2_a)
scalar list aic bic
end
```

```
quietly regress faminc he
di "Model 1 (he) "
modelsel
estimates store Model1
quietly regress faminc he we
di "Model 2 (he, we) "
modelsel
estimates store Model2
quietly regress faminc he we k16
di "Model 3 (he, we, k16) "
modelsel
estimates store Model3
quietly regress faminc he we k16 xtra_x5 xtra_x6
di "Model 4 (he, we, k16. x5, x6) "
modelsel
estimates store Model4

estimates table Model1 Model2 Model3 Model4, b(% 9.3f) stfmt(% 9.3f) se stats(N r2 r2_a aic
bic)

*  RESET
regress faminc he we k16
predict yhat
gen yhat2 = yhat^2
gen yhat3 = yhat^3
summarize faminc he we k16

* -------------------------------
*  Data are ill - conditioned
*  Reset test won' work here
*  Try it anyway!
* -------------------------------

regress faminc he we k16 yhat2
test yhat2
regress faminc he we k16 yhat2 yhat3
test yhat2 yhat3

* ----------------------------------------
*  Drop the previously defined predictions
*  from the dataset
* ----------------------------------------

drop yhat yhat2 yhat3

* ---------------------------------
*  Recondition the data by
*  scaling FAMINC by 10000
*  ---------------------------------
gen faminc_sc = faminc/10000
```

```
regress faminc_sc he we kl6
predict yhat
gen yhat2 = yhat^2
gen yhat3 = yhat^3

summarize faminc_sc faminc he we kl6 yhat yhat2 yhat3

regress faminc_sc he we kl6 yhat2
test yhat2
regress faminc_sc he we kl6 yhat2 yhat3
test yhat2 yhat3

* ----------------------------------------
* Stata uses the estat ovtest following
* a regression to do a RESET(3) test
* ----------------------------------------

regress faminc he we kl6
estat ovtest

* ----------------------------------------
* Cars Example
* ----------------------------------------

use cars, clear

summarize
corr

regress mpg cyl
regress mpg cyl eng wgt
test cyl
test eng
test eng cyl

* Auxiliary regressions for collinearity
* Check: r2 > .8 means severe collinearity
regress cyl eng wgt
scalar r1 = e(r2)
regress eng wgt cyl
scalar r2 = e(r2)
regress wgt eng cyl
scalar r3 = e(r2)
scalar list r1 r2 r3

log close
program drop modelsel
```

第 7 章

使用指示变量

本章概要

7.1　指示变量

指示变量(indicator variables)或者哑元变量(dummy variables)是二进制 0/1 变量。这种变量用来标识某一种属性的有无。在这一章节探究指示变量如何应用于一个真实的房地产案例。打开一个新的日志文件(log file),并打开数据文件 *utown. dta*。

```
log using chap07_utown,replace text
use utown,clear
describe
summarize
```

概述数据并列举前 6 个观察值:

```
list in 1/6
list in 501/506
```

. list in 1/6

	price	sqft	age	utown	pool	fplace
1.	205.452	23.46	6	0	0	1
2.	185.328	20.03	5	0	0	1
3.	248.422	27.77	6	0	0	0
4.	154.69	20.17	1	0	0	0
5.	221.801	26.45	0	0	0	1
6.	199.119	21.56	6	0	0	1

. list in 501/506

	price	sqft	age	utown	pool	fplace
501.	314.65	29.28	24	1	1	0
502.	288.556	24.48	4	1	0	1
503.	302.834	27.02	1	1	0	1
504.	247.82	21.26	2	1	0	1
505.	269.971	22.76	4	1	0	0
506.	292.926	26	17	1	0	1

7.1.1　创建指示变量

在《POE4》这本书的很多例子中,指示变量已被创建并使用。Stata 软件的一些特征能便利地创建新的指示变量。**generate** 命令(或者 **gen**)能够被用来根据其他变量的值生成指示变量。

计算 **price** 和 **sqft** 的概括统计量。

```
Summarize price sqft,detail
```

为了创建一个指示变量来指出大于 2500 平方英尺的大房子,可以采用陈述条件的 **generate** 命令(*SQFT* > 25)。

```
gen large = (sqft > 25)
```

如果对房子的条件语句 *SQFT* > 25 是"真",那么 **generate** 函数使得 large 值等于 1,否则,条件陈述为"非真"时,large = 0。

> 提示:本书提供的数据不存在缺失值。如果样本数据具有缺失值,采用逻辑运算符(logical operators)是具有一定风险的。例如,如果本样本中一些 sqft 的值缺失了,它们将被归为你意想不到的"large"值,所以,对于使用系统自带的命令,需要非常小心。

创建一个指示变量,其为 1 时用于标志"中等价位"的房子:

gen midprice = (215 < price) & (price < 275)

其中,"&"是一个逻辑运算符。如果两个条件 $PRICE > 215$ 和 $PRICE < 275$ 都是真,那么变量 $MIDPRICE$ 将等于 1。列出一些观察值来看结果。

list sqft price large midprice in 1/5

.list sqft price large midprice in 1/5

	sqft	price	large	midprice
1.	23.46	205.452	0	0
2.	20.03	185.328	0	0
3.	27.77	248.422	1	1
4.	20.17	154.69	0	0
5.	26.45	221.801	1	1

7.1.2 估计带指示变量的回归

估计一个有指示变量的模型和估计其他回归模型没有区别。考虑这个模型

$$PRICE = \beta_1 + \delta_1 UTOWN + \beta_2 SQFT + \gamma(SQFT \times UTOWN) +$$
$$\beta_3 AGE + \delta_2 POOL + \delta_3 FPLACE + e$$

使用因子变量符号,该模型变为:

reg price i.utown sqft i.utown#c.sqft age i.pool i.fplace

回归命令名 **regression** 被简化为 **reg**。这仅仅只是 Stata 接受缩写形式的常用命令的一个例子(例如,**gen** 可以被用来代替 **generate**)。只有当交互项是连续变量的时候,才需要连续变量的因子变量符号 **c**。

i. utown#c. sqft 是 $UTOWN$ 和 $SQFT$ 的交互影响项。既然这个方程包含了 $UTOWN$ 和 $SQFT$ 和它们的交互项,我们能够使用"**A##B**"符号,在 Stata 中这个符号指的是 **A**,**B** 和 **A#B**。

reg price i.utown##c.sqft age i.pool i.fplace

这结果的意思是指示变量 $UTOWN$ 是 1. **utown**,并且交互项 $SQFT \times UTOWN$ 的系数就是 **utown#c. sqft** 的系数。

. reg price i.utown##c.sqft age i.pool i.fplace

Source	SS	df	MS
Model	1548261.71	6	258043.619
Residual	230184.426	993	231.807076
Total	1778446.14	999	1780.22637

Number of obs = 1000
F(6, 993) = 1113.18
Prob > F = 0.0000
R-squared = 0.8706
Adj R-squared = 0.8698
Root MSE = 15.225

price	Coef.	Std. Err.	t	P>|t|	[95% Conf. Interval]	
1.utown	27.45295	8.422582	3.26	0.001	10.92485	43.98106
sqft	7.612177	.2451765	31.05	0.000	7.131053	8.0933
utown#c.sqft						
1	1.299405	.3320478	3.91	0.000	.6478091	1.951001
age	-.1900864	.0512046	-3.71	0.000	-.2905681	-.0896048
1.pool	4.377163	1.196692	3.66	0.000	2.028828	6.725498
1.fplace	1.649176	.9719568	1.70	0.090	-.2581495	3.556501
_cons	24.49998	6.191721	3.96	0.000	12.34962	36.65035

7.1.3　检验指示变量的显著性

检验指示变量系数的假设跟检验其他系数的假设一样。为了检验大学城位置的显著性，我们检验联合原假设 $H_0: \delta_1 = 1, \gamma = 0$，备择假设是其中一个系数非 0。这个假设的 F-test 可以通过一个后估计命令执行。在 Stata 菜单里面沿着路径 **Statistics > Post estimation > Tests > Test linear hypotheses** 或者在回归后键入 **db test** 打开一个检验对话框，Stata 命令如下：

```
    test 1.utown 1.utown#c.sqft
  .test 1.utown 1.utown#c.sqft
 (1)  1.utown = 0
 (2)  1.utown#c.sqft = 0
        F( 2, 993) = 1954.83
      Prob > F =    0.0000
```

基于检验结果，p 值为 0.0000，我们在显著性水平 $\alpha = 0.05$ 或者甚至 $\alpha = 0.001$ 上拒绝大学位置没有影响的原假设。

7.1.4　其他算法

关于在大学附近的房子价格估计回归函数如下：

$$\widehat{PRICE} = (24.5 + 27.453) + (7.6122 + 1.2994)SQFT - .1901AGE + $$
$$4.3772POOL + 1.6492FPLACE$$
$$= 51.953 + 8.9116SQFT - .1901AGE + 4.3772POOL + 1.6492FPLACE$$

使用 **lincom** 来计算这个模型的回归估计的斜率和截距项。

```
    lincom _cons + 1.utown
    lincom c.sqft + 1.utown#c.sqft
```

报告估计结果和它们的 95% 置信区间内的估计结果。

```
. lincom _cons + 1.utown
```

(1)　1.utown + _cons = 0

price	Coef.	Std. Err.	t	P>|t|	[95% Conf. Interval]	
(1)	51.95294	5.767235	9.01	0.000	40.63557	63.2703

```
. lincom c.sqft + 1.utown#c.sqft
```

(1)　sqft + 1.utown#c.sqft = 0

price	Coef.	Std. Err.	t	P>|t|	[95% Conf. Interval]	
(1)	8.911581	.2247944	39.64	0.000	8.470455	9.352708

7.1.5　计算平均边际效应

使用因子变量符号的优点是可以用 **margins** 命令正确计算边际效应。为了计算边际效应，定义 **dy/dx** 是所有变量的所有观测值的平均边际效应：

```
    margins,dydx(* )
. margins, dydx(*)
```

```
Average marginal effects                         Number of obs   =      1000
Model VCE    : OLS

Expression   : Linear prediction, predict()
dy/dx w.r.t. : 1.utown sqft age 1.pool 1.fplace
```

	dy/dx	Delta-method Std. Err.	z	P>|z|	[95% Conf. Interval]	
1.utown	60.21049	.9646176	62.42	0.000	58.31988	62.10111
sqft	8.286568	.1661803	49.86	0.000	7.96086	8.612275
age	-.1900864	.0512046	-3.71	0.000	-.2904456	-.0897272
1.pool	4.377163	1.196692	3.66	0.000	2.031691	6.722636
1.fplace	1.649176	.9719568	1.70	0.090	-.2558247	3.554176

```
Note: dy/dx for factor levels is the discrete change from the base level.
```

现在只需要理解 Stata 报告的平均边际效应（**average marginal effect**）的实际意义。对于 AGE, $POOL$ 和 $FPLACE$ 这并没有什么难解释的。对于 AGE, 其估计系数表示 AGE 对 $PRICE$ 的边际效应。既然 $POOL$ 和 $FPLACE$ 是指示变量，它们的边际效应就不是一个微分，而是对在第一个地方有没有游泳池，第二个地方有没有壁炉的离散变化区别。但是对于 **1.utown** 和 **sqft** 就没那么简单。

两个邻居之间的期望价差为：

$$(E(PRICE) \mid UTOWN = 1) - (E(PRICE) \mid UTOWN = 0) = \delta_1 + \gamma SQFT$$

Stata 计算为：

$$AME(UTOWN) = \frac{1}{N}\sum_{i=1}^{N}(\delta_1 + \gamma SQFT_i) = \delta_1 + \gamma \overline{SQFT}$$

估计边际效应的方差为：

$$\mathrm{var}\left(\widehat{AME}(UTOWN)\right) = \mathrm{var}\left(\hat{\delta}_1 + \hat{\gamma}\overline{SQFT}\right) = \mathrm{var}\left(\hat{\delta}_1\right) + \overline{SQFT}^2\,\mathrm{var}\left(\hat{\gamma}\right) + 2\overline{SQFT}\,\mathrm{cov}\left(\hat{\delta}_1,\hat{\gamma}\right)$$

为查看以上是否如此，执行下列命令：

```
    quietly summarize sqft
    scalar asqft = r(mean)
    lincom 1.utown + c.sqft#1.utown* asqft
.quietly summarize sqft
.scalar asqft = r(mean)
.lincom 1.utown + c.sqft#1.utown* asqft
(1)  1.utown + 25.20965* 1.utown#c.sqft = 0
```

price	Coef.	Std. Err.	t	P>|t|	[95% Conf. Interval]	
(1)	60.21049	.9646176	62.42	0.000	58.31757	62.10342

同理, $SQFT$ 的边际效应为：

$$\frac{\partial E(PRICE)}{\partial SQFT} = \beta_2 + \gamma UTOWN$$

Stata 计算为:

$$AME(SQFT) = \frac{1}{N}\sum_{i=1}^{N}\beta_2 + \gamma UTOWN_i = \beta_2 + \gamma \overline{UTOWN}$$

为查看以上是否正确,执行下列命令:

```
quietly summarize utown
scalar autown = r(mean)
lincom c.sqft + c.sqft#1.utown* autown
```

. quietly summarize utown

. scalar autown = r(mean)

. lincom c.sqft+c.sqft#1.utown*autown

 (1)   sqft + .519*1.utown#c.sqft = 0

price	Coef.	Std. Err.	t	P>|t|	[95% Conf. Interval]	
(1)	8.286568	.1661803	49.86	0.000	7.960463	8.612673

```
log close
```

7.2 应用指示变量

在这一部分,我们将阐述指示变量的一系列应用。打开数据文件 *cps*4_*small. dta*,开始一个新的 log 文件并检查数据。

```
log using chap07_cps4,replace text
use cps4_small,clear
describe
```

```
Contains data from cps4_small.dta
  obs:         1,000
  vars:           12
  size:       23,000 (99.9% of memory free)
```

variable name	storage type	format	display label	value variable	label
wage	double	%10.0g			earnings per hour
educ	byte	%8.0g			years of education
exper	byte	%8.0g			post education years experience
hrswk	byte	%8.0g			usual hours worked per week
married	byte	%8.0g			= 1 if married
female	byte	%8.0g			= 1 if female
metro	byte	%8.0g			= 1 if lives in metropolitan area
midwest	byte	%8.0g			= 1 if lives in midwest
south	byte	%8.0g			= 1 if lives in south
west	byte	%8.0g			= 1 if lives in west
black	byte	%8.0g			= 1 if black
asian	byte	%8.0g			= 1 if asian

```
summarize
```

```
. summarize
```

Variable	Obs	Mean	Std. Dev.	Min	Max
wage	1000	20.61566	12.83472	1.97	76.39
educ	1000	13.799	2.711079	0	21
exper	1000	26.508	12.85446	2	65
hrswk	1000	39.952	10.3353	0	90
married	1000	.581	.4936423	0	1
female	1000	.514	.5000541	0	1
metro	1000	.78	.4144536	0	1
midwest	1000	.24	.4272968	0	1
south	1000	.296	.4567194	0	1
west	1000	.24	.4272968	0	1
black	1000	.112	.3155243	0	1
asian	1000	.043	.2029586	0	1

7.2.1 定性变量之间的相互影响

首先,我们考虑在一个模型中两个指示变量黑人(black)和女性(female)之间的相互影响。

$$WAGE = \beta_1 + \beta_2 EDUC + \delta_1 BLACK + \delta_2 FEMALE + \gamma(BLACK \times FEMALE) + e$$

使用因子变量符号"##",这个回归为:

```
reg wage educ i.black##i.female
```

```
. reg wage educ i.black##i.female
```

Source	SS	df	MS
Model	34370.7606	4	8592.69016
Residual	130194.667	995	130.848912
Total	164565.428	999	164.730158

Number of obs = 1000
F(4, 995) = 65.67
Prob > F = 0.0000
R-squared = 0.2089
Adj R-squared = 0.2057
Root MSE = 11.439

wage	Coef.	Std. Err.	t	P>|t|	[95% Conf. Interval]	
educ	2.070391	.1348781	15.35	0.000	1.805712	2.335069
1.black	-4.169077	1.774714	-2.35	0.019	-7.651689	-.6864656
1.female	-4.784607	.7734139	-6.19	0.000	-6.302317	-3.266898
black#female						
1 1	3.844294	2.327653	1.65	0.099	-.7233779	8.411966
_cons	-5.281159	1.900468	-2.78	0.006	-9.010544	-1.551774

我们估计白人男人和黑人女人的工资差别,采用:

```
lincom 1.black + 1.female + 1.black#1.female
```

```
. lincom 1.black + 1.female + 1.black#1.female
```

 (1) 1.black + 1.female + 1.black#1.female = 0

wage	Coef.	Std. Err.	t	P>|t|	[95% Conf. Interval]	
(1)	-5.10939	1.510567	-3.38	0.001	-8.073652	-2.145128

采用下列程序进行 *FEMALE*,*BLACK* 和它们之间交互项的联合显著性 *F* 检验:

```
test 1.female 1.black 1.black#1.female
```

结果是:

```
.test 1.female 1.black 1.black#1.female
```

(1)　1.female = 0
(2)　1.black = 0
(3)　1.black#1.female = 0

　　　F(3, 995) = 14.21
　　　　Prob > F = 0.0000

其边际效应采用 **margins** 命令计算：

```
margins,dydx(* )
```

. margins, dydx(*)

Average marginal effects　　　　　　　　　　　　Number of obs　=　　1000
Model VCE　　: OLS

Expression　　: Linear prediction, predict()
dy/dx w.r.t. : educ 1.black 1.female

	dy/dx	Delta-method Std. Err.	z	P>|z|	[95% Conf. Interval]	
educ	2.070391	.1348781	15.35	0.000	1.806034	2.334747
1.black	-2.19311	1.160919	-1.89	0.059	-4.468469	.0822488
1.female	-4.354046	.7313539	-5.95	0.000	-5.787474	-2.920619

注：对因子水平的 dy/dx 结果是相对参照组（水平）的离散变化。

回忆一下模型：

$$WAGE = \beta_1 + \beta_2 EDUC + \delta_1 BLACK + \delta_2 FEMALE + \gamma(BLACK \times FEMALE) + e$$

因此有：

$$E(WAGE \mid FEMALE = 1) = \beta_1 + \beta_2 EDUC + \delta_1 BLACK + \delta_2 + \gamma BLACK$$
$$= (\beta_1 + \delta_2) + \beta_2 EDUC + (\delta_1 + \gamma) BLACK$$

和 $E(WAGE \mid FEMALE = 0) = \beta_1 + \beta_2 EDUC + \delta_1 BLACK$

其差为：

$$E(WAGE \mid FEMALE = 1) - E(WAGE \mid FEMALE = 0) = \delta_2 + \gamma BLACK$$

Stata 报告研究对象的样本平均边际效应（**Average marginal effect**，AME）估计式如下：

$$AME(FEMALE) = \frac{1}{N}\sum_{i=1}^{N}(\hat{\delta}_2 + \hat{\gamma} BLACK_i) = \hat{\delta}_2 + \hat{\gamma}\overline{BLACK}$$

女性平均边际效应的计算命令如下：

```
quietly summarize black
scalar ablack = r(mean)
lincom 1.female + 1.black#1.female* ablack
```

. lincom 1.female + 1.black#1.female*ablack

(1)　1.female + .112*1.black#1.female = 0

wage	Coef.	Std. Err.	t	P>|t|	[95% Conf. Interval]	
(1)	-4.354046	.7313539	-5.95	0.000	-5.789219	-2.918873

7.2.2 增加区域指示变量

下面向模型里添加几个指示变量（地区分类虚拟变量），新模型如下：

$$WAGE = \beta_1 + \beta_2 EDUC + \beta_3 BLACK + \beta_4 FEMALE + \beta_5 (BLACK \times FEMALE) +$$
$$\delta_1 SOUTH + \delta_2 MIDWEST + \delta_3 WEST + e$$

因为地区指示变量已经在数据文件中定义过了，只需要简单添加它们到回归模型即可，命令如下：

```
reg wage educ i.black##i.female i.south i.midwest i.west
```

部分输出结果如下：

wage	Coef.	Std. Err.	t	P>|t|	[95% Conf. Interval]	
educ	2.071231	.1344687	15.40	0.000	1.807355	2.335106
1.black	-3.905465	1.786258	-2.19	0.029	-7.410743	-.4001873
1.female	-4.744129	.7698381	-6.16	0.000	-6.254827	-3.233431
black#female						
1 1	3.625021	2.318375	1.56	0.118	-.9244618	8.174504
1.south	-.4499056	1.025024	-0.44	0.661	-2.46137	1.561558
1.midwest	-2.608406	1.059644	-2.46	0.014	-4.687807	-.5290049
1.west	.9866332	1.059815	0.93	0.352	-1.093104	3.06637
_cons	-4.80621	2.028691	-2.37	0.018	-8.787229	-.8251912

为检验这些地区虚拟变量的联合显著性，我们采用 **test** 语句。

```
test 1.south 1.midwest 1.west
```

```
.test 1.south 1.midwest 1.west

 (1)  1.south = 0
 (2)  1.midwest = 0
 (3)  1.west = 0

       F(  3,  992) =   4.25
          Prob > F =   0.0054
```

计算和报告自由度为分子是 3、分母是 992 的 F 分布的临界值。

```
di "F(3,992,.95) = " invFtail(3,992,.05)
di "F(3,992,.90) = " invFtail(3,992,.10)
```

```
.di "F(3,992,.95) = " invFtail(3,992,.05)
F(3,992,.95) = 2.6138755

.di "F(3,992,.90) = " invFtail(3,992,.10)
F(3,992,.90) = 2.0893205
```

7.2.3 检验两个回归的等价性

为了检验南部地区的工资方程和国内其他地区（如非南部）工资的等价方程的差异程度，我们在回归方程中为每个变量创建其与南部地区指示变量的交互变量，并加入模型。

$$WAGE = \beta_1 + \beta_2 EDUC + \delta_1 BLACK + \delta_2 FEMALE + \gamma (BLACK \times FEMALE) + e$$

包含地区指示变量及其交互项的模型如下：

$$WAGE = \beta_1 + \beta_2 EDUC + \delta_1 BLACK + \delta_2 FEMALE + \gamma\left(BLACK \times FEMALE\right) +$$

$$\theta_1 SOUTH + \theta_2\left(EDUC \times SOUTH\right) + \theta_3\left(BLACK \times SOUTH\right) +$$

$$\theta_4\left(FEMALE \times SOUTH\right) + \theta_5\left(BLACK \times FEMALE \times SOUTH\right) + e$$

自此，我们完成了用 *SOUTH* 对回归模型中每一个变量（甚至截距项）进行交互作用。在 Stata 操作上，将使用运算符##创建所有的交互项。首先，我们采用 **i. black##i. female** 去创建 *BLACK*，*FEMALE* 和它们的交互项。然后，再结合 **i. south** 构造完整的交互影响模型。命令如下：

```
reg wage i.south##(c.educ i.black##i.female)
```

```
. reg wage i.south##(c.educ i.black##i.female)
```

Source	SS	df	MS		
Model	34581.0189	9	3842.33543	Number of obs =	1000
Residual	129984.409	990	131.297383	F(9, 990) =	29.26
				Prob > F =	0.0000
				R-squared =	0.2101
				Adj R-squared =	0.2030
Total	164565.428	999	164.730158	Root MSE =	11.459

wage	Coef.	Std. Err.	t	P>|t|	[95% Conf. Interval]	
1.south	3.94391	4.048453	0.97	0.330	-4.000625	11.88845
educ	2.172554	.1664639	13.05	0.000	1.845891	2.499216
1.black	-5.08936	2.64306	-1.93	0.054	-10.276	.0972837
1.female	-5.005078	.8990074	-5.57	0.000	-6.769257	-3.240899
black#female						
1 1	5.305574	3.497267	1.52	0.130	-1.557333	12.16848
south#c.educ						
1	-.308541	.2857343	-1.08	0.280	-.8692554	.2521734
south#black						
1 1	1.704396	3.633327	0.47	0.639	-5.42551	8.834302
south#female						
1 1	.9011198	1.772665	0.51	0.611	-2.577492	4.379732
south#black# female						
1 1 1	-2.935834	4.787647	-0.61	0.540	-12.33094	6.459268
_cons	-6.605572	2.336628	-2.83	0.005	-11.19088	-2.02026

为了检验南部地区模型和国内其他地区模型"没有区别"这个假设，我们使用 **test** 语句检验联合假设 $H_0: \theta_1 = \theta_2 = \theta_3 = \theta_4 = \theta_5 = 0$。

```
test 1.south 1.south#c.educ 1.south#1.black 1.south#1.female /// 1.south#1.black#
    1.female
```

```
.test 1.south 1.south#c.educ 1.south#1.black 1.south#1.female ///
>   1.south#1.black#1.female
```

(1) 1.south = 0

(2) 1.south#c.educ = 0

(3) 1.south#1.black = 0

(4) 1.south#1.female = 0

(5) 1.south#1.black#1.female = 0

```
    F(5, 990) = 0.32
      Prob > F = 0.9009
```

从这个完全交互模型中我们可以得到 *BLACK* 和 *SOUTH* 的联合效应

```
lincom 1.black +1.black#1.south
```

. lincom 1.black + 1.black#1.south

(1) 1.black + 1.south#1.black = 0

wage	Coef.	Std. Err.	t	P>|t|	[95% Conf. Interval]	
(1)	-3.384964	2.49305	-1.36	0.175	-8.277233	1.507305

同理,*FEMALE* 和 *SOUTH* 的联合效应为

```
lincom 1.female +1.female#1.south
```

. lincom 1.female + 1.female#1.south

(1) 1.female + 1.south#1.female = 0

wage	Coef.	Std. Err.	t	P>|t|	[95% Conf. Interval]	
(1)	-4.103958	1.527785	-2.69	0.007	-7.102027	-1.105889

7.2.4 独立回归估计

不同于上一小节采用完全交互影响模型方法,*F* 统计量能够通过有约束或者无约束的残差平方和来计算,而整个模型的总的残差能够通过加总两个单独回归的 *SSE* 来获得。

$$SSE_{full} = SSE_{non-south} + SSE_{south} = 89088.5 + 40895.9 = 129984.4$$

对于地区影响,两个不同区域的回归估计能够有效地通过含 **bysort** 选项的标准 **regress** 命令得出,**bysort** 选项允许 Stata 命令在数据的子集重复执行。键入 **help bysort**。为了能够使用 **by** 前缀,数据必须是按照分组变量或者指示变量排序。如果数据或变量没有事先分组排列好,**bysort** 命令就必须包括 **by** 和 **sort** 命令。这个命令的句法是:

```
by varlist:  stata_cmd
bysort varlist:  stata_cmd
```

为了执行两个不同区域的回归,我们采用:

```
bysort south: reg wage educ i.black##i.female
```

即,我们首先根据 *SOUTH* 的值给数据排序,然后对每一组观测值执行回归。

. bysort south: reg wage educ i.black##i.female

-> south = 0

Source	SS	df	MS		Number of obs =	704
					F(4, 699) =	49.72
Model	25346.0083	4	6336.50209		Prob > F =	0.0000
Residual	89088.4615	699	127.451304		R-squared =	0.2215
					Adj R-squared =	0.2170
Total	114434.47	703	162.780185		Root MSE =	11.289

wage	Coef.	Std. Err.	t	P>|t|	[95% Conf. Interval]	
educ	2.172554	.1640077	13.25	0.000	1.850547	2.49456
1.black	-5.08936	2.604061	-1.95	0.051	-10.20208	.0233585
1.female	-5.005078	.8857423	-5.65	0.000	-6.744112	-3.266044
black#female						
1 1	5.305574	3.445664	1.54	0.124	-1.459516	12.07066
_cons	-6.605572	2.30215	-2.87	0.004	-11.12553	-2.085615

```
-> south = 1
```

Source	SS	df	MS
Model	9234.26014	4	2308.56503
Residual	40895.9474	291	140.535902
Total	50130.2075	295	169.932907

```
Number of obs =      296
F(  4,   291) =    16.43
Prob > F      =   0.0000
R-squared     =   0.1842
Adj R-squared =   0.1730
Root MSE      =   11.855
```

wage	Coef.	Std. Err.	t	P>|t|	[95% Conf. Interval]
educ	1.864013	.2402682	7.76	0.000	1.391129 2.336896
1.black	-3.384964	2.579268	-1.31	0.190	-8.46135 1.691422
1.female	-4.103958	1.580621	-2.60	0.010	-7.214857 -.993059
black#female					
1 1	2.36974	3.382739	0.70	0.484	-4.287995 9.027476
_cons	-2.661662	3.420413	-0.78	0.437	-9.393547 4.070223

这两个 *SSE* 来自于单独回归的方差表分析。

7.2.5 对数—线性模型中的指示变量

对数—线性模型的指示变量的确切影响计算看似复杂,但是 Stata 的命令 **nlcom** 能够使得它变简单。

创建 **ln(wage)** 并估计下列方程:

$$\ln(WAGE) = \beta_1 + \beta_2 EDUC + \delta FEMALE$$

gen lwage = ln(wage)

reg lwage educ i.female

结果如下:

. reg lwage educ i.female

Source	SS	df	MS
Model	74.5420655	2	37.2710328
Residual	262.238666	997	.263027749
Total	336.780731	999	.337117849

```
Number of obs =     1000
F(  2,   997) =   141.70
Prob > F      =   0.0000
R-squared     =   0.2213
Adj R-squared =   0.2198
Root MSE      =   .51286
```

lwage	Coef.	Std. Err.	t	P>|t|	[95% Conf. Interval]
educ	.0962484	.0060365	15.94	0.000	.0844026 .1080942
1.female	-.243214	.0327275	-7.43	0.000	-.3074367 -.1789913
_cons	1.653868	.0843786	19.60	0.000	1.488288 1.819448

指示变量 female 的真正影响是:

$$100(e^{\delta} - 1)\%$$

这是一个非线性参数方程,需要采用 **nlcom**:

nlcom 100* (exp(_b[1.female])-1)

结果是:

```
. nlcom 100*(exp(_b[1.female]) - 1)

      _nl_1:  100*(exp(_b[1.female]) - 1)
```

lwage	Coef.	Std. Err.	t	P>|t|	[95% Conf. Interval]	
_nl_1	-21.58963	2.566176	-8.41	0.000	-26.62535	-16.5539

即,在其他保持不变的情况下,我们估计女性工作者的工资低于她们的男性对手 21.6% 。

同理,我们能够计算其他非线性边际效应。考虑下列模型:

$$\ln(WAGE) = \beta_1 + \beta_2 EDUC + \beta_3 EXPER + \gamma(EDUC \times EXPER)$$

近似边际效应为:

$$100(\beta_3 + \gamma EDUC)\%$$

创建学历(education)和经验(experience)的交互变量并把它添加到回归模型中:

```
reg lwage c.educ##c.exper
```

估计的结果是:

```
. reg lwage c.educ##c.exper
```

Source	SS	df	MS		Number of obs =	1000
					F(3, 996) =	80.23
Model	65.5449479	3	21.848316		Prob > F =	0.0000
Residual	271.235783	996	.272325084		R-squared =	0.1946
					Adj R-squared =	0.1922
Total	336.780731	999	.337117849		Root MSE =	.52185

lwage	Coef.	Std. Err.	t	P>|t|	[95% Conf. Interval]	
educ	.0949385	.0146246	6.49	0.000	.06624	.123637
exper	.0063295	.0066985	0.94	0.345	-.0068153	.0194743
c.educ# c.exper	-.0000364	.0004838	-0.08	0.940	-.0009858	.0009129
_cons	1.392318	.2066447	6.74	0.000	.986809	1.797827

由于使用 **lincom** 或者 **nlcom** 命令,以 **_b[variable]** 形式的系数名在使用因子符号时有时不是立即显现。这些可以通过带 **coeflegend** 选项 **regress** 命令披露,加该选项后回归结果表现的是系数的图例而不是系数表格。

```
reg, coeflegend
```

```
. reg, coeflegend
```

Source	SS	df	MS		Number of obs =	1000
					F(3, 996) =	80.23
Model	65.5449479	3	21.848316		Prob > F =	0.0000
Residual	271.235783	996	.272325084		R-squared =	0.1946
					Adj R-squared =	0.1922
Total	336.780731	999	.337117849		Root MSE =	.52185

lwage	Coef.	Legend
educ	.0949385	_b[educ]
exper	.0063295	_b[exper]
c.educ#		
c.exper	-.0000364	_b[c.educ#c.exper]
_cons	1.392318	_b[_cons]

采用下句计算近似效应和精确效应：

lincom 100* (exper + c.educ#c.exper* 16)

. lincom 100*(exper+ c.educ#c.exper*16)

(1)   100*exper + 1600*c.educ#c.exper = 0

lwage	Coef.	Std. Err.	t	P>|t|	[95% Conf. Interval]
(1)	.574639	.174402	3.29	0.001	.2324014 .9168765

nlcom 100* (exp(_b[exper] +_b[c.educ#c.exper]* 16) -1)

. nlcom 100*(exp(_b[exper]+_b[c.educ#c.exper]*16) - 1)

   _nl_1:   100*(exp(_b[exper]+_b[c.educ#c.exper]*16) - 1)

lwage	Coef.	Std. Err.	t	P>|t|	[95% Conf. Interval]
_nl_1	.5762932	.1754071	3.29	0.001	.2320833 .920503

log close

7.3 线性概率模型

当模型选择面临二选一时,也就是回归模型中指示变量为因变量而不是自变量,假定:

$$y = \begin{cases} 1 & \text{如果选择第一个} \\ 0 & \text{如果选择第二个} \end{cases}$$

如果 p 是第一个备择被选中的概率,则 $P[y=1] = p$,则 y 的期望值是 $E(y) = p$,方差是 $var(y) = p(1-p)$。

我们感兴趣的是如何通过一个线性回归方程或者这里称作线性概率模型(**linear probability model**)来确定可能影响概率 p 的因素。

$$E(y) = p = \beta_1 + \beta_2 x_2 + \cdots + \beta_K x_K$$

线性概率回归模型是:

$$y = \beta_1 + \beta_2 x_2 + \cdots + \beta_K x \beta_K + e$$

误差项 e 的方差是:

$$var(e) = (\beta_1 + \beta_2 x_2 + \cdots \beta_K x_K)(1 - \beta_1 - \beta_2 x_2 - \cdots - \beta_K x_K)$$

这个误差非同方差,我们将在第8章讨论。

以 Coke 和 Pepsi 之间的选择为例。打开 *coke. dta* 并检查它的内容。

```
log using chap07_coke,replace text
use coke,clear
describe
summarize
```

variable name	storage type	display format	value label	variable label
coke	byte	%8.0g		=1 if coke chosen, =0 if pepsi chosen
pr_pepsi	double	%10.0g		price of 2 liter bottle of pepsi
pr_coke	double	%10.0g		price of 2 liter bottle of coke
disp_pepsi	byte	%8.0g		= 1 if pepsi is displayed at time of purchase, otherwise = 0
disp_coke	byte	%8.0g		= 1 if coke is displayed at time of purchase, otherwise = 0
pratio	double	%10.0g		price of coke relative to price of pepsi

采用最小二乘回归法估计选择 Coke 的线性概率模型。

```
reg coke pratio disp_coke disp_pepsi
```

. reg coke pratio disp_coke disp_pepsi

Source	SS	df	MS
Model	33.8378078	3	11.2792693
Residual	248.004297	1136	.218313642
Total	281.842105	1139	.247446976

Number of obs = 1140
F(3, 1136) = 51.67
Prob > F = 0.0000
R-squared = 0.1201
Adj R-squared = 0.1177
Root MSE = .46724

coke	Coef.	Std. Err.	t	P>|t|	[95% Conf. Interval]	
pratio	-.4008614	.0613494	-6.53	0.000	-.5212324	-.2804904
disp_coke	.0771745	.0343919	2.24	0.025	.0096956	.1446533
disp_pepsi	-.1656637	.0355997	-4.65	0.000	-.2355122	-.0958152
_cons	.8902151	.0654849	13.59	0.000	.7617301	1.0187

线性回归的一个担心就是预测概率值可能在 $[0,1]$ 区间之外。使用 **summarize** 命令获取预测值,本例中就是预测概率值。

```
predict phat
summarize phat
```

. summarize phat

Variable	Obs	Mean	Std. Dev.	Min	Max
phat	1140	.4473684	.1723611	-.2073211	.7680784

我们发现最小值小于零,但是没有任何一个预测概率值是大于 1 的。为了查看到底多少预测的概率是负数,对上述条件采用 **summarize** 命令如下:

```
summarize phat if phat < =0
```

. summarize phat if phat<=0

Variable	Obs	Mean	Std. Dev.	Min	Max
phat	16	-.0183585	.0523201	-.2073211	-.0002385

我们发现在 1140 个观测值中有 16 个负的预测概率值。

```
log close
```

7.4 处理效应

为了理解处理效应的度量,考虑一个解释变量是虚拟变量的简单回归模型,这个虚拟变量指向一个特定的个体,该个体或者在处理组或者在控制组。令 y 是受到处理影响的产出结果变量,定义指示变量 d 为:

$$d_i = \begin{cases} 1 & \text{个体在处理组} \\ 0 & \text{个体在控制组} \end{cases}$$

产出的处理效应模型化如下:

$$y_i = \beta_1 + \beta_2 d_i + e_i, i = 1, \cdots, N$$

其中,e_i 代表其他因素对产出的总和。处理组合控制组的回归方程表示为:

$$E(y_i) = \begin{cases} \beta_1 + \beta_2 & \text{如果个体在处理组}, d_i = 1 \\ \beta_1 & \text{如果个体在控制组}, d_i = 0 \end{cases}$$

我们希望度量的处理效应(**treatment effect**)是 β_2,对 β_2 的最小二乘估计是:

$$b_2 = \frac{\sum_{i=1}^{N}(d_i - \bar{d})(y_i - \bar{y})}{\sum_{i=1}^{N}(d_i - \bar{d})^2} = \bar{y}_1 - \bar{y}_0$$

其中 $\bar{y}_1 = \sum_{i=1}^{N_1} y_i / N_1$ 是处理组($d=1$)的 N_1 个观测值 y 的样本均值,$\bar{y}_0 = \sum_{i=1}^{N_0} y_i / N_0$ 是控制组($d=0$)的 N_0 个 y 观测值的样本均值。在这个处理/控制体系中,估计量 b_2 被叫作差分估计量(**difference estimator**),因为它是处理组和控制组的样本均值的差。

我们采用《POE4》第 7.5.3 章节所描述的 project STAR 的数据来举例说明。

```
log using chap07_star,replace text
use star,clear
describe
```

variable name	storage type	display format	value label	variable label
id	int	%8.0g		student id
schid	long	%12.0g		school id
tchid	long	%12.0g		teacher id
tchexper	byte	%8.0g		teacher years of experience
absent	byte	%8.0g		days absent
readscore	int	%8.0g		reading score
mathscore	int	%8.0g		math score
totalscore	float	%9.0g		combined math and reading score
boy	float	%9.0g		male student
white_asian	float	%9.0g		white or asian student
black	float	%9.0g		black student
tchwhite	float	%9.0g		white teacher
tchmasters	float	%9.0g		teacher with masters degree
freelunch	float	%9.0g		free lunch provided
schurban	float	%9.0g		school urban or inner city
schrural	float	%9.0g		school rural
small	byte	%8.0g		small class
regular	byte	%8.0g		regular class
aide	byte	%8.0g		regular class with aide

为了比较小班教学和普通班教学的效果,我们先去掉有老师帮助的普通班教学样本。

```
drop if aide = =1
summarize
```

发现还剩下 3743 个样本,我们感兴趣的核心模型是:

$$TOTALSCORE_i = \beta_1 + \beta_2 SMALL_i + e_i$$

我们可以通过增加控制变量来扩展模型,例如:

$$TOTALSCORE_i = \beta_1 + \beta_2 SMALL_i + \beta_3 TCHEXPER_i + e_i$$

当估计模型的备择设定时,Stata 采用插入前缀代码 **$** 的方式使得定义变量表变得很方便。做这些之前,需要事先声明全局变量(**global**)。下面就给单一变量 **small** 命名为 **x1list**。变量表 **x2list** 包含了第一个变量表 **$x1list**,加上变量 **tchexper**。类似的,我们创建 **x3list** 包含 **$x2list** 加上额外变量 **boy**,**freelunch** 和 **white_asian**。

```
global x1list small
global x2list $x1list tchexper
global x3list $x2list boy freelunch white_asian
global x4list $x3list tchwhite tchmasters schurban schrural
```

我们还可以在 Stata 命令中采用这些列表,例如:

```
summarize totalscore $x4list if regular==1
```

结果是:

```
. summarize totalscore $x4list if regular==1
```

Variable	Obs	Mean	Std. Dev.	Min	Max
totalscore	2005	918.0429	73.13799	635	1229
small	2005	0	0	0	0
tchexper	2005	9.068329	5.724446	0	24
boy	2005	.513217	.49995	0	1
freelunch	2005	.4738155	.4994385	0	1
white_asian	2005	.6812968	.4660899	0	1
tchwhite	2005	.798005	.4015887	0	1
tchmasters	2005	.3650873	.4815747	0	1
schurban	2005	.3012469	.4589142	0	1
schrural	2005	.4997506	.5001247	0	1

同理:

```
summarize totalscore $x4list if small==1
```

```
. summarize  totalscore $x4list if small==1
```

Variable	Obs	Mean	Std. Dev.	Min	Max
totalscore	1738	931.9419	76.35863	747	1253
small	1738	1	0	1	1
tchexper	1738	8.995397	5.731568	0	27
boy	1738	.5149597	.49992	0	1
freelunch	1738	.4718067	.4993482	0	1
white_asian	1738	.6846951	.4647709	0	1
tchwhite	1738	.8624856	.3444887	0	1
tchmasters	1738	.3176064	.4656795	0	1
schurban	1738	.306099	.461004	0	1
schrural	1738	.4626007	.4987428	0	1

我们观察到小班学生的平均考试成绩较高。

如果学生是随意被指派到不同规模的班级,那么班级的规模和其他的变量应该没有关系。变量组 **x3list** 的相关性为:

```
pwcorr $x3list
```

	small	tchexper	boy	freelu~h	white_~n
small	1.0000				
tchexper	-0.0064	1.0000			
boy	0.0017	-0.0341	1.0000		
freelunch	-0.0020	-0.0969	0.0066	1.0000	
white_asian	0.0036	0.1286	0.0231	-0.4378	1.0000

我们发现,在第一列中小班和其他因素的相关性几乎为 0。

我们把这个实验应用于 79 个学校。通过对每个学校引入一个指示变量来控制学校的个体效应,即,需要引入 78 个新的指示变量。

$$SCHOOL\_j = \begin{cases} 1 & \text{如果学生是在}\ j\ \text{学校} \\ 0 & \text{如果学生在其他学校} \end{cases}$$

我们使用含 **generate** 选项的 **tabulate** 命令来创建:

```
Tabulate schid,gen(school)
```

```
. tabulate schid, gen(school)
```

school id	Freq.	Percent	Cum.
112038	33	0.88	0.88
123056	34	0.91	1.79

在变量窗中发现已经有指示变量 **school1**, **school2** 等。

Variables	
Name	Label
regular	regular class
aide	regular class with ...
school1	schid==112038.0...
school2	schid==123056.0...
school3	schid==128068.0...
school4	schid==128076.0...

现在开始估计备择模型,我们将估计四个模型。为了看起来方便,采用 **quietly** 命令抑制回归结果在每条命令后输出,而只在一张合适的表格里报告所有结果。

```
quietly reg totalscore $x1list
estimates store model1
quietly reg t otalscore $x2list
estimates store model2
quietly reg totalscore $x3list
estimates store model3
quietly reg totalscore $x4list
estimates store model4
```

键入 **help estimates table** 查看命令的特征概要,或者键入 **help estout** 下载和查看完整的回归命令包,利用 **eststo** 命令以制作或生成完美的回归结果表。

```
estimates table model1 model2 model3 model4,
b(% 12.3f)sestats(N r2 F bic)
```

这将会创建结果表,表格的每一列代表的是不同的模型。估计值将以保留小数点后 3 位的数字型格式(键入 **help format**)报告。在估计值下面是标准差,底部是样本规模、R^2、F 统计量和 BIC。

要想完全满意,我们更愿意采用用户写的 **esttab** 命令。键入 **findit esttab**,点击蓝线链接 **st0085_1**,你必须有管理员权限来安装这个命令包。

```
esttab model1 model2 model3 model4 ,se(% 12.3f)b(% 12.3f)///
star(* 0.10 * * 0.05 * * * 0.01)gaps ar2 bic scalars(rss)///
title("Project Star:Kindergarden")
```

这个表格的其中一部分是:

```
Project Star: Kindergarden
```

	(1) totalscore	(2) totalscore	(3) totalscore	(4) totalscore
small	13.899*** (2.447)	13.983*** (2.437)	13.870*** (2.338)	13.358*** (2.352)
tchexper		1.156*** (0.212)	0.703*** (0.206)	0.781*** (0.213)
boy			-15.345*** (2.335)	-15.287*** (2.330)

包括各个学校指示变量的模型是：

$$TOTALSCORE_i = \beta_1 + \beta_2 SMALL_i + \beta_3 TCHEXPER_i + \sum_{j=2}^{79} \delta_j SCHOOL\_j_i + e_i$$

考虑学校固定效应的回归可以采用"硬方式"估计：

```
reg totalscore $x2list school2 - school79
```

但是，如果这样做，将会堆满 78 个学校系数，这些额外系数我们实际上并没有兴趣。使用修正回归命令 **areg** 将会更方便。帮助信息显示 **areg** 命令适合用于估计有很大虚拟变量（指示变量）集的线性方程，其选项 **absorb** 吸收和抑制了学校特定（school-specific）的截距项的对外列报。

```
help areg                                      dialog:  areg
                                             also see:  areg postestimation

Title
    [R] areg — Linear regression with a large dummy-variable set

Syntax
        areg depvar [indepvars] [if] [in] [weight], absorb(varname) [options]

    options                 description

    Model
  * absorb(varname)         categorical variable to be absorbed
```

例如，用 areg 来估计带有解释变量 **small** 的模型，并吸收以 **schid** 为标志的指示效应，有：

```
Areg totalscore $x1list,absorb(schid)
estimates store amodel1
. areg totalscore $x1list, absorb(schid)
```

```
Linear regression, absorbing indicators          Number of obs  =     3743
                                                 F(  1,  3663)  =    51.80
                                                 Prob > F       =   0.0000
                                                 R-squared      =   0.2377
                                                 Adj R-squared  =   0.2213
                                                 Root MSE       =   66.151
```

totalscore	Coef.	Std. Err.	t	P>|t|	[95% Conf. Interval]	
small	15.99778	2.222846	7.20	0.000	11.63964	20.35592
_cons	917.0684	1.494793	613.51	0.000	914.1377	919.9991
schid	F(78, 3663) =		14.118	0.000	(79 categories)	

我们发现,在输出结果的底部,指示变量 schid 的显著性 F 检验表明,学校指示变量之间具有明显的差异。我们估计剩下的一些特征并把它们都展示在同一个表格中:

```
areg totalscore $x2list,absorb(schid)
estimates store amodel2
quietly areg totalscore $x3list,absorb(schid)
estimates store amodel3
quietly areg totalscore $x4list,absorb(schid)
estimates store amodel4
esttab amodel1 amodel2 amodel3 amodel4 ,se(% 12.3f)b(% 12.3f)///
star(* 0.10 * * 0.05 * * * 0.01)gaps ar2 bic scalars(rss)///
title("Project Star:Kindergarden ,with school effects")
```

The table is

Project Star: Kindergarden, with school effects

	(1) totalscore	(2) totalscore	(3) totalscore	(4) totalscore
small	15.998*** (2.223)	16.066*** (2.218)	16.055*** (2.127)	16.265*** (2.140)
tchexper		0.913*** (0.226)	0.821*** (0.217)	0.893*** (0.223)
boy			-13.457*** (2.095)	-13.356*** (2.093)
freelunch			-36.335*** (2.505)	-36.102*** (2.504)
white_asian			25.261*** (4.415)	25.148*** (4.413)
tchwhite				-9.642** (4.270)
tchmasters				-4.508 (2.903)
schurban				.
schrural				.
_cons	917.068*** (1.495)	908.786*** (2.532)	916.477*** (4.375)	925.168*** (5.528)
N	3743	3743	3743	3743
adj. R-sq	0.221	0.225	0.287	0.289
BIC	41938.575	41930.098	41635.780	41643.497
rss	16028908.368	15957533.543	14653879.350	14619709.135

注:(1)括号内容为标准差。

　(2)* p<0.10, ** p<0.05, *** p<0.01。

变量 **schurban** 和 **schrural** 在 **x4list** 中是冗余的,并跟学校固定效应完全共线性,因此从第 4 列中删除。

班级的规模被随机地分配到各学校。之前,我们计算过小班和其他变量之间的相关性,但是,相关性分析只是度量了两两关系,因此,使用有或没有学校固定效应的线性概率模型来分析小班和其他变量的联系就非常重要了。

```
reg small boy white_asian tchexper freelunch
areg small boy white_asian tchexper freelunch,absorb(schid)
```

```
. areg small boy white_asian tchexper freelunch, absorb(schid)
Linear regression, absorbing indicators        Number of obs =     3743
                                                F(  4,  3660) =     0.08
                                                Prob > F      =   0.9894
                                                R-squared     =   0.0488
                                                Adj R-squared =   0.0275
                                                Root MSE      =   .49189
```

small	Coef.	Std. Err.	t	P>|t|	[95% Conf. Interval]	
boy	.002337	.0162813	0.14	0.886	-.0295843	.0342584
white_asian	.0094167	.0343154	0.27	0.784	-.0578626	.076696
tchexper	-.0007506	.0016829	-0.45	0.656	-.0040501	.0025488
freelunch	.0012833	.0194693	0.07	0.947	-.0368884	.039455
_cons	.4628762	.0331314	13.97	0.000	.3979184	.5278341
schid	F(78, 3660) =		2.405	0.000	(79 categories)	

线性概率模型将在第 8 章继续讨论,其替代方法也将在第 16 章讨论。

7.5 双重差分估计

自然试验模拟随机对照实验,有助于评价政策变动有效性。处理组受到政策改变影响,而控制(对照)组其他情况类似只是没有受到政策改变影响。它们的情况在下图中表示出来,处理的效果是$\overline{CD}$。

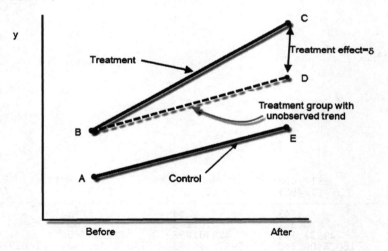

处理效应估计为:

$$\hat{\delta} = \left(\hat{C} - \hat{E}\right) - \left(\hat{B} - \hat{A}\right) = \left(\overline{y}_{Treatment,After} - \overline{y}_{Control,After}\right) - \left(\overline{y}_{Treatment,Before} - \overline{y}_{Control,Before}\right)$$

其中,$\overline{y}$ 是样本均值方差。这个估计量被叫作处理效应的双重差分估计量或者倍差(**differences in differences**,简称 D-in-D,DD,或者 DID)估计量。

这个 DID 估计量能通过一个简单回归方便地计算出来。定义 y_{it} 是个体 i 在 t 时期观测到的产出结果。令 $AFTER_t$ 为指示变量,在政策变化后的时期($t = 2$)等于 1,在政策变化前的时期($t = 1$)等于 0。令 $TREAT_i$ 为另外一个指示变量,当个体 i 在处理组时其值为 1,如果个体在控制组(非处理组,对照组)则为 0。考虑如下回归模型:

$$y_{it} = \beta_1 + \beta_2 TREAT_i + \beta_3 AFTER_t + \delta\left(TREAT_i \times AFTER_t\right) + e_{it}$$

《POE4》的样本是来自于 Card 和 Kruegar(1994)①。1992 年 4 月 1 日,新泽西州的最低工资从 \$4.25 每小时上升到 \$5.05 每小时,与此同时,宾夕法尼亚州仍然保持在 \$4.25 每小时。Card 和 Kruegar 收集了新泽西州(处理组)和东部的宾夕法尼亚州(控制组)的 410 家快餐店的数据。“政策前”采用 1992 年 2 月的数据,“政策后”采用 1992 年 11 月数据。利用这些数据,他们估计了新泽西州提升最低工资对该州快餐店就业量的“影响”效果。

打开一个新的日志文件和数据 njmin3. dta。

```
log using chap07_nj,replace text
use njmin3,clear
describe
```

关键的变量是:

variable name	storage type	display format	value label	variable label
nj	byte	%8.0g		= 1 if new jersey
d	byte	%8.0g		= 1 if after nj min wage increase
d_nj	byte	%8.0g		nj*d interaction
fte	double	%10.0g		full time-equivalent employees

报告关键变量的概要统计量如下:

```
summarize
```

不是所有专卖店的全职当量就业(full-time equivalent employment)都被观测到了,因此存在一些数据缺失。

```
. summarize nj d d_nj fte
```

Variable	Obs	Mean	Std. Dev.	Min	Max
nj	820	.8073171	.3946469	0	1
d	820	.5	.5003052	0	1
d_nj	820	.4036585	.49093	0	1
fte	794	21.02651	9.422746	0	85

DID 估计量的各种均值采用下列语句计算:

```
bysort nj d:summarize fte
```

```
. bysort nj d: summarize fte
```

-> nj = 0, d = 0

Variable	Obs	Mean	Std. Dev.	Min	Max
fte	77	23.33117	11.85628	7.5	70.5

-> nj = 0, d = 1

Variable	Obs	Mean	Std. Dev.	Min	Max
fte	77	21.16558	8.276732	0	43.5

---

① David Card and Alan Krueger(1994)"Minimum Wages and Employment:A Case Study of the Fast Food Industry in New Jersey and Pennsylvania," *The American Economic Review*,84,316-361.

```
-> nj = 1, d = 0
```

Variable	Obs	Mean	Std. Dev.	Min	Max
fte	321	20.43941	9.106239	5	85

```
-> nj = 1, d = 1
```

Variable	Obs	Mean	Std. Dev.	Min	Max
fte	319	21.02743	9.293024	0	60.5

当使用回归方法时,可以使用 **lincom** 来计算均值。

```
    reg fte nj d d_nj
    estimates store did
. reg fte nj d d_nj
```

Source	SS	df	MS		
Model	521.116463	3	173.705488		
Residual	69887.878	790	88.4656683		
Total	70408.9944	793	88.7881393		

```
Number of obs =     794
F( 3,   790) =    1.96
Prob > F      =  0.1180
R-squared     =  0.0074
Adj R-squared =  0.0036
Root MSE      =  9.4056
```

fte	Coef.	Std. Err.	t	P>|t|	[95% Conf. Interval]	
nj	-2.891761	1.193524	-2.42	0.016	-5.234614	-.5489079
d	-2.165584	1.515853	-1.43	0.154	-5.14116	.8099912
d_nj	2.753606	1.688409	1.63	0.103	-.560693	6.067905
_cons	23.33117	1.07187	21.77	0.000	21.22712	25.43522

新泽西州在政策改变前的平均全职当量就业 FTE(full-time equivalent employment)是:

```
    lincom _cons + nj
. lincom _cons + nj

(1)  nj + _cons = 0
```

fte	Coef.	Std. Err.	t	P>|t|	[95% Conf. Interval]	
(1)	20.43941	.5249705	38.93	0.000	19.40891	21.46991

同理,其他值可通过下列语句估计:

```
    lincom _cons + d
    lincom _cons + nj + d + d_nj
    lincom(_cons + nj + d + d_nj) - (_cons + d) - ((_cons + nj) - _cons)
. lincom _cons + d

(1)  d + _cons = 0
```

fte	Coef.	Std. Err.	t	P>|t|	[95% Conf. Interval]	
(1)	21.16558	1.07187	19.75	0.000	19.06153	23.26963

```
. lincom _cons + nj + d  + d_nj
```

(1) nj + d + d_nj + _cons = 0

fte	Coef.	Std. Err.	t	P>|t|	[95% Conf. Interval]	
(1)	21.02743	.5266136	39.93	0.000	19.9937	22.06116

```
. lincom (_cons + nj + d + d_nj)-(_cons + d)-((_cons + nj)-_cons)
```

(1) d_nj = 0

fte	Coef.	Std. Err.	t	P>|t|	[95% Conf. Interval]	
(1)	2.753606	1.688409	1.63	0.103	-.560693	6.067905

增加其他控制变量并创建表格,可用如下命令:

```
reg fte nj d d_nj kfc roys wendys co_owned
estimates store did2
reg fte nj d d_nj kfc roys wendys co_owned southj centralj pa1
estimates store did3
esttab did did2 did3,b(% 10.4f)se(% 10.3f)t(% 10.3f)r2 ar2 ///
title("Difference in Difference Regressions")
```

表格的一部分是:

Difference in Difference Regressions

	(1) fte	(2) fte	(3) fte
nj	-2.8918* (1.194)	-2.3766* (1.079)	-0.9080 (1.272)
d	-2.1656 (1.516)	-2.2236 (1.368)	-2.2119 (1.349)
d_nj	2.7536 (1.688)	2.8451 (1.523)	2.8149 (1.502)

如果我们只用成对的观测值:

```
reg fte nj d d_nj if ! missing(demp)
```

```
. reg fte nj d d_nj if !missing(demp)
```

Source	SS	df	MS		Number of obs	=	768
					F(3, 764)	=	1.95
Model	528.354829	3	176.118276		Prob > F	=	0.1206
Residual	69115.6953	764	90.4655698		R-squared	=	0.0076
					Adj R-squared	=	0.0037
Total	69644.0502	767	90.8005869		Root MSE	=	9.5113

fte	Coef.	Std. Err.	t	P>|t|	[95% Conf. Interval]	
nj	-2.949417	1.224327	-2.41	0.016	-5.352862	-.5459732
d	-2.283333	1.553195	-1.47	0.142	-5.33237	.7657035
d_nj	2.75	1.73146	1.59	0.113	-.6489834	6.148983
_cons	23.38	1.098275	21.29	0.000	21.22401	25.53599

如果在政策改变前后就业数据缺失的话,变量 **demp** 将为缺失值。Stata 逻辑运算符
"! ="表示"不等于",因此 **if** 限定语句只用于观测 **demp** 不缺失的情况。

关键术语

! missing	因子变量	margins,dydx
areg	固定效应	缺失值
areg varlist,absorb(var)	F 检验	nlcom
平均边际效应	F 检验临界值	不等于！=
by	generate	成对相关性
bysort	global	pwcorr
Chow 检验	if	quietly
德尔塔法	指示变量	地区指示变量
DID	交互变量	regress,coeflegend
差额估计量	invFtail	tabulate
倍差估计量	lincom	tabul varname,gen( )
虚拟变量	线性概率模型	test
estimates store	对数线性模型	处理效应
estimates table	边际效应	
esttab	margins	

第 7 章 Do 文件

```
* file chap07.do for Using Stata for Principles of Econometrics,4e

cd c:\data\poe4stata

* Stata Do-file
* copyright C 2011 by Lee C.Adkins and R.Carter Hill
* used for "Using Stata for Principles of Econometrics,4e"
* by Lee C.Adkins and R.Carter Hill(2011)
* John Wiley and Sons,Inc.

* setup
version 11.1
capture log close
set more off

* Chapter 7.1 Indicator Variables in Real Estate Example

* open log
log using chap07_utown,replace text

* open data
useutown,clear

* summarize and examine
describe
summarize
```

```
list in 1/6
list in 501/506

* examples creating indicator variables
summarize price sqft,detail
gen large = (sqft > 25)
gen midprice = (215 < price)&(price < 275)
list sqft price large midprice in 1/5

* estimate dummy variable regression
reg price i.utown sqft i.utown#c.sqft age i.pool i.fplace
reg price i.utown##c.sqft age i.pool i.fplace

* test significance of utown
test 1.utown 1.utown#c.sqft

* use lincom for utown slope and intercept
lincom _cons + 1.utown
lincom c.sqft + 1.utown#c.sqft

* ame
margins,dydx(* )

* ame for utown
quietly summarize sqft
scalara sqft = r(mean)
lincom 1.utown + c.sqft#1.utown* asqft

* ame for sqft
quietly summarize utown
scalara utown = r(mean)
lincom c.sqft + c.sqft#1.utown* autown
/***************************** /
/* A matrix approach          * /
/* Not included in text material   * /
/***************************** /

matrix list e(b)
matrix list e(V)
matrix vbols = e(V)

* ---------------------------------
* for utown
* ---------------------------------
* extract variances and covariance
scalar vb2 = vbols[2,2]
scalar vb5 = vbols[5,5]
scalar cov52 = vbols[5,2]

* mean of _cons and sqft
```

```
quietly summarize sqft
scalar asqft = r(mean)
scalar aconst = 1

* delta method for ame of utown
scalar vame = (aconst^2)* vb2 + (asqft^2)* vb5 + 2* asqft* aconst* cov52
scalar seame = sqrt(vame)
di "Delta - method standard error for utown " seame

* -----------------------------------
* for sqft
* -----------------------------------
* delta method se for sqft ame
quietly summarize utown
scalar autown = r(mean)
scalar vb3 = vbols[3,3]
scalar cov53 = vbols[5,3]

* delta method
scalar vame = (aconst^2)* vb3 + (autown^2)* vb5 + 2* autown* aconst* cov53
scalar seame = sqrt(vame)
di "Delta - method standard error for sqft " seame

log close

* Chapter 7.2 in POE4:Applying indicator variables

* open new log
log using chap07_cps4, replace text

* open data
use cps4_small, clear
describe
summarize

* estimate model with black - female interaction
reg wage educ i.black##i.female

* estimate wage difference between black - female and white - male
lincom 1.black + 1.female + 1.black#1.female

* F - test of joint significance
test 1.female 1.black 1.black#1.female

* Average marginal effects
margins, dydx(* )
quietly summarize black
scalar ablack = r(mean)
lincom 1.female + 1.black#1.female* ablack
```

```
* Chapter 7.2.2 Add regional indicators
reg wage educ i.black##i.female i.south i.midwest i.west
test 1.south 1.midwest 1.west

di "F(3,992,.95) = "invFtail(3,992,.05)
di "F(3,992,.90) = "invFtail(3,992,.10)

* Chapter 7.2.3 Testing the equivalence of two regressions
reg wage i.south##(c.educ i.black##i.female)
test 1.south 1.south#c.educ 1.south#1.black 1.south#1.female ///
1.south#1.black#1.female

* constructing estimates in separate regressions from fully interacted model
lincom 1.black + 1.black#1.south
lincom 1.female + 1.female#1.south

* Estimate separate regressions
bysort south: reg wage educ i.black##i.female

* Chapter 7.3 Log - linear models
gen lwage = ln(wage)

* estimate regression
reg lwage educ i.female

* use nlcom to obtain exact effect of dummy variable
nlcom 100* (exp(_b[1.female]) - 1)

* using nlcom with interaction variables
reg lwage c.educ##c.exper
reg, coeflegend

lincom 100* (exper + c.educ#c.exper* 16)
nlcom 100* (exp( _b[exper] + _b[c.educ#c.exper]* 16) - 1)
log close

* Chapter 7.4 Linear Probability Model

* open new log
log using chap07_coke, replace text

* open data and examine
use coke, clear
describe
summarize

* estimate regression
reg coke pratio disp_coke disp_pepsi
predict phat
summarize phat
```

```
summarize phat if phat < =0
log close

* Chapter 7.5 Treatment Effects

* open new log
log using chap07_star,replace text

* open data and examine
use star,clear
describe

drop if aide = =1
summarize

* create lists
global x1list small
global x2list $x1list tchexper
global x3list $x2list boy freelunch white_asian
global x4list $x3list tchwhite tchmasters schurban schrural

* summarize for regular and small classes
summarize totalscore $x4list if regular = =1
summarize totalscore $x4list if small = =1

* correlations
pwcorr $x3list

* create school indicators
tabulate schid,gen(school)

* regressions
quietly reg totalscore $x1list
estimates store model1

quietly reg totalscore $x2list
estimates store model2

quietly reg totalscore $x3list
estimates store model3

quietly reg totalscore $x4list
estimates store model4

* create simple tables
estimates table model1 model2 model3 model4,b(% 12.3f)se stats(N r2 F bic)

* create better tables:enter findit esttab
esttab model1 model2 model3 model4 ,se(% 12.3f)b(% 12.3f)///
star(* 0.10 * * 0.05 * * * 0.01)gaps ar2 bic scalars(rss)///
```

```
title("Project Star:Kindergarden")

* regressions with fixed effects
* the hard way
reg totalscore $x2list school2 - school79

* using areg
areg totalscore $x1list,absorb(schid)
estimates store amodel1

areg totalscore $x2list,absorb(schid)
estimates store amodel2

quietly areg totalscore $x3list,absorb(schid)
estimates store amodel3

quietly areg totalscore $x4list,absorb(schid)
estimates store amodel4

esttab amodel1 amodel2 amodel3 amodel4 ,se(% 12.3f)b(% 12.3f)///
star(* 0.10 * * 0.05 * * * 0.01)gaps ar2 bic scalars(rss)///
title("Project Star:Kindergarden,with school effects")

* create Table 7.7
esttab model1 model2 amodel1 amodel2 ,se(% 14.4f)b(% 14.4f)///
star(* 0.10 * * 0.05 * * * 0.01)gaps ar2 scalars(rss)///
title("Project Star:Kindergarden")

* Chapter 7.5.4b Check randomness of treatment

* checking using linear probability models
reg small boy white_asian tchexper freelunch
areg small boy white_asian tchexper freelunch,absorb(schid)

/* The following are not discussed in the Chapter * /
* adding robust covariance:see chapter 8
reg small boy white_asian tchexper freelunch,vce(robust)
areg small boy white_asian tchexper freelunch,absorb(schid) vce(robust)

* checking randomness using probit:see Chapter 16
probit small boy white_asian tchexper freelunch
probit small boy white_asian tchexper freelunch school2 - school79
log close

* Chapter 7.5.6 Differences in Differences Estimators

* open new log file
log using chap07_nj,replace text

* open data file
```

```
use njmin3,clear
describe
summarize nj d d_njfte

* DID estimation using sample means
bysort nj d:summarize fte

* DID estimation using regression
reg fte nj d d_nj
estimates store did

lincom _cons + nj
lincom _cons + d
lincom _cons + nj + d + d_nj
lincom(_cons + nj + d + d_nj) - (_cons + d) - ((_cons + nj) - _cons)

* add owner controls
regfte nj d d_nj kfc roys wendys co_owned
estimates store did2

* add location controls
reg fte nj d d_nj kfc roys wendys co_owned southj centralj pa1
estimates store did3

esttab did did2 did3,b(% 10.4f)se(% 10.3f)t(% 10.3f)r2 ar2 ///
title("Difference in Difference Regressions")

* DID regression using only balanced sample
reg fte nj d d_nj if ! missing(demp)

log close
```

第 8 章

异方差

8.1   异方差的性质

第 3 章和第 4 章的简单线性回归模型以及第 5 章和第 6 章的多元回归模型能够被概括出几个共同点。比如,这些模型的随机变量(y_i或者 e_i)对应的观测值不一定具有相同的固有方差,换句话说,一些观测值可能具有更大的方差,这种情况描述被称为异方差。简单的线性回归方差方程展示如下:

$$y_i = \beta_1 + \beta_2 x_i + e_i$$

其中,y_i是因变量,x_i是自变量的第 i 个观测值,e_i是随机误差,β_1 和 β_2 则是想要估计的参数。这个随机误差项对于任意的 x_i 具有零均值,且相互之间不相关。这个模型区别于前几章的差异是随机误差项的方差值是基于其对应的自变量的观测值,因此,随机误差项的方差现在可根据观测值的下标变动,$i = 1,2,\cdots,N$。

误差项假设可以概括如下:

$$E(e_i) = 0 \quad \mathrm{var}(e_i) = \sigma_i^2 \quad \mathrm{cov}(e_i,e_j) = 0$$

在本章中,将考虑几种观测异方差的方法,并探究当数据存在异方差时线性回归模型参数估计以及这些参数估计假设检验的统计有效方法。

即使当误差项是异方差时,最小二乘估计量还是能被用来估计线性模型。即使当 MR3 (译者注:指多元线性假设第 3 条)假设 $\mathrm{var}(y) = \mathrm{var}(e) = \sigma^2$ 被违背的时候,这个估计方法仍然是无偏和一致的。采用最小二乘法估计有异方差的回归模型所面临的问题是常用的精度衡量方法(方差—协方差估计矩阵)是不一致的。有几种方法可以处理这个问题。第一种,无论误差项是否是异方差,使用协方差一致估计量的最小二乘法,这也是 Stata 使用的协方差稳健(**robust**)估计量方法,这部分内容将在 8.2 中讨论。另一种是异方差模型加权最小二乘法,这将在 8.3 节中讨论。

在第一个例子中,将采用最小二乘法来估计食品支出数据模型。改变工作目录到一个包含 *food. dta* 的数据集并且导入这个数据集。

```
cdc:\data\poe4stata
use food,clear
```

采用最小二乘法估计食品支出模型。

```
regress food_exp income
```

绘制数据散点图和估计回归线。在 Stata 中输入:

```
graph twoway(scatter food_exp income)(lfit food_exp income)
```

在同一个图中产生两个散点图。这两个制图命令分别包含在两组括号里面。第一个生成食品支出和收入关系的双向散点图。第二个采用 **lfit** 语句去估计食品支出对收入的简单回归。回归曲线和食品支出实际值之间的变化差值是最小二乘残差。

这个图非常类似于《*POE*4》的图 8.2。

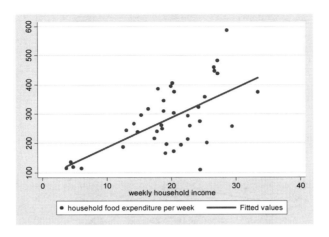

8.2 检测异方差

有许多图表方法和统计方法来发现模型中异方差的存在。这里,我们将讨论其中的部分方法。

8.2.1 残差图

其中一个感知误差项中是否有异方差存在的方法是画出它们对于自变量的排序值的图。前面几章已经给出了一些例子。另外一个使得关系可视化的方法是估计模型、保存残差值并使用命令 **graph twoway** 画出两者关系:

```
regress food_exp income
predict ehat,res
graph twoway scatter ehat income,yline(0)
```

如下图所示:

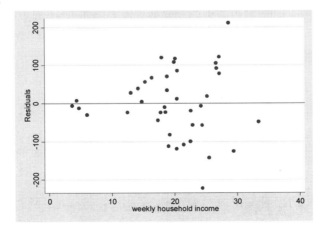

添加选项 **yline**(0) 是为了使得红色水平线从 0 开始画。从上图中我们可以发现收入数值越大,残差也就越大。这种结果还可以通过下面的一种或者多种统计检验来确定。

另一种显示残差大小和自变量关系的制图命令如下:

```
generate abs_e = abs(ehat)
twoway(scatter abs_eincome)(lowess abs_eincome,lw(thick))
```

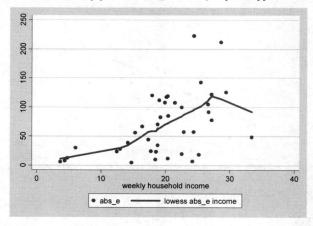

为了生成这个图表,需要解决两件事情。首先,最小二乘残差的绝对值需要被存于一个新的变量,并命名为 **abs_e**。然后以这些值作为 income 变量的对应值和局部加权值作图,平滑散点图的过程被称为 **lowess**。根据 Stata 文件获知,命令 **lowess** 的基本思路是对应于每一个因变量 y_i,创造一个新的变量(**newvar**),这个新变量包含相应的平滑值。这个平滑值是通过运行 y 对 x 的回归,并且只采用$(x_i;y_i)$数据以及这点附近的数据而获得。在 **lowess** 命令中,回归方程已经被添加了权重,因此中心点$(x_i;y_i)$得到了最高的权重,并且那些远离中心点的点(根据$|x_j-x_i|$)得到了较少的权重。估计的回归线只被用来预测 y_i 的平滑值 $\hat{y}_i$。这个过程不断重复以得到剩下的平滑值,这意味着针对每一个点的数据都要执行单独的加权回归。很明显,如果你的数据集非常大,这需要多花费一些时间,**lowess** 命令被称为一个令人满意的平滑工具就因为它是根据数据执行。例如,多项式平滑方法是全局的,散点图最左侧的变化可能会影响最右边的拟合值。

从图中可以看出,当收入数值变大的时候残差项趋向于变大,在收入值为 28 时残差项达到最大。对收入(income)变量最大值时的观测值,其残差却相对较小,并且由于局部的平滑预测导致了回归线开始下降。

8.2.2 拉格朗日乘数检验

其他还有很多种异方差零假设检验,其中两种基于拉格朗日乘数法被认为是特别简单并且有用。一种被称为 Breusch-Pagan(BP)检验或 Stata Breusch-Godfrey 检验,另一种检验被称为 White 检验。

Breusch-Pagan 检验的原假设和备择假设是:

$$H_0:\sigma_i^2=\sigma^2 \qquad H_1:\sigma_i^2=\sigma^2 h(\alpha_2 z_{i2}+...+\alpha_s z_{is})$$

零假设是数据为同方差,备择假设是数据的异方差依赖于与模型方差相关的外生变量 $z_{i2},z_{i3},\cdots,z_{is}$。函数 $h(\ )$ 没有被设定,它取决于它的参数,例如,z 变量的线性函数。

异方差检验具体步骤:

- 估计回归模型。

- 保存残差项。
- 求残差项平方。
- 对残差项的平方求回归,回归的自变量是 $z_{i2}, z_{i3}, \cdots, z_{is}$。
- 从回归模型中计算 NR^2 并且将其与 $\chi^2(S-1)$ 分布的 α 水平下临界值进行比较。

以 income 为自变量,food_expenditure 为因变量的食品支出模型的异方差检验用 Stata 命令如下:

```
use food, clear
quietly regress food_exp income
predict ehat, residual
gen ehat2 = ehat^2
quietly regress ehat2 income
di "NR2 = " e(N)* e(r2)
di"5% critical value = " invchi2tail(e(df_m),.05)
di"P - value = " chi2tail(e(df_m),e(N)* e(r2))
```

结果是:

```
NR2 = 7.3844244
5% critical value = 3.8414588
P - value = .00657911
```

发现 Stata 把辅助回归的样本规模、R^2 和自由度分别储存在 **e(N)**,**e(r2)** 和 **e(df_m)**。像往常一样,**invchi2tail** 用于获得 **5%** 的临界值,**chi2tail** 用于获得 LM 统计量对应的 p 值。

White 检验实际上只是 Breusch-Pagan 检验的一种微小变化,零假设和备择假设是:

$$H_0: \sigma_i^2 = \sigma^2 \qquad H_1: \sigma_i^2 \neq \sigma_j^2$$

其中至少有一个 $i \neq j$。这是一个复合备择,它捕捉备择假设的每一个可能性而不仅仅是零假设的对立面。如果你不了解数据的异方差性,那么这是一个很好的开端。这个检验非常类似于 BP 检验。在这个检验中,与异方差相关的变量($z_{i2}, z_{i3}, \cdots, z_{is}$)包括每一个非冗余回归元(自变量)和它的平方,以及所有回归元的交互项。详细细节参见《POE4》。在食品支出模型中,只有一个连续自变量和一个截距常数项,因此,常数项的平方与常数项和收入的交互乘积项是冗余项。这导致了只有唯一一个变量被添加到模型中,即 income 的平方项。Stata 生成 income 的平方值并以 income 和它的平方作为自变量对误差项的平方作回归。对这个回归模型计算 NR^2,并把它跟 $\chi^2(S-1)$ 分布 的 α 水平临界值进行比较,正如本书在 LM 检验时所考虑的例子一样,N 是第二次回归或者辅助回归的观测值。

```
Quietly regress ehat2 income c.income#c.income
di "NR2 ="e(N)* e(r2)
di "5% critical value ="invchi2tail(e(df_m),.05)
di"P - value ="chi2tail(e(df_m),e(N)* e(r2))
```

结果是:

```
NR2 = 7.5550786
5% critical value = 5.9914645
P - value = .02287892
```

幸运的是,Stata 已经内建函数来计算这两个检验的统计量以及它们的 p 值。它们有点难找,下面就是相关路径。首先就是估计线性回归,从下拉菜单中选择 **Statistics > Linear**

models and related > Regression Diagnostics > Specification tests, etc, 对于 *LM* 检验, 选择右侧的滚轮框内列表的 **Tests for heteroskedasticity（hettest）**。在下一个弹出菜单中, 选择 **N * R2 version of the score test**。在命令框 **estat hottest** 中添加 **iid** 选项。点击单选按钮 **Use the following variables**, 然后从弹出菜单中键入或者选择你所要的变量。点击 OK。

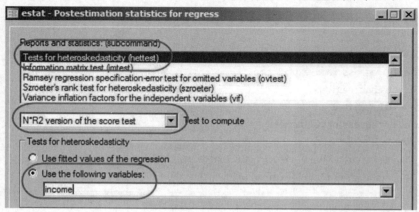

这样得出:

```
.estat hottest income,iid
Breusch - Pagan/Cook - Weisberg test for heteroskedasticity
    Ho:Constant variance
    Variables:income
    chi2(1)   =    7.38
    Prob > chi2 =   0.0066
```

这个结果跟使用 Stata 手动命令获得的结果一致。

White 检验也能用相似的对话框完成。这次我们选择 *Information matrix test*（**imtest**）高亮之并勾选 *Perform White' s original heteroskedasticity test*, 如下所示:

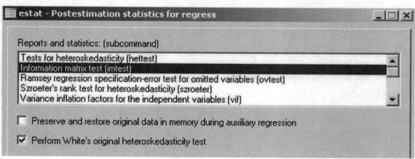

结果是:

```
.estat imtest,white
White's test for Ho:homoskedasticity
    Against Ha:unrestricted heteroskedasticity
    chi2(2)   =    7.56
    Prob > chi2 =   0.0229
```

这两个方法可以通过在 **Command** 窗口输入如下命令完成：

```
Quietly regress food_exp income
estat hottest income,iid
estat imtest ,white
```

8.2.3　Goldfeld-Quandt 检验

当你怀疑方差取决于某个特定变量的时候,使用 Goldfeld-Quandt 检验很容易验证。我们接下来将用一个平均工资是教育(学历)和经验的线性函数的例子来说明该检验如何使用。虚拟变量包括这个人是不是住在大都市,如果是,那么虚拟变量为 1。这是一个"截距"性的虚拟变量,当人们住在大都市,则被认为是平均收入对于相同的教育和经验具有相同的改变水平(相同的斜率),但是相对于那些居住于乡村的人们则有额外的津贴(不同截距)。

这个检验比较的是数据两部分样本的估计方差。在这个例子中,假设误差方差对于大都市这个子样本是等于乡村这个子样本的。

$$H_0 : \sigma_M^2 = \sigma_R^2 \qquad \text{against} \qquad H_0 : \sigma_M^2 \neq \sigma_R^2$$

通过最小二乘估计获得这两个部分的估计方差 $\hat{\sigma}_M^2$ 和 $\hat{\sigma}_R^2$。如果零假设为真,检验统计量为 $F = \hat{\sigma}_M^2 / \hat{\sigma}_R^2$,服从 $F_{(N_M - K_M, N_R - K_R)}$ 分布的性质,$(N_M - K_M)$ 是大都市部分的自由度,$(N_R - K_R)$ 是乡村部分的自由度。

首先,来自 *cps2. dta* 数据集的全部样本被用来建立基于教育、经验和都市虚拟变量的工资回归模型。

```
use cps2,clear
regress wage educ exper metro
```

乡村子样本是通过条件语句 **if metro == 0** 筛选出来进行估计的。Stata 建议采用 **if** 条件句来筛选 **metro** 观测值等于 0 或者 1,这个 **if** 条件句应放在回归方程自变量之后但所有选项之前。在这个例子中,陈述句 **if metro == 0** 用于当观测值满足 **metro** 等于 0 的条件,这里双等号符号是必需的,否则 Stata 会认为你要将变量 **metro** 赋值为 0;在只有一个等号时,Stata 是视作数值赋值运算符,等号右边的数值将被赋值给等号左边的变量,$x = 2$ 意思是 x 被赋值为 **2**。这当然不是我们在这里想要的,因此要采用两个等号的标记。估计这个模型,样本仅限于 **metro == 0**,保存 $\hat{\sigma}$ 值和自由度,为下一步的计算作准备。

```
regress wage educ exper if metro ==0
scalar rmse_r = e(rmse)
scalar df_r = e(df_r)
```

对大都市子样本进行同样的回归估计：

```
regress wage educ exper if metro ==1
scalar rmse_m = e(rmse)
scalar df_m = e(df_r)
```

现在利用 Goldfeld-Quandt 值,得到 GQ 的 5% 临界水平值和 p 值。

```
scalar GQ = rmse_m^2/rmse_r^2
scalar crit = invFtail(df_m,df_r,.05)
scalar pvalue = Ftail(df_m,df_r,GQ)
scalar list GQ pvalue crit
```

Stata 返回的结果是：

```
.scalar list GQ pvalue crit
    GQ = 2.0877623
pvalue = 1.567e - 09
  crit = 1.2150333
```

同方差的零假设在任何合理的显著性水平下（**5%** 或者 **10%**）被拒绝，因此选择备择假设。

食品支出例子

另一个例子是有关食品支出模型。在这个例子里面方差被认为是关于收入的增函数，因此，我们根据收入（顺序）来对数据排序，然后重复 Goldfeld-Quandt 检验。**40** 个观测值被分为两个相同数量的子样本，然后通过采用跟上述方法相同的步骤来获得相应结果。首先加载食品数据集并且根据收入（**income**）进行排序。

```
use food,clear
sort income
```

然后采用最先的 **20** 个观测量，对 **food_exp** 进行基于自变量 **income** 和常数项的回归，保存估计的方差和自由度。**in 1/20** 的陈述类似 8.3 节中的 **if** 条件语句，在这个例子中，**in** 指示 Stata 设定观测范围，而 **1/20** 就是指示语句，表示指向从第 1 个到第 20 个观测值。

```
regress food_exp income in 1/20
scalar s_small = e(rmse)^2
scalar df_small = e(df_r)
```

现在，基于第 21 个到第 40 个观测值，执行 **food_exp** 对 **income** 和常数项的回归（**in 21/ 40**），保存估计的方差和自由度。

```
regress food_exp income in 21/40
scalar s_large = e(rmse)^2
scalar df_large = e(df_r)
```

现在，计算 Goldfeld-Quandt 统计量、它的 5% 临界值和 p 值。

```
scalar GQ = s_large/s_small
scalar crit = invFtail(df_large,df_small,.05)
scalar pvalue = Ftail(df_large,df_small,GQ)
scalar list GQ pvalue crit
```

结果是：

```
.scalar list GQ pvalue crit
    GQ = 3.6147557
pvalue = .00459643
  crit = 2.2171971
```

再一次地，同方差的零假设在任何合理的显著性水平下（5% 或者 10%）被拒绝，备择假设被选择。

8.3 异方差一致标准误差

即使误差项是异方差时，最小二乘估计也能够被用来很好地估计线性模型。正如上文提及，在存在异方差的模型中采用最小二乘法的问题是普通估计量的精度（估计的方差-协方差矩阵）不再一致。解决这个问题的最简单方法是使用最小二乘法来估计截距项和斜率，并且使用一个无论误差项是否是异方差，它的最小二乘方差都一致的估计量。这种被 Stata 使用的估计量叫作基于协方差的异方差稳健估计量（**he teroskcedasticity robust** estimator of covariance）。

本例中，食品支出模型用最小二乘法估计，将你的工作目录改到包含 *food. dta* 的数据集合的目录下。

```
use food,clear
```

同前，使用最小二乘法开始估计食品支出模型并且保存估计值（保存于 **Usual**）。采用 **vce**（**robust**）选项再次估计模型并保存结果（保存于 **White**），然后使用估计表命令来输出两组结果到屏幕。

```
quietly regress food_exp income
estimates store Usual

quietly reg food_exp income,vce(robust)
estimates store white

estimates table Usual White,  b(% 7.4f)se(% 7.3f)stats(F)
```

```
.estimates table Usual White,     b(% 7.4f)se(% 7.3f)stats(F)
```

Variable	Usual	White
income	10.2096	10.2096
	2.093	1.809
_cons	83.4160	83.4160
	43.410	27.464
F	23.7888	31.8498

legend: b/se

我们会发现估计系数非常相似，但是估计的标准差不同。有趣的是，稳健估计下的标准差小于常规估计方法得出的数值！

置信区间可以通过使用回归命令中的 **level**（**90**）这个选项变成 90%。

```
reg food_exp in
```

Linear regression

```
Number of obs =        40
F(  1,     38) =     31.85
Prob > F       =    0.0000
R-squared      =    0.3850
Root MSE       =    89.517
```

food_exp	Coef.	Robust Std. Err.	t	P>|t|	[90% Conf. Interval]	
income	10.20964	1.809077	5.64	0.000	7.159622	13.25966
_cons	83.416	27.46375	3.04	0.004	37.11337	129.7186

或者，采用本章最后 Do 文件里步骤进行回归，保存结果，最后手工计算置信区间。

可使用对话框来获取相同的结果。选择 **Statistics > Linear models and related > Linear regression** 来打开线性回归对话框，如常填写自变量和因变量。在离开对话框之前，选择

SE/Robust 按钮。

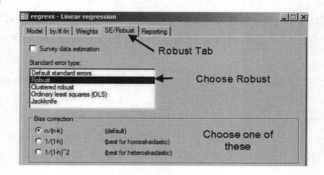

在 *standard error type* 对话框中选择 **Robust** 选项，并使用单选按钮选择偏差校正的其中一个，这里我们设置为默认值。所有都是一致的，但是在小样本的时候会有细微差别。现在单击 **OK**。

这些稳健标准误差一般被认为从异方差一致协方差矩阵估计量（heteroskedasticity-consistent covariance matrix estimator，**HCCME**）中获得。HCCME 被 Huber 提出并由 White 再次验证发现的。在计量经济学中，HCCME 标准误被称为 White 标准误或者 Huber/White 标准误。

既然最小二乘法在异方差模型中是无效的，最好考虑一下可能有一个更好更精确的无偏估计量，那就是，广义最小二乘估计量（**generalized least squares**，GLS）。至少，在理论上，GLS 估计量是容易求得的。从本质上讲，用 GLS 来估计异方差模型，不同的误差方差被用来对数据加权以得到相同的方差（同方差）。如果数据是同样的变量，那么最小二乘法是有效的！

8.4 广义最小二乘估计量

如果 $\mathrm{var}(e_i) = \sigma_i^2$，然后用 σ_i 去除 e_i，误差项将会得到相同的方差（等于 1）。

$$\mathrm{var}(e_i / \sigma_i) = 1/\sigma_i^2 \, \mathrm{var}(e_i) = (1/\sigma_i^2)\sigma_i^2 = 1$$

使用 σ_i 作为权重来改变估计模型，食品支出模型将变成：

$$\frac{y_i}{\sigma_i} = \beta_1 \frac{1}{\sigma_i} + \beta_2 \frac{x_i}{\sigma_i} + \frac{e_i}{\sigma_i}$$

每一个观测值 y_i、常数项和 x_i 将被赋予与观测值误差相关的标准偏差倒数的权重。给定你知道 σ_i 这个部分是变动的，这听起来很复杂，但在 Stata 中这是较容易做到的。

假设食品支出模型中误差项的方差跟 x_i 成比例：

$$\mathrm{var}(e_i) = \sigma_i^2 = \sigma^2 x_i$$

因此，为了给每一个观测值相同的方差，我们把所有的 y_i、常数项和 x_i 都除以 $\sqrt{x_i}$。Stata 带有包括线性回归在内的加权数据的计算程序。为了估计食品支出模型，所有数据应该采用分析权重法被 $1/\sqrt{x_i}$ 加权。这个分析权重（*analytic weights*）是观测值方差的倒数关系，因此，食品支出模型重新分配权重并回归的语句为：

```
regress  food_exp  income  [aweight=1/income]
```

其中,**aweight** 是 Stata 命令中分析权重命令。这里没有必要去求权重的平方根以获得标准偏差,Stata 默认得出的就是方差值。所有观测值除以 $1/\sqrt{x_i}$,然后令 **aweight** 为 $1/x_i$。

对话框形式在这个例子中也是很容易应用的。选择 **Statistics > Linear models and related > Linear regression**,打开熟悉的 **regress-Linear regression** 对话框,照常一样填写自变量和因变量。在离开对话框之前选择选项标签 **Weights**。

点击 *Analytic weights* 按钮,进入 *analytic weight* 选项条,如下图所示,本例中,采用了 **income** 的倒数。

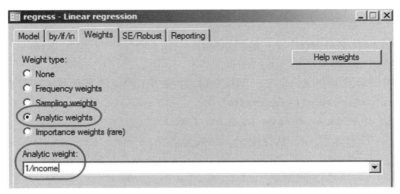

点击 **OK** 你将得到:

```
. regress food_exp income [aweight = 1/income]
(sum of wgt is   2.6616e+00)
```

Source	SS	df	MS		Number of obs =	40
					F(1, 38) =	56.87
Model	300459.464	1	300459.464		Prob > F =	0.0000
Residual	200775.783	38	5283.57325		R-squared =	0.5994
					Adj R-squared =	0.5889
Total	501235.248	39	12852.1858		Root MSE =	72.688

food_exp	Coef.	Std. Err.	t	P>|t|	[95% Conf. Interval]	
income	10.45101	1.385891	7.54	0.000	7.645419	13.2566
_cons	78.68408	23.78872	3.31	0.002	30.52633	126.8418

你可以发现 GLS 估计的 income 系数的标准差(1.386)显著小于通过 HCCME 方法求得的 income 系数的标准差(1.809)。

8.4.1 采用分组数据的 GLS

这个例子采用在 Goldfeld-Quandt 检验里使用过的数据 *cps2. dta* 来估计以 education 和 experience 为自变量的 wages 方程。组合这些分样本和采用广义最小二乘法来估计参数的策略是相当简单的。每一个子样本都被用来估计模型,同时保存回归标准差(**e(rmse)**),然后每一个子样本被它们自己的估计方差(**e(rmse)**)所加权。

有几个方法来估计每一个子样本。第一个是使用 Goldfeld-Quandt 检测样本区分大都市和乡村群体,当 **metro == 1** 为大都市,当 **metro == 0** 时为乡村。采用这种方法的分组 GLS 能够在本章最后的 Do 文件中找到,这里就不赘述。第一个技巧是采用 analytical weights 方法(即 **awight** 命令)。加权变量取 0 或 1 是设定子样本的方便形式。当观测值权重为 0 将自动从估计量计算中移除,而权重为 1 的则列入其计算里。

在加载数据后,通过用 1-**metro** 来创建一个乡村家庭的指示变量 **rural**(如果是乡村家庭为 1,否则为 0)。然后采用 analytical weights 运行这两个子集的回归模型,保存两个回归的均方根误差。这里是计算代码:

```
use cps2,clear
gen rural =1 - metro
regress wage educ exper [aweight = rural]
scalar sr = e(rmse)^2
regress wage educ exper [aweight = metro]
scalar sm = e(rmse)^2
```

保存的均方根误差被组合成一个单一的权重值,并被用来调整所有观测值的权重。

```
gen wtall = (sr* rural) + (sm* metro)
regress wage educ exper metro [aweight =1/wtall]
```

最后一行是基于全样本的 GLS 估计模型。结果为:

```
. regress wage educ exper metro [aweight = 1/wt]
(sum of wgt is   3.7986e+01)
```

Source	SS	df	MS		Number of obs = 1000
					F(3, 996) = 123.75
Model	9797.06665	3	3265.68888		Prob > F = 0.0000
Residual	26284.1489	996	26.3897077		R-squared = 0.2715
					Adj R-squared = 0.2693
Total	36081.2155	999	36.1173329		Root MSE = 5.1371

wage	Coef.	Std. Err.	t	P>|t|	[95% Conf. Interval]
educ	1.195721	.068508	17.45	0.000	1.061284 1.330157
exper	.1322088	.0145485	9.09	0.000	.1036595 .160758
metro	1.538803	.3462856	4.44	0.000	.8592702 2.218336
_cons	-9.398362	1.019673	-9.22	0.000	-11.39931 -7.397408

在这个模型中,城市和乡村工资收入者的经验和受教育年限的系数是相同的。**metro** 这个指示符变量允许截距项的上下变动,这对城市工人产生正的影响。

8.4.2 可行的 GLS:一个更一般的例子

在上面的例子中,观测值的标准误差 σ_i(或者成比例)是已知的。在大部分的例子中这个信息是未知的,并且要通过数据来估计。这使得广义最小二乘法(GLS)变得稍微有点不同,从而可称为估计的或者可行(*feasible*)的广义最小二乘法(FGLS)。

第一步是为方差选择一个模型,这个方差是一些独立变量的函数。为此你需要一些被认为是与方差变化相关的变量,并且需要指定一个方差与这些变量之间的关系函数。常用的关系函数模型是指数函数:

$$\sigma_i^2 = \exp(\alpha_1 + \alpha_2 z_{i2} + \cdots + \alpha_s z_{iS})$$

其中 z_{is} 是自变量,α_i 是参数。采用自然对数、替换观测不到的最小二乘残差的平方 σ_i^2,并增加一个误差项,这些能够构成一个可以估计 α_i 的回归方程。简便起见,假设只有一个跟异方差相关的变量 z_i,那么你可以得到:

$$\ln(\hat{e}_i^2) = \ln(\sigma_i^2) + v_i = \alpha_1 + \alpha_2 z_i + v_i$$

其中 $\hat{e}_i^2$ 是从你原来异方差回归模型得出的最小二乘估计。令 $z_i = \ln(\text{income})$,Stata 代码估计 α_i 为:

```
gen z = ln(income)
regress food_exp income
predict ehat,residual
gen ln_ehat_sq = ln(ehat* ehat)
reg ln_ehat_sq z
```

这里生成收入的自然对数,**food_exp** 对收入和常数项回归,保存残差,并对其平方取自然对数值,最后以之对 **z** 值(即收入的自然对数)和常数项进行回归:

```
. reg ln_ehat_sq z
```

Source	SS	df	MS		Number of obs =	40
					F(1, 38) =	18.51
Model	54.8255435	1	54.8255435		Prob > F =	0.0001
Residual	112.530968	38	2.96134126		R-squared =	0.3276
					Adj R-squared =	0.3099
Total	167.356512	39	4.2911926		Root MSE =	1.7209

ln_ehat_sq	Coef.	Std. Err.	t	P>|t|	[95% Conf. Interval]	
z	2.329239	.5413358	4.30	0.000	1.233362	3.425116
_cons	.9377961	1.583106	0.59	0.557	-2.267034	4.142626

为了得到 FGLS 的权重,需要在最后一个回归中取预测值的逆对数,即从线性回归中得到预测值 **lnsig2**,进而使用指数函数 **exp(lnsig2)** 以获得权重。

```
predict lnsig2,xb
gen wt = exp(lnsig2)
```

在 **aweight** 中取其倒数并重新估计权重以便回归:

```
regress food_exp income [aweight =1/wt]
```

结果是:

```
. regress food_exp income [aweight=(1/wt)]
(sum of wgt is    6.1600e-02)
```

Source	SS	df	MS		Number of obs =	40
					F(1, 38) =	119.80
Model	186108.089	1	186108.089		Prob > F =	0.0000
Residual	59033.089	38	1553.50234		R-squared =	0.7592
					Adj R-squared =	0.7529
Total	245141.178	39	6285.67122		Root MSE =	39.414

food_exp	Coef.	Std. Err.	t	P>|t|	[95% Conf. Interval]	
income	10.63349	.9715143	10.95	0.000	8.666763	12.60022
_cons	76.05379	9.71349	7.83	0.000	56.38986	95.71773

8.5 线性概率模型的异方差

在 7.4 节中介绍了两种替代选择的线性概率模型。此类选择可以通过设定因变量 y 为指示变量,第一次备择选择为将概率 p 取 1,第二备择选择则将概率为 $1-p$ 取 0。

第 i 个观测值的回归函数为:

$$y_i = E(y_i) + e_i = \beta_1 + \beta_2 x_{i2} + \cdots + \beta_k x_{iK} + e_i$$

个体 i 改变选择的概率为 $E(y_i) = p$,可表示为:

$$\text{var}(y_i) = p_i(1 - p_i)$$

这样会产生异方差性。FGLS 统计量很容易计算。首先,建立线性回归用来预测 $\hat{y}_i = \hat{p}$,并带入方程中:

$$\widehat{\text{var}(y_i)} = \hat{p}_i(1 - \hat{p}_i)$$

最后,将它们作为回归方程的分析权重。有时候预测会失败,其原因是个别预测概率值会落在 $(0,1)$ 区间范围之外。

以 *coke. dta* 的数据为例。因变量为 **coke**,如果个体购买可口可乐则为 1,否则为 0。是否购买可口可乐取决于可口可乐和百事可乐的价格对比,以及是否有展列。如果有可口可乐展列,变量 **disp_coke** = 1,否则为 0;如果有百事可乐展列,变量 **disp_pepsi** = 1,否则为 0。

首先,载入数据。

```
use coke,clear
summarize
```

```
. summarize
```

Variable	Obs	Mean	Std. Dev.	Min	Max
coke	1140	.4473684	.4974404	0	1
pr_pepsi	1140	1.202719	.3007257	.68	1.79
pr_coke	1140	1.190088	.2999157	.68	1.79
disp_pepsi	1140	.3640351	.4813697	0	1
disp_coke	1140	.3789474	.4853379	0	1
pratio	1140	1.027249	.286608	.497207	2.324675

然后,通过最小二乘法来估计模型,生成预测值,并检查其值是否为负(或者超过 1)。

```
quietly regress coke pratio disp_coke disp_pepsi
predict p,xb
gen var =p* (1 - p)
summarize p var
```

```
. summarize p var
```

Variable	Obs	Mean	Std. Dev.	Min	Max
p	1140	.4473684	.1723611	-.2073211	.7680784
var	1140	.2175476	.0529915	-.2503031	.2499397

一旦最小值为负,就需要附加一些条件来修正方程。有一种解决办法是直接略过 $p < 0$

的观测值建立估计方程。

```
reg coke pratio disp_coke disp_pepsi[aweight =1/var] if    p > 0
```

另一个解决办法是设置一个最小的正门阀值,将所有小于这个值的 p 值,全部以这个门阀值替换。例如设置 0.01 为门阀值:

```
replace p = .01 if p < .01
replace var = p* (1 - p)
reg coke pratio disp_coke disp_pepsi [aweight = 1/var]
```

命令 **replace** 用来替换小于门阀值的 p 值为 $p = 0.01$,这里有 **16** 个值在门阀值以下。最后一种方法是用最小二乘法和 HCCME 标准误差来估计模型。

```
reg coke pratio disp_coke disp_pepsi,vce(robust)
```

以上回归被计算并整合在以下表格(详见本章最后的 do-file)。

```
. estimates table LS Robust Trunc Omit, b(%7.4f) se(%7.4f) stats(F N)
```

Variable	LS	Robust	Trunc	Omit
pratio	-0.4009	-0.4009	-0.1652	-0.3859
	0.0613	0.0604	0.0444	0.0527
disp_coke	0.0772	0.0772	0.0940	0.0760
	0.0344	0.0339	0.0399	0.0353
disp_pepsi	-0.1657	-0.1657	-0.1314	-0.1587
	0.0356	0.0344	0.0354	0.0360
_cons	0.8902	0.8902	0.6505	0.8795
	0.0655	0.0653	0.0568	0.0594
F	51.6654	57.0701	36.9728	105.6006
N	1140	1140	1140	1124

```
                                              legend: b/se
```

表中第一列标志为 **LS** 的是使用普通(但不一致的)标准误最小二乘法回归结果。第二列是有异方差一致性标准误的最小二乘法回归结果,通过附加 robust 命令实现。列 **Trunc** 则是将低于门阀值 0.01 的值截取至 0.01 的回归结果。最后一列为去掉预测值为负值的样本回归结果。除了 **Trunc** 列之外,其他各组回归结果基本一致。

尽管这个模型理论上说是异方差性的,但是它值得采用本章前文讨论过的 **White** 检验来对样本进行验证。

```
quietly regress coke pratio disp_coke disp_pepsi
imtest,white
```

```
.imtest,white
White's test for Ho:homoskedasticity
   Against Ha:unrestricted heteroskedasticity
   chi2(7) =25.82
   Prob > chi2 = 0.0005
```

p 值显著低于 5%,因此我们得出结论:样本数据在 p 值所示的置信水平下存在异方差。

关键术语

分析权重	**Graph twoway**	**lowess**
aweight	组间异方差	**replace**

Breusch-Pagan 检验	HCCME	残差散点图
chi2tail(df,stat)	异方差	稳健标准误
drop	**imtest,white**	子样本
e(df_r)	**invchi2tail(df,alpha)**	**twoway**
e(rmse)	**invFtail(J,N-K,alpha)**	**vce(robust)**
estat hettest	Lagrange 乘数	加权最小二乘法
Ftail(J,N-K,fstat)	**lfit**	White 标准误
广义最小二乘法 GLS	线性概率模型	White 检验
Goldfeld-Quandt 检验	*LM* 检验	**yline(0)**

第 8 章 Do 文件

```
* file chap08.do for Using Stata for Principles of Econometrics,4e

cd c:\data\poe4stata

* Stata Do-file
* copyright C 2011 by Lee C.Adkins and R.Carter Hill
* used for "Using Stata for Principles of Econometrics,4e"
* by Lee C.Adkins and R.Carter Hill(2011)
* John Wiley and Sons,Inc.

* setup
version 11.1
capture log close
set more off

* open log
log using chap08,replace text
* ----------------------------------------------
* food expenditure example
* OLS,OLS with White's std errors,GLS
* ----------------------------------------------
use food,clear

regress food_exp income
predictehat,res

graph twoway(scatter food_exp income)(lfit food_exp income,lw(thick))
* ----------------------------------------------
* Graph relationship between size of errors and income
* ----------------------------------------------
generate abs_e = abs(ehat)
twoway(scatter abs_e income)(lowess abs_e income,lw(thick))

* ----------------------------------------------
* Graph relationship between errors and income
* ----------------------------------------------
```

```
graph twoway scatter ehat income,yline(0)
drop ehat


* -------------------------------------------
* Breusch-Pagan and White tests
* -------------------------------------------

quietly regress food_exp income
predictehat,residual
gen ehat2 = ehat^2
quietly regress ehat2 income
di "NR2 =" e(N)* e(r2)
di "5% critical value ="invchi2tail(e(df_m),.05)
di "P-value =" chi2tail(e(df_m),e(N)* e(r2))

quietly regress ehat2 income c.income#c.income
di "NR2 =" e(N)* e(r2)
di "5% critical value ="invchi2tail(e(df_m),.05)
di "P-value =" chi2tail(e(df_m),e(N)* e(r2))

quietly regress food_exp income
estat hettest income,iid
estat imtest,white


* -------------------------------------------
* Goldfeld Quandt test
* -------------------------------------------
use cps2,clear
regress wage educ exper metro


* -------------------------------------------
* Rural subsample regression
* -------------------------------------------

regress wage educ exper if metro ==0
scalar rmse_r = e(rmse)
scalar df_r = e(df_r)


* -------------------------------------------
* Urban subsample regression
* -------------------------------------------

regress wage educ exper if metro ==1
scalar rmse_m = e(rmse)
scalar df_m = e(df_r)

scalar GQ = rmse_m^2/rmse_r^2
scalar crit = invFtail(df_m,df_r,.05)
scalar pvalue = Ftail(df_m,df_r,GQ)
scalar list GQ pvalue crit


* -------------------------------------------
```

```
* Goldfeld Quandt test for food
*  expenditure example
* ------------------------------------------------
use food,clear
sort income

regress food_exp income in 1/20
scalar s_small = e(rmse)^2
scalar df_small = e(df_r)

regress food_exp income in 21/40
scalar s_large = e(rmse)^2
scalar df_large = e(df_r)

scalar GQ = s_large/s_small
scalar crit = invFtail(df_large,df_small,.05)
scalar pvalue = Ftail(df_large,df_small,GQ)
scalar list GQ pvalue crit


* ------------------------------------------------
*  HCCME
* ------------------------------------------------

use food,clear
quietly reg food_exp income
estimates store Usual
scalar bL = _b[income] - invttail(e(df_r),.025)* _se[income]
scalar bU = _b[income] + invttail(e(df_r),.025)* _se[income]
scalar list bL bU

quietly reg food_exp income,vce(robust)
estimates store White
scalar bL = _b[income] - invttail(e(df_r),.025)* _se[income]
scalar bU = _b[income] + invttail(e(df_r),.025)* _se[income]
scalar list bL bU

estimates table Usual White,b(% 7.4f)se(% 7.3f)stats(F)

reg food_exp income,vce(robust)level(90)
* ------------------------------------------------
*  GLS
* ------------------------------------------------

regress food_exp income [aweight =1/income]
scalar bL = _b[income] - invttail(e(df_r),.025)* _se[income]
scalar bU = _b[income] + invttail(e(df_r),.025)* _se[income]
scalar list bL bU


* ------------------------------------------------
*  cps example
* ------------------------------------------------
```

```
use cps2,clear
regress wage educ exper

* --------------------------------------------
* Groupwise heteroskedastic regression using FGLS
* --------------------------------------------

gen rural = 1 - metro
gen wt = (rmse_r^2 * rural) + (rmse_m^2 * metro)
regress wage educ exper metro [aweight = 1/wt]

* --------------------------------------------
* subsample regressions using dummy variables
* for weights
* --------------------------------------------

regress wage educ exper [aweight = rural]
scalar sr = e(rmse)^2
regress wage educ exper [aweight = metro]
scalar sm = e(rmse)^2
scalar df_r = e(df_r)

* --------------------------------------------
* Groupwise heteroskedastic regression using FGLS
* --------------------------------------------

gen wtall = (sr* rural) + (sm* metro)
regress wage educ exper metro [aweight = 1/wtall]

regress wage educ exper metro
predict ehat,residual

twoway(scatter ehat metro)
more

twoway(scatter ehat wage)
more

* --------------------------------------------
* Heteroskedastic regression using FGLS
* --------------------------------------------

use food,clear
gen z = ln(income)
reg food_exp income
predict ehat,residual
gen ln_ehat_sq = ln(ehat^2)
reg ln_ehat_sq z
predict sighat,xb
gen wt = exp(sighat)
regress food_exp income [aweight = (1/wt)]
```

```
* ------------------------------------------------
* FGLS with Linear Probability Model
* ------------------------------------------------
use coke,clear
summarize
* OLS with inconsistent std errors
quietly regress coke pratio disp_coke disp_pepsi
estimates store LS

predict p,xb
gen var = p* (1 - p)

summarize p var

predict ehat,res
gen ehat2 = ehat^2

* White's test
quietly imtest
scalar NR2 = r(chi2_h)
scalar crit05 = invchi2tail(r(df_h),.05)
scalar pval = chi2tail(r(df_h),r(chi2_h))
scalar list NR2 crit05 pval

* White's test manually
quietly regress ehat2 pratio disp_coke disp_pepsi i.disp_coke#i.disp_pepsi
i.disp_coke#c.pratio i.disp_pepsi#c.pratio c.pratio#c.pratio
di "NR2 = " e(N)* e(r2)

* OLS with HCCME std errors
quietly reg coke pratio disp_coke disp_pepsi,vce(robust)
estimates store Robust

* OLS,omitting observations with negative variances
quietly reg coke pratio disp_coke disp_pepsi [aweight = 1/var] if p > 0
estimates store Omit

* OLS,where all p < .01 are truncated to be equal .01
replace p = .01 if p < .01
replace var = p* (1 - p)
quietly reg coke pratio disp_coke disp_pepsi [aweight = 1/var]
estimates store Trunc

estimates table LS RobustTrunc Omit,b(% 7.4f)se(% 7.4f)stats(F N)

* Test for heteroskedasticity
quietly regress coke pratio disp_coke disp_pepsi
imtest,white

log close
```

第 9 章

时间序列数据回归：平稳变量

本章概要

9.1　引　言

在《*POE4*》第 9 章里,让回归关系成为动态有三种方式:解释变量的滞后值、因变量的滞后值、误差项的滞后值。

在时间序列回归中,平稳的数据才能使常用的经济计量学产生适当的统计性质,这基本上要求时间序列数据的均值、方差和协方差不受观察时间周期影响,比如 1973 年第三季度 GDP 的均值和方差和 2006 年第四季度 GDP 的均值和方差是可以相同的。一些用于解决这个问题的方法为当代计量经济学家们提供了一个广泛的研究领域,其中有几种方法将会在第 12 章中探讨。

简单的数据时间序列图是众多优先诊断工具中的一种。时间序列图将揭示数据中存在的潜在问题,并且可以对进行统计的方法提出建议。正如在之前的章节里,Stata 很容易绘制时间序列图,而且本章还将会探讨新的技巧。

最后,因为本章讨论的是时间序列样本,因此,一般用来表示观测值数量的 N 将会被更普遍使用的 T 代替。在后面的章节里,N 和 T 将会在同时具有时间序列和横截面数据的时候使用。

9.1.1　在 Stata 里定义时间序列

为了利用 Stata 里的许多内置函数去分析时间序列数据,必须先将数据设定为时间序列数据。因为时间序列数据在时间上是有序的,它们相对于其他观测值的位置必须保持稳定,毕竟正是它们的时间关系才使得这种数据分析有别于横截面的分析。

如果你的数据没有合适的日期去确定所收集观测值的时间段,那么,添加一个日期是一个不错的方法。这将使得对于历史时期的鉴定更容易,并且有利于丰富图表信息的内容。本书中数据集的分布并没有明确为时间序列,而且很多变量里没有包含相关日期设置,所以,首先要做的是添加时间信息到数据集,然后用这样的数据集去确定样本的时间序列,从而指明所分离出的单独个体的时间段(例如,每日、每月、每季度、每年)。在数据中进行时间依赖性的分析,这样的信息是非常关键的。

在弄清楚具体例子之前,我们需要探讨一下 Stata 如何处理日期和时间。基本上,Stata 把每个时间段处理为一个整数,这个整数记录了从某个特定日期(Stata 以 1960 年为基础时间原点)开始的时间单位数。

例如,从 1961 年开始的 100 个季度观察值,Stata 数据的生成可以通过使用命令语句:

```
set obs 100
generate date = tq(1961q1) + _n - 1
```

其中,**tq(1961q1)**指的是一种拟函数,之所以被称为拟函数,是因为你所输入的数据将会被转化为整数当量。1961 年第一季度的整数当量是 4,也就是说明了从 1960 年第一个季度开始算,已经有多少个季度经过了(经过了 4 个季度)。第二个季度被设置成 5,以此类推。增加 **_n - 1** 是以增量为 1 进行观察。所罗列的数据中的前 5 个观测值如下:

.list date in1/5

	date
1.	4
2.	5
3.	6
4.	7
5.	8

这正是我们所期望的。

为了使这更有意义并更容易说明从 1960 年起什么日期是 20 季度,这些信息需要被格式化为字符串。这就需要 **format** 命令。

format % tq date

这个 **format** 命令只是改变了整数数据显示的方式。

.list date in1/5

	date
1.	1961q1
2.	1961q2
3.	1961q3
4.	1961q4
5.	1962q1

正如你所看到的,**format %tq date** 命令使得 Stata 显示数据集里的整数 4,5,6 和 7 为 1961 年第一季度、1961 年第二季度,等等。最后,还要用 **tsset** 命令来设定时间序列,其后要加上时间变量名称。

tsset date

.tsset date

Time variable:date,1961q1 to 1985q4

delta:1 quarter

一旦设定数据为时间序列数据,Stata 就会列报时间变量所涵盖的时期及时期间隔的重要信息,包括时间变量的名称、所涵盖的日期、变量增量或者观测值中时间变化间隔。这里务必仔细检查,以确保所生成的日期就是所需要的。

Stata 中还包括其他的函数和拟函数,以定义周(**tw**)、月(**tm**)、年(**ty**)等。再次说明,这些创造出来的整数集反映的是从 1960 年第一季度以来流逝的时间周期数,同时使用格式(**%tw**)、(**%tm**)和(**%ty**),以便于将这些整数与日期对应。了解其他选项以及学习更多内容请在 Command 窗口输入:

help dates and times

Stata 会打开一个浏览窗口并报告相关信息。

一旦数据被创造且数据集成为时间序列,请保存数据集,这样我们就不需要对这些数据进行重复的操作。Stata 会保存新的变量和所需的显示格式以及伴随数据集的时序信息。

save new.dta,replace

这个 **replace** 选项将会导致 Stata 覆盖现有的同名数据集,所以对这个选项的选择我们一定要谨慎。

奥肯数据集

先将当前目录改到包含本节案例数据的文件夹,然后加载数据。在这一节的案例里,我们将运用奥肯数据集。

```
use okun,clear
```

该数据集包含了 **g** 和 **u** 两个变量,它们分别反映了美国从 1985 年第二季度到 2009 年第三季度的国内生产总值和失业率的百分比变化的季度观察。一旦数据被加载了,使用 generate 命令可以设定日期。Stata 包含一种特别的功能,它可以生成日期,然后分别转化 Stata 对待日期(整数)的方式和人们对待日期的方式(日、月、年等)。

季度数据从 1985 年第二季开始。为了创建日期并把所有变量转化为时间序列,我们使用:

```
generate date = tq(1985q2) + _n - 1 list
date in 1
format % tq date list
date in 1
tsset date
```

```
. generate date = tq(1985q2) + _n-1

. list date in 1
```

	date
1.	101

```
.
. format %tq date

. list date in 1
```

	date
1.	1985q2

```
.
. tsset date
        time variable:  date, 1985q2 to 2009q3
                delta:  1 quarter
```

两个 **list date in 1** 命令行是为了说明 Stata 是如何运行的,在具体操作中没有必要。然而,它们揭示了 1985 年第二季度是在 1960 年第一季度之后的第 101 个季度。格式命令就是告诉 Stata 去显示一个整数日期,也就是用 1985q2 去表示 101。

9.1.2 时间序列图

一旦加载数据、创建时间变量、设置时间格式、设定变量为时间序列变量,此时,你就可以进行初期阶段的分析。没有比用时间序列绘制变量图形更好的开始方法了,通过制图,有助于显示数据的重要特征(如平稳、趋势、结构突变等)。

我们用 **tsline** 制图命令来绘制失业率和 GDP 增长率的关系图。为了从同一图表中得到两种绘图标签,我们使用 **label var** 标签命令去缩短标签长度。Tsline 命令是 **graph twoway tsline** 制图命令的缩写,可以在同一图上绘制多个时序。

```
label var u "% Unemployed" label
```

```
var g "%  GDP growth"

tsline u g,lpattern(solid dash)
```

两个时间序列的图将在同一图里反映,每个序列都会在括号里予以标志(这里以实线和虚线区别)。当然我们也可以使用其他方法,但在此处我们要简单明了。

Stata 图表如下:

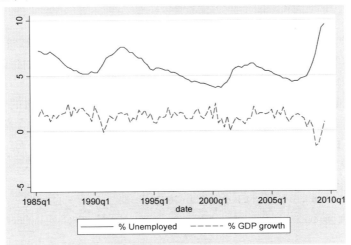

失业率序列(实线)呈现了一个比 GDP 增长率更大幅度的变化,但是从一个时期到下一个时期的变化很小。这里没有明显的趋势、断裂,或者是其他的特征可以判断变量是非平稳的,所以,这些变量很适合本章的传统回归技术分析。在第 12 章里,我们将会开发出更正式的检验来考察可能的非平稳序列。至于现在,我们可以假设这些序列是平稳的。

9.1.3　Stata 的滞后和差分运算符

正如我们之前所看到的,列表命令是用来将数据集中的变量显示到屏幕上。在这种情况下,in 1/5 和 96/98 是用来限制观测值范围的。那些列示的变量使用的是在第 5 章所讨论过的 Stata 一元运算符另一个实例。

Stata 包括特殊的一元运算符,它们可以使得运用滞后和差分时序数据更容易有效。在 Stata 用户指南的 **Time-series varlists** 中有这些运算符号的详细说明。下面将列出部分的运算符及其含义:

```
运算符号　含义:

----------------------------------------------

L.        lag(x_t-1)

L2.       2-period lag(x_t-2)

...

D.        difference(x_t-x_t-1)

D2.       difference of difference(x_t-2x_t-1+x_t-2)

----------------------------------------------
```

这些一元运算符的操作是基于时期变化的变量上的。比如,**L. u** 表示取变量 **u**,并将其滞后一期[1]。类似的,**D. u** 表示对变量 **u** 取一期时间差分 $u_t - u_{t-1}$。

---

[1]　有时又被称为一阶,二期称为二阶,等等。——译者注

滞后和差分运算符是线性的,而且可以以任何顺序一起使用。比如说,为了取变量 **u** 的观测值滞后差分(例如:$ldu_t = u_{t-1} - u_{t-2}$),我们可以使用 **L. D. u**,这个运算是从右到左进行:把 **u** 的差分滞后一期。线性的操作意味着其和 **D. L. u** 是相同的——先把 **u** 滞后一期,然后再差分。此外 **L. L = L2** 也可以成立。为了把 **u** 滞后两个时期,我们可以使用 **L. L. u**,或更简单的是 **L2. u**。L 之后的数字则强调了变量被滞后多少时期。为此,**L2. u** 表示将 **u** 滞后两个时期(例如:$= u_{t-2}$)。

Stata 还有其他时间序列运算符,如前导运算符(**F**)和季节差分运算符(**S**)。在存在因子变量的一元运算符情况下,这些运算符使得我们只需要从那些单独创建的变量中保留一个变量计入模型即可。接下来我们将讨论几种快捷方法。

为了说明运算符的使用,我们将一一罗列数据集前端和末端观测值的变量及其滞后和差分值。通常来说,为了确保时序的内容有意义并使时期分配到正确的变量中,列示观测值是一个不错的方法。下面将使用运算符列示 **date**,**u**,**g** 以及 **u**,**g** 的差分、滞后等,这些和《*POE*4》图表 9.1 里的观测值是一致的。

```
list date u L.u D.u g L1.g L2.g L3.g in 1/5
list date u L.u D.u g L1.g L2.g L3.g in 96/98
```

. list date u L.u D.u g L1.g L2.g L3.g in 1/5

	date	u	L. u	D. u	g	L. g	L2. g	L3. g
1.	1985q2	7.3	.	.	1.4	.	.	.
2.	1985q3	7.2	7.3	-.1	2	1.4	.	.
3.	1985q4	7	7.2	-.2	1.4	2	1.4	.
4.	1986q1	7	7	0	1.5	1.4	2	1.4
5.	1986q2	7.2	7	.2	.9	1.5	1.4	2

. list date u L.u D.u g L1.g L2.g L3.g in 96/98

	date	u	L. u	D. u	g	L. g	L2. g	L3. g
96.	2009q1	8.1	6.9	1.2	-1.2	-1.4	.3	.9
97.	2009q2	9.3	8.1	1.2	-.2	-1.2	-1.4	.3
98.	2009q3	9.6	9.3	.3	.8	-.2	-1.2	-1.4

时间序列运算符的另一个特点是便于运用。Stata 还能够读取运算符与数列组合(**operator numlist**).

一个数列(**numlist**)就是一系列用空格或者逗号分割的数字。一系列的速记惯例是为了减少必要的打字量,比如:

```
2                      just one number
1 2 3                  three numbers
3 2 1                  three numbers in reversed order
.5 1 1.5               three different numbers
1 3 -2.17 5.12         four numbers in jumbled order

1/3                    three numbers: 1, 2, 3
3/1                    the same three numbers in reverse order
5/8                    four numbers: 5, 6, 7, 8
-8/-5                  four numbers: -8, -7, -6, -5
-5/-8                  four numbers: -5, -6, -7, -8
-1/2                   four numbers: -1, 0, 1, 2

1 2 to 4               four numbers: 1, 2, 3, 4
4 3 to 1               four numbers: 4, 3, 2, 1
10 15 to 30            five numbers: 10, 15, 20, 25, 30
```

```
1 2:4                    same as 1 2 to 4
4 3:1                    same as 4 3 to 1
10 15:30                 same as 10 15 to 30

1(1)3                    three numbers: 1, 2, 3
1(2)9                    five numbers: 1, 3, 5, 7, 9
1(2)10                   the same five numbers: 1, 3, 5, 7, 9
9(-2)1                   five numbers: 9, 7, 5, 3, and 1
-1(.5)2.5                the numbers: -1, -.5, 0, .5, 1, 1.5, 2, 2.5

1[1]3                    same as 1(1)3
1[2]9                    same as 1(2)9
1[2]10                   same as 1(2)10
9[-2]1                   same as 9(-2)1
-1[.5]2.5                same as -1(.5)2.5

1 2 3/5 8(2)12           eight numbers: 1, 2, 3, 4, 5, 8, 10, 12
1,2,3/5,8(2)12           the same eight numbers
1 2 3/5 8 10 to 12       the same eight numbers
1,2,3/5,8,10 to 12       the same eight numbers
1 2 3/5 8 10:12          the same eight numbers
```

正如你所看到的,数列是非常多变的。它允许你去详细说明范围、序列和一系列指定的数字,还可以包括负数,并且它们的排列很容易逆转。使用这些语法可以缩短命令列表。

```
list date L(0/1).u D.u L(0/3).g in 1/5
list date L(0/1).u D.u L(0/3).g in 96/98
```

命令 **L(0/1).u** 等于 **u L.u**,并且 **L(0/3).g** 和 **g L.g L2.g L3.g** 相同。

9.2　有限分布滞后

有限分布滞后模型包括独立变量和它们的滞后项作为回归项。

$$y_t = \alpha + \beta_0 x_t + \beta_1 x_{t-1} + \beta_2 x_{t-2} + \cdots + \beta_q x_{t-q} + e_t, \qquad t = q+1, \cdots, T$$

我们在这里专门探讨的例子是对奥肯定律的检验。在这个模型里,从一个时期到下一个时期失业率的变化是由经济产出增长率所决定的。

$$U_t - U_{t-1} = -\gamma(G_t - G_N)$$

在这里,U_t 是失业率,G_t 是国内生产总值的增长率,G_N 是国内生产总值正常的增长率。回归模型是:

$$DU_t = \alpha + \beta_0 G + e_t$$

其中,D 是差分运算符,$\alpha = \gamma G_N$,$\beta_0 = -\gamma$,同时模型中包含一个误差项。产出的改变能够对失业率产生一种分布滞后效应,当然,不是所有的效应都会立刻发生。将滞后项添加到模型里,形成的新模型如下:

$$DU_t = \alpha + \beta_0 G_t + \beta_1 G_{t-1} + \beta_2 G_{t-2} + \cdots + \beta_q G_{t-q} + e_t, \qquad t = q+1, \cdots, T$$

可以用下面的式子绘制两个时间序列:

```
tsline D.u g
```

这将产生一个单一的图形,看起来和《POE4》图 9.4 相似。

在 Stata 里用时间序列运算符去估计一个有限分布滞后模型是很容易的。设 $q = 3$,并且

```
regress D.u L(0/3).g
```

得到:

```
. regress D.u L(0/3).g
```

Source	SS	df	MS		Number of obs	=	95
					F(4, 90)	=	42.23
Model	5.13367789	4	1.28341947		Prob > F	=	0.0000
Residual	2.73516422	90	.030390714		R-squared	=	0.6524
					Adj R-squared	=	0.6370
Total	7.86884211	94	.083711086		Root MSE	=	.17433

D.u	Coef.	Std. Err.	t	P>|t|	[95% Conf. Interval]	
g						
--.	-.2020526	.0330131	-6.12	0.000	-.267639	-.1364663
L1.	-.1645352	.0358175	-4.59	0.000	-.2356929	-.0933774
L2.	-.071556	.0353043	-2.03	0.046	-.1416941	-.0014179
L3.	.003303	.0362603	0.09	0.928	-.0687345	.0753405
_cons	.5809746	.0538893	10.78	0.000	.4739142	.688035

这里再一次使用 **L**(*numlist*)语法命令将 **g** 的当期和 3 个滞后值(包括一期、二期和三期滞后值)加入模型里。

可以使用 **g** 的两期滞后重新估计模型。

```
. regress D.u L(0/2).g
```

Source	SS	df	MS		Number of obs	=	96
					F(3, 92)	=	57.95
Model	5.17925206	3	1.72641735		Prob > F	=	0.0000
Residual	2.74074794	92	.029790739		R-squared	=	0.6539
					Adj R-squared	=	0.6427
Total	7.92	95	.083368421		Root MSE	=	.1726

D.u	Coef.	Std. Err.	t	P>|t|	[95% Conf. Interval]	
g						
--.	-.2020216	.0323832	-6.24	0.000	-.2663374	-.1377059
L1.	-.1653269	.0335368	-4.93	0.000	-.2319339	-.0987198
L2.	-.0700135	.0331	-2.12	0.037	-.1357529	-.0042741
_cons	.5835561	.0472119	12.36	0.000	.4897892	.6773231

在统计显著性上,删除 **g** 的滞后三期值,对模型拟合几乎没有影响。

9.3 序列相关

当回归模型的误差彼此相关时就容易产生时间序列回归的另一种复杂情况。这违背了高斯马尔可夫定理基本假设中的其中一个假设,同时对参数的最小二乘估计性质有重大影响。

在经济学中,当经济冲击的持续时间超过数据采样频率的时候就会产生序列相关。这导致了在随后的时期里产生滞后效应,造成误差正相关。在大多数情况下,这对于模型和回归时间结构的合理性而言意味着一种失败——要么是那些和自变量有关联的滞后变量被忽略,要么是因变量的持久性没有被准确地模拟。正确指定回归函数可以解决问题,只有这样,才能使得 $E(e_t | \text{all regressors}_t) = 0$,才能满足最小二乘截距和斜率保持一致的必要条件。

最小二乘残差自相关检测是非常重要的,因为最小二乘法在这种情况下可能是不一致的。第一种方式是生成一个 **g** 和 **L. g** 的散点图,水平线和垂直线大约基于平均值来放置。

```
summarize g
scatter g L.g,xline(`r(mean)')yline(`r(mean)')
```

生成:

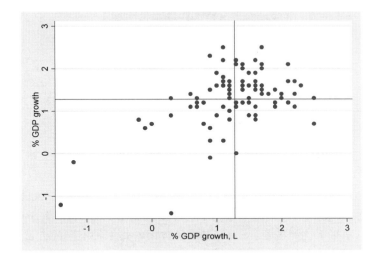

Scatter 命令之前的 **summarize** 命令是非常必要的,因为算出 GDP 增长的平均值才能够画出图中所显示的线。**g** 的平均值的保存结果可以使用常用的 **return list** 命令来查看。

```
. summarize g
```

Variable	Obs	Mean	Std. Dev.	Min	Max
g	98	1.276531	.6469279	-1.4	2.5

```
. return list

scalars:
              r(N) =  98
           r(sum_w) =  98
            r(mean) =  1.276530612244898
             r(Var) =  .4185156743109615
              r(sd) =  .6469278741180978
             r(min) =  -1.4
             r(max) =  2.5
             r(sum) =  125.1
```

为了得到平均值,它的宏名字 **r(mean)** 必须用单引号表示,比如,'**r(mean)**'。第一句是左单引号('——大多数位于键盘的左上角),二是右单引号('——大多数键盘位于双引号"键下)。

有个数值方法可以用于获得计算样本的自相关性,我们可以使用语句:

```
acg,lags(12) generate(ac_g)
list ac_g in 1/12
```

命令 **ac** 用于计算其后的变量(这里为 **g**)的样本自相关值,选项 **lag(12)** 告诉 Stata 针对 **g** 展开高达 12 个时期的自相关性计算。输出结果主要包括一个图形,但是自相关值的保存是使用 **generate** 选项,生成变量 **ac_g**。该图形如下:

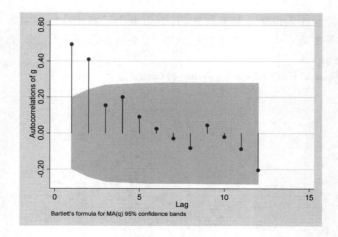

Bartlett's formula for MA(q) 95% confidence bands

阴影部分覆盖了 95% 的置信区间,注意到,在 5% 的水平下,只有开始两个自相关函数值显著不等于零。

近似 95% 的置信区间计算使用函数 $\sqrt{T}r_k^\alpha \sim N(0,1)$。使用 **gen z = sqrt(e(N)) ∗ ac_g** 命令生成区间边界。如果有任何的个数小于 -1.96 或大于 1.96,它便置于近似的 95% 置信区间外,在 5% 的水平下统计显著。Stata 的 **ac** 函数用的是一种不同的方法(Bartlett 法),而且结果可能不同于那些基于简单近似的结果。

自相关函数值存于变量 **ac_g**,边界 **z** 列示如下:

```
. list ac_g z in 1/12
```

	ac_g	z
1.	.49425676	4.842708
2.	.4107073	4.024093
3.	.1544205	1.513006
4.	.20043788	1.963882
5.	.09038538	.8855922
6.	.02447111	.239767
7.	-.03008434	-.2947652
8.	-.08231978	-.8065658
9.	.04410661	.4321548
10.	-.02128483	-.2085479
11.	-.08683463	-.8508022
12.	-.20404326	-1.999207

菲利普曲线

第二个例子有关菲利普斯曲线,它表示通货膨胀和失业之间的关系。与通货膨胀和失业率有关的简单回归为:

$$INF_t = \beta_1 + \beta_2 DU_t + e_t$$

该模型采用 *phillips_aus. dta* 数据进行估计,该数据包含了澳大利亚自 1987 年第一季度开始的季度性通货膨胀率和失业率的数据。加载数据、创建日期、格式化日期数据为字符串,并设置数据集为时间序列数据。

```
use phillips_aus,clear
generate date = tq(1987q1) + _n - 1
```

```
format % tq date
tsset date
```

首先,绘制通货膨胀率和失业率变化图:

```
tsline inf
tsline D.u
```

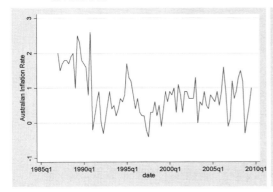 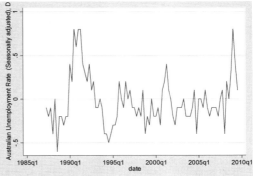

接下来,使用最小二乘法估计模型并保存残差:

```
reg inf D.u
predict ehat,res
```

Source	SS	df	MS
Model	2.04834633	1	2.04834633
Residual	34.0445426	88	.386869802
Total	36.0928889	89	.405538077

Number of obs =	90
F(1, 88) =	5.29
Prob > F =	0.0238
R-squared =	0.0568
Adj R-squared =	0.0460
Root MSE =	.62199

inf	Coef.	Std. Err.	t	P>|t|	[95% Conf. Interval]
u D1.	-.5278638	.2294049	-2.30	0.024	-.9837578 -.0719699
_cons	.7776213	.0658249	11.81	0.000	.646808 .9084345

我们将使用残差相关图去检查残差自相关性。残差相关图(**correlogram**)是针对观测值之间的时间间隔 $j = 1, 2, \cdots, m$ 而绘制的关于 $\hat{e}_t$ 和 $\hat{e}_{t-j}$ 之间的自相关性时序图。样本自相关函数值被保存在变量 **rk** 里,列示最前面的五个数据,然后从数据集中退出,因为不再需要这些数据了。

```
ac ehat,lags(12) generate(rk)
list rk in 1/5
```

```
. list rk in 1/5

      |       rk |
      |----------|
   1. | .54865864 |
   2. | .45573248 |
   3. | .43321579 |
   4. | .42049358 |
   5. | .33903419 |
```

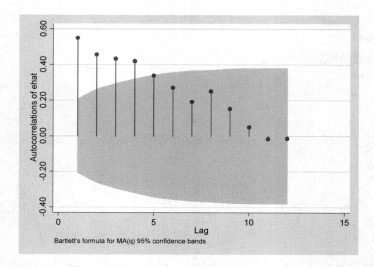

很明显,有一些自相关值非常显著而且是比较大的。

Stata 有一个 **corrgram** 函数,在这个函数里 **ac** 命令是一个子集。**corrgram** 产生一个自相关函数的表(以及偏自相关函数和 Portmanteau(Q)统计量),它还显示基于字符的自相关图。**corrgram** 另一个特点就是每个数据都保存为 **r( )**。使用 **corrgram** 命令保存和列示最前面的五个自相关值:

```
corrgram ehat,lags(5)
```

```
. corrgram ehat, lags(5)
```

					-1 0 1	-1 0 1
LAG	AC	PAC	Q	Prob>Q	[Autocorrelation]	[Partial Autocor]
1	0.5487	0.5498	28.006	0.0000		
2	0.4557	0.2297	47.548	0.0000		
3	0.4332	0.1926	65.409	0.0000		
4	0.4205	0.1637	82.433	0.0000		
5	0.3390	0.0234	93.63	0.0000		

报告最前面三个样本的自相关函数值:

```
.di "rho1 = "r(ac1)"rho2 = "r(ac2)"rho3 = "r(ac3)
```

```
rho1 = .54865864 rho2 = .45573248 rho3 = .4332157
```

输入 **return list** 可以查看那些在执行 **corrgram** 命令后被存储起来的统计量。

9.4 序列相关的其他检验

序列相关的第二种检验方法是基于第 8 章中异方差背景下所讨论的拉格朗日乘数检验原理。这个检验的统计量是基于辅助回归的 TR^2。对于自相关,这个检验是基于辅助回归的,用最小二乘残差对滞后的最小二乘残差和初始自变量进行回归。如果自变量里包含能解释 $\hat{e}_t$ 充分变化的 $\hat{e}_{t-1}$,那么肯定会出现由 $\hat{e}_{t-1}$ 而导致的自相关。

对于回归模型:

$$y_t = \beta_1 + \beta_2 x_t + e_t$$

使用最小二乘法去估计参数并保存残差 $\hat{e}_t$。对残差进行滞后处理获得 $\hat{e}_{t-1}$,然后,用 $\hat{e}_t$ 作为因变量,$\hat{e}_{t-1}$ 作为自变量之一,同时包括放入初始回归模型里的其他所有自变量,以此构造回

归模型。对一个简单的线性回归而言,辅助回归方程如下:

$$\hat{e}_t = \gamma_1 + \gamma_2 x_t + \rho \hat{e}_{t-1} + residual$$

如果无自相关性零假设是真的,那么回归得出的 TR^2 服从自由度为 1 的卡方分布($\chi^2(1)$),其中 T 是辅助回归里的样本观测值数量,拒绝零假设则意味着有显著的自相关。对菲利普曲线例子而言,我们预设 **ehat** 是从初始回归中保存下来的:

```
quietly regress ehat D.u L.ehat
di"Observations = "e(N)" and TR2 = "e(N)* e(r2)
```

生成:

```
.di "Observations = "e(N)"and TR2 = "e(N)* e(r2)
Observations =89 and TR2 =27.608808
```

在《POE4》中,这一统计量将基于所有可用的样本观测值进行计算。由于一个滞后值 $\hat{e}_{t-1}$ 出现在模型里,通常来说,估计辅助回归的时候,会失去一个观测值。在这种情况下,缺失的第一个残差可以用零来替代,在目前的情况下这是允许的,因为那就是它的期望值(也就是,$E(e_1)=0$)。技术上而言,要获得一个有效的检验统计量,在这里设 $\hat{e}_1 = 0$ 并不是必需的,然而,为了复制课本里的结论,这里有意这样处理,总之就是用残差期望值 0 来代替由于滞后而导致的缺失值。因此:

```
replace ehat =0 in 1
quietly regress inf D.u L.ehat
di"Observations = "e(N)" and TR2 = "e(N)* e(r2)
```

生成:

```
.di "Observations = "e(N)"and TR2 = "e(N)* e(r2)
Observations =90 and TR2 =27.592347
```

这和课本里的结果是一致的。

测试高阶的自相关函数也很简单。例如,测试 AR(4),把 4 个滞后最小二乘残差作为自变量,接着计算 TR^2,这里服从的 χ^2 自由度等于自相关函数的阶数(本例中为 4)。

这个操作的代码如下:

```
quietly regress ehat D.u L(1/4).ehat
```

这将产生:

```
.di "Observations = "e(N)"and TR2 = "e(N)* e(r2)
Observations =86 and TR2 =33.385269
```

手工重复《POE4》中这一结果需要一番工夫。由于对 **ehat** 取滞后值,从而会导致缺失值,我们将这些滞后值设置成零(例如 $\hat{e}_{-3}=0, \hat{e}_{-2}=0, \hat{e}_{-1}=0, \hat{e}_0=0$),这样的好处是有利于使用整个样本观测值。在 Stata 程序里这一过程并非特别简洁明了,所以我们跳过相关讨论,不过,这个代码在本章最后的 Do 行文件里可以找到。

使用 Stata 内置的后估计命令 **estat bgodfrey** 可以轻易地重复这个结果:

```
regress inf D.u
estat bgodfrey,lags(1)
estat bgodfrey,lags(4)
```

命令后的选项表明有多少阶滞后残差包含在回归模型里。在 AR(1)的例子里,备择假设是回归模型误差有一阶自相关性,因此使用滞后一阶。结果如下:

```
. estat bgodfrey, lags(1)
```

Breusch-Godfrey LM test for autocorrelation

lags(p)	chi2	df	Prob > chi2
1	27.592	1	0.0000

H0: no serial correlation

对 $AR(4)$ 而言就是：

```
. estat bgodfrey, lags(4)
```

Breusch-Godfrey LM test for autocorrelation

lags(p)	chi2	df	Prob > chi2
4	36.672	4	0.0000

H0: no serial correlation

显然在每种情况下，简单回归模型的残差自相关都有明确的证据。

9.5　序列相关误差估计

只要回归模型不把滞后因变量作为自变量，即使误差服从 $AR(q)$ 模型，最小二乘估计量仍然是一致的。当最小二乘基本假设 MR4，即对任意 $t \neq s$，$\mathrm{cov}(e_t, e_s) = 0$ 被破坏，最小二乘估计将不再有效（渐近的）。更不幸的是，此时普通标准误差不再正确，由此导致假设检验和置信区间的统计无效。

9.5.1　最小二乘法和 HAC 的标准误差

尽管这里的普通最小二乘标准差不再是正确的，但我们可以使用由 Neway 和 West 所提出的估计量来计算一致标准误差，就像我们在异方差模型研究里那样。Neway 和 West 的标准误差（也称为 HAC，Heteroskedasticity and autocorrelation consistent standard errors，即异方差和自相关一致标准误）是类似于在第 8 章所提到的异方差一致的标准误差，它对保持自相关误差一致性有优势，但是这对于 $AR(1)$ 来说并不一定；与此同时，它不要求对动态误差模型做出特别设定以获得一个较低的方差估计量。

HAC 并不像在第 8 章所提到的异方差稳健标准误差估计量一样能自动使用。考虑到自相关的稳健性，我们需要确定的是残差自相关在多远的时间距离上显著。基本上，在 HAC 的计算中，自相关误差是在已选择的时间窗口上进行平均的，在设计如何平均时，总的时期数以及分配给每个残差的权重数是由使用者所决定。

加权平均是用所谓的内核（**kernal**）来进行，使用加权方案（内核）进行平均的误差数量被称为带宽（**bandwidth**）。事实上，对于普通用户，这些项目揭示的信息很少。我们可以把内核看作是加权平均，把带宽看作用于平均的误差项目的数量。**Stata** 无法选择内核，而 **Bartlett** 是唯一一个可用的，但是我们必须要选择一个带宽。

选择一个合适的带宽有好几种方法，在这里我们讨论其中两种，这两种情况下，带宽都依赖于样本大小 T。第一个使用 $B = 0.75T^{1/3}$，另一个常见选择是 $B = 4(T/100)^{2/9}$。这似乎是其他软件如 *EViews* 里的默认设置，这里使用这种方法主要是为了获得与课本里一致的结果。

毫无疑问,这里存在一个权衡:更大的带宽可以减少有偏(好的方面)以及精度(坏的方面),而较小的带宽能排除更多相关的自相关性(因此更有偏),但是拥有更小的方差。一般原则就是选择一个大到可以包含最大的自相关值的带宽。

为计算带宽,我们使用以下命令:

```
scalar B = round(4* (e(N)/100)^(2/9))scalar
list B
```

在 *phillips_aus. dta* 的数据集里,命令返回的值为4。这个结果是经过四舍五入的,因为 **Stata** 需要一个整数来指定在 HAC 上的滞后阶数的计算。

Stata 唯一可用的内核(kernal)是 Bartlett 检验值,该检验被 Newey and West 应用于这一问题的研究。故此,**Stata** 指定计算 HAC 值的程序命令为 **newey**,该程序本质上来说是回归命令的替代,但需要对带宽(bandwidth)进行设定。总之,用 Newey-West 的标准误差和带宽(滞后期)为 4 的最小二乘法去估计模型,命令如下:

```
newey inf D.u,lag(4)
```

在本例中,我们采用普通最小二乘法的标准差以及 HAC 标准误差去估计最小二乘模型。结果如下所示,表中右列的估计系数的下面括号内为 HAC 标准误差。

```
esttab Wrong_SE HAC_4,compress se(% 12.3f)b(% 12.5f)gaps ///
scalars(r2_a rss aic)title("Dependent Variable:inf")///
mtitles("LS""HAC(4)")
```

Dependent Variable: inf

	(1) LS	(2) HAC(4)
D.u	-0.52786* (0.229)	-0.52786 (0.318)
_cons	0.77762*** (0.066)	0.77762*** (0.112)
N	90	90
r2_a	0.04603	
rss	34.04454	
aic	171.91634	.

圆括号内为标准差。
* p<0.05, ** p<0.01, *** p<0.001。

Compress 选项是用来减少行之间的垂直距离,**gaps** 选项用于在系数间添加空白行(或者广义上来说即额外的垂直空间),**scalars** 选项允许在回归后显示已储存的不同统计量。本例中,包括调整的 R^2、回归误差平方和(RSS),以及 Stata 的 AIC 准则的计算值。此外,**mtitle** 选项用来给每列赋予一个有意义的名称,使用此选项时,默认栏的名称(也就是因变量的名称)将被每一组的双引号下设定的内容取代。**title** 选项用来告知读者本例中每个回归因变量是 inf。在这个例子中,HAC 标准误差远远大于通常的(不一致)最小二乘误差。

9.5.2 非线性的最小二乘法

如你所见,HAC 标准误至少有两个缺点:一是它们不是自动的,因为它们需要做带宽(band width)设定;二是它们比有更多估计量的标准误要大许多,而这种估计比普通线性回归更有效。在本小节中,非线性最小二乘法可用来有效地估计 AR(1)模型的参数。

在教科书里,作者对 AR(1)使用代数推导,得到下列回归模型:

$$y_t = \beta_1(1 - \rho) + \beta_2 x_t + \rho y_{t-1} - \rho\beta_2 x_{t-1} + v_t$$

该模型中的参数是非线性的,但有一个额外的白噪声误差,这些特点使得非线性最小二乘估计适用于该模型。非线性最小二乘法其原理是用数值方法找到可以最小化误差平方和的参数值。

为了估计模型,我们使用 **Stata** 的通用非线性最小二乘命令 **nl**:

nl(inf = {b1}* (1 - {rho}) + {b2}* D.u + {rho}* L.inf - {rho}* {b2}* (L.D.u)),/// variables
(inf D.u L.inf L.D.u)

语法很简单,但需要一些解释。基本语法命令如下:

nl(depvar = <sexp>)[if][in][weight][,options]

该模型的系统核心部分包含在第一个圆括号里,参数必须置于大括号{ }里。"**if,in, weight**"语句的使用和线性回归命令中类似。然而,因为使用滞后变量,数据集里滞后变量的第一个观测值将为缺失值。在这点上,如果样本必须被限制为有完整观测值的样本,有两种方法可以达到这个目的:你可以使用(**depvar = <sexp>)in 2/34**;或者你也可以使用选项 **variables(inf D. u l. inf l. d. u)**列出对应变量。

估计的结果如下:

Source	SS	df	MS		
Model	12.3860433	2	6.19302165	Number of obs =	89
Residual	23.1986758	86	.269752044	R-squared =	0.3481
				Adj R-squared =	0.3329
Total	35.5847191	88	.404371808	Root MSE =	.5193766
				Res. dev. =	132.9069

inf	Coef.	Std. Err.	t	P>|t|	[95% Conf. Interval]
/b1	.7608716	.1245311	6.11	0.000	.513312 1.008431
/rho	.5573922	.0901546	6.18	0.000	.3781709 .7366136
/b2	-.694388	.247894	-2.80	0.006	-1.187185 -.201591

在模型和 ANOVA 表中,参数 b1 被视为常数项。

系数估计值与教材一致,在同样的参数估计下也得到同样的函数最小平方和,然而在标准误差估计方面有一些小的差异。这是因为在非线性模型里可以运用不同的方法去估计这些标准误差的一致性。在小样本(如本例)中,这些差异可能被夸大。在大样本里,这些差异通常较小。实际上,随着样本规模的增长,理论上说来,这些差异都将消失。对于参数 ρ,其 t 值为 **6.18**,p 值小于 **0.001**,这意味着,在任何合理的显著性水平下(如 **5%**),我们可以认为残差存在一阶自相关。

模型估计后,我们将会在下一个部分里计算两个标量:

scalar delta = _b[b1:_cons]* (1 - _b[rho:_cons])
scalar delta1 = - _b[rho:_cons]* _b[b2:_cons]

标量 **delta** 用 $\hat{\beta}_1(1 - \hat{\rho})$ 表示,标量 **delta1** 用 $-\hat{\rho}\hat{\beta}_2$ 表示,它们这样命名的原因将在下一节讨论。然而,请注意,这里的估计有点不同于线性回归。在传统线性模型中使用的 **_b[varname]** 已经被 **_b[paramname:_cons]** 所取代。在 **nl** 命令之后,使用 **coeflegend** 选项可以找到参数名称。为了保证你已正确确认了参数,我们使用 **coeflegend** 选项再次执行非线性最小二乘回归,这个选项会抑制很多你通常想要输出的内容,但是它会产生一个图例,而这个图例为每一个参数给出 **Stata** 名字。我们可以在本章结尾的 Do 文件里看到这个例子。

9.5.3　一个更一般的模型

此类模型更一般的形式如下:

$$y_t = \delta + \delta_0 x_t + \delta_1 x_{t-1} + \theta_1 y_{t-1} + v_t$$

它的参数是线性的,可以通过线性回归进行估计。这个模型和之前的模型是相关的,其关系如下:

$$\delta = \beta_1(1 - \rho) \qquad \delta_0 = \beta_2 \qquad \delta_1 = -\rho\beta_2 \qquad \theta_1 = \rho$$

我们可以用(线性)最小二乘法和一个隐含的约束性假设对该线性模型进行估计。对于不相等的备择假设而言,原假设隐含的约束条件是 $H_0 : \delta_1 = -\theta_1\delta_0$。首先,使用最小二乘法估计模型:

```
regress inf L.inf D.u L.D.u
```

.regress inf L.inf D.u L.D.u

Source	SS	df	MS		Number of obs =	89
					F(3, 85) =	15.18
Model	12.4166337	3	4.13887791		Prob > F =	0.0000
Residual	23.1680854	85	.27256571		R-squared =	0.3489
					Adj R-squared =	0.3260
Total	35.5847191	88	.404371808		Root MSE =	.52208

inf	Coef.	Std. Err.	t	P>|t|	[95% Conf. Interval]	
inf						
L1.	.5592676	.0907962	6.16	0.000	.3787403	.7397948
u						
D1.	-.6881852	.2498704	-2.75	0.007	-1.184994	-.191376
LD.	.3199526	.257504	1.24	0.217	-.1920343	.8319396
_cons	.3336325	.0899028	3.71	0.000	.1548817	.5123834

上一节中计算的标量对应于这里的 δ 和 δ_1,其值为:

.scalar list delta delta1

　　delta = .33676767

　　delta1 = .38704645

从线性回归中得到的更一般的估计值是 $\hat{\delta} = 0.334$ 和 $\hat{\delta}_1 = 0.320$。这两个值都相当接近于用 **nl** 命令严格估计的非线性模型估计量。

为了真实地检验非线性假设 $H_0 : \delta_1 = -\theta_1\delta_0$,我们使用 Stata 的内置函数命令 **testnl** 去检验非线性函数的参数。

```
testnl _b[L.D.u] = - _b[L.inf]* _b[D.u]
```

.testnl _b[L.D.u] = - _b[L.inf]* _b[D.u]

　(1)_b[L.D.u] = - _b[L.inf]* _b[D.u]

　　　F(1,85) = 0.11

　　　Prob > F = 0.7384

较大的 p 值(**0.74**)表明,在非过度约束情况下,我们应使用非线性最小二乘法去估计 AR(1)模型。

我们使用 **esttab** 命令可对模型的多种不同线性设定进行比较检验:

```
. esttab General No_LDu Original, compress se(%12.3f) b(%12.5f) ///
>        gaps scalars(r2_a rss aic)
```

	(1) inf	(2) inf	(3) inf
L.inf	0.55927***	0.52825***	
	(0.091)	(0.085)	
D.u	-0.68819**	-0.49086*	-0.52786*
	(0.250)	(0.192)	(0.229)
LD.u	0.31995		
	(0.258)		
_cons	0.33363***	0.35480***	0.77762***
	(0.090)	(0.088)	(0.066)
N	89	90	90
r2_a	0.32595	0.33137	0.04603
rss	23.16809	23.59054	34.04454
aic	140.78946	140.90217	171.91634

圆括号内为标准差。
* p<0.05, ** p<0.01, *** p<0.001。

  compress 选项用来减少行之间的垂直距离,**gaps** 选项用于在系数间添加空白行(或者广义上的额外垂直空间),**scalars** 选项允许在回归后显示已储存的不同统计量。本例中,还包括调整 R^2、回归误差平方和(RSS),以及 **Stata** 的 **AIC** 准则的计算值。

9.6　自回归分布滞后模型

  一个模型如果结合了有限分布滞后,并考虑到自回归,就是所谓的自回归分布滞后模型(ARDL)。ARDL(p,q)模型的一般形式是:

$$y_t = \delta + \theta_1 y_{t-1} + \cdots + \theta_p y_{t-p} + \delta_0 x_t + \delta_1 x_{t-1} + \cdots + \delta_q x_{t-q} + v_t$$

  作为回归项,它具有 p 阶滞后因变量 y_t 和 q 阶滞后的独立变量 x_t。**ARDL(1,1)** 和 **ARDL(1,0)** 模型的通货膨胀可以用最小二乘法估计。估计值被储存和列示在下表里:

```
regress inf L.inf L(0/1).D.u
estimates store AR1_DL1
regress inf L.inf D.u estimates
store AR1_DL0
```

```
. esttab AR1_DL1 AR1_DL0, compress se(%12.3f) b(%12.5f) ///
>        gaps scalars(r2_a rss aic)
```

	(1) inf	(2) inf
L.inf	0.55927***	0.52825***
	(0.091)	(0.085)
D.u	-0.68819**	-0.49086*
	(0.250)	(0.192)
LD.u	0.31995	
	(0.258)	
_cons	0.33363***	0.35480***
	(0.090)	(0.088)
N	89	90
r2_a	0.32595	0.33137
rss	23.16809	23.59054
aic	140.78946	140.90217

圆括号内为标准差。
* p<0.05, ** p<0.01, *** p<0.001。

这些模型之间的选择有几种方式。第一,如果 DU_{t-1} 的 t 值不显著,那么,证据表明,忽略它也许不会对约束模型的最小二乘法估计性质产生不利影响。

另一种可能性是使用一个在第 6 章讨论过的模型选择准则。记得我们写的程序称为 **modelsel**,而这个程序可以计算 **AIC** 和 **SC** 模型的选择准则值。这里,该程序输出结果省略调整 R^2 的列示,而给出估计模型的观测值数量。更多的 **Stata** 程序结构的细节讨论参见第 6 章。

为使用 AIC 或者 SC 准则在 ARDL(1,1) 和 ARDL(1,0) 之间作出选择,我们创造和运行下述 **modelsel** 程序:

```
program modelsel
  scalar aic = ln(e(rss)/e(N)) + 2* e(rank)/e(N)scalar
  sc = ln(e(rss)/e(N)) + e(rank)* ln(e(N))/e(N)scalar
  obs = e(N)
  scalar list aic sc obs
end
```

现在,估计每一个模型,并与如下的选择标准核对,结果输出如下:

```
.quietly regress inf L.inf L(0/1).D.u
.modelsel
        aic = -1.255973
        sc = -1.1441242
        obs =       89
.quietly regress inf L.inf L.D.u
.modelsel
        aic = -1.1929642
        sc = -1.1090776
        obs =       89
```

ARDL(1,0) 是一个优选模型,它可以将 **AIC** 和 **SC** 最小化。这一分析存在的一个问题是,残差可能仍然是自相关的,或者比这里考虑的一阶更高的滞后项被省略掉了。我们在下一节中将更认真地考虑这个问题。

9.6.1 菲利普曲线

首先,应该检查 ARDL(1,0) 的误差自相关性,这可以通过观察相关图来实现:

```
quietly regress inf L.inf D.u
predict ehat, res
ac ehat, lags(12)
```

或者通过 LM(Breusch-Godfrey)检验,本例中这个检验包含了 1—5 阶滞后统计量。

```
. estat bgodfrey, lags(1 2 3 4 5)
```

Breusch-Godfrey LM test for autocorrelation

lags(p)	chi2	df	Prob > chi2
1	4.130	1	0.0421
2	5.123	2	0.0772
3	5.221	3	0.1563
4	9.554	4	0.0486
5	12.485	5	0.0287

HO: no serial correlation

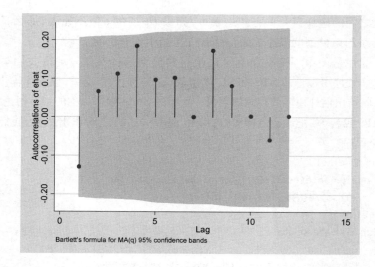

Bartlett's formula for MA(q) 95% confidence bands

从这两个程序中得来的结果对 ARDL(1,0)里可能存在的残差自相关性有不同的印象。相关图里没有一个自相关值是置于 **95%** 的置信区间以外的,但在 **5%** 的水平下,*LM* 对模型的统计量在 **1,4** 或 **5** 阶的滞后是显著的。后者表明,模型选择准则应适用于更广泛的模型,而这样的模型也应包含着更多的自相关项。**AR** 项在 **1** 到 **6** 之间变化,**DL** 从 **0** 变化到 **1** 并和每一个组合估计结合一起,这意味着要估计 **12** 个模型。**AIC** 和 **SC** 统计量的计算是针对每个模型的,而且搜寻的是整体极小值。**Stata** 用于估计 **1988** 年第三季度后各时间段的模型代码附在本章后面的 Do 文件里。完整的源代码可以用来生成《*POE*4》表 9.4 的结果。下面将列示部分代码段,并给出其语法解释。

下面的代码估计 ARDL(1,1)模型是针对开始于 **1983** 年第三季度的数据。回归使用 **quietly** 命令进行估计(在 **Stata** 中缩写为 **qui**),以此去抑制(省略)实际回归结果的列报。这里,我们所感兴趣的仅仅是不同模型选择准则上的数值。为了将样本设定在某个日期,我们使用拟函数 **tq(1988q3)**。回顾本章前文,这个拟函数将 **1988** 年第三个季度(**1988q3**)转化成一个 **Stata** 可以读的数字,对于季度数据,这才是合适的语法。

```
qui reg L(0/1).inf L(0/1).D.u if date > = tq(1988q3)
di"p =1  q =1"
modelsel
```

这里,滞后运算符最大限度地发挥了它们的优势,即在一个语句中同时指定因变量和自回归独立变量 **L(0/1).inf**。在这个语句中,第一个变量是通货膨胀的零阶滞后,即 **L(0).inf**,也就是用 **inf** 来表示,所以,这个语句中的 **L(0/1).inf** 相当于 **inf L.inf**。由于 **inf** 在回归之后首先出现,**Stata** 认可它作为因变量。

从这段得到的结果如下:

```
.di"p =1  q =0"
p =1  q =0
.modelsel
        aic = -1.2466292
        sc = -1.160418
        obs =      85
```

使用循环可以使模型的选择更容易,例如,我们针对 *p* =1,2,3,4,5 和 6 以及 *q* =0 和 1

寻找所有可能的模型。我们可以使用 **forvalues** 命令去组成一个嵌套在连续值上的嵌套循环。

基本结构如下:

```
forvalues q =0/1 {
  forvalues p =1/6 {
  [statements to compute and print]
  }
}
```

只要 *q* 和 *p* 值在给定的范围内,此循环就会执行(例如,*q* 取 **0** 或 **1**,*p* 的范围在 **1** 到 **6** 之间)。在这种形式下,*q* 和 *p* 值将在每个循环中增加 1。大括号必须与 **forvalues** 命令同时设定,具体如下:

1. 开括号必须与 **forvalues** 显示在同一行。

2. 开括号后面没有任何内容,当然,除了评论以外;要执行的第一指令必须出现在新的一行。

3. 闭括号必须单独出现在新的一行上。

对于 **ARDL**(*p*,*q*),奥肯定律的代码如下:

```
forvalues q =0/1 {
  forvalues p =1/6 {
      quietly regress L(0/`p').inf L(0/`q').D.u if date > =tq(1988q3)
      display "p = `p'q = `q'"
      modelsel
    }
  }
```

循环中的计算语句有几点值得注意。第一,*p* 和 *q* 指的是它们的宏名字,这意味着它们需要被包含在单引号之内(如上面的左引号和右引号)。第二,因变量和自回归独立变量再次包含在同一个语句 **L(0/`p').inf** 中。当 *p* 从 **1** 增长到 **6**,滞后就会被依次添加,而且,在屏幕上输出显示 *p* 和 *q* 的当前值之后,就会执行 **modelsel** 程序。因此,在短短几行语句中,包含了多个模型的执行。此外,自回归阶数和分布滞后期数也可以轻易改变。

当循环以嵌套方式出现,*q* 的循环便从零开始,然后 *p* 从 1 到 6 重复循环。一旦 *p* 的循环结束,*q* 的循环增长 1,然后,*p* 的循环又重新开始。如果愿意,你也可以改变这些命令。

9.6.2 奥肯定律

奥肯定律提供了另一个机会去寻找时间序列模型的充分设定。加载 *okun. dta* 数据,从 **1985** 年第二个季度开始生成日期,将其格式化为字符串,使数据变为时间序列数据。

```
use okun,clear
generate date =tq(1985q2) +_n -1
format % tq date
tsset date
```

9.2 节中的模型估计是一个 ARDL(0,2)模型,它反映的是失业率变化与 **GDP** 增长率的相互关系。运用最小二乘法估计下面的模型,绘制相关图并获得含有高达 5 阶自相关残差的 *LM* 统计量。

```
reg D.u g L(1/2).g L.D.u
predict ehat,res
acehat,lags(12)
drop ehat
estat bgodfrey,lags(1 234 5)
```

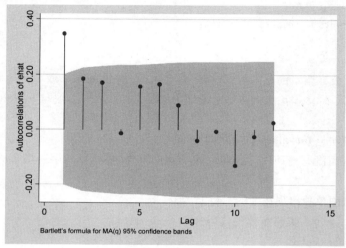

```
. estat bgodfrey, lags(1 2 3 4 5)
```

Breusch-Godfrey LM test for autocorrelation

lags(*p*)	chi2	df	Prob > chi2
1	12.364	1	0.0004
2	12.894	2	0.0016
3	13.754	3	0.0033
4	15.228	4	0.0043
5	19.648	5	0.0015

HO: no serial correlation

相关图表含有一个显著的自相关函数,而每个 LM 统计量都在 5% 水平下显著。这表明,ARDL(0,2)是错误的。在本章末尾的 Do 文件中,包含了使用奥肯数据集去估计一系列模型的代码。和前面的例子一样,样本是被限制的,这里的观测值只始于 1986 年的第一季度。

自相关从 0 变化到 2,滞后分布从 1 变化到 3,这将产生 9 种模型的估计:

```
forvalues q =1/3 { forvalues
p =0/2 {
quietly regress L(0/`p').D.u L(0/`q').g if date > =tq(1986q1)
display "p = `p'q = `q'"
modelsel
}
}
```

结果如下:

```
p=0   q=1
    aic = -3.4362364
     sc = -3.3555876
    obs =          95
```

```
p=1   q=1
        aic = -3.5879866
         sc =  -3.480455
        obs =          95
p=2   q=1
        aic = -3.5693074
         sc = -3.4348928
        obs =          95
p=0   q=2
        aic = -3.4633827
         sc =  -3.355851
        obs =          95
p=1   q=2
        aic = -3.5675498
         sc = -3.4331352
        obs =          95
p=2   q=2
        aic = -3.5483196
         sc = -3.3870221
        obs =          95
p=0   q=3
        aic = -3.4424223
         sc = -3.3080077
        obs =          95
p=1   q=3
        aic = -3.5611594
         sc = -3.3998619
        obs =          95
p=2   q=3
        aic = -3.5490965
         sc = -3.3609161
        obs =          95
```

从上述结果中可以看出，**ARDL(1,1)** 可以将 **AIC** 和 **SC** 最小化。这个模型是使用全样本进行估计的，剩余自相关的误差检查使用的是 LM 统计量，后者的执行如下：

```
reg D.u L.D.u L(0/1).g
estat bgodfrey
```

结果如下：

Source	SS	df	MS		Number of obs =	96
					F(3, 92) =	69.58
Model	5.49727601	3	1.83242534		Prob > F =	0.0000
Residual	2.42272399	92	.026333956		R-squared =	0.6941
					Adj R-squared =	0.6841
Total	7.92	95	.083368421		Root MSE =	.16228

D.u	Coef.	Std. Err.	t	P>|t|	[95% Conf. Interval]	
u						
LD.	.3501158	.084573	4.14	0.000	.1821466	.518085
g						
--.	-.1840843	.0306984	-6.00	0.000	-.245054	-.1231146
L1.	-.0991552	.0368244	-2.69	0.008	-.1722917	-.0260187
_cons	.3780104	.0578398	6.54	0.000	.2631356	.4928853

```
. estat bgodfrey
```

Breusch-Godfrey LM test for autocorrelation

lags(p)	chi2	df	Prob > chi2
1	0.170	1	0.6804

HO: no serial correlation

在模型的残差里,似乎没有剩余的自相关性($p = 0.68$),这表明 ARDL(1,1)模型是准确的。

9.6.3 自回归模型

自回归模型可以被认为是 ARDL(p,q)的一种特殊情况。基本上,一个 AR(p)模型等于一个 ARDL($p,0$)。在9.3节里,我们检查了 *okun. dta* 中美国 GDP 的增长率数据自相关性。在 **g** 的相关图中,有证据表明时间序列的观测值之间存在相关性。

为了进一步验证,我们将用 AR(2)模型来估计 GDP 增长,同时绘制残差相关图。下面我们估计了自回归模型,保存残差,然后针对前12阶滞后生成自相关值。

```
reg g L(1/2).g
predict ehat,res ac
ehat,lags(12)
```

这产生:

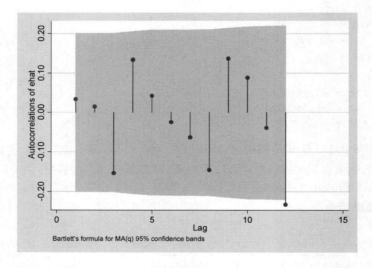

AR(2)模型似乎是充分(精确)的,因为大多数剩余自相关是微不足道并且不显著的。进一步深入,自回归的阶数是从1变化到5,应用模型选择准则来选择更优模型,我们将关注产生 AIC 和 SC 的最小值模型:

```
forvalues p =1/5 {
qui reg L(0/`p').g if date > tq(1986q2)
display "p = `p'
modelsel
}
```

结果如下:

```
p=1
        aic = -1.0935183
         sc = -1.0390538
        obs =           93
p=2
        aic =  -1.130582
         sc = -1.0488852
        obs =           93
p=3
        aic = -1.1242025
         sc = -1.0152735
        obs =           93

p=4
        aic = -1.1331587
         sc = -.99699743
        obs =           93
p=5
        aic = -1.1116622
         sc = -.94826871
        obs =           93
```

产生 AIC 最小值的是模型 AR(4),其 AIC = − 1.133;产生 SC 最小值的是模型 AR(2),其 SC = − 1.049。这说明了这两个模型之间选择准则的一个重要区别:对添加一个自变量,SC 标准规定了更大的惩罚。相比 AIC,SC 因而倾向于选择更小值的模型,这是实践中众所周知的标准。

9.7　预　测

在这一节中我们考虑使用 3 种不同的模型来进行预测:AR 模型,ARDL 模型和指数平滑模型。案例致力于短期预测,通常预测到未来 3 个时期。

9.7.1　用 AR 模型预测

假设这是 2009 年第 3 季度,并且使用截至 2009 年第 3 季度(包含 2009 年第 3 季度)的数据去估计 GDP 增长率的 AR(2)模型。在本小节中,我们将讨论使用 AR(2)模型来预测未来的三个时期,并生成预测置信区间。

AR(2)模型及其未知系数如下:

$$G_t = \delta + \theta_1 G_{t-1} + \theta_2 G_{t-2} + v_t$$

最后的样本观测值是 G_T,它的任务是去预测 G_{T+1},G_{T+2} 以及 G_{T+3},因此下一个观测值超出了可用的样本,表示如下:

$$G_{T+1} = \delta + \theta_1 G_T + \theta_2 G_{T-1} + V_{T+1}$$

最近两个季度的增长率为 $G_T = G_{2009q3} = 0.8$,$G_{T-1} = G_{2009q2} = -0.2$,它们与参数估计值一起用于预测 $G_{T+1} = G_{2009q4}$。

$$\hat{G}_{T+1} = \hat{\delta} + \hat{\theta}_1 G_T + \hat{\theta}_2 G_{T-1}$$
$$= 0.46573 + 0.37700 \times 0.8 + 0.24624 \times (-0.2)$$
$$= 0.7181$$

在 Stata 中模型一旦被估计,这个预测值就很容易获得。估计 AR(2)模型:

```
reg g L(1/2).g
```

然后使用下列命令计算标量预测值:

```
scalar ghat1 = _b[_cons] + _b[L1.g]* g[98] + _b[L2.g]* g[97]
```

为了从数据集上得到 G 的最后两个观测值,我们将使用 Stata 的索引功能。由于数据包括 98 个观测值,而这一系列的观测截至 2009 年第 3 季度,$\mathbf{g[98]}$ 是指发生在 G_{2009q3} 的第 98 个观测。类似的,$\mathbf{g[97]}$ 指 2009 年第 2 季度的 G 的观测值。

第二个预测:

$$\hat{G}_{T+2} = \hat{\delta} + \hat{\theta}_1 \hat{G}_{T+1} + \hat{\theta}_2 G_T$$

具体命令如下:

```
scalar ghat2 = _b[_cons] + _b[L1.g]* ghat1 + _b[L2.g]* g[98]
```

注意到,预测值 **ghat1** 是用来估计 $\hat{G}_{T+1}$,G_T 是实际观测值,其被置于数据集里的第 98 个观测值处。

```
scalar ghat2 = _b[_cons] + _b[L1.g]* ghat1 + _b[L2.g]* g[98]
```

最后,第三个预测值如下:

$$\hat{G}_{T+3} = \hat{\delta} + \hat{\theta}_1 \hat{G}_{T+2} + \hat{\theta}_2 \hat{G}_{T+1}$$

由下列命令生成:

```
scalar ghat3 = _b[_cons] + _b[L1.g]* ghat2 + _b[L2.g]* ghat1
```

预测值 **ghat2** 是用于 $\hat{G}_{T+2}$ 的测算,因此第三期的预测值测算完全依赖于之前的预测值。

以这种方式产生的全部三期预测值为:

```
.scalar list ghat1 ghat2 ghat3
    ghat1 = .71807948
    ghat2 = .93343472
    ghat3 = .99445191
```

正如《POE4》中所示,预测误差的方差如下:

$$\sigma_1^2 = \mathrm{var}(u_1) = \sigma_v^2$$

$$\sigma_2^2 = \mathrm{var}(u_2) = \sigma_v^2 \left(1 + \theta_1^2\right)$$

$$\sigma_3^2 = \mathrm{var}(u_3) = \sigma_v^2 \left(\left(\theta_1^2 + \theta_2\right)^2 + \theta_1^2 + 1\right)$$

代入从 AR(2)模型获得的估计值,以测算预测误差的方差,命令如下:

```
scalar var = e(rmse)^2
scalar se1 = sqrt(var)
```

```
scalar se2 = sqrt(var* (1 + (_b[L1.g])^2))
scalar se3 = sqrt(var* ((_b[L1.g]^2 + _b[L2.g])^2 + 1 + _b[L1.g]^2))scalar
list se1 se2 se3
```
```
.scalar list se1 se2 se3
    se1 = .55268751
    se2 = .59065984
    se3 = .62845236
```

95% 的预测置信区间是以普通方式构造的,它们都集中在预测值,并在上下约两个标准偏差延伸。更确切地说,它们是基于 2.5% 的 t 分布临界值,并利用了上面的预测标准误差计算而来。

```
scalar f1L = ghat1 - invttail(e(df_r),.025)* se1 scalar
f1U = ghat1 + invttail(e(df_r),.025)* se1
```
```
scalar f2L = ghat2 - invttail(e(df_r),.025)* se2 scalar
f2U = ghat2 + invttail(e(df_r),.025)* se2
```
```
scalar f3L = ghat3 - invttail(e(df_r),.025)* se3 scalar
f3U = ghat3 + invttail(e(df_r),.025)* se3
```
```
scalar list f1L f1U f2L f2U f3L f3U
```

在 Stata 中,精确临界值的计算采用 **invttail** 函数,结果如下:

```
. scalar list f1L f1U f2L f2U f3L f3U
    f1L = -.37944839
    f1U =  1.8156073
    f2L = -.23949866
    f2U =  2.1063681
    f3L = -.25352994
    f3U =  2.2424338
```

9.7.2　指数平滑法

基于历史数据去预测一个变量未来值的另一个流行模型是指数平滑模型。和 AR 模型一样,利用指数平滑法的预测是不使用任何其他变量信息的。

这个方法的基本思想是把当前周期的预测值与当前周期的真正实现值的加权平均作为下一期的预测:

$$\hat{y}_{T+1} = \alpha y_T + (1 - \alpha)\hat{y}_T$$

指数平滑法是一种多功能的预测工具,但这里需要平滑参数 α 值和预测值 $\hat{y}_T$ 以生成预测值 $\hat{y}_{T+1}$。α 值可以反映出一个人关于当前信息的相对权重的判断,另外,它是通过样本内预测值而获得的历史信息去进行估计。

$$\hat{y}_t = \alpha y_{t-1} + (1-\alpha)\hat{y}_{t-1} \quad t = 2, 3, \cdots, T$$

选择可以将一步预测误差(**one-step forcast errors**)平方和最小化的 α 值。

$$v_t = y_t - \hat{y}_t = y_t - (\alpha y_{t-1} + (1 - \alpha)\hat{y}_{t-1})$$

较小的 α 值会产生更平滑的预测值。**Stata** 带有一个叫作 **tssmooth** 的常见程序,该命令能将时间序列以不同的平滑方式表现出来。**Tssmooth** 会创建新的变量 *newvar*,而且通过指定的平滑方法(smoother)对变量进行平滑,使 *newvar* 得到填补。有多种平滑法可供使用,指数法就是其中一种。对于平滑参数 α 的期望值,可以自行设定,或者基于《*POE*4》中所讨论的那样由系统自动选择能最小化样本预测误差平方和的参数值。

下面,我们将用 *okun. dta* 数据来获得 GDP 增长率的指数平滑预测值。首先,开启数据,生成日期,重新设定时间格式,将变量设置为时间序列。

```
use okun,clear
generate date = tq(1985q2) + _n - 1
format % tq date
tsset date
```

在平滑时序 **g** 之前首先要做的是添加一个(空)观测值到时间序列里。在平滑之前这样做,可以让 Stata 将提前一步的预测值去填补观测值,从而避免缺失值。

```
tsappend,add(1)
```

对时间序列 **g** 进行指数平滑的命令如下:

```
tssmooth exponential sm1 = g,parms(.38)
```

针对 **tssmooth** 的语法与解释如下表所示:

```
Syntax

        tssmooth smoother [type] newvar = exp [if] [in] [, ...]

    Smoother category                   smoother

    Moving average
      with uniform weights              ma
      with specified weights            ma

    Recursive
      exponential                       exponential
      double exponential                dexponential
      nonseasonal Holt-Winters          hwinters
      seasonal Holt-Winters             shwinters

    Nonlinear filter                    nl
```

在进行平滑过程中,第一件事就是确定所需的平滑类型,这里,我们选择指数法类型。其次,创建新的变量名称,同时务必令这个变量与需要平滑的序列一致(**sm1 = g**)。平滑命令下将有一些选项,这里如 **parms**(**.38**),即为设定平滑参数的值。如果不指定此选项,那么 **tssmooth** 将自动选择一个可以将误差平方和最小化的参数值。

结果如下:

```
. tssmooth exponential sm1=g, parms(.38)

exponential coefficient  =       0.3800
sum-of-squared residuals =       31.122
root mean squared error  =       .56354
```

新的变量 **sm1** 是指数平滑后序列且被添加入数据集,一旦生成平滑序列,它将在时间序列图上被拿来与非平滑版本相比较。在下面的命令行里,将对这两个时序进行绘图并重新标签图例,因此使图看上去更好些。

```
tsline sm1 g, legend(lab (1 "G") lab(2 "Ghat")) title(alpha=.38) \\\
lpattern(solid dash)
```

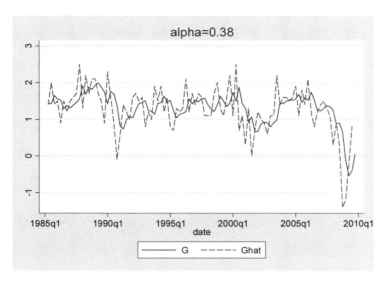

创建并列报下一期的预测值。**tssmooth** 命令还能自动完成 1 期的信息计算，如果有更多的需要，那么 Stata 将提供更多的选项。手动生成和 Stata 的自动预测结果一致，如下所示：

```
scalar f1 = .38* g[98] + (1 - .38)* sm1[98] scalar
list f1
list sm1 in 99
```

```
.scalar list f1
    f1 = .05356533
.list sm1 in99
```

	sm1
99.	.0535653

当平滑参数 $\alpha = 0.8$，再次重复一遍这个练习，代码和结果如下：

```
tssmooth exponential sm2 = g,parms(.8)
tsline sm2 g,legend(lab(1 "G")lab(2 "Ghat"))title(alpha = .8)\\\
lpattern(solid dash)
scalar f2 = .8* g[98] + (1 - .8)* sm2[98]
scalar list f2
```

较大的参数值 $\alpha(\alpha = 0.8)$ 会产生较小的平滑，当 $\alpha = 0.38$ 时，指数平滑序列更接近于原始值。这里的预测值 **f2** 为 0.56128444，这个值远大于参数 $\alpha = 0.38$ 时的第一个预测值。

最后，如果平滑参数的设定值选项被忽略，Stata 将自动选择能将样本误差平方和最小化的值作为参数。在 Stata 上使用下列程序估计：

```
tssmooth exponential sm3 = g
scalar f3 = r(alpha)* g[98] + (1 - r(alpha))* sm3[98]
scalar list f3
```

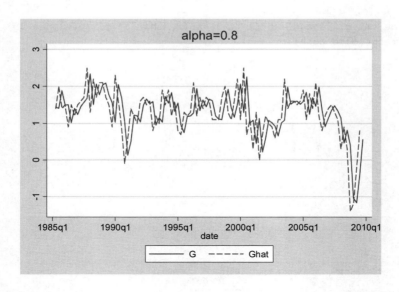

生成：

```
computing optimal exponential  coefficient (0,1)

optimal exponential coefficient =        0.3803
sum-of-squared residuals         =       31.122043
root mean squared error          =       .56353515

. scalar f3 = r(alpha)*g[98]+(1-r(alpha))*sm3[98]

. scalar list f3
         f3 =  .05367152
```

在这一点上，0.38 的固定选择是明智的！请注意，在平滑之后，平滑参数的值被保存为 **r(alpha)**，并且可以当作固定值一样用来生成预测值。

9.8 乘数分析

乘数分析指的是一个变量的改变对另一个变量产出后果的影响及影响的时长。最简单的乘数分析形式是有限分布滞后模型：

$$y_t = \alpha + \beta_0 x_t + \beta_1 x_{t-1} + \beta_2 x_{t-2} + \cdots + \beta_q x_{t-q} + e_t$$

模型中的系数估计可以用来产生**冲击、延迟和中期**乘数。冲击乘数（**impact multiplier**）是指变化一个单位 x_t 对 y_t 的均值产生的后果效应。由于 x 和 y 是在同一时期，影响是同步的，所以，等效于变化的初始效应。s 周期延迟乘数（**delay multiplier**）为：

$$\frac{\partial E(y_t)}{\partial x_{t-s}} = \beta_s$$

这个乘数说明的是在一个过去的 s 周期，x 的变化对现时因变量均值的影响。如果 x_t 增加 1 个单位，在随后的期间（$t+1$），（$t+2$），……上保持这个新的水平，便可计算中期乘数（**interim multiplier**）效应。一个中期乘数只是添加了即时效应（冲击乘数）β_0，随后延迟乘数对累积效应展开计算，所以在 $t+1$ 周期的中期效应是 $\beta_0 + \beta_1$，在 $t+2$ 的周期里，中期效应为 $\beta_0 + \beta_1 + \beta_2$，然后以此类推。总乘数效应是一个在 q 期或者更多的周期已经过去之后对持续增长 y 的最终效应，其表达为 $\sum_{s=0}^{q} \beta_s$。

将因变量的滞后项添加到 AR 模型即为 ARDL 模型。

$$y_t = \delta + \theta_1 y_{t-1} + \cdots + \theta_p y_{t-p} + \delta_0 x_t + \delta_1 x_{t-1} + \cdots + \delta_q x_{t-q} + v_t$$

这会使得乘数分析稍加困难。基本上,这需要使用滞后运算符(L)的性质将它转化为无限分布滞后模型,为此就要用到 Stata 给它设定一些功能命令,即 $L^i x_t = x_{t-i}$。这样便将模型转化为熟悉的 AR 形式,乘数的通常定义也可以应用,这在《POE4》有详细的介绍,这里就不重复了。

描述奥肯定律的 ARDL(1,1)模型如下:

$$DU_t = \delta + \theta_1 DU_{t-1} + \delta_0 G_t + \delta_1 G_{t-1} + v_t$$

或者,用滞后运算符 L 来表示:

$$\left(1-\theta_1 L\right) DU_t = \delta + \left(\delta_0 + \delta_1 L\right) G_t + v_t$$

$$DU_t = \left(1-\theta_1 L\right)^{-1} \delta + \left(1-\theta_1 L\right)^{-1}\left(\delta_0 + \delta_1 L\right) G_t + \left(1-\theta_1 L\right)^{-1} v_t$$

$$DU_t = \alpha + \beta_0 G_t + \beta_1 G_{t-1} + \beta_2 G_{t-2} + \beta_3 G_{t-3} + \cdots + e_t$$

$$= \alpha + \left(\beta_0 + \beta_1 L + \beta_2 L^2 + \beta_3 L^3 + \cdots\right) G_t + e_t$$

这是一个无限分布滞后模型,该乘数系数涉及 β_s,所以必须解决 ARDL 的估计参数。

这个 β_s 解决方法在《POE4》中为:

$$\beta_0 = \delta_0$$
$$\beta_1 = \delta_1 + \beta_0 \theta_1$$
$$\beta_j = \beta_{j-1} \theta_1 \quad \text{for} \quad j \geq 2$$

针对奥肯模型,在 ARDL(1,1)的基础上用于估计冲击乘数和开始几期中期乘数的 Stata 的代码如下:

```
regress D.u L.D.u L(0/1).g
scalar b0 = _b[g]
scalar b1 = _b[L1.D.u]* b0 + _b[L1.g]
scalar b2 = b1* _b[L1.D.u]
scalar b3 = b2* _b[L1.D.u]
```

以此类推。

Stata 提供了一个巧妙的方式来将它们整合为一个数据集从而便于绘制。回归后生成一个新的变量称为 **mult**,而且将估计系数 β_0 放到第一个观测值里。

```
gen mult = _b[g] in 1
```

对于第二观测值,此时 $\beta_1 = \delta_1 + \beta_0 \theta_1$,我们使用 **replace** 命令将计算值替入第二观测值中。

```
replace mult = L.mult* _b[L1.D.u] + _b[L1.g] in 2
```

注意到 **L. mult** 是用于 β_0 的估计。剩余的乘数在 $\beta_j = \beta_{j-1} \theta_1$ 的基础上计算出来,而且可以使用简单线性估计。

```
replace mult = L.mult* _b[L1.D.u] in 3/8 list
mult in 1/8
```

在这个例子中,**L. mult** 是包含乘数的 **mult** 变量的滞后值。我们选择只做到 8,但是如果需要的话也可以很容易地计算到 T 期滞后。最后,创建一个新的变量 **lag**,用于放置作为滞后权值（**1** 到 **8**）的整数。最后，你可以绘制它们。

```
gen lag = _n-1 in 1/8 line
mult lag in 1/8
```

乘数为：

```
. list mult in 1/8
```

	mult
1.	-.1840843
2.	-.163606
3.	-.057281
4.	-.020055
5.	-.0070216
6.	-.0024584
7.	-.0008607
8.	-.0003013

图形为：

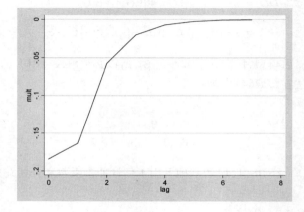

上述结果显示，乘数一开始为负数，随着时间的变化逐渐趋于 0。到第 6 期时，GDP 增长率对失业率的单位效应基本为 0。

9.9 附 录

9.9.1 Durbin-Watson 检验

在回归以后，用命令 **estat dwatson** 可以很容易进行 Durbin-Watson 检验。对 Philips 数据进行 DW 检验，命令如下：

```
.Durbin Watson test
use phillips_aus,clear
generate date = tq(1987q1) + _n - 1
format % tq date
tsset date

regress inf D.u
estat dwatson
```

结果如下：

```
.estat dwatson
Durbin-Watson d-statistic(2,90) = .8872891
```

注意，在 Stata 中 **dwatson** 检验需要看结果是否在表中可接受的上下限范围内，且这时点并不显示结合 Durbin-Watson 分布函数计算出的精确 p 值。

9.9.2　Prais-Winsten FGLS

在 Stata 中用 **prais** 程序估计 AR(1) FGLS 估计量。**prais** 命令与回归命令类似，语法也相似，但在这里，有一些额外选项值得探究一下。**prais** 最大的限制在于只能估计一阶自相关性模型，如果模型更复杂，请参见 **arima** 命令，该命令用最大似然估计法去估计更为一般的模型。带有 AR(1) 误差的线性两阶段 FGLS 的估计模型如下：

```
.Prais - Winsten FGLS estimator
prais inf D.u,twostep
```

如果没有给出 **twostep** 选项，估计量会一直迭代到求得稳定解。两个估计量有一定渐进性，因此没有必要反复迭代。

```
prais inf D.u
```

过程如下：

```
. esttab _2step Iterate, compress se(%12.3f) b(%12.5f) gaps scalars(rss rho)///
> /
>           mtitle("2-step" "Iterated") title("Dependent Variable: inf")

Dependent Variable: inf
```

Dependent Variable: inf

	(1) 2-step	(2) Iterated
D.u	-0.69943**	-0.70236**
	(0.243)	(0.243)
_cons	0.78584***	0.78619***
	(0.120)	(0.122)
N	90	90
rss	23.50157	23.49538
rho	0.54988	0.55825

圆括号内为标准差。
* p<0.05, ** p<0.01, *** p<0.001。

第一列是两阶段 FGLS 的回归结果，第二列是迭代结果，两个结果很相似。

最大似然估计量可通过 **arima** 命令获得：

```
arima inf D.u,ar(1)
```

结果为：

```
ARIMA regression

Sample:  1987q2 - 2009q3              Number of obs    =        90
                                      Wald chi2(2)     =     44.96
Log likelihood =  -67.4559            Prob > chi2      =    0.0000
```

inf	Coef.	OPG Std. Err.	z	P>|z|	[95% Conf. Interval]	
inf						
u						
D1.	-.7025681	.3167053	-2.22	0.027	-1.323299	-.0818371
_cons	.7861493	.1398032	5.62	0.000	.51214	1.060159
ARMA						
ar						
L1.	.5588218	.0873961	6.39	0.000	.3875285	.7301151
/sigma	.5109273	.0277513	18.41	0.000	.4565358	.5653188

第一部分为估计量的回归结果,截距项系数为 0.786,失业率变量的系数为 -0.7023。自相关参数为表中标志位 ARMA 的变量,系数为 0.559。这个结果与用 **prais** 命令进行估计的 FGLS 回归结果类似。

关键术语

%tq	**estat dwatson**	**nl**
ac	指数平滑法	非线性最小二乘
AIC 标准	**有限分布滞后**	Prais-Winsten
AR(1)误差	预测误差	**prais**
AR(p)模型	预测标准差	**程序**
ARDL(p,q)模型	预测	拟函数
arima	格式	replace
自相关	forvalues	样本自相关性
自回归	HAC 标准差	**SC 标准**
自回归误差	**冲击乘数**	**序列相关性**
自回归模型	**无限分布滞后**	LM 检验的 TR^2 值
带宽	中期乘数	**总乘数**
BIC 标准	内核	tsline
相关图	L(0/4). varname	tsset
corrgram	**L. operator**	tssmooth
D. operator	滞后长度	tsvarlist
延迟乘数	**滞后运算符**	样本内预测
差分运算符(算子)	滞后因变量	
分布滞后	LM 检验	
e(df_r)	宏	
e(N)	**乘数分析**	
e(r2)	**newey**	
estat bgodfrey	Newey-West 标准差	

第 9 章 Do 文件

```
* file chap09.do for Using Stata for Principles of Econometrics,4e

cd c:\data\poe4stata
```

```
* Stata Do-file
* copyright C 2011 by Lee C.Adkins and R.Carter Hill
* used for "Using Stata for Principles of Econometrics,4e"
* by Lee C.Adkins and R.Carter Hill(2011)
* John Wiley and Sons,Inc.

* setup
version 11.1
capture log close
set more off

* dates
clear
set obs 100
generate date = tq(1961q1) + _n - 1
list date in 1/5
format %tq date
list date in 1/5
tsset date
save new.dta,replace

* open log
log using chap09,replace text
use okun,clear
generate date = tq(1985q2) + _n - 1
list date in 1

format %tq date
list date in 1

tsset date

label var u "%  Unemployed"
label var g "%  GDP growth"
tsline u g,lpattern(solid dash)

list date u L.u D.u g L1.g L2.g L3.g in 1/5
list date u L.u D.u g L1.g L2.g L3.g in 96/98

regress D.u L(0/3).g
regress D.u L(0/2).g

summarize g
return list

scatter g L.g,xline(`r(mean)')yline(`r(mean)')
ac g,lags(12)generate(ac_g)

* approximate z scores
gen z = sqrt(e(N))* ac_g
list ac_g z in 1/12
```

```
use phillips_aus,clear
generate date = tq(1987q1) + _n - 1
format % tq date
tsset date

tsline inf
tsline D.u

reg inf D.u
predict ehat,res

ac ehat,lags(12)generate(rk)
list rk in 1/5

* -------------------------------------------------
* Corrgram
* -------------------------------------------------
corrgram ehat,lags(5)
di "rho1 = " r(ac1)" rho2 = " r(ac2)" rho3 = " r(ac3)
drop rk ehat

* LM tests for AR(1)and AR(4) alternatives
reg inf D.u
predict ehat,res
regress inf D.u L.ehat
test L.ehat
* LM test for AR(1)
quietly regress ehat D.u L.ehat
di "Observations = " e(N)" and TR2 = " e(N)* e(r2)
* LM test for AR(4)
quietly regress ehat D.u L(1/4).ehat
di "Observations = " e(N)" and TR2 = " e(N)* e(r2)
drop ehat

* Using the built-in bgodfrey command to test the
* AR(1)and AR(4)alternatives
regress inf D.u
predict ehat,res
estat bgodfrey,lags(1)
estat bgodfrey,lags(4)

* Replacing ehat(1)with zero and computing LM
replace ehat =0 in 1
regress inf D.u L.ehat
test L.ehat
quietly regress ehat D.u L.ehat
di "Observations = " e(N)" and TR2 = " e(N)* e(r2)
drop ehat

* Getting Stata to use 90 observations for the LM test
```

```
reg inf D.u
predict ehat,res

*  Using all observations for bgodfrey test
set obs 94                              // add 3 observations to data
gsort-date                              // moves missing observations to end
replace date = date[_n - 1] - 1 if missing(date)// creates dates for missing obs
replace ehat = 0 if missing(ehat)        // puts zeros in for missing ehats
sort date                               // re-sort data into ascending order
regressehat D.u L(1/4).ehat
di "Observations = " e(N)" and TR2 = " e(N)* e(r2)

use phillips_aus,clear
generate date = tq(1987q1) + _n - 1
format % tq date
tsset date
scalar B = round(4* (e(N)/100)^(2/9))
scalar list B

regress inf D.u
estimates store Wrong_SE
newey inf D.u,lag(4)
estimates store HAC_4

esttab Wrong_SE HAC_4,compress se(% 12.3f)b(% 12.5f)gaps ///
scalars(r2_a rss aic)title("Dependent Variable:inf")///
mtitles("LS""HAC(4)")

* --------------------------------------------------
* Nonlinear least squares of AR(1)regression model
* --------------------------------------------------

nl(inf = {b1}* (1 - {rho}) + {b2}* D.u + {rho}* L.inf - {rho}* {b2}* (L.D.u)),///
        variables(inf D.u L.inf L.D.u)
* To see the coefficient legend use coeflegend option
nl(inf = {b1}* (1 - {rho}) + {b2}* D.u + {rho}* L.inf - {rho}* {b2}* (L.D.u)),///
        variables(inf D.u L.inf L.D.u)coeflegend
scalar delta = _b[b1:_cons]* (1 - _b[rho:_cons])
scalar delta1 = - _b[rho:_cons]* _b[b2:_cons]

* --------------------------------------------------
* More general model
* --------------------------------------------------

regress inf L.inf D.u L.D.u
estimates store General
scalar list delta delta1
testnl _b[L.D.u] = - _b[L.inf]* _b[D.u]

regress inf L.inf D.u
```

```
    estimates store No_LDu

    regress inf D.u
    estimates store Original
    esttab General No_LDu Original,compress se(% 12.3f)b(% 12.5f)///
        gaps scalars(r2_a rss aic)

    *  ARDL
    regress inf L.inf L(0/1).D.u
    estimates store AR1_DL1
    regress inf L.inf D.u
    estimates store AR1_DL0
    esttab AR1_DL1 AR1_DL0,compress se(% 12.3f)b(% 12.5f)///
        gaps scalars(r2_a rss aic)

    *  Model selection program computes aic and sc
    *  To remove it from memory use:
    *  program drop modelsel
    capture program drop modelsel

    program modelsel
       scalar aic = ln(e(rss)/e(N)) +2* e(rank)/e(N)
       scalar sc = ln(e(rss)/e(N)) + e(rank)* ln(e(N))/e(N)
       scalar obs = e(N)
       scalar list aic sc obs
    end

    quietly regress inf L.inf L(0/1).D.u
    modelsel
    quietly regress inf L.inf L.D.u
    modelsel

    *  --------------------------------------------------
    *  Residual correlogram and graph
    *  --------------------------------------------------

    quietly regress inf L.inf D.u
    predict ehat,res
    corrgram ehat,lags(12)
    ac ehat,lags(12)
    estat bgodfrey,lags(1 2 3 4 5)
    drop ehat

    *  Table 9.4 AIC and SC Values for Phillips Curve ARDL model
    *  Note that regress can be abreviated to reg and quietly to qui

    quietly reg L(0/1).inf D.u if date > = tq(1988q3)
    di "p =1   q =0"
    modelsel
    quietly regress L(0/2).inf D.u if date > = tq(1988q3)
```

```
di "p =2   q =0"
modelsel
quietly regress L(0/3).inf D.u if date > = tq(1988q3)
di "p =3   q =0"
modelsel
quietly regress L(0/4).inf D.u if date > = tq(1988q3)
di "p =4   q =0"
modelsel
quietly regress L(0/5).inf D.u if date > = tq(1988q3)
di "p =5   q =0"
modelsel
quietly regress L(0/6).inf D.u if date > = tq(1988q3)
di "p =6   q =0"
modelsel

qui reg L(0/1).inf L(0/1).D.u if date > = tq(1988q3)
di "p =1   q =1"
modelsel
qui reg L(0/2).inf L(0/1).D.u if date > = tq(1988q3)
di "p =2   q =1"
modelsel
qui reg L(0/3).inf L(0/1).D.u if date > = tq(1988q3)
di "p =3   q =1"
modelsel
qui reg L(0/4).inf L(0/1).D.u if date > = tq(1988q3)
di "p =4   q =1"
modelsel
qui reg L(0/5).inf L(0/1).D.u if date > = tq(1988q3)
di "p =5   q =1"
modelsel
qui reg L(0/6).inf L(0/1).D.u if date > = tq(1988q3)
di "p =6   q =1"
modelsel

* Table 9.4 AIC and SC Values for Phillips Curve ARDL model
* Here is the entire thing again,using nested loops
forvalues q =0/1 {
  forvalues p =1/6 {
    quietly regress L(0/`p').inf L(0/`q').D.u if date > = tq(1988q3)
    display "p = `p'   q = `q'"
    modelsel
    }
  }

* Using var to estimate ARDL
* Disadvantage:No estat after the procedure

var inf in 7/91,lags(1/3)exog(L(0/1).D.u)

* ARDL models
```

```
use okun,clear
generate date = tq(1985q2) + _n - 1
format % tq date
tsset date

*  Estimate the ARDL(0,2)
*  Generate the correlogram and test for autocorrelation
reg D.u L(0/2).g
predict ehat,res
acehat,lags(12)
drop ehat
estat bgodfrey,lags(1 2 3 4 5)

*  Model Selection for Okun's Law model
forvalues q =1/3 {
  forvalues p =0/2 {
    quietly regress L(0/`p').D.u L(0/`q').g if date > = tq(1986q1)
    display "p = `p'   q = `q'"
    modelsel
    }
  }

reg D.u L.D.u L(0/1).g
estat bgodfrey

*  Figure 9.11
reg g L(1/2).g
predict ehat,res
ac ehat,lags(12)

*  Table 9.6
forvalues p =1/5 {
  qui reg L(0/`p').g if date > tq(1986q2)
  display "p = `p'
  modelsel
  }

*  Forecasting using - arima - instead of - regress -
*  which,of course,yields different predictions
arima g,ar(1/2)
tsappend,add(3)
predict ghat,y // for the point estimates
predict ghatse,mse // for the standard error of prediction

*  Forecasting with an AR model

reg g L(1/2).g
scalar ghat1 = _b[_cons] + _b[L1.g]* g[98] + _b[L2.g]* g[97]
scalar ghat2 = _b[_cons] + _b[L1.g]* ghat1 + _b[L2.g]* g[98]
scalar ghat3 = _b[_cons] + _b[L1.g]* ghat2 + _b[L2.g]* ghat1
```

```
scalar list ghat1 ghat2 ghat3

scalar var = e(rmse)^2
scalar se1 = sqrt(var)
scalar se2 = sqrt(var* (1 + (_b[L1.g])^2))
scalar se3 = sqrt(var* ((_b[L1.g]^2 + _b[L2.g])^2 + 1 + _b[L1.g]^2))
scalar list se1 se2 se3

scalar f1L = ghat1  - invttail(e(df_r),.025)* se1
scalar f1U = ghat1 + invttail(e(df_r),.025)* se1

scalar f2L = ghat2  - invttail(e(df_r),.025)* se2
scalar f2U = ghat2 + invttail(e(df_r),.025)* se2

scalar f3L = ghat3  - invttail(e(df_r),.025)* se3
scalar f3U = ghat3 + invttail(e(df_r),.025)* se3

scalar list f1L f1U f2L f2U f3L f3U

* -------------------------------------------------
* Impact and Delay Multipliers from Okun's ARDL(1,1)model
* -------------------------------------------------

regress D.u L.D.u L(0/1).g

scalar b0 = _b[g]
scalar b1 = _b[L1.D.u]* b0 + _b[L1.g]
scalar b2 = b1* _b[L1.D.u]
scalar list b0 b1 b2

* An alternative method:Exploiting variable creation
regress D.u L.D.u L(0/1).g
gen mult = _b[g] in 1
replace mult = L.mult* _b[L1.D.u] + _b[L1.g] in 2
replace mult = L.mult* _b[L1.D.u] in 3/8
list mult in 1/8
gen lag = _n - 1 in 1/8
line mult lag in 1/8

* -------------------------------------------------
* Exponential Smoothing
* -------------------------------------------------

use okun,clear
generate date = tq(1985q2) + _n - 1
format % tq date
tsset date

tsappend,add(1)
tssmooth exponential sm1 = g,parms(.38)
```

```
tsline sm1 g,legend(lab(1 "G")lab(2 "Ghat"))title(alpha =0.38)lpattern(solid dash)
scalar f1 = .38* g[98] + (1 - .38)* sm1[98]
scalar list f1
list sm1 in 99

tssmooth exponential sm2 =g,parms(.8)
tsline sm2 g,legend(lab(1 "G")lab(2 "Ghat"))title(alpha =0.8)lpattern(solid dash)
scalar f2 = .8* g[98] + (1 - .8)* sm2[98]
scalar list f2

tssmooth exponential sm3 =g
scalar f3 = r(alpha)* g[98] + (1 - r(alpha))* sm3[98]
scalar list f3
list sm3 in 99

program drop modelsel
drop sm1 sm2 sm3

*  appendix
* Durbin Watson test
use phillips_aus,clear
generate date =tq(1987q1) +_n -1
format % tq date
tsset date

regress inf D.u
estat dwatson

* Prais -Winsten FGLS estimator
prais inf D.u,twostep
estimates store _2step
prais inf D.u
estimates store Iterate
esttab _2step Iterate,compress se(% 12.3f)b(% 12.5f)gaps scalars(rss rho)///
    mtitle("2 - step""Iterated")title("Dependent Variable:inf")

*  AR(1)using arima
arima inf D.u,ar(1)
log close
```

第 10 章

随机解释变量和矩估计

本章概要

10.1 工资方程的最小二乘估计

《*POE*4》第 10 章的例子使用了托马斯·科鲁兹的已婚妇女劳动力经验数据。打开日志文件，查看数据文件 *mroz. dta*，并检查数据：

```
log using chap10_wage,replace text
use mroz,clear
describe
summarize
```

我们将使用工作女性的工资数据去估计对数线性工资方程：

$$\ln(WAGE) = \beta_1 + \beta_2 EDUC + \beta_3 EXPER + \beta_4 EXPER^2 + e$$

为了消除数据中的未工作妇女的观测样本，我们首先使用 **drop** 语句，确定劳动力参与变量为 **lfp**。如果一个妇女参与工作，**lpf** 为 1；如果一个妇女没有参加工作，那么 **lfp** 为 0。然后报告关键变量 **weg**，**edu** 和经验 **exper** 的概要统计量。

```
drop if lfp = =0
summarize wage educ exper
```

```
. summarize wage educ exper
```

Variable	Obs	Mean	Std. Dev.	Min	Max
wage	428	4.177682	3.310282	.1282	25
educ	428	12.65888	2.285376	5	17
exper	428	13.03738	8.055923	0	38

创建变量 **ln(wage)** 和经验平方（ **exper2** ）变量：

```
gen lwage = ln(wage)
gen exper2 = exper^2
```

使用最小二乘法估计回归模型：

```
reg lwage educ exper exper2
```

```
. reg lwage educ exper exper2
```

Source	SS	df	MS
Model	35.0222967	3	11.6740989
Residual	188.305145	424	.444115908
Total	223.327442	427	.523015086

Number of obs =	428
F(3, 424) =	26.29
Prob > F =	0.0000
R-squared =	0.1568
Adj R-squared =	0.1509
Root MSE =	.66642

lwage	Coef.	Std. Err.	t	P>|t|	[95% Conf. Interval]	
educ	.1074896	.0141465	7.60	0.000	.0796837	.1352956
exper	.0415665	.0131752	3.15	0.002	.0156697	.0674633
exper2	-.0008112	.0003932	-2.06	0.040	-.0015841	-.0000382
_cons	-.5220406	.1986321	-2.63	0.009	-.9124667	-.1316144

基于后文研究需要，我们将使用 **estimates store** 命令保存以上回归结果。这个后估计命令将回归结果保存在 **Stata** 内存中，便于后续使用。估计值保存在表示最小二乘的"**ls**"变量名下。此命令为：

```
estimates store ls
```

若忘记语法，则可点击 **Statistics > Postestimation**，然后选择 **Manage estimation results > Store in memory**。

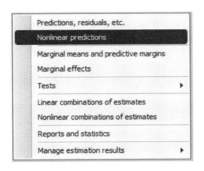

在弹出的结果对话框中输入名字"**ls**",以保存结果。

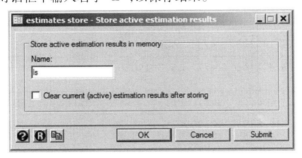

10.2　二阶最小二乘

本例中,我们可能会认为教育(**educ**)是内生变量,因为它可能与能力和回归误差项中的其他因素相关。工具变量估计也被称为二阶最小二乘估计,因为这个估计可以分两步完成。第一阶段的估计方程是针对教育(**educ**),包括右侧解释变量中的外生变量 **exper**,**exper2** 和工具变量 **mothereduc**,而 **mothereduc** 并不包含在初始模型里。

```
    reg educ exper exper2 mothereduc
. reg educ exper exper2 mothereduc
```

Source	SS	df	MS
Model	340.537834	3	113.512611
Residual	1889.65843	424	4.45674158
Total	2230.19626	427	5.22294206

```
Number of obs =     428
F(  3,    424) =   25.47
Prob > F       =  0.0000
R-squared      =  0.1527
Adj R-squared  =  0.1467
Root MSE       =  2.1111
```

educ	Coef.	Std. Err.	t	P>|t|	[95% Conf. Interval]	
exper	.0488615	.0416693	1.17	0.242	-.0330425	.1307655
exper2	-.0012811	.0012449	-1.03	0.304	-.003728	.0011659
mothereduc	.2676908	.0311298	8.60	0.000	.2065029	.3288787
_cons	9.775103	.4238886	23.06	0.000	8.941918	10.60829

第一阶段回归的一个关键要素是在 $t > 3.3$ 或 $F > 10$ 的情况下,**mothereduc** 是统计上显著的解释变量。关于 F 检验临界值会在本章的 10.6 节中详细讨论。针对 **mothereduc** 的 F 检验可以使用如下命令:

```
    test mothereduc
.test mothereduc
(1)mothereduc = 0
    F(1,424) = 73.95
        Prob > F = 0.0000
```

从第一阶段方程获得 **educ** 拟合值,作为解释变量代替 **educ** 用于 **ln(wage)** 工资方程。

```
    predict educ_hat
    reg lwage educ_hat exper exper2
```

所得到的系数估计是合理的 *IV/2SLS* 估计,但如下表所报告的标准误差、*t* 统计量、*p* 值和区间估计是不正确的。

```
. reg lwage educhat exper exper2
```

Source	SS	df	MS		
Model	10.181204	3	3.39373467		
Residual	213.146238	424	.502703391		
Total	223.327442	427	.523015086		

```
Number of obs =     428
F( 3,   424) =    6.75
Prob > F      =  0.0002
R-squared     =  0.0456
Adj R-squared =  0.0388
Root MSE      =  .70902
```

lwage	Coef.	Std. Err.	t	P>|t|	[95% Conf. Interval]
educhat	.0492629	.0390562	1.26	0.208	-.0275049 .1260308
exper	.0448558	.0141644	3.17	0.002	.0170147 .072697
exper2	-.0009221	.000424	-2.17	0.030	-.0017554 -.0000887
_cons	.1981861	.4933427	0.40	0.688	-.7715157 1.167888

我们通常使用以执行工具变量估计为目的而设计的软件。在 Stata 11 中,这个命令是 **ivregress**。要了解这个强大命令功能的完整描述,可以输入 **help ivregress**。为了运用 **ivregress** 命令,按如下路径打开对话框:

Statistics > Endogenous covariates > Single-equation instrumental-variables regression

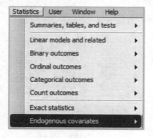
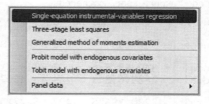

或者在 **Command** 窗口输入 **db ivregress**,如下填写,并点击 OK 键。

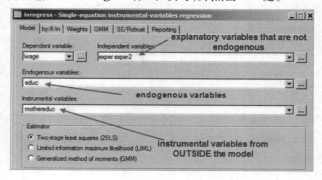

```
. ivregress 2sls lwage exper exper2 (educ = mothereduc)
```

```
Instrumental variables (2SLS) regression        Number of obs =       428
                                                 Wald chi2(3)  =     22.25
                                                 Prob > chi2   =    0.0001
                                                 R-squared     =    0.1231
                                                 Root MSE      =    .67642
```

lwage	Coef.	Std. Err.	z	P>|z|	[95% Conf. Interval]	
educ	.049263	.0372607	1.32	0.186	-.0237666	.1222925
exper	.0448558	.0135132	3.32	0.001	.0183704	.0713413
exper2	-.0009221	.0004045	-2.28	0.023	-.0017148	-.0001293
_cons	.1981861	.4706623	0.42	0.674	-.7242952	1.120667

```
Instrumented:  educ
Instruments:   exper exper2 mothereduc
```

隐含的 Stata 命令为：

```
ivregress 2sls lwage exper exper2(educ = mothereduc)
```

在 **ivregress** 命令之后的 **2sls** 选项为使用工具变量估计所必须,紧跟的 **lwage** 为因变量,其后是解释变量。内生变量和模型之外的工具变量们一起被放在括号里,如(**educ = mothereduc**)。对于任何内生解释变量,在括号中声明：

```
(varlist2 = varlist_iv)
```

其中：

> varlist2 是所有的内生变量的一个列表；
>
> varlist_iv 是所有不在模型里的工具变量的一个列表。

非内生的解释变量可以在括号里的表达之前或之后列出。使用对话框时,会出现在命令行的结尾,但实际上它可以在因变量后面的任何地方出现。

系数估计是 IV 估计,而且标准误差计算正确。报告的检验统计量标记为"Z",因为 IV 估计有着渐近性质,在大样本里,t 统计量趋于标准正态分布,因此 Z 统计量是最合适的。

采取偏"保守"的方法,我们可以计算 t 统计量,这将会更正自由度,生成的标准误差偏大,因此 p 值也偏大。在对话框中使用"**Reporting**"选项卡,同时勾选 **make degrees-of-freedom adjustments** 选项。

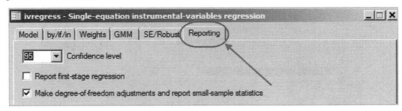

对应的,在命令语句中我们应添加选项 **small**：

```
ivregress 2sls lwage(educ = mothereduc)exper exper2,small
```

注意到这个命令语句中在因变量之后添加了(**educ = mothereduc**),在什么位置这要依赖于程序员的偏好。

```
. ivregress 2sls lwage (educ=mothereduc) exper exper2, small
```

Instrumental variables (2SLS) regression

Source	SS	df	MS	
Model	27.4983827	3	9.16612758	
Residual	195.829059	424	.461860988	
Total	223.327442	427	.523015086	

Number of obs = 428
F(3, 424) = 7.35
Prob > F = 0.0001
R-squared = 0.1231
Adj R-squared = 0.1169
Root MSE = .6796

lwage	Coef.	Std. Err.	t	P>|t|	[95% Conf. Interval]	
educ	.049263	.037436	1.32	0.189	-.0243204	.1228463
exper	.0448558	.0135768	3.30	0.001	.0181696	.0715421
exper2	-.0009221	.0004064	-2.27	0.024	-.0017208	-.0001233
_cons	.1981861	.4728772	0.42	0.675	-.7312895	1.127662

```
Instrumented:   educ
Instruments:    exper exper2 mothereduc
```

注意,这里 t 统计量是以常规方式报告的,同时还列示了一个方差分析表。注意用于解释平方和(基于回归)的通用定义不适用于 IV 估计,然而平方和相加是基于 Stata 中的定义:**SS_Model = SS_Total = SS_Residual**。详细内容可以通过阅读 Stata 完整文档了解,相关材料是最新的,而且使用了矩阵代数。

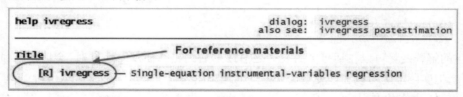

对诸如 Mroz 的截面数据,我们可能会关注数据中的异方差。针对异方差性,通过添加选项 **vce(robust)** 到 **ivregresss** 上,使用 White 异方差校正,从而令工具变量标准差对异方差更稳健(**robust**)。**ivregress** 对话框中,在 **SE/Robust** 选项卡上选择"**Robust**"。

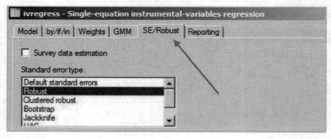

在命令行中输入:

```
ivregress 2sls lwage(educ = mothereduc)exper exper2,vce(robust)small
```

```
. ivregress 2sls lwage (educ=mothereduc) exper exper2, vce(robust) small
```

Instrumental variables (2SLS) regression

Number of obs = 428
F(3, 424) = 5.50
Prob > F = 0.0010
R-squared = 0.1231
Adj R-squared = 0.1169
Root MSE = .6796

lwage	Coef.	Robust Std. Err.	t	P>|t|	[95% Conf. Interval]	
educ	.049263	.0380396	1.30	0.196	-.0255067	.1240326
exper	.0448558	.0156038	2.87	0.004	.0141853	.0755264
exper2	-.0009221	.0004319	-2.14	0.033	-.001771	-.0000732
_cons	.1981861	.4891462	0.41	0.686	-.7632673	1.159639

Instrumented:　educ
Instruments:　exper exper2 mothereduc

标准误差现在被标识为 **Robust Std. Err**,要注意到,稳健性标准误差是比常规标准误差稍微大些,这是很正常的结果。整个 F 检验也是基于稳健性协方差矩阵而来的。

10.3　用多余工具变量进行 IV 估计

提高工具变量的数量需要对 **ivregress** 语法进行一个简单的修改。假设除了 **mothereduc**,我们还使用 **fathereduc** 作为另一种工具。为了检验这些工具变量是否与一阶段方程估计的教育(educ)变量充分相关,我们从模型外部测试工具变量的显著性。由于只有一个内生解释变量,我们只需要一个工具变量。如果单独考虑 **mothereduc** 和 **fathereduc**,可以用 t 检验来检验它们的显著性。记住,仅仅显著是不够的,对于 t 检验,我们希望 t 值大于 3.3。

　　　reg educ exper exper2 fathereduc

. reg educ exper exper2 fathereduc

Source	SS	df	MS		Number of obs =	428
					F(3, 424) =	30.09
Model	391.477157	3	130.492386		Prob > F =	0.0000
Residual	1838.7191	424	4.33660166		R-squared =	0.1755
					Adj R-squared =	0.1697
Total	2230.19626	427	5.22294206		Root MSE =	2.0825

educ	Coef.	Std. Err.	t	P>|t|	[95% Conf. Interval]	
exper	.0468243	.0411074	1.14	0.255	-.0339754	.127624
exper2	-.0011504	.0012286	-0.94	0.350	-.0035652	.0012645
fathereduc	.2705061	.0288786	9.37	0.000	.2137431	.3272691
_cons	9.887034	.3956078	24.99	0.000	9.109438	10.66463

如果同时使用两个工具变量,我们还要检验它们的独立和联合显著性。

　　　reg educ exper exper2 mothereduc fathereduc

　　　test mothereduc fathereduc

.test mothereduc fathereduc

 (1)　mothereduc = 0

 (2)　fathereduc = 0

　　　F(2,423) = 55.40

　　　　　Prob > F = 0.0000

或者做异方差稳健性检验:

　　　reg educ exper exper2 mothereduc fathereduc,vce(robust)

　　　test mothereduc fathereduc

```
.test mothereduc fathereduc
```

(1) mothereduc = 0

(2) fathereduc = 0

  F(2,423) = 49.53

  Prob > F = 0.0000

在显著性的联合检验中,备择假设为变量中至少有一个是显著的,这意味着当存在内生变量时,一个工具变量就可以满足我们的需求。在 F 检验中,存在充足工具的最小阈值为 10。假设我们的工具是强大的,现在可以同时使用两个工具变量进行 IV 估计:

```
ivregress 2sls lwage(educ = mothereduc fathereduc)exper exper2,small
esimates store iv
```

```
. ivregress 2sls lwage (educ=mothereduc fathereduc) exper exper2, small
```

Instrumental variables (2SLS) regression

Source	SS	df	MS		
Model	30.3074259	3	10.1024753	Number of obs =	428
Residual	193.020016	424	.455235886	F(3, 424) =	8.14
				Prob > F =	0.0000
				R-squared =	0.1357
Total	223.327442	427	.523015086	Adj R-squared =	0.1296
				Root MSE =	.67471

lwage	Coef.	Std. Err.	t	P>|t|	[95% Conf. Interval]	
educ	.0613966	.0314367	1.95	0.051	-.0003945	.1231878
exper	.0441704	.0134325	3.29	0.001	.0177679	.0705729
exper2	-.000899	.0004017	-2.24	0.026	-.0016885	-.0001094
_cons	.0481003	.4003281	0.12	0.904	-.7387745	.834975

Instrumented: educ
Instruments: exper exper2 mothereduc fathereduc

注意,这里我们已经保存了这些工具变量估计值以备后面使用。此外,后估计命令 **estat firststage** 能生成一阶段回归的 F 统计量。在 **ivregress** 对话框中,选择"**Reporting**"选项卡。

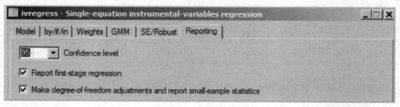

后估计的命令语句如下:

```
estat firststage
```

```
. estat firststage
```

First-stage regression summary statistics

Variable	R-sq.	Adjusted R-sq.	Partial R-sq.	F(2,423)	Prob > F
educ	0.2115	0.2040	0.2076	55.4003	0.0000

```
Minimum eigenvalue statistic = 55.4003
```

Critical Values Ho: Instruments are weak	# of endogenous regressors:	1
	# of excluded instruments:	2

2SLS relative bias	5%	10%	20%	30%
	(not available)			

	10%	15%	20%	25%
2SLS Size of nominal 5% Wald test	19.93	11.59	8.75	7.25
LIML Size of nominal 5% Wald test	8.68	5.33	4.42	3.92

F 值的名称是最小特征值统计量（**Minimum eigenvalue statistic**）。这个术语与临界值的有效性将在下面给出，该统计量也将在本章 10.6 节详细解释。

还可以使用如下命令获得对异方差稳健的 IV 估计结果。

```
    ivregress 2sls lwage(educ=mothereduc fathereduc) exper exper2,vce(robust)small
```

```
. ivregress 2sls lwage (educ=mothereduc fathereduc) exper exper2 , vce(robust)
small
```

Instrumental variables (2SLS) regression	Number of obs =	428
	F(3, 424) =	6.15
	Prob > F =	0.0004
	R-squared =	0.1357
	Adj R-squared =	0.1296
	Root MSE =	.67471

lwage	Coef.	Robust Std. Err.	t	P>|t|	[95% Conf. Interval]	
educ	.0613966	.0333386	1.84	0.066	-.0041329	.1269261
exper	.0441704	.0155464	2.84	0.005	.0136128	.074728
exper2	-.000899	.0004301	-2.09	0.037	-.0017443	-.0000536
_cons	.0481003	.4297977	0.11	0.911	-.7966992	.8928998

```
Instrumented:  educ
Instruments:   exper exper2 mothereduc fathereduc
```

```
    estat firststage
```

```
. estat firststage
```

```
First-stage regression summary statistics
```

Variable	R-sq.	Adjusted R-sq.	Partial R-sq.	Robust F(2,423)	Prob > F
educ	0.2115	0.2040	0.2076	49.5266	0.0000

在进行稳健性 IV 估计回归后，第一阶段的自动命令 **estat firststage** 没有报告临界值，因为在异方差性下，它们是无效的。

10.3.1 说明偏相关性

讨论工具强度的一个词是"偏相关"。这是什么意思呢？为了更容易去理解，我们考虑只有一个单一工具变量 **mothereduc** 的情况。在 **ivregress** 命令之后，检验 **estat firststage** 的部分输出内容。

```
ivregress 2sls lwage(educ = mothereduc) expe rexper2,small
estat firststage
```

```
. estat firststage
```

First-stage regression summary statistics

Variable	R-sq.	Adjusted R-sq.	Partial R-sq.	F(1,424)	Prob > F
educ	0.1527	0.1467	0.1485	73.9459	0.0000

偏相关反映的是在除去其他外生变量（**exper** 和 **exper2**）的影响后，基于内生变量 **educ** 和工具变量 **motheredu** 之间的相关关系。工具的强度可以通过内生变量和一个单一工具之间的偏相关来测量。以 **educ** 和 **motheredu** 为因变量分别展开对自变量 **exper** 和 **exper2** 回归，并计算这两方程的最小二乘残差，从而来去除 **educ** 和 **motheredu** 的影响效应。此时残差里包含了去除 **exper** 和 **exper2** 的影响后所剩下的影响因素。

```
reg educ exper exper2
predict v1,r

reg motheredu exper exper2
predict v2,r
```

预测命令语句里的选项"**r**"是残差（**residuals**）的缩写。这些残差之间的相关关系如下：

```
correlate v1 v2
```

```
. correlate v1 v2
(obs=428)
```

	v1	v2
v1	1.000	
v2	0.385	1.0000

在先执行相关性（**correlate**）命令后，使用 **return list** 命令获得保存值，然后计算该相关性系数的平方值。

```
return list
```

```
.return list
```

scalars:

```
        r(N) = 428
      r(rho) = .3853595047039399
```

然后用下列命令显示这种相关性的平方：

```
di "partial correlation = " r(rho)^2
```

```
.di "partial correlation = " r(rho)^2
```

partial correlation = .14850195

在 **estat firststage** 的输出结果中，这被称为偏 R^2（**Partial R – sq**）。为什么称之为 R 方（R^2）？以 **v2** 为因变量对 **v1** 进行无常数项回归（这是因为残差 **v1** 的均值为零，所以没有常数项）。

```
      reg v1 v2,noconstant
```

. reg v1 v2, noconstant

Source	SS	df	MS		
Model	329.557956	1	329.557956		
Residual	1889.65843	427	4.42542958		
Total	2219.21639	428	5.18508502		

				Number of obs =	428

```
Number of obs =     428
F( 1,   427) =   74.47
Prob > F      =  0.0000
R-squared     =  0.1485
Adj R-squared =  0.1465
Root MSE      =  2.1037
```

v1	Coef.	Std. Err.	t	P>|t|	[95% Conf. Interval]
v2	.2676908	.0310202	8.63	0.000	.2067194 .3286622

注意该回归 R^2 为 0.1485，没有常数项。

相关性和协方差之间的关系有助于我们了解上面的回归系数。$v1$ 和 $v2$ 之间的样本协方差可以通过下列程序获得：

```
      correlate v1 v2,covariance
      return list
```

. correlate v1 v2, covariance
(obs=428)

	v1	v2
v1	5.19723	
v2	2.88317	10.7705

. return list

scalars:
```
         r(N) =   428
    r(cov_12) =  2.883171450907586
     r(Var_2) =  10.77052844798386
     r(Var_1) =  5.197228071400259
```

通过这些值，可以计算回归系数和相关性。

```
      di "partial LS coefficient = " r(cov_12)/r(Var_2)
      di "partial correlation = " r(cov_12)/sqrt(r(Var_2)* r(Var_1))
```

```
 .di "partial LS coefficient = "r(cov_12)/r(Var_2)
partial LS coefficient = .26769081
```

```
 .di "partial correlation = "r(cov_12)/sqrt(r(Var_2)* r(Var_1))
partial correlation = .3853595
```

10.4　内生性的豪斯曼检验

我们并不总是知道在解释变量中是否会有内生解释变量。豪斯曼检验（Hausman test）提供了一种实证检验解释变量是否为内生变量的方法。

在回归方程 $y = \beta_1 + \beta_2 x + e$ 里，我们需要知道 x 和 e 是否相关。设 z_1 和 z_2 为 x 的工具变量，每个与误差项相关的自变量至少要有一个工具变量，然后执行以下步骤：

1）通过普通最小二乘法（例如非 $2SLS$）估计模型 $x = \gamma_1 + \theta_1 z_1 + \theta_2 z_2 + v$，得到残差 $\hat{v} = x - \hat{\gamma}_1 - \hat{\theta}_1 z_1 - \hat{\theta}_2 z_2$。如果有多个解释变量被用于内生性的测试，对每一个解释变量都要重复这样的估计，且在每一个回归中都要使用可能的工具变量。

2）将第一步计算获得的残差作为解释变量放入原始回归方程 $y = \beta_1 + \beta_2 x + \delta \hat{v} + e$ 中，然后用最小二乘法估计该"人工回归"，并使用普通 t 检验来验证假设的显著性。

$H_0 : \delta = 0$（x 和 e 之间没有相关性）

$H_1 : \delta \neq 0$（x 和 e 和之间有相关性）

为了检验教育变量（**educ**）是否是内生的，与回归误差项是否相关，我们利用豪斯曼检验检验上述回归。为了实施检验，采用最小二乘去估计教育（**educ**）第一阶段方程，此方程包括所有的外生变量，以及同样置于右侧的工具变量 **mothereduc** 和 **fathereduc**，保存残差。

    reg educ exper exper2 mothereduc fathereduc
    predict vhat,residuals

将计算出的残差添加入 **ln**（**wage**）方程作为额外解释变量，并使用标准 t 检验去测试其显著性。

    reg lwage educ exper exper2 vhat

. reg lwage exper exper2 educ vhat

Source	SS	df	MS
Model	36.2573098	4	9.06432745
Residual	187.070132	423	.442246175
Total	223.327442	427	.523015086

Number of obs = 428
F(4, 423) = 20.50
Prob > F = 0.0000
R-squared = 0.1624
Adj R-squared = 0.1544
Root MSE = .66502

lwage	Coef.	Std. Err.	t	P>|t|	[95% Conf. Interval]	
exper	.0441704	.0132394	3.34	0.001	.0181471	.0701937
exper2	-.000899	.0003959	-2.27	0.024	-.0016772	-.0001208
educ	.0613966	.0309849	1.98	0.048	.000493	.1223003
vhat	.0581666	.0348073	1.67	0.095	-.0102502	.1265834
_cons	.0481003	.3945753	0.12	0.903	-.7274721	.8236727

如果怀疑有异方差，那么通过增加 **vce**（**robust**）选项来计算稳健标准误。

    reg lwage educ exper exper2 vhat,vce(robust)

. reg lwage exper exper2 educ vhat, vce(robust)

Linear regression

Number of obs = 428
F(4, 423) = 21.52
Prob > F = 0.0000
R-squared = 0.1624
Root MSE = .66502

lwage	Coef.	Robust Std. Err.	t	P>|t|	[95% Conf. Interval]	
exper	.0441704	.0151219	2.92	0.004	.0144469	.0738939
exper2	-.000899	.0004152	-2.16	0.031	-.0017152	-.0000828
educ	.0613966	.0326667	1.88	0.061	-.0028127	.125606
vhat	.0581666	.0364135	1.60	0.111	-.0134073	.1297405
_cons	.0481003	.4221019	0.11	0.909	-.7815781	.8777787

这些检验表明,教育(**educ**)是内生的,而且在 **10%** 的水平上具有显著性。

在大多数情况下,我们更喜欢以回归为基础的测试。实施 Stata 的"自动"豪斯曼检验,对比之前保存的工具变量(iv)和最小二乘(ls)估计。使用 **help hausman** 可以找到这个语法。

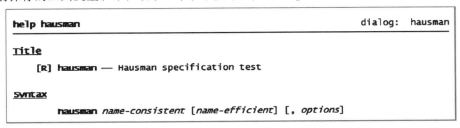

使用对话框方式,输入 **db hausman**,或按路径 **Statistics > Post estimation > Tests > Hausman specification test** 依次点击。

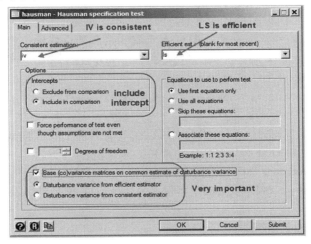

自动检验是最小二乘估计量之间的对比试验,如果在《*POE*4》第 10.1 节所列的假设成立,这便是最优的线性无偏性和有效性检验。如果回归是内生的,则最小二乘估计量不一致,但工具变量估计量是一致的。不过存在异方差时的对比试验无效,因为检验的前提是预测最小二乘估计量是有效的。如果存在异方差性,由于高斯—马尔可夫定理不成立,因此最小二乘估计是无效的。这是工具变量基于回归测试检验的一个优势,而且可以应用异方差数据。在一致估计的下拉列表中选择"**iv**",在 **Efficient estimation** 列表中选择"**is**"。

对于其他选择,这种对比试验也有同样的效果,包括截距项的比较。最重要的是,方差估计量是在误差方差共同估计基础上,而 σ^2 的估计值是在最小二乘估计和残差的基础上执行。如果"没有内生性"的零假设为真,则估计是有效的。

在 Stata 结果窗口,很多词超出了本书的范围,因此你不认识的可能很多。你只需明白关键的结果是,豪斯曼检验是服从自由度为 1 的卡方检验统计量。卡方值是随着它的 p 值一起给定的。基于这一版本的检验,我们还得出结论:教育(**educ**)与回归误差在 10% 的水平上显著相关。

$$\text{chi2}(1) = (b - B)'[(V\_b - V\_B)^{(-1)}](b - B)$$
$$= \quad 2.78$$
$$\text{Prob} > \text{chi2} = \quad 0.0954$$

隐含的 Stata 命令是：

```
hausman iv ls,constant sigmamore
```

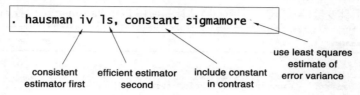

增加 **constant** 选项可使得这个对比中包含截距项。对于两个估计，**Sigmamore** 选项将会令 **Stata** 在误差方差的估计中使用最小二乘残差，这确保了豪斯曼检验的自由度数目也就是回归方程右边的内生变量数的正确性。

10.5 测试多余工具的有效性

以 $IV/2SLS$ 回归的残差作为因变量，所有工具变量和外生变量作为解释变量进行人工回归所获得的 NR^2，可以作为用于多余或过度识别工具变量的 LM 检验统计量。基于这个目的，我们要从这个估计里计算 $IV/2SLS$ 残差。

```
quietly ivregress 2sls lwage(educ=mothereduc fathereduc)exper exper2,small
predict ehat,residuals
```

由于之前已经了解相关内容，这里我们可以在 **ivregress** 之前添加 **quietly** 命令去抑制输出估计值。现在只需将 **ehat** 对所有外生变量和工具变量进行回归。

```
regehat exper exper2 mothereduc fathereduc
```

使用 **ereturn list** 命令列示从回归里所保存的估计信息，然后计算 NR^2。

```
ereturn list
scalar nr2=e(N)* e(r2)
```

另外，用 **invchi2tail** 计算 $\chi^2(1)$ 的 95 百分位值，这将使得多余工具有效性检验的临界值为 0.05。多余工具也被称为"过度识别约束"（overidentifying restrictions）。由于只有一个多余工具变量，因此这里的自由度为 1。

```
scalar chic=invchi2tail(1,.05)
```

接下来，使用 **chi2tail** 计算 p 值：

```
scalar pvalue=chi2tail(1,nr2)
```

然后使用下列命令来显示结果：

```
di "R^2 from artificial regression ="e(r2)
di "NR^2 test of overidentifying restriction ="nr2
di "Chi - square criticalvalue1df,.05level ="chic
di "pvalue for overidentifying  test 1 df,.05level ="pvalue
```

```
p value for overidentifying test 1 df,.05 level = .53863714
.di "p value for overidentifying test 1 df,.05 level =" pvalue

Chi - square critical value 1 df,.05 level =3.8414588
.di "Chi - square critical value 1 df,.05 level =" chic
```

NR^2 test of overidentifying restriction = .37807151

.di "NR^2 test of overidentifying restriction = " nr2

R^2 from artificial regression = .00088334

.di "R^2 from artificial regression = "e(r2)

使用 Stata 能实施同样的 *LM* 检验。为获得 *IV/2SLS* 估计,再次使用 **quietly** 命令,我们可以在其后执行 **estat overid** 命令来检查这些结果。

```
    quietly ivregress 2sls lwage(educ=mothereduc fathereduc) exper exper2,small
    estat overid
```

由此产生的 Sargan(score)检验便是 *LM* 检验,得到的值就是 NR^2。

.quietly ivregress 2sls lwage(educ=mothereduc fathereduc)exper exper2,small

.estat overid

Tests of over identifying restrictions:

Sargan(score)chi2(1) = .378071   (p = 0.5386)

Basmann chi2(1) = .373985   (p = 0.5408)

> 提示:《*POE4*》中附录 10F 包括运用模拟数据集的完整案例。本章末尾后面的 Do 文件中将给出完整的代码,这里我们不作详细讨论。

10.6 弱工具变量的检验

对于方程右边有两个以上内生变量的模型,弱工具变量的 *F* 检验是不充分的。例如,假设我们有两个内生变量和两个工具变量,对工具变量的估计,我们需要两个外部工具变量。通过第一阶段的 *F* 检验方法,我们需要估计这两个第一阶段方程并检验两个工具变量的联合显著性。第一阶段的 *F* 测试有一个备择假设,即至少有一个是相关的、强的工具变量。然而,我们假定两个工具变量中实际只有一个与内生变量相关,也就是说事实上我们只有一个工具变量。此时 *F* 检验将拒绝联合零假设,使得我们相信有两个工具变量,但实际上并没有两个。

当方程有一个以上的内生变量时,使用典型相关(**canonical correlations**)可以解决弱工具识别问题。典型相关是对两个变量之间相互关系一般概念的归纳,同时试图描述两组变量集之间的关系。关于典型相关的详细讨论超出了本书范围,可参考多变量分析的相关书籍,不过其解释将涉及矩阵代数。令 N 表示样本规模,B 表示右边内生变量的数量,G 表示包含在方程的外生变量的数量(包括截距项),L 表示不包括在模型里的"外部"的工具。假设在第一组和第二组变量里各有两个变量,则有两个典型相关系数:r_1 和 r_2。如果在第一组有 B 个变量(受移除的外生变量 $x_1 \equiv 1, x_2, \cdots, x_G$ 影响的内生变量),第二组有 $L \geqslant B$ 个变量(该组受移除的外生变量 $x_1 \equiv 1, x_2, \cdots, x_G$ 影响的工具变量),那么我们就有 B 个可能的典型相关分析,$r_1 \geqslant r_2 \geqslant \cdots \geqslant r_B$,$r_B$ 是最小的典型相关分析。对于一个弱识别检验,即当工具变量与内生的回归元(自变量)相关且是弱相关的情况出现时,需要进行基于 **Cragg-Donald** F 统计量的检验。

$$\text{Cragg} - \text{Donald } F = \left[\left(N - G - B\right)/L\right] \times \left[r_B^2 / \left(1 - r_B^2\right)\right]$$

当内生变量的数目 $B = 1$ 时,**Cragg-Donald** 统计量就会减弱为一般弱工具 *F* 检验。这个检验统计量的临界值已经被 James Stock 和 Motohiro Yogo(2005)[1]制成表,这样我们就可以检验零假设:工具变量是弱的;而对于备择假设,则不是弱的。对于弱工具,有两个特别的结论:

相对有偏:当存在弱工具时,IV 估计量的偏差可能会变大。Stock & Yogo(2005)在估计内生变量系数时考虑到了偏差。他们研究的最大 IV 估计偏差是相对于最小二乘估计偏差而言的。Stock 和 Yogo(2005)给出了估计教育回报的证明,有研究者认为,如果最小二乘估计有 10% 的最大偏差,而相对偏差为 0.1,那么 IV 估计量的最大偏差为 1%。

拒绝率(检验水平):当估计带有内生回归元的回归模型时,对内生变量系数的假设检验通常从偏好角度出发。如果选择 $\alpha = 0.05$ 的显著水平,预计在样本重复执行中有 5% 的概率拒绝真的零假设。如果工具是弱的,那么零假设的实际拒绝率,也被称为检验水平(test size)也许会变大,因此如果选择 $\alpha = 0.05$,那么一个真的零假设的最大拒绝率就是 Stock & Yogo 第二标准。例如,对于一个显著性水平为 5% 的测试,可能会接受的最大的拒绝率为 10%,而不愿意接受 20% 的拒绝率。

为了检验零假设为工具变量是弱的,而备择假设为工具变量不是弱的,我们比较了 **Cragg-Donald** F 检验统计量和临界值。临界值来自于《*POE4*》中的表 10E.1 和表 10E.2,并内置于 Stata 中。当在 **ivregress** 命令之后使用 **estat firststage** 命令,这些临界值便会被同时报告,如在本章 10.3 节中给出的例子。具体步骤如下:

1)首先,选择最大相对偏差或最大检验规模标准,其次你还必须选择你愿意接受的最大相对偏差或最大的检验规模。

2)如果 **Cragg-Donald** F 检验统计量大于表中给出的临界值,则拒绝工具是弱的零假设;如果 F 检验统计量小于等于临界值,则不能拒绝零假设。

使用 Morz 的数据,考虑以下 *HOURS* 供给方程设定:

$$HOURS = \beta_1 + \beta_2 MTR + \beta_3 EDUC + \beta_4 KIDSL6 + \beta_5 NWIFEINC + e$$

变量 $NWIFEINC = (FAMINC - WAGE \times HOURS)/1000$ 指不含妻子收入的整个家庭收入。变量 *MTR* 是妻子收入的边际税率,包括社会保障税。在这个方程中,*MTR*,*KIDSL6* 和 *NWIFEINC* 的期望系数为负,而 *EDUC* 的系数则不确定。

把边际税率 *MTR* 和教育 *EDUC* 作为内生变量,因此 $B = 2$。将母亲和父亲的教育,即 **mothereduc** 和 **fathereduc** 作为工具变量,所以 $L = 2$。首先,打开数据,创建所需的变量。

```
Use mroz,clear
drop if lfp = =0
gen lwage = ln(wage)
gen nwifeinc = (faminc - wage* hours)/1000
gen exper2 = exper^2
```

第一阶段方程及对 *MTR* 和 *EDUC* 的检验可以通过下列命令获得:

```
reg mtr mothereduc fathereduc kidsl6 nwifeinc
test mothereduc fathereduc
.test mothereduc fathereduc
(1)mothereduc =0
```

① "Testing for Weak Instruments in Linear IV Regression," in *Identification and Inference for Econometric Models Essays in Honor of Thomas Rothenberg*, eds, Donald W. K. Andrews and James H. Stock, *Cambridge University Press*, Chapter 5.

```
(2)fathereduc = 0
    F(2,423) = 8.14
      Prob > F = 0.0003
    reg educ mothereduc fathereduc kids16 nwifeinc
    test mothereduc fathereduc

.test mothereduc fathereduc
(1)mothereduc = 0
(2)fathereduc = 0
    F(2,423) = 49.02
      Prob > F = 0.0000
```

检验结果表明,对于教育 *EDUC*,第一阶段的弱工具 F 检验统计量为 49.02,正如我们之前所述,该工具是强的。对于 *MTR*,这两个工具则不是很强。**fathereduc** 在 5% 的水平下显著,第一阶段的弱工具 F 检验统计量为 8.14,对应 p 值 0.0003。虽然这并不满足 $F > 10$ 的优先法则,但已经能使我们得出结论:这两个工具变量足够强。

工具变量估计和第一阶统计量可以通过下列命令得到:

```
ivregress 2sls hours(mtr educ = mothereduc fathereduc)kids16
        nwifeinc,small
estat firststage
```

工具变量估计如下:

```
. ivregress 2sls hours (mtr educ = mothereduc fathereduc) kids16 nwifeinc, small

Instrumental variables (2SLS) regression
```

Source	SS	df	MS		
Model	-1.0343e+09	4	-258577372		
Residual	1.2916e+09	423	3053476.37		
Total	257311020	427	602601.92		

```
Number of obs =      428
F(  4,   423) =     0.79
Prob > F      =   0.5329
R-squared     =        .
Adj R-squared =        .
Root MSE      =   1747.4
```

hours	Coef.	Std. Err.	t	P>|t|	[95% Conf. Interval]
mtr	29709.47	90487.78	0.33	0.743	-148152.2　207571.2
educ	258.559	846.0142	0.31	0.760	-1404.356　1921.474
kids16	-1144.478	2510.194	-0.46	0.649	-6078.485　3789.529
nwifeinc	149.2325	470.5173	0.32	0.751	-775.6108　1074.076
_cons	-24491.6	79689.72	-0.31	0.759	-181128.8　132145.6

```
Instrumented:   mtr educ
Instruments:    kids16 nwifeinc mothereduc fathereduc
```

第一阶段的结果为:

```
. estat firststage

Shea's partial R-squared
```

Variable	Shea's Partial R-sq.	Shea's Adj. Partial R-sq.
mtr	0.0005	-0.0066
educ	0.0024	-0.0046

```
Minimum eigenvalue statistic = .100568
```

Critical Values Ho: Instruments are weak	# of endogenous regressors: # of excluded instruments:			2 2
2SLS relative bias	5% (not available)	10%	20%	30%
2SLS Size of nominal 5% Wald test LIML Size of nominal 5% Wald test	10% 7.03 7.03	15% 4.58 4.58	20% 3.95 3.95	25% 3.63 3.63

假设我们可以接受 15% 的最大检验水平（拒绝率）去进行一个显著性水平为 5% 的检验。Stata 表明，当使用 2SLS 时，对于弱型工具的检验，临界值是 4.58。这里，忽略 LIML 临界值，其含义将在第 11 章解释。参见《POE4》表 10E.1，计算出的 Cragg-Donald F 统计量（最小特征根）的值仅为 0.101，该值远低于 15% 的最大检验水平（对 MTR 和 EDUC 进行 5% 显著性水平下的检验）的临界值 4.58。尽管第一阶段的 F 统计量是令人满意的，但我们不能拒绝工具是弱的这一零假设。HOURS 供给方程的估计结果表明，该方程的参数估计和《POE4》第 438 页表 10E.4 的模型（1）和模型（2）里的参数大不一样，表明较小的 t 统计值意味着较大的标准偏差，这是存在弱工具时进行工具变量估计的另一个后果。其他模型的估计过程也可参见本章最后 Do 文件。

10.7 CRAGG-DONALD F 统计量的计算

为了说明 **Cragg-Donald** F 统计量的计算，我们使用 10.6 节里的模型来说明。在这个模型里，**mothereduc** 和 **fathereduc** 作为工具变量。保存自由度 $N - G - B$，并使用 **ereturn list** 命令显示哪个结果被后估计命令保存。

```
ivregress 2sls hours(mtr educ = mothereduc fathereduc)kidsl6 nwifeinc,small
ereturn list
scalar df_r = e(df_r)
```

从内生变量和工具变量分离出 **kidsl6** 和 **nwifeinc** 的部分影响，应用前文 10.3.1 节的程序。

```
reg mtr kidsl6 nwifeinc
predict mtr r,r
reg educ kidsl6 nwifeinc
predicteduc r,r

reg mothereduc kidsl6 nwifeinc
predict mothereduc r,r

reg fathereduc kidsl6 nwifeinc
predict fathereduc r,r
```

典型相关性是通过 Stata 中的 **canon** 命令来进行计算的，详见命令 **help canon**。

```
help canon                                    dialog:  canon
                                            also see:  canon postestimation

Title
    [MV] canon — Canonical correlations

Syntax
    canon (varlist1) (varlist2) [if] [in] [weight] [, options]
```

若使用对话框,可点击上面的链接或者遵循下面的路径:

Statistics > Multivariate analysis > MANOVA, multivariate regression, and

　　　　related > Canonical correlations

该命令从两个内生变量和两个工具中找出典型相关性,从中我们移除其他外生变量的影响:

```
Canon(mtrr educr)(mothereducr fathereducr)
```

在输出其他内容的同时,典型相关性分析的输出显示如下:

```
Canonical correlations:
```

```
0.4356      0.0218
```

被保存的结果和最小典型相关将通过下列信息提取计算:

```
ereturn list
matrix r2 = e(ccorr)
di "Calculation of Cragg-Donald statistic"
di "The canonical correlations"
matrix listr2
scalar mincc = r2 [1,2]
di "The minimum canonical correlation = "mincc
```

```
.di"The minimum canonical correlation = " mincc
The minimum canonical correlation = .021800777
```

Cragg-Donald F 统计量的计算是明确的,而且和 **ivregress** 之后使用 **estat first stage** 命令计算结果一致。下列命令中公式里分母上的“2”是指工具变量的数目 L。

```
scalar cd = df_r* (mincc^2)/(2* (1 - mincc^2))
di "The Cragg-Donald F - statistic = " cd
```

```
.di" The Cragg-Donald F - statistic = "cd
The Cragg-Donald F - st    tistic = .10056813
```

10.8　模拟实验

在《POE4》附录 10F. 2 中,有一个模拟实验用来说明在 IV/2SLS 估计量的样本特征。在这个模拟实验中,采用了数据生成步骤 $y = x + e$,所以截距为 0,斜率参数为 1。第一阶段回归模型为 $x = \pi z_1 + \pi z_2 + \pi z_3 + v$。注意,我们有 $L = 3$ 个工具变量,每一个都服从独立的标准正态分布 $N(0,1)$。参数 π 控制工具变量强度,如果 π = 0,则工具变量和 x 不相关,而工具变量的估计也会失败。π 越大,工具变量便越强。最后,我们创建随机误差 e 和 v,它们服从标准正态分布,相关系数为 ρ,控制着 x 的内生性。如果 ρ = 0,则 x 不是内生的,ρ 越大,内生性就越强。我们创建了 10000 个样本,每个观测值规模为 $N = 100$,然后在几种情形下使用最小二乘(LS)和 IV/2SLS。我们使 π = 0.1(弱工具)和 π = 0.5(强工具),并令 ρ = 0(x 完全外生)和 ρ = 0.8(x 高度内生性)。

清空内存开始执行模拟实验,并指定全局常数,控制模拟样本观测值。

```
clearall
global numobs   100//number of simulated sample observations
global  pi  0.1 //first stage parameter controls IV strength
global  rho  0.8//rho controls endogeneity
set seed 1234567//random number seed
```

```
set obs $numobs
```

当重复代码时,上述的 **seed** 将确保得到的伪随机数序列相同,因此会得到相同的结果。伪随机数的解释和种子值,详见《*POE*4》附录 B。模拟实验中的一个关键组成部分是误差 *e* 和 *v* 之间的相关性。创建相关随机数是通过使用 Stata 中 **drawnorm** 命令来实现的。利用 **help drawnorm**,我们可以找到其基本语法和选项。

```
help drawnorm                                          dialog:  drawnorm

Title

    [D] drawnorm — Draw sample from multivariate normal distribution

Syntax

        drawnorm newvarlist [, options]
```

选项中有:

```
    n(#)                      # of observations to be generated
    cov(matrix|vector) covariance matrix
```

这意味着我们可以设定观测数目、协方差和方差矩阵。将使用如下协方差矩阵:

$$\Sigma = \begin{bmatrix} \text{var}(e) & \text{cov}(e,v) \\ \text{cov}(e,v) & \text{var}(v) \end{bmatrix} = \begin{bmatrix} 1 & \rho \\ \rho & 1 \end{bmatrix}$$

设定此矩阵使用如下语句:

```
    matrix sig = (1, $rho \ $rho, 1)              //corr(e,v)
    drawnorm e v, n($numobs) corr(sig)           //e&vvalues
```

对于工具变量,使用 3 个独立正态随机变量:

```
    gen  z1 = rnormal()
    gen  z2 = rnormal()
    gen  z3 = rnormal()
```

使用如上所述过程生成的数据,创建 *x* 和 *y*。误差项与 *x* 相关,相关系数为 **$rho**。

```
    generate x = $pi* z1 + $pi* z2 + $pi* z3 + v
    generate y = x + e
    correlate x e
```

获得 100 个随机值样本的相关系数:

```
. correlate x e
(obs=100)
```

	x	e
x	1.0000	
e	0.7960	1.0000

由于我们已经设置为 **$pi** = 0.1,因此使用模拟数据的第一阶段回归表明工具是弱的。

```
    reg x z1 z2 z3
```

```
. reg x z1 z2 z3
```

Source	SS	df	MS
Model	1.69113235	3	.563710782
Residual	115.728748	96	1.20550779
Total	117.419881	99	1.1860594

Number of obs =	100
F(3, 96) =	0.47
Prob > F =	0.7056
R-squared =	0.0144
Adj R-squared =	-0.0164
Root MSE =	1.098

x	Coef.	Std. Err.	t	P>|t|	[95% Conf. Interval]	
z1	.1141584	.098892	1.15	0.251	-.0821408	.3104575
z2	.03231	.1214898	0.27	0.791	-.2088453	.2734652
z3	.0217676	.1132988	0.19	0.848	-.2031288	.2466641
_cons	.0174734	.1106386	0.16	0.875	-.2021425	.2370893

下面斜率的最小二乘估计远离了真实值,因为我们创建的变量 x 具有很强的内生性。

　　reg y x

. reg y x

Source	SS	df	MS		Number of obs	=	100
					F(1, 98)	=	889.44
Model	369.721081	1	369.721081		Prob > F	=	0.0000
Residual	40.7364595	98	.415678159		R-squared	=	0.9008
					Adj R-squared	=	0.8997
Total	410.45754	99	4.14603576		Root MSE	=	.64473

y	Coef.	Std. Err.	t	P>|t|	[95% Conf. Interval]	
x	1.77446	.0594987	29.82	0.000	1.656387	1.892534
_cons	.1243801	.0644743	1.93	0.057	-.003567	.2523272

由于弱工具的存在,可以看到, $IV/2SLS$ 的斜率估计值并不是特别靠近真实值。

　　ivregress 2sls y(x = z1 z2 z3),small

. ivregress 2sls y (x=z1 z2 z3), small

Instrumental variables (2SLS) regression

Source	SS	df	MS		Number of obs	=	100
					F(1, 98)	=	5.63
Model	353.009983	1	353.009983		Prob > F	=	0.0196
Residual	57.4475569	98	.586199561		R-squared	=	0.8600
					Adj R-squared	=	0.8586
Total	410.45754	99	4.14603576		Root MSE	=	.76564

y	Coef.	Std. Err.	t	P>|t|	[95% Conf. Interval]	
x	1.397208	.5887541	2.37	0.020	.2288449	2.565572
_cons	.1268431	.0766601	1.65	0.101	-.0252863	.2789726

Instrumented:　x
Instruments:　z1 z2 z3

接下来,使用一个程序作为模拟试验的基础,该程序的第一部分是通过全局宏来控制相同的数据生成步骤。

```
program ch10sim,rclass
  version11.1
  drop_all

  set obs $ numobs
  matrix sig = (1, $ rho\$ rho,1)
  drawnorm e v,n($ numobs)corr(sig)
    genz1 = rnormal()
    genz2 = rnormal()
```

```
         genz3 = rnormal()

         * DGP
         generate x = $pi* z1 + $pi* z2 + $pi* z3 +v
         generate y = x + e          //structural equation

         * first stage regression using all IV
         reg x z1 z2 z3
```

在执行这个程序的过程中,返回值来自回归后估计命令结果。

```
    return scalar rsq = e(r2)   //first stage r^2
    return scalar F = e(F)// first stage F
    predict vhat,r
```

为计算列报检验结果(**rols**),需计算返回最小二乘斜率估计值(**bols**)和对 5% 显著性水平下斜率为 1 的真的零假设检验 t 值(**tols**)。如果零假设被拒绝,**rols** 的值为 1,否则为 0。基于《*POE4*》10.1 节线性回归模型的假设下,检验应该在 5% 的水平下拒绝真的零假设。

```
    * OLS
    reg y x
    return scalar bols = _b[x]
    return scalar seols = _se[x]
    return scalar tols = (_b[x] -1)/_se[x]
    return scalar rols = abs(return(tols)) > invttail($numobs - 2 ,.025)
```

基于回归的豪斯曼(Hausman)检验统计量为 **haust**。5% 水平下产出(结果)的检验统计量为 **haus**,如果没有内生性的零假设被拒绝,这个结果将取数值 1。

```
    * Hausmanreg
      y x vhat
    return scalar haust = _b[vhat]/_se[vhat]
    return scalar haus = abs(return(haust)) > invttail($numobs - 3 ,.025)
```

计算并返回 *IV*/2*SLS* 斜率估计值(**b2sls**),针对斜率为 1 真的零假设而进行的 t 检验值,同时计算并返回检验结果(**r2sls**)。如果零假设被拒绝,检验结果 **r2sls** 为 1,否则为 0。如果工具变量相关并有效,检验应该在 5% 的水平下拒绝真实零假设。

```
    * 2sls
    ivregress 2sls y(x = z1 z2 z3),small
    return scalar b2sls = _b[x]
    return scalar se2sls = _se[x]
    return scalar t2sls = (_b[x] -1)/_se[x]
    return scalar r2sls = abs(return(t2sls)) > invttail($numobs - 2 ,.025)

    end
```

程序以 **end** 结束,模拟实验实际使用 Stata 命令 **simulate** 进行模拟:

```
    simulate rsqf = r(rsq)Fr = r(F)bolsr = r(bols)seolsr = r(seols)///
        rolsr = r(rols)b2slsr = r(b2sls)se2slsr = r(se2sls)///
        t2slsr = r(t2sls)r2slsr = r(r2sls)hausr = r(haus),///
        reps(10000)nodots nolegend seed(1234567):ch10sim
```

设定给返回值的变量名为 **rsqf**,**Fr**,**bolsr** 等。这里基于 **ch10sim** 程序进行 10000 次重复实验,模拟实验之后,显示全局参数值以用于备查。

```
di "Simulation parameters"
di "rho" $ rho
di "N" $ numobs
di" pi" $ pi
.di " Simulation parameters"
Simulation parameters

.di" rho = " $ rho
rho = .8

.di" N = " $ numobs
N = 100

.di"pi = " $ pi
pi = .1
```

我们对第一阶段的平均 F 值感兴趣,这是工具的一个强度指标。

```
di " average first stage F"
mean Fr
```

```
Mean estimation                        Number of obs    =    10000
```

	Mean	Std. Err.	[95% Conf. Interval]	
rsqf	.0576316	.000391	.0568652	.0583981

对于每个估计量,我们使用 Stata 命令 **tabstat** 计算其平均值和标准偏差。这是相对于 **summerize** 的一个更便利选择,它使得统计量及其设定安排在一个不错的表中对外报告。对于对话窗方式,按照下列路径实现:

Statistics > Summaries,tables,andtests > Tables > Table of summary statistics(tabstat)

help tabstat 命令给出了语法和重要选项。

```
help tabstat                                         dialog: tabstat

Title

    [R] tabstat — Display table of summary statistics

Syntax

        tabstat varlist [if] [in] [weight] [, options]

    options                      description

    Main
      by(varname)                group statistics by variable
      statistics(statname [...]) report specified statistics
```

如果估计量是无偏的,平均估计值应接近真实值 1。拒绝率变量(**rols**)的平均值表明了对真实零假设的实际拒绝率。估计的 **mseols** 的平均值是“均方误差”估计值。这是下式的经验模拟:

$$MSE = E\left[\left(b_2 - \beta_2\right)^2\right] = \mathrm{var}\left(b_2\right) + \left[\mathrm{bias}\left(b_2\right)\right]^2$$

　　均方误差说明了估计值距离真正的参数值从平均上来说有多接近。最后,我们研究豪斯曼(Hausman)检验的平均拒绝率。

```
di " OLS "
gen mseols = (bolsr – 1)^2
tabstat bols rseols rrols rmseols hausr,stat(meansd)
```

```
. tabstat bolsr seolsr rolsr mseols hausr, stat(mean sd)
```

stats	bolsr	seolsr	rolsr	mseols	hausr
mean	1.776194	.0612667	1	.6061978	.3841
sd	.0609983	.0061937	0	.0947578	.4864061

　　最小二乘估计的平均值是 1.776,并不接近真实值 1。t 检验在 100% 的次数(time)上而不是名义上的 5% 拒绝真正零假设。以豪斯曼回归为基础的检验则在 38% 的次数(time)上拒绝(假的)无内生性的零假设。

```
di " 2sls"
gen mse2sls = (b2slsr – 1)^2
tabstat b2slsr se2slsr r2slsr mse2sls,stat(mean sd)
```

　　相似地,$IV/2SLS$ 估计量值为:

```
. tabstat b2slsr se2slsr r2slsr mse2sls, stat(mean sd)
```

stats	b2slsr	se2slsr	r2slsr	mse2sls
mean	1.331058	.8850129	.2886	1.008766
sd	.9482915	35.54677	.4531342	58.61448

　　如果我们通过设置 $ pi 为 0.5 来增大工具强度,会发现对最小二乘估计并没有任何有效改善。

```
. tabstat bolsr seolsr rolsr mseols hausr, stat(mean sd)
```

stats	bolsr	seolsr	rolsr	mseols	hausr
mean	1.456824	.0608191	1	.2124129	1
sd	.0610322	.0061183	0	.0560244	0

　　然而,由于存在较强的工具变量,$IV/2SLS$ 估计有了很大的改进。

```
. tabstat b2slsr se2slsr r2slsr mse2sls, stat(mean sd)
```

stats	b2slsr	se2slsr	r2slsr	mse2sls
mean	1.011116	.11695	.0636	.0139068
sd	.1174081	.0274133	.2440512	.0227001

关键术语

2SLS	异方差稳健性	**rnormal( )**
canon	工具变量估计	稳健性标准误
典型相关	invchi2tail(n,p)	Sargan 统计量
chi2tail(n,x)	**ivregress**	**seed**
correlate	LM 检验	Stock-Yogo 临界值

Cragg-Donald F-检验	**matrix**	强工具变量
drawnorm	均方误差	剩余工具变量
drop	最小特征值统计量	**tabstat**
内生相关性	MSE	二阶段最小二乘法
ereturn list	option , sigmamore	有效工具变量
estat firststage	option , small	**vce(robust)**
estat overid	过度识别工具变量	Wald 卡方检验
estimates store	偏相关性	弱工具
第一阶段回归	**quietly**	
F 检验	随机回归元	
global	拒绝率准则	
豪斯曼检验	相对有偏准则	
基于回归的 Hausman 检验	**return list**	

第 10 章 Do 文件

```
*  file chap10.do for Using Stata for Principles of Econometrics,4e

cd c:\data\poe4stata

*  Stata do - file
*  copyright C 2011 by Lee C.Adkins and R.Carter Hill
*  used for "Using Stata for Principles of Econometrics,4e"
*  by Lee C.Adkins and R.Carter Hill(2011)
*  John Wiley and Sons,Inc.

*  setup
version 11.1
capture log close
set more off

*************  POE4 Chapter 10.2.4:A Wage Equation
*  open log
log using chap10_wage,replace text

*  open data and examine
use mroz,clear
describe
summarize

*  drop nonworking women and summarize
drop if lfp = =0
summarize wage educ exper

*  create variables
gen lwage = ln(wage)
gen exper2 = exper^2
```

```
* Least squares estimation
reg lwage educ exper exper2
estimates store ls

********** POE4 Chapter 10.3.6:IV estimation of wage equation
* using only mothereduc as IV

* first stage regression
reg educ exper exper2 mothereduc

* test IV strength
test mothereduc

* obtain predicted values
predict educhat

* 2sls using 2 - stages
reg lwage educhat exper exper2

* IV estimation using automatic command
ivregress 2sls lwage(educ = mothereduc)exper exper2
ivregress 2sls lwage(educ = mothereduc)exper exper2,small
ivregress 2sls lwage(educ = mothereduc)exper exper2,vce(robust)small

********** Add fathereduc as an IV
* Test fathereduc alone
reg educ exper exper2 fathereduc

* joint first stage regression F-test for weak instruments
reg educ exper exper2 mothereduc fathereduc
test mothereduc fathereduc

reg educ exper exper2 mothereduc fathereduc,vce(robust)
test mothereduc fathereduc

* IV estimation with surplus instruments
ivregress 2sls lwage(educ = mothereduc fathereduc)exper exper2,small
estimates store iv

* Testing for weak instruments using estat
estat firststage

* IV estimation with robust standard errors

ivregress 2sls lwage(educ = mothereduc fathereduc)exper exper2,vce(robust)small
estat firststage

********** Chapter 10.3.7:Illustrate partial correlation
ivregress 2sls lwage(educ = mothereduc)exper exper2,small
```

```
estat firststage

* partial out exper and exper^2
reg educ exper exper2
predict v1,r

reg mothereduc exper exper2
predict v2,r

* partial correlation
correlate v1 v2
return list
di "partial correlation = "r(rho)^2

* effect of mothereduc on educ controlling for exper and exper^2
reg v1 v2,noconstant

* partial correlation
correlate v1 v2,covariance
return list

* calculate partial least squares regression coefficient
di "partial LS coefficient = " r(cov_12)/r(Var_2)

* calculate partial correlation
di "partial correlation = " r(cov_12)/sqrt(r(Var_2)* r(Var_1))

********** Chapter 10.4.3:Hausman test

* reduced form
reg educ exper exper2 mothereduc fathereduc
predict vhat,residuals

* augment wage equation with reduced form residuals
reg lwage exper exper2 educ vhat
reg lwage exper exper2 educ vhat,vce(robust)

* Hausman test automatic
hausman iv ls,constant sigmamore

********** Testing surplus moment conditions

* obtain 2sls residuals
quietly ivregress 2sls lwage(educ =mothereduc fathereduc)exper exper2,small
predict ehat,residuals

* regress 2sls residuals on all IV
reg ehat exper exper2 mothereduc fathereduc
ereturn list
```

```
* NR^2 test
scalar nr2 = e(N)* e(r2)
scalar chic = invchi2tail(1,.05)
scalar pvalue = chi2tail(1,nr2)
di "R^2 from artificial regression = " e(r2)
di "NR^2 test of overidentifying restriction   = " nr2
di "Chi - square critical value 1 df,.05 level = " chic
di "p value for overidentifying test 1 df,.05 level = " pvalue


* Usingestat
quietly ivregress 2sls lwage(educ = mothereduc fathereduc)exper exper2,small
estat overid

log close


*********** Chapter 10E:Testing for Weak Instruments

* open new log
log using chap10_weakiv,replace text


* open data & create variables
use mroz,clear
drop if lfp = =0
gen lwage = ln(wage)
gen nwifeinc = (faminc - wage* hours)/1000
gen exper2 = exper^2


********** 2SLS with various instrument sets
* B =1,L =1
ivregress 2sls hours(mtr = exper)educ kidsl6 nwifeinc,small
estat firststage
estimates store m11


* first stage
reg mtr exper educ kidsl6 nwifeinc
estimates store r11
test exper


* B =1,L =2
ivregress 2sls hours(mtr = exper exper2)educ kidsl6 nwifeinc,small
estat firststage
estimates store m12


* first stage
reg mtr exper exper2 educ kidsl6 nwifeinc
estimates store r12
test exper exper2


* B =1,L =3
ivregress 2sls hours(mtr = exper exper2 largecity)educ kidsl6 nwifeinc,small
```

```
estat firststage
estimates store m13

* first stage
reg mtr exper exper2 largecity educ kids16 nwifeinc
estimates store r13
test exper exper2 largecity

*  B=1,L=4
ivregress 2sls hours(mtr=exper exper2 largecity unemployment)educ kids16 nwifeinc,small
estat firststage
estimates store m14

*  first stage
reg mtr exper exper2 largecity unemployment educ kids16 nwifeinc
estimates store r14
test exper exper2 largecity unemployment

*  B=2,L=2
ivregress 2sls hours(mtr educ=mothereduc fathereduc)kids16 nwifeinc,small
estat firststage
estimates store m22

*  first stage
reg mtr mothereduc fathereduc kids16 nwifeinc
test mothereduc fathereduc
estimates store r22a

*  first stage
reg educ mothereduc fathereduc kids16 nwifeinc
test mothereduc fathereduc
estimates store r22b

*  B=2,L=3
ivregress 2sls hours(mtr educ=mothereduc fathereduc exper)kids16 nwifeinc,small
estat firststage
estimates store m23

** first stage
reg mtr mothereduc fathereduc exper kids16 nwifeinc
test mothereduc fathereduc exper
estimates store r23a


** first stage
reg educ mothereduc fathereduc exper kids16 nwifeinc
test mothereduc fathereduc exper
estimates store r23b
```

```
** B = 2, L = 4
ivregress 2sls hours(mtr educ = mothereduc fathereduc exper exper2)kids16 nwifeinc,
small
estat firststage
estimates store m24

** create tables
esttab r11 r13 r22a r22b r23a r23b,compress t(% 12.2f)b(% 12.5f)nostar ///
gaps scalars(r2_arss)title("First Stage Equations")

esttab m11 m13 m22 m23,t(% 12.4f)b(% 12.4f)nostar ///
gaps title("IV estimations")

********** Appendix 10E Calculating Cragg-Donald Statistic

ivregress 2sls hours(mtr educ = mothereduc fathereduc)kids16 nwifeinc,small
ereturn list
scalar df_r = e(df_r)

** partial out kids16 and nwifeinc
regmtr kids16 nwifeinc
predict mtrr, r

* * reg educ kids16 nwifeinc
predicteducr, r

* * reg mothereduc kids16 nwifeinc
predict mothereducr, r

* * reg fathereduc kids16 nwifeinc
predict fathereducr, r

* * canonical correlations
canon(mtrr educr)(mothereducr fathereducr)
ereturn list
matrix r2 = e(ccorr)
di "Calculation of Cragg-Donald statistic "
di "The canonical correlations "
matrix list r2
scalar mincc = r2[1,2]
di "The minimum canonical correlation = "mincc
scalar cd = df_r* (mincc^2)/(2* (1 - mincc^2))
di "The Cragg-Donald F-statistic = " cd

log close

********** Chapter 10F.1 Using Simulated Data

** open new log file
log using chap10_AppF,replace text
```

```
* *  open data
use ch10.clear
summarize

* Least squares estimation
reg y x
estimates store ls

*  IV estimation
reg x z1
predict xhat
reg y xhat

*  IV estimation using automatic command
ivregress 2sls y(x = z1)
ivregress 2sls y(x = z1).small
ivregress 2sls y(x = z2).small
ivregress 2sls y(x = z3).small

*  IV estimation with surplus instruments
ivregress 2sls y(x = z1 z2).small
estimates store iv

* Hausman test regression based
reg x z1 z2
predict vhat.residuals
reg y x vhat

* Hausman test automatic contrast
hausman iv ls.constant sigmamore

*  Testing for weak instrument
reg x z1
reg x z2

*  Joint test for weak instrument
reg x z1 z2
test z1 z2

*  Testing for weak iv using estat
ivregress 2sls y(x = z1 z2).small
estat firststage

*  Testing surplus moment conditions
predict ehat.residuals
reg ehat z1 z2
scalar nr2 = e(N)* e(r2)
scalar chic = invchi2tail(1,.05)
scalar pvalue = chi2tail(1,nr2)
di "NR^2 test of overidentifying restriction = " nr2
```

```
di "Chi - square critical value 1 df, .05 level = " chic
di "p value for overidentifying test 1 df, .05 level = " pvalue

* Testing for weak iv using estat
quietly ivregress 2sls y(x = z1 z2), small
estat overid

* Testing surplus moment conditions
ivregress 2sls y(x = z1 z2 z3), small
predict ehat2, residuals
reg ehat2 z1 z2 z3
scalar nr2 = e(N)* e(r2)
scalar chic = invchi2tail(2, .05)
scalar pvalue = chi2tail(2, nr2)
di "NR^2 test of overidentifying restriction = " nr2
di "Chi - square critical value 2 df, .05 level = " chic
di "p value for overidentifying test 2 df, .05 level = " pvalue

* Testing surplus moments using estat
quietly ivregress 2sls y(x = z1 z2 z3)
estat overid

log close
********** Chapter 10F.2:Repeated Sampling Properties of IV/2SLS

* open log file and clear all
log using chap10_sim, text replace
clear all

* specify constants to control simulation
* ------------------------------------------------------------------
global numobs 100 // number of simulated sample observations
global pi    0.1 // reduced form parameter controls IV strength
global rho   0.8 // rho controls endogeneity
* ------------------------------------------------------------------

set obs $ numobs
set seed 1234567    // random number seed

* correlation between e and v controls endogeneity
matrix sig = (1, $ rho \ $ rho, 1)  // corr(e, v)
drawnorm e v, n($ numobs)corr(sig)    // e & v values

* create 3 uncorrelated standard normal variables
gen z1 = rnormal()
gen z2 = rnormal()
gen z3 = rnormal()

* DGP
generate x = $ pi* z1 + $ pi* z2 + $ pi* z3 + v
```

```
generate y = x + e
correlate x e

* first stage regression using all IV
reg x z1 z2 z3

* OLS
reg y x

* 2sls
ivregress 2sls y(x = z1 z2 z3),small

* program used for simulation
program ch10sim,rclass
  version 11.1
  drop _all

  set obs  $ numobs
  matrix sig = (1, $ rho \ $ rho,1)
  drawnorm e v,n( $ numobs)corr(sig)

gen z1 = rnormal()
gen z2 = rnormal()
gen z3 = rnormal()

* DGP
generate x = $ pi* z1 + $ pi* z2 + $ pi* z3 + v
generate y = x + e     // structural equation

* first stage regression using all IV
reg x z1 z2 z3
return scalar rsq = e(r2)  // first stage r^2
return scalar F = e(F)   // first stage F
predict vhat,r

* OLS
reg y x
  return scalar bols = _b[x]
  return scalar seols = _se[x]
  return scalar tols = (_b[x] -1)/_se[x]
  return scalar rols = abs(return(tols)) > invttail( $ numobs - 2 ,.025)

* Hausman
reg y x vhat
  return scalar haust = _b[vhat]/_se[vhat]
  return scalar haus = abs(return(haust)) > invttail( $ numobs - 3 ,.025)

* 2sls
ivregress 2sls y(x = z1 z2 z3),small
return scalar b2sls = _b[x]
```

```
   return scalar se2sls = _se[x]
   return scalar t2sls = (_b[x] - 1)/_se[x]
   return scalar r2sls = abs(return(t2sls)) > invttail( $ numobs - 2, .025)
end
simulate rsqf = r(rsq)Fr = r(F)bolsr = r(bols)seolsr = r(seols)///
    rolsr = r(rols)b2slsr = r(b2sls)se2slsr = r(se2sls)///
  t2slsr = r(t2sls)r2slsr = r(r2sls)hausr = r(haus),  ///
    reps(10000)nodots nolegend seed(1234567):ch10sim
di " Simulation parameters"
di " rho = " $ rho
di " N = " $ numobs
di " pi = " $ pi
di " average first stage r - square"
mean rsqf
di " average first stage F"
mean Fr

* For each estimator compute
* avg and standard deviation estimate beta
* avg nominal standard error
* avg percent rejection 5%  test

di " OLS"
gen mseols = (bolsr - 1)∧2
tabstat bolsr seolsr rolsr mseols hausr, stat(mean sd)

di " 2sls"
gen mse2sls = (b2slsr - 1)∧2
tabstat b2slsr se2slsr r2slsr mse2sls, stat(mean sd)
log close
```

第 11 章

联立方程模型

本章概要

11.1 松露的供给和需求

考虑松露的需求和供给模型：

需求：$Q = \alpha_1 + \alpha_2 P + \alpha_3 PS + \alpha_4 DI + e_d$

供给：$Q = \beta_1 + \beta_2 P + \beta_3 PF + e_s$

在需求方程中，Q 是在特定的法国市场交易的松露数量，P 是松露的市场价格，PS 是一个真正松露替代品的市场价格（另一种菌类价格要低不少），DI 是当地居民人均可支配月收入。供给方程包含市场价格与供给量，还包括生产要素价格 PF，在这个例子里，生产要素价格即为搜索过程中所使用的每小时松露-猪的租金价格。该模型中，我们假设 P 和 Q 是内生变量，PS，DI，PF 以及截距项为外生变量。

本例的数据在文件 ***truffles. dta*** 中。执行常规开始命令，启动日志并打开数据文件：

```
use truffles,clear
describe
```

列出前 5 个观测值检查数据，并计算概要统计量。

```
list in 1/5
```

```
. list in 1/5
```

	p	q	ps	di	pf
1.	29.64	19.89	19.97	2.103	10.52
2.	40.23	13.04	18.04	2.043	19.67
3.	34.71	19.61	22.36	1.87	13.74
4.	41.43	17.13	20.87	1.525	17.95
5.	53.37	22.55	19.79	2.709	13.71

```
summarize
```

Variable	Obs	Mean	Std. Dev.	Min	Max
p	30	62.724	18.72346	29.64	105.45
q	30	18.45833	4.613088	6.37	26.27
ps	30	22.022	4.077237	15.21	28.98
di	30	3.526967	1.040803	1.525	5.125
pf	30	22.75333	5.329654	10.52	34.01

11.2 估计简约形式方程

简约方程包括内生变量 P 和 Q，外生变量 PS，DI，PF 及截距项，再加上一个误差项，如下所示：

$$Q = \pi_{11} + \pi_{21} PS + \pi_{31} DI + \pi_{41} PF + v_1$$
$$P = \pi_{12} + \pi_{22} PS + \pi_{32} DI + \pi_{42} PF + v_2$$

由于方程右边的变量是外生的，且和随机误差不相关，我们可以使用最小二乘法估计以上方程。数量（$QUANTITY$）的简约方程估计可以通过下列回归得到：

```
reg q ps di pf
```

Source	SS	df	MS
Model	430.382604	3	143.460868
Residual	186.754213	26	7.18285434
Total	617.136817	29	21.2805799

```
Number of obs =       30
F(  3,   26) =    19.97
Prob > F      =   0.0000
R-squared     =   0.6974
Adj R-squared =   0.6625
Root MSE      =   2.6801
```

q	Coef.	Std. Err.	t	P>|t|	[95% Conf. Interval]	
ps	.6564021	.1425376	4.61	0.000	.3634118	.9493923
di	2.167156	.7004738	3.09	0.005	.727311	3.607
pf	-.5069823	.1212617	-4.18	0.000	-.7562392	-.2577254
_cons	7.895099	3.243422	2.43	0.022	1.228151	14.56205

价格（PRICE）的简约形式为：

```
reg p ps di pf
```

Source	SS	df	MS		Number of obs = 30
					F(3, 26) = 69.19
Model	9034.77551	3	3011.59184		Prob > F = 0.0000
Residual	1131.69721	26	43.5268157		R-squared = 0.8887
					Adj R-squared = 0.8758
Total	10166.4727	29	350.568025		Root MSE = 6.5975

p	Coef.	Std. Err.	t	P>|t|	[95% Conf. Interval]	
ps	1.708147	.3508806	4.87	0.000	.9869017	2.429393
di	7.602491	1.724336	4.41	0.000	4.058068	11.14691
pf	1.353906	.2985062	4.54	0.000	.7403175	1.967494
_cons	-32.51242	7.984235	-4.07	0.000	-48.92425	-16.10059

便于后文需要，我们使用（**predict**）后估计命令得到价格的拟合或预测值，变量命名为 **phat**，便于记忆简化为 $\hat{P}$。

```
predict phat
```

11.3　松露需求的 2SLS 估计

两阶段最小二乘法（2SLS）的估计过程是用简约形式方程拟合值替换结构方程右侧的内生变量，然后运用最小二乘法估计。利用这种方法，需求方程的两阶段最小二乘法的估计过程如下：

```
reg q phat ps di
```

Source	SS	df	MS		Number of obs = 30
					F(3, 26) = 19.97
Model	430.382596	3	143.460865		Prob > F = 0.0000
Residual	186.754221	26	7.18285466		R-squared = 0.6974
					Adj R-squared = 0.6625
Total	617.136817	29	21.2805799		Root MSE = 2.6801

q	Coef.	Std. Err.	t	P>|t|	[95% Conf. Interval]	
phat	-.374459	.0895643	-4.18	0.000	-.5585611	-.1903569
ps	1.296033	.1930944	6.71	0.000	.8991219	1.692944
di	5.013976	1.241414	4.04	0.000	2.462213	7.56574
_cons	-4.27947	3.013834	-1.42	0.168	-10.47449	1.915554

由于这里的误差方差是基于最小二乘残差计算出的，因此输出的标准误差、t 统计量以及 95% 置信区间都是不正确的。对于 2SLS，用 Stata 自带命令来执行会更好。

针对 2SLS 估计，Stata 有内置命令 **ivregress**，即"工具变量回归"。对于 2SLS 为什么被称为工具变量估计，《POE4》第 10 章有完整的解释；还可以直接输入 **help ivregress**，获得更多信息。

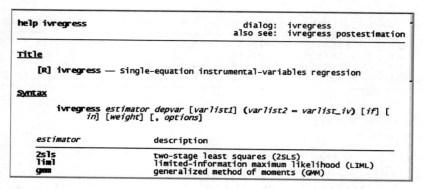

通过下拉菜单,选择:

Statistics > Endogenous covariates > Single-equation instrumental-variables regression.

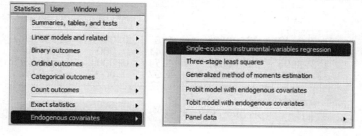

Stata 的特有命名规则吸引了很多统计工作者。"协变量(**Covariates**)"是用于回归方程解释变量的另一个术语。"**内生协变量(Endogenous covariates)**"是指方程右侧的解释变量是内生的,且与误差项相关。这个类别里面有多种选择,但我们是基于单一方程进行工具变量估计,因此选择哪个变量便不言而喻。

我们可以在命令行输入 **db ivregress**,打开对话框,或点击帮助对话框:**ivregress**。对话框中的"工具变量"(见下页)是外生变量,不在需求方程中。在这个例子中,该变量是 **pf**,其反映的是出现在供给方程而非需求方程的一种生产要素价格。对话框中的"独立变量"是方程右侧的非内生变量,我们选择 2SLS 选项并点击 OK 按钮。

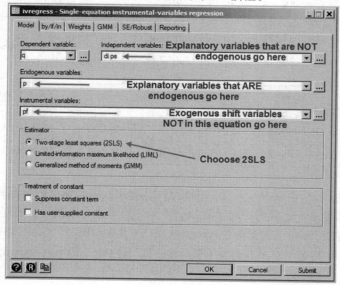

在 Result 窗口中显示的 Stata 命令如下：

```
ivregress 2sls q di ps(p=pf)
```

. ivregress 2sls q di ps (p = pf)

Instrumental variables (2SLS) regression

```
                                          Number of obs  =        30
                                          Wald chi2(3)   =     20.43
                                          Prob > chi2    =    0.0001
                                          R-squared      =         .
                                          Root MSE       =    4.5895
```

q	Coef.	Std. Err.	z	P>|z|	[95% Conf. Interval]	
p	-.3744591	.1533755	-2.44	0.015	-.6750695	-.0738486
di	5.013977	2.125875	2.36	0.018	.847339	9.180615
ps	1.296033	.3306669	3.92	0.000	.6479381	1.944128
_cons	-4.279471	5.161076	-0.83	0.407	-14.39499	5.836052

```
Instrumented:  p
Instruments:   di ps pf
```

在 **ivregress** 命令后，必须设定我们所需要的估计量类型，这里为 **2SLS**。回归模型设定遵循标准，因变量 **q** 紧随其后，对于任何内生解释变量，我们都要在括号中予以如下声明：

```
(varlist2 =varlist_iv)
```

这里：

varlist2　　是所有方程右侧的内生变量列表；

varlist_iv　是所有不在模型内的外生变量列表。

非内生解释变量可以在括号中的表达式之前或者之后列出，但在结果列示中，独立解释变量的顺序取决于它们在对话框中的条目顺序。

因为 IV 回归是基于大样本的回归，因此回归结果报告的是 z 值。我们知道，在大样本里，t 分布会收敛于标准正态分布 $N(0,1)$，因此 t 统计量会成为 z 统计量。在大样本的情况下，临界值的检验来自于哪种分布并没有太大关系，但是小样本中，这就很重要了。我们一般喜欢把判断基于 t 分布之上，这在 Stata 中需要用 **small** 选项实现。注意到，在下面的命令语句里，为强调内生变量并不一定要出现在最后，我们把内生变量（**p=pf**）置于因变量之后。

```
Ivregress 2sls q(p=pf)ps di,small
```

Instrumental variables (2SLS) regression

Source	SS	df	MS			
Model	-14.780326	3	-4.92677534			
Residual	631.917143	26	24.3045055			
Total	617.136817	29	21.2805799			

```
          Number of obs =        30
          F( 3,    26)  =      5.90
          Prob > F      =    0.0033
          R-squared     =         .
          Adj R-squared =         .
          Root MSE      =      4.93
```

q	Coef.	Std. Err.	t	P>|t|	[95% Conf. Interval]	
p	-.3744591	.1647517	-2.27	0.032	-.713111	-.0358071
ps	1.296033	.3551932	3.65	0.001	.5659232	2.026143
di	5.013977	2.283556	2.20	0.037	.3200608	9.707893
_cons	-4.279471	5.543884	-0.77	0.447	-15.67509	7.116147

```
Instrumented:  p
Instruments:   ps di pf
```

输出结果有两点不同。在此前的估计里,模型显著性的总体检验是基于 Wald 卡方检验,因此选择 **small** 选项,模型显著性总体检验以 F 检验来报告结果。而这里报告的是 t 值,且 p 值和区间估计也是基于 t 分布的。

Stata 中还包括 **first** 选项,这个选项可以显示两阶段最小二乘法的第一个阶段(简约形式)结果。

```
ivregress 2sls q(p=pf)ps di,small first
First-stage regressions
```

				Number of obs	=	30
				F(3, 26)	=	69.19
				Prob > F	=	0.0000
				R-squared	=	0.8887
				Adj R-squared	=	0.8758
				Root MSE	=	6.5975

p	Coef.	Std. Err.	t	P>|t|	[95% Conf. Interval]	
ps	1.708147	.3508806	4.87	0.000	.9869017	2.429393
di	7.602491	1.724336	4.41	0.000	4.058068	11.14691
pf	1.353906	.2985062	4.54	0.000	.7403175	1.967494
_cons	-32.51242	7.984235	-4.07	0.000	-48.92425	-16.10059

额外报告的是第一阶段回归结果,这种情况下,由于方程右侧存在一个内生变量 $PRICE(\mathbf{p})$,Stata 报告其简约形式。原因是在这个简约方程中,必须要有证据显示工具变量 **pf** 是一个显著性解释变量。我们可以看到,变量 **pf** 的 t 统计量为 4.54。还有一个经验法则,就是要保证两阶段最小二乘估计是可靠的,t 统计量必须大于 3.3 或者检验工具的 F 值大于 10。对于这个问题,更多详细内容可参见《POE4》第 10 章附录 E,以及本手册 10.6 节。

"后评估"命令 **estat firststage** 可进行工具变量有效性的检验。它位于 Stata 下拉菜单,选择路径 **Statistics > Postestimation > Reports and statistics**,从结果列表中选择第一个选项。

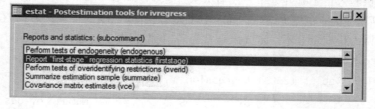

输出结果会有很多,而且绝大多数都很难理解,关键是注意 F 统计量的值。由于存在一个单一外部工具变量,这个 F 值 20.5717 是简约方程回归结果的 t 统计量的平方。

```
. estat firststage
First-stage regression summary statistics
```

Variable	R-sq.	Adjusted R-sq.	Partial R-sq.	F(1,26)	Prob > F
p	0.8887	0.8758	0.4417	20.5717	0.0001

在输出结果的下面部分(显示在下一页),**estat firststage** 显示的是检验的 Stock-Yogo 临界值,该值表明检验工具的强弱。根据最优经验法则,一阶段 F 检验临界值(最小特征根)

为 10，当然这是简约说法。如何使用这些临界值可详见本书 10.6。

```
Minimum eigenvalue statistic = 20.5717
```

Critical Values Ho: Instruments are weak	# of endogenous regressors: # of excluded instruments:			1 1
	5%	10%	20%	30%
2SLS relative bias		(not available)		
	10%	15%	20%	25%
2SLS Size of nominal 5% Wald test	16.38	8.96	6.66	5.53
LIML Size of nominal 5% Wald test	16.38	8.96	6.66	5.53

Stata 命令为：

```
Estat firststage
```

11.4 松露供给的 2SLS 估计

供给方程的两阶段最小二乘估计是以相同方式得到的。请注意，在这个估计中，有两个外生转化变量 **ps** 和 **di**，它们原本是需求方程的变量。

```
Ivregress 2sls q(p=ps di)pf,small first
```

第一阶段估计结果如下所示。在这个估计中，外部工具变量 **ps** 和 **di**（需求方程中转换过来的变量）必须至少有一个是显著的。

First-stage regressions

```
                                    Number of obs   =          30
                                    F(  3,     26)  =       69.19
                                    Prob > F        =      0.0000
                                    R-squared       =      0.8887
                                    Adj R-squared   =      0.8758
                                    Root MSE        =      6.5975
```

p	Coef.	Std. Err.	t	P>|t|	[95% Conf. Interval]	
pf	1.353906	.2985062	4.54	0.000	.7403175	1.967494
ps	1.708147	.3508806	4.87	0.000	.9869017	2.429393
di	7.602491	1.724336	4.41	0.000	4.058068	11.14691
_cons	-32.51242	7.984235	-4.07	0.000	-48.92425	-16.10059

供给方程的两阶段最小二乘估计结果：

Instrumental variables (2SLS) regression

Source	SS	df	MS		Number of obs	=	30
Model	556.582251	2	278.291126		F(2, 27)	=	95.26
Residual	60.5545652	27	2.24276167		Prob > F	=	0.0000
					R-squared	=	0.9019
					Adj R-squared	=	0.8946
Total	617.136817	29	21.2805799		Root MSE	=	1.4976

q	Coef.	Std. Err.	t	P>|t|	[95% Conf. Interval]	
p	.3379816	.0249196	13.56	0.000	.2868509	.3891123
pf	-1.000909	.0825279	-12.13	0.000	-1.170243	-.831576
_cons	20.0328	1.223115	16.38	0.000	17.52318	22.54243

```
Instrumented:  p
Instruments:   pf ps di
```

为了检验工具变量的联合显著性,我们使用:

estat firststage

First-stage regression summary statistics

Variable	R-sq.	Adjusted R-sq.	Partial R-sq.	F(2,26)	Prob > F
p	0.8887	0.8758	0.7614	41.4873	0.0000

关键数字是 F 统计量,由于 41.4873 远大于经验法则阈值 10,我们可以确信工具变量 **ps** 和 **di** 中,至少有一个变量的一阶回归系数显著不为零。

11.5 鱼的供给与需求

联立方程模型的第二个例子是纽约市的富尔顿鱼市场。首先,我们设定这个市场的需求方程如下:

$$\ln(QUAN_t) = \alpha_1 + \alpha_2\ln(PRICE_t) + \alpha_3 MON_t + \alpha_4 TUE_t + \alpha_5 WED_t + \alpha_6 THU_t + e_t^d$$

其中,$QUAN_t$ 是销售数量,以英镑计算;$PRICE_t$ 是每磅每日的平均价格。注意到,基于时间序列数据的性质,我们使用下标"t"来区分不同时间的观测值。余下的变量都是一周内的日期指示变量,但是星期五被省略。系数 α_2 是需求价格弹性,我们期望这个弹性是负的。日期指示变量反映的是每日需求的变化差异。

市场的供给方程为:

$$\ln(QUAN_t) = \beta_1 + \beta_2\ln(PRICE_t) + \beta_3 STORMY_t + e_t^s$$

其中,系数 β_2 是供给的价格弹性。变量 $STORMY$ 是一个指示变量,表示过去三天是否发生暴风雨天气,这个变量在供给方程是很重要的,因为暴风雨天气使捕鱼变得艰难,减少了鱼对市场的供给。

开启一个新的日志文件,打开并检查数据文件 *fultonfish. dta*。

Use fultonfish,clear

describe

我们列示最初的 5 个观测值以检查数据。

list lquan lprice mon tue wed thu stormy in 1/5

	lquan	lprice	mon	tue	wed	thu	stormy
1.	8.994421	-.4307829	1	0	0	0	1
2.	7.707063	0	0	1	0	0	1
3.	8.350194	.0723207	0	0	1	0	0
4.	8.656955	.247139	0	0	0	1	1
5.	7.844241	.6643268	0	0	0	0	1

现在获得这些变量的概要统计量:

Summarize lquan lprice mon tue wed thu stormy

Variable	Obs	Mean	Std. Dev.	Min	Max
lquan	111	8.52343	.741672	6.194406	9.981374
lprice	111	-.1936811	.3819346	-1.107745	.6643268
mon	111	.1891892	.3934351	0	1
tue	111	.2072072	.4071434	0	1
wed	111	.1891892	.3934351	0	1
thu	111	.2072072	.4071434	0	1
stormy	111	.2882883	.4550202	0	1

11.6 鱼的价格和数量方程的简约形式

在联立方程中,对每一个内生变量进行简约形式估计是非常重要的。由于方程右侧的变量是外生的,因此,简约形式的方程可以用最小二乘法估计。因变量为 $\ln(QUAN)$ 的简约形式方程估计命令如下:

reg lquan mon tue wed thu stormy

因为 $\ln(PRICE)$ 是右侧解释变量,我们可以更细致地检验它的简约形式方程,估计命令如下:

reg lprice mon tue wed thu stormy

Source	SS	df	MS		Number of obs =	111
					F(5, 105) =	4.58
Model	2.87047878	5	.574095757		Prob > F =	0.0008
Residual	13.1756621	105	.125482496		R-squared =	0.1789
					Adj R-squared =	0.1398
Total	16.0461409	110	.145874008		Root MSE =	.35424

lprice	Coef.	Std. Err.	t	P>|t|	[95% Conf. Interval]	
mon	-.1129225	.1072918	-1.05	0.295	-.3256623	.0998174
tue	-.0411493	.1045087	-0.39	0.695	-.2483707	.1660721
wed	-.011825	.1069299	-0.11	0.912	-.2238473	.2001973
thu	.0496456	.1044582	0.48	0.636	-.1574758	.256767
stormy	.3464055	.0746776	4.64	0.000	.1983337	.4944774
_cons	-.2717054	.076389	-3.56	0.001	-.4231706	-.1202402

识别概念在《POE4》中已经讨论过了。为了使用 2SLS,必须要有 $M-1$(M 是方程的数量)个排除在方程之外的外生变量,这些外生变量即为工具变量。然而,它们不但必须要从方程中省略,而且在简约形式的方程里,其统计意义必须是显著的。

在需求方程中,变量 **stormy** 不包括在内,因为风暴只影响供给不影响需求。在 $\ln(PRICE)$ 的简约方程里,**stormy** 变量必须是非常显著的,这样 2SLS 才能很好地估计结果。注意到,**stormy** 变量的 t 统计量只有 4.64,p 值也非常小。这已经很好了,因为根据"经验法则(rule of thumb)",阈值对于工具(转换)变量的 t 统计量临界值为 3.3,如果这里的 t 统计量低于 3.3,2SLS 可能就不能很好地估计了。

在供给方程中,忽略的变量是一周中除了周一、周二、周三和周四以外的日子。为使用 2SLS 估计供给方程,这些日期指示变量必须至少有一个(非常)显著。结果显示,t 值都很小。对日期指示变量的联合零假设(假设所有这些变量对鱼的供给都没有影响)的 F 统计量可以通过下列命令获得:

```
test mon tue wed thu
```

这种特殊语法命令是我们在第 6 章里讨论过的 **test** 语句的另外一种简约形式。由于零假设是检验每个系数为 0，我们可以在 **test** 之后直接列出变量名。结果如下：

```
.test mon tue wed thu

(1) mon = 0
(2) tue = 0
(3) wed = 0
(4) thu = 0

    F(4,105) = 0.62
    Prob > F = 0.6501
```

为使用 2SLS 估计供给方程，我们需要寻找一个非常重要的测试结果，即 F 值大于 10。结果显然并非如此，因此，实际上供给方程未能被识别，我们不应该依靠 2SLS 去估计供给方程。

11.7　鱼需求的 2SLS 估计

为了得到需求方程的 2SLS 估计结果，我们再次使用 Stata 命令 **ivregress**。外生性工具变量是 **stormy**，它与右侧的内生变量 **lprice** 同时出现在括号里，其他解释变量可在此之前或之后列示。我们选择使用选项 **small**，从而报告 t 统计量而非 z 统计量。同时，我们使用选项 **first** 获得第一阶段回归，这也是 **lprice** 的简约形式。

```
ivregress 2sls lquan(lprice = stormy)mon tue wed thu,small first
```

简约形式方程为：

```
First-stage regressions
```

```
                                         Number of obs   =         111
                                         F( 5,     105) =        4.58
                                         Prob > F        =      0.0008
                                         R-squared       =      0.1789
                                         Adj R-squared   =      0.1398
                                         Root MSE        =      0.3542
```

lprice	Coef.	Std. Err.	t	P>|t|	[95% Conf. Interval]	
mon	-.1129225	.1072918	-1.05	0.295	-.3256623	.0998174
tue	-.0411493	.1045087	-0.39	0.695	-.2483707	.1660721
wed	-.011825	.1069299	-0.11	0.912	-.2238473	.2001973
thu	.0496456	.1044582	0.48	0.636	-.1574758	.256767
stormy	.3464055	.0746776	4.64	0.000	.1983337	.4944774
_cons	-.2717054	.076389	-3.56	0.001	-.4231706	-.1202402

注意到，**stormy** 的影响是显著的，其 t 值为 4.64，大于经验法则值 3.3。还应当指出的是，**small** 选项改变了 p 值和置信区间的计算，这是基于 t 分布计算的结果。使用工具变量的两阶段最小二乘法的估计如下：

```
Instrumental variables (2SLS) regression
```

Source	SS	df	MS			
Model	8.41819623	5	1.68363925	Number of obs =	111	
Residual	52.0903208	105	.496098293	F(5, 105) =	4.72	
				Prob > F =	0.0006	
				R-squared =	0.1391	
				Adj R-squared =	0.0981	
Total	60.508517	110	.550077427	Root MSE =	.70434	

lquan	Coef.	Std. Err.	t	P>|t|	[95% Conf. Interval]	
lprice	-1.119417	.428645	-2.61	0.010	-1.969341	-.269493
mon	-.0254022	.2147742	-0.12	0.906	-.4512596	.4004553
tue	-.5307694	.2080001	-2.55	0.012	-.9431951	-.1183437
wed	-.5663511	.2127549	-2.66	0.009	-.9882047	-.1444975
thu	.1092673	.2087866	0.52	0.602	-.3047179	.5232525
_cons	8.505911	.1661669	51.19	0.000	8.176433	8.83539

```
Instrumented:  lprice
Instruments:   mon tue wed thu stormy
```

后估计命令 **estat firststage** 可以用来检验工具 **stormy** 的有效性：

```
estat firststage
```

First-stage regression summary statistics

Variable	R-sq.	Adjusted R-sq.	Partial R-sq.	F(1,105)	Prob > F
lprice	0.1789	0.1398	0.1701	21.5174	0.0000

```
Minimum eigenvalue statistic = 21.5174

Critical Values                    # of endogenous regressors:    1
H0: Instruments are weak           # of excluded instruments:     1
```

	5%	10%	20%	30%
2SLS relative bias		(not available)		

	10%	15%	20%	25%
2SLS Size of nominal 5% Wald test	16.38	8.96	6.66	5.53
LIML Size of nominal 5% Wald test	16.38	8.96	6.66	5.53

再次指出，下面的输出部分包含第一阶段 F 检验的 Stock-Yogo 临界值，而这些临界值的使用在《POE4》第 10 章附录 E 以及本书 10.6 节中都有详细解释。

11.8　2SLS 替代形式

对于标准 IV/2SLS 估计量的替代，人们一直有极大的兴趣。在《POE4》附录 E 里可以看到相关信息。Anderson & Rubin(1949)[1]最先提出关于极大似然估计(LIML)的一些信息，由于弱工具的出现，引发了人们对 LIML 新的兴趣。Fuller(1977) 和其他一些研究者对 LIML 进行了修正。通过使用 k 阶估计量，人们对 2SLS 估计形成了一个统一的通用框架。相对于 2SLS 估计量，LIML 较少受检验水平偏差影响，富勒修正(Fuller modification)模型受有偏的影响就更小了。

在一个有 M 个方程的联立方程系统里，令内生变量为 $y_1, y_2, \cdots, y_M$，令 K 个外生变量为 $x_1, x_2, \cdots, x_K$。假设这个系统里第一个结构方程为：

$$y_1 = \alpha_2 y_2 + \beta_1 x_1 + \beta_2 x_2 + e_1$$

内生变量 y_2 具有简约形式：$y_2 = \pi_{12} x_1 + \pi_{22} x_2 + \cdots + \pi_{K2} x_K + v_2 = E(y_2) + v_2$。简约形式

---

① Anderson,T. W. and H. Rubin(1949)"Estimation of the Parameters of a Single Equationin a Complete System of Stochastic Equations,"*Annals of Mathematical Statistics*,21,pp.46-63.

方程的参数用最小二乘一致性估计获得,因此有:

$$\widehat{E(y_2)} = \hat{\pi}_{12}x_1 + \hat{\pi}_{22}x_2 + \cdots + \hat{\pi}_{K2}x_K$$

简约形式残差为:

$$\hat{v}_2 = y_2 - \widehat{E(y_2)}$$

两阶段最小二乘估计是一个以 $\widehat{E(y_2)}$ 作为工具变量的 IV 估计,k 阶估计量是以 $y_2 - k\hat{v}_2$ 为工具变量的 IV 估计量。这里 LIML 估计使用 $k = \hat{\imath}$,其中,$\hat{\imath}$ 是两个回归方程残差平方和的最小值。具体说明详见《POE4》p468-469。Fuller(1977)[1]提出基于 k 阶值进行修正,该值如下:

$$k = \hat{\imath} - \frac{a}{N - K}$$

其中,K 是工具变量的总数,N 是样本大小,a 值是一个常数,通常为 1 或 4。

使用 Mroz 数据,我们估计小时($HOURS$)的供给方程:

$$HOURS = \beta_1 + \beta_2 MTR + \beta_3 EDUC + \beta_4 KIDSL6 + \beta_5 NWIFEINC + e$$

这个例子在本书 10.6 节使用过。本例中我们考虑了内生变量 **educ** 和 **mtr**,IV 工具变量 **mothereduc**,**fathereduc** 以及经验 **exper**。

开启一个新的日志文件,清空内存,并重新打开 Mroz 数据集。创建示例中需用的变量。

```
use mroz,clear
drop if lfp = =0
gen lwage = ln(wage)
gen nwifeinc = (faminc - wage* hours)/1000
gen exper2 = exper^2
```

LIML 估计可以通过 **ivregress** 命令实现。使用对话框 **db ivregress**,点击单选按钮。

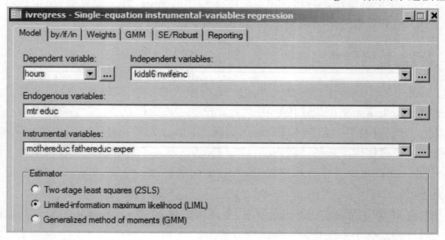

---

① "Some Properties of a Modification of the Limited Information Estimator," *Econometrica*,45,pp. 939-953.

Stata 命令为:

```
ivregress liml hours kidsl6 nwifeinc(mtr educ =mothereduc fathereduc exper)
```

```
. ivregress liml hours kidsl6 nwifeinc (mtr educ = mothereduc fathereduc exper)
```

Instrumental variables (LIML) regression

```
                                        Number of obs =      428
                                        Wald chi2(4)  =    36.52
                                        Prob > chi2   =   0.0000
                                        R-squared     =        .
                                        Root MSE      =   852.35
```

hours	Coef.	Std. Err.	z	P>|z|	[95% Conf. Interval]	
mtr	-19196.52	3980.227	-4.82	0.000	-26997.62	-11395.42
educ	-197.2591	64.24267	-3.07	0.002	-323.1724	-71.34579
kidsl6	207.5531	162.2957	1.28	0.201	-110.5406	525.6469
nwifeinc	-104.9415	20.56548	-5.10	0.000	-145.2491	-64.63395
_cons	18587.91	3662.026	5.08	0.000	11410.47	25765.35

```
Instrumented:  mtr educ
Instruments:   kidsl6 nwifeinc mothereduc fathereduc exper
```

对弱工具变量的检验可以通过如下命令获得:

```
estat firststage
```

```
. estat firststage
```

Shea's partial R-squared

Variable	Shea's Partial R-sq.	Shea's Adj. Partial R-sq.
mtr	0.0618	0.0529
educ	0.1042	0.0957

Minimum eigenvalue statistic = 8.60138

```
Critical Values            # of endogenous regressors:   2
Ho: Instruments are weak   # of excluded instruments:    3
```

	5%	10%	20%	30%
2SLS relative bias		(not available)		

	10%	15%	20%	25%
2SLS Size of nominal 5% Wald test	13.43	8.18	6.40	5.45
LIML Size of nominal 5% Wald test	5.44	3.81	3.32	3.09

针对内生变量系数,我们进行了基于 10% 的拒绝率(最大检验规模)和 5% 水平的 LIML 假设检验,Stata 输出的临界值为 5.44。使用 Cragg-Donald F 检验统计量为 8.6(Stata 称为**最小特征值统计量**)作为标准,我们拒绝弱工具变量的零假设。如果我们使用 2SLS/IV 估计,我们不会拒绝弱工具零假设,因为此时算出的临界值为 13.43。想要更多地了解这个检验可以参照《POE4》第 11 章附录 B 和本手册 10.6 节。

Stata 的 **ivregress** 命令没有一个选项是针对富勒的 k 阶修正估计的,但是有一个用户编写的程序可以使用。在 Stata 命令窗口输入 **findit ivreg2**,弹出帮助窗口,如下:

```
SJ-7-4  st0030_3 . . . .  Enhanced routines for IV/GMM estimation and testing
. . . . . . . . . . . .  C. F. Baum, M. E. Schaffer, and S. Stillman
(help ivactest, ivendog, ivhettest, ivreg2, ivreset,
overid, ranktest if installed)
Q4/07   SJ 7(4):465--506
extension of IV and GMM estimation addressing hetero-
skedasticity- and autocorrelation-consistent standard
errors, weak instruments, LIML and k-class estimation,
tests for endogeneity and Ramsey's regression
specification-error test, and autocorrelation tests
for IV estimates and panel-data IV estimates
```

点击 **st0030_3**。如果你有计算机系统的管理权限,在结果浏览条目下,可以直接安装这个软件包。

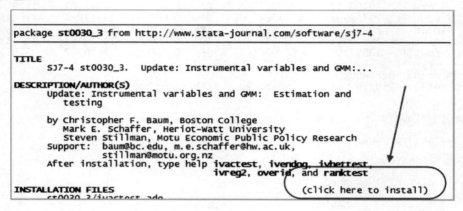

```
package st0030_3 from http://www.stata-journal.com/software/sj7-4

TITLE
    SJ7-4 st0030_3.   Update: Instrumental variables and GMM:...

DESCRIPTION/AUTHOR(S)
    Update: Instrumental variables and GMM:  Estimation and
    testing

    by Christopher F. Baum, Boston College
       Mark E. Schaffer, Heriot-Watt University
       Steven Stillman, Motu Economic Public Policy Research
    Support:  baum@bc.edu, m.e.schaffer@hw.ac.uk,
              stillman@motu.org.nz
    After installation, type help ivactest, ivendog, ivhettest,
                                 ivreg2, overid, and ranktest

INSTALLATION FILES                            (click here to install)
    st0030_3/ivactest.ado
```

这个命令的语法和 **ivregress** 更相似:

ivreg2 hours(mtr educ=mothereduc fathereduc exper)kids16 nwifeinc,fuller(1)small

在 **fuller(1)** 中,**1** 表示设置常数 $a=1$。在输出窗口的上方,我们可以在估计结果中看到参数的估计值、K 值以及 $\hat{\imath}$ 值。

```
LIML estimation
```

k	=1.00051
lambda	=1.00288
Fuller parameter	=1

```
Estimates efficient for homoskedasticity only
Statistics consistent for homoskedasticity only
```

		Number of obs =	428
		F(4, 423) =	9.22
		Prob > F =	0.0000
Total (centered) SS	= 257311019.9	Centered R2 =	-0.1746
Total (uncentered) SS	= 983895094	Uncentered R2 =	0.6928
Residual SS	= 302240888.2	Root MSE =	845.3

hours	Coef.	Std. Err.	t	P>|t|	[95% Conf. Interval]	
mtr	-18730.16	3870.958	-4.84	0.000	-26338.87	-11121.45
educ	-191.1248	62.73944	-3.05	0.002	-314.4446	-67.80487
kids16	193.2295	159.1413	1.21	0.225	-119.5767	506.0358
nwifeinc	-102.629	20.03279	-5.12	0.000	-142.0052	-63.25276
_cons	18156.78	3560.13	5.10	0.000	11159.04	25154.53

除了估计以外,系统自动为我们提供了许多诊断。作为当前用途,我们只报告了弱工具变量检验结果。Cragg-Donald F-统计量与基于相对偏差标准的临界值一起报告。在本手册附录 10.6 可以看到对相对偏差准则的描述。

```
Weak identification test (Cragg-Donald Wald F statistic):        8.601
Stock-Yogo weak ID test critical values:   5% maximal Fuller rel. bias   10.83
                                          10% maximal Fuller rel. bias    8.96
                                          20% maximal Fuller rel. bias    7.18
                                          30% maximal Fuller rel. bias    6.15
                                           5% Fuller maximum bias        10.00
                                          10% Fuller maximum bias         8.39
                                          20% Fuller maximum bias         6.79
                                          30% Fuller maximum bias         5.88
NB: Critical values based on Fuller parameter=1
Source: Stock-Yogo (2005).  Reproduced by permission.
```

11.9   蒙特卡洛模拟结果

在本手册 10.8 节,我们阐述了蒙特卡洛(Monte Carlo)模拟实验,这个实验在《POE4》第 10 章附录 10 也被使用过。蒙特卡洛模拟探讨了 IV／2SLS 估计的性质。在这里,我们采用相同的实验,添加 LIML 的特征和 k 阶估计。

本章结尾的 Do 文件给出了本实验的完整代码,其结构在本手册第 10.8 节予以详解。第一部分的全局控制参数和数据生成过程是不变的。

```
clear all
set more off
global numobs 100
global pi  0.5        // reduced form parameter controls IV strength
global rho  0.8       // rho controls endogeneity
set seed 1234567    // random number seed
set obs $numobs
matrix sig=(1,$rho\$rho,1)        // corr(e1,v2)
drawnorm ev,n($numobs)corr(sig)     // e1 & v2 values
generate z1=rnormal()
generate z2=rnormal()
generate z3=rnormal()
generate x=$pi*z1+$pi*z2+$pi*z3+v     // reduced form
generate y=x+e
correlate x e
regress x z1 z2     z3
regress y x
ivregress 2sls y(x=z1 z2 z3),small
```

第一个新元素就是 LIML 估计量应用于模拟数据,命令和输出如下所示。请注意,LIML 估计值接近真实值,因为我们设置全局变量 $ pi = 0.5$,因此这样的工具是强大的。

```
ivregress liml y(x=z1 z2 z3),small
```

```
. ivregress liml y (x=z1 z2 z3), small
```

Instrumental variables (LIML) regression

Source	SS	df	MS		
Model	356.810445	1	356.810445		
Residual	112.041511	98	1.14328073		
Total	468.851956	99	4.73587834		

Number of obs = 100
F(1, 98) = 51.15
Prob > F = 0.0000
R-squared = 0.7610
Adj R-squared = 0.7586
Root MSE = 1.0692

y	Coef.	Std. Err.	t	P>|t|	[95% Conf. Interval]	
x	.9951923	.1391497	7.15	0.000	.7190542	1.27133
_cons	.1290802	.1074206	1.20	0.232	-.0840924	.3422528

Instrumented: x
Instruments: z1 z2 z3

下一步，我们要引入富勒修正 k 阶估计，其中 $a=1$ 和 $a=4$。

```
ivreg2 y(x = z1 z2 z3),small fuller(1)
```

```
. ivreg2 y (x=z1 z2 z3), small fuller(1)
```

LIML estimation

k   =0.99954
lambda   =1.00996
Fuller parameter=1

Estimates efficient for homoskedasticity only
Statistics consistent for homoskedasticity only

Number of obs = 100
F(1, 98) = 55.25
Prob > F = 0.0000
Centered R2 = 0.7671
Uncentered R2 = 0.7672
Root MSE = 1.056

Total (centered) SS   =   468.8519559
Total (uncentered) SS   =   469.1579693
Residual SS   =   109.2043273

y	Coef.	Std. Err.	t	P>|t|	[95% Conf. Interval]	
x	1.010894	.1359953	7.43	0.000	.7410159	1.280772
_cons	.130244	.106042	1.23	0.222	-.0801929	.3406808

```
ivreg2 y(x = z1 z2 z3),small fuller(4)
```

```
. ivreg2 y (x=z1 z2 z3), small fuller(4)
```

LIML estimation

k   =0.96829
lambda   =1.00996
Fuller parameter=4

Estimates efficient for homoskedasticity only
Statistics consistent for homoskedasticity only

Number of obs = 100
F(1, 98) = 68.37
Prob > F = 0.0000
Centered R2 = 0.7829
Uncentered R2 = 0.7830
Root MSE = 1.019

Total (centered) SS   =   468.8519559
Total (uncentered) SS   =   469.1579693
Residual SS   =   101.7893518

y	Coef.	Std. Err.	t	P>|t|	[95% Conf. Interval]	
x	1.054443	.1275256	8.27	0.000	.801373	1.307514
_cons	.1334717	.1023524	1.30	0.195	-.0696432	.3365867

用于模拟的程序在结构上和本手册中 10.8 节的程序是相似的。

```
program ch11sim, rclass
version 11.1
drop_all
set obs $numobs

matrix sig = (1, $rho\$rho,1)          // cov(e1,v2)
drawnorm e v,n($numobs)corr(sig)       // e1 & v2 values
generate z1 = rnormal()
generate z2 = rnormal()
generate z3 = rnormal()
generate x = $pi* z1 + $pi* z2 + $pi* z3 +v
generate y = x + e

ivregress 2sls y(x = z1 z2 z3),small
return scalar b2sls = _b[x]
return scalar se2sls = _se[x]
return scalar t2sls = (_b[x] -1)/_se[x]
return scalar r2sls = abs(return(t2sls)) > invttail($numobs -2,.025)
```

我们引入 LIML 和富勒修正的 k 阶估计,结果和 2SLS 相似。

```
ivregress liml y(x = z1 z2 z3),small
return scalar bliml = _b[x]
return scalar seliml = _se[x]
return scalar tliml = (_b[x] -1)/_se[x]
return scalar rliml = abs(return(tliml)) > invttail($numobs -2,.025)
ivreg2 y(x = z1 z2 z3),small fuller(1)
return scalar bfull = _b[x]
returns calar sefull = _se[x]
returns calar tfull = (_b[x] -1)/_se[x]
returns calar rfull = abs(return(tfull)) > invttail($numobs -2,.025)

ivreg2 y(x = z1 z2 z3),small fuller(4)
return scalar bfull4 = _b[x]
return scalar sefull4 = _se[x]
return scalar tfull4 = (_b[x] -1)/_se[x]
return scalar rfull4 = abs(return(tfull4)) > invttail($numobs -2,.025)

end
```

模拟命令包含更多的元素,但基本结构和本手册 10.8 节讨论过的结构是一样的。

```
simulate b2slsr = r(b2sls)se2slsr = r(se2sls)t2slsr = r(t2sls)///
    r2slsr = r(r2sls)blimlr = r(bliml)selimlr = r(seliml)///
    tlimlr = r(tliml)rlimlr = r(rliml)bfullr = r(bfull)///
    sefullr = r(sefull)tfullr = r(tfull)rfullr = r(rfull)///
    bfull4r = r(bfull4)sefull4r = r(sefull4)tfull4r = r(tfull4)///
    rfull4r = r(rfull4), reps(10000)nodots nolegend seed(1234567):
    ch11sim
```

2SLS 第一阶段的显示内容和结果与本书 10.8 节讨论的内容一致。

```
di " Simulation parameters"
di " rho = " $ rho
di "N = " $ numobs
di " pi = " $ pi


.di " Simulation parameters"
Simulation parameters

.di "rho = " $ rho
rho = .8

.di "N = " $ numobs
N = 100

.di "pi = " $ pi
pi = .5

    di " 2sls"
    gen mse2sls = (b2slsr - 1)^2
    tabstat b2slsr se2slsr r2slsr mse2sls,stat(mean sd)
. tabstat b2slsr se2slsr r2slsr mse2sls, stat(mean sd)
```

stats	b2slsr	se2slsr	r2slsr	mse2sls
mean	1.011116	.11695	.0636	.0139068
sd	.1174081	.0274133	.2440512	.0227001

注意到上面所示结果中,超过 10000 次模拟实验的两阶段最小二乘平均估计值是非常接近为 1 的真正斜率参数值,而且正如预期那样,真的零假设的 t 检验拒绝约 5% 的次数。

```
    di "liml"
    genmseliml = (blimlr - 1)^2
    tabstat blimlr selimlr rlimlr mseliml,stat(mean sd)
. tabstat blimlr selimlr rlimlr mseliml, stat(mean sd)
```

stats	blimlr	selimlr	rlimlr	mseliml
mean	.9881047	.1210493	.0509	.0153914
sd	.1234965	.029831	.2198045	.0276647

上述 LIML 估计结果与强 IV 估计例子的结果相似。

```
di " fuller(1)"
gen msefull = (bfullr - 1)^2
tabstat bfullr sefullr rfullr msefull,stat(mean sd)
```

. tabstat bfullr sefullr rfullr msefull, stat(mean sd)

stats	bfullr	sefullr	rfullr	msefull
mean	.999965	.1189061	.0553	.0141615
sd	.1190081	.0283846	.2285763	.0239569

使用 $a = 1$ 的富勒修正 k 阶估计量的目的是产生一个几乎无偏的估计,显然,上述结果与目标一致。

```
di " fuller(4)"
gen msefull4 = (bfull4r - 1)^2
tabstat bfull4r sefull4r rfull4r msefull4,stat(mean sd)
```

. tabstat bfull4r sefull4r rfull4r msefull4, stat(mean sd)

stats	bfull4r	sefull4r	rfull4r	msefull4
mean	1.033343	.1130738	.0812	.0126647
sd	.1074901	.0247115	.2731557	.0177391

使用 $a = 4$ 的富勒修正 k 阶估计量,目的是拥有一个较小的均方误差。上述结果表明,相比于其他估计量,其确实有较低的 MSE。回忆一下,均方误差是针对每个估计来进行计算的:

$$\mathrm{mse}\left(\hat{\beta}_2\right) = \sum_{m=1}^{10000} \left(\hat{\beta}_{2m} - \beta_2\right)^2 \bigg/ 10000$$

关键术语

2SLS	工具变量	**regress**
correlate	**ivreg2**	**rnormal**( )
需求方程	**ivregress**	**seed**
drawnorm	k 阶估计量	**simulate**
内生变量	LIML	联立方程
esttab	**list**	Stock-Yogo 临界值
外生变量	**matrix**	**summarize**
findit	均方误差	供给方程
F 检验	蒙特卡洛模拟	**test**
global	**predict**	二阶最小二乘法
识别	简约形式方程	Wald 检验

第 11 章 Do 文件

```
* file chap11.do for Using Stata for Principles of Econometrics, 4e

cd c:\data\poe4stata

* Stata do-file
* copyright C 2011 by Lee C. Adkins and R. Carter Hill
* used for "Using Stata for Principles of Econometrics, 4e"
* by Lee C. Adkins and R. Carter Hill (2011)
* John Wiley and Sons, Inc.

* setup
version 11.1
capture log close
set more off

********** Chapter 11.6 Truffle Supply and Demand

* open log file
log using chap11_truffles, replace text

* open data
use truffles, clear

* examine data
describe
list in 1/5
summarize

* reduced form equations
reg q ps di pf
reg p ps di pf
predict phat

* 2sls of demand
reg q phat ps di

* IV/2sls of demand equation
ivregress 2sls  q (p=pf) ps di
ivregress 2sls  q (p=pf) ps di, small
ivregress 2sls  q (p=pf) ps di, small first
estat firststage

* 2sls of supply using least squares
reg q phat pf

* IV/2sls of supply equation
ivregress 2sls q (p=ps di) pf, small first
estat firststage

********* 2sls using REG3
********* This is not discussed in the chapter.
********* Enter help reg3

reg3 (q p ps di) (q p pf), endog(q p) 2sls
log close

********** Chapter 11.7 Fulton Fish Market

* open log
log using chap11_fish, replace text

* open data
use fultonfish. clear
```

```
* examine data
describe
list lquan lprice mon tue wed thu stormy in 1/5
summarize lquan lprice mon tue wed thu stormy

* estimate reduced forms
reg lquan mon tue wed thu stormy
reg lprice mon tue wed thu stormy
test mon tue wed thu

* IV/2sls
ivregress 2sls lquan (lprice=stormy) mon tue wed thu, small first
estat firststage

log close

*********** Chapter 11B.2.3a

log using chap11_liml, replace text
use mroz, clear
drop if lfp==0
gen lwage=ln(wage)
gen nwifeinc =  (faminc-wage*hours)/1000
gen exper2 = exper^2

* B=1, L=1
ivregress liml hours (mtr = exper) educ kidsl6 nwifeinc, small
estat firststage
estimates store m11

* B=1, L=2
ivregress liml hours (mtr =  exper exper2) educ kidsl6 nwifeinc, small
estat firststage
estimates store m12

*********** View LIML as IV estimator

* save liml k-value
scalar kvalue=e(kappa)

* reduced form residuals
reg mtr exper exper2 educ kidsl6 nwifeinc
predict vhat, r

* create purged endogenous variable
gen emtr = mtr - kvalue*vhat

* apply 2sls with IV = purged endogenous variable
ivregress 2sls hours (mtr = emtr) educ kidsl6 nwifeinc, small

* B=1, L=3
ivregress liml hours (mtr = exper exper2 largecity) educ kidsl6 nwifeinc, small
estat firststage
estimates store m13

* B=1, L=4
ivregress liml hours (mtr = exper exper2 largecity unemployment) educ kidsl6  nwifeinc,
small
estat firststage
estimates store m14

* B=2, L=2
ivregress liml hours (mtr educ =  mothereduc fathereduc) kidsl6 nwifeinc, small
estat firststage
estimates store m22
```

```
* B=2, L=3
ivregress liml hours (mtr educ =  mothereduc fathereduc exper) kids16 nwifeinc, small
estat firststage
estimates store m23

* B=2, L=4
ivregress liml hours (mtr educ =  mothe reduc fathereduc exper exper2) kids16  nwifeinc,
small
estat firststage
estimates store m24

********** Table 11B.3

esttab m11 m13 m22 m23, t(%12.2f) b(%12.4f) nostar ///
       gaps scalars(kappa) title("LIML estimations")
log close

********** Chapter 11B.2.3b Fuller modified LIML
********** Estimation using IVREG2 a user written command
********** In the command line type FINDIT IVREG2 and click to install
********** You must have administrative power to install

* open log file
log using chap11_fuller, text replace

* open data
use mroz, clear
drop if lfp==0
gen lwage=ln(wage)
gen nwifeinc = (faminc-wage*hours)/1000
gen exper2 = exper^2

* B=1, L=1
ivreg2 hours (mtr = exper) educ kids16 nwifeinc, fuller(1) small
estimates store m11

* B=1, L=2
ivreg2 hours (mtr = exper exper2) educ kids16 nwifeinc, fuller(1) small
estimates store m12

* B=1, L=3
ivreg2 hours (mtr = exper exper2 largecity) educ kids16 nwifeinc, ///
       fuller(1) small
estimates store m13

* B=1, L=4
ivreg2 hours (mtr = exper exper2 largecity unemployment) educ kids16 nwifeinc, ///
       fuller(1) small
estimates store m14

* B=2, L=2
ivreg2 hours (mtr educ = mothereduc fathereduc) kids16 nwifeinc, ///
       fuller(1) small
estimates store m22

* B=2, L=3
ivreg2 hours (mtr educ =  mothereduc fathereduc exper) kids16 nwifeinc, ///
       fuller(1) small
estimates store m23

* B=2, L=4
ivreg2 hours (mtr educ =  mothereduc fathereduc exper exper2) kids16 ///
       nwifeinc, fuller(1) small
estimates store m24
```

```
esttab  m11 m13 m22 m23, t(%12.2f) b(%12.4f) nostar ///
        gaps scalars(kclass fuller widstat) title("fuller(1) estimations")
log close

********** Chapter 11B.3 Monte Carlo simulation

* open log
log using chap11_sim, replace text

* clear memory
clear all
set more off

* set experiment parameters
global numobs 100
global pi     0.5                   // reduced form parameter controls IV strength
global rho    0.8                   // rho controls endogeneity

set seed 1234567                    // random number seed
set obs $numobs

* draw correlated e and v
matrix sig = (1, $rho \ $rho, 1)          // corr(e1,v2)
drawnorm e v, n($numobs) corr(sig)        // e1 & v2 values

* draw 3 uncorrelated standard normals
generate z1 = rnormal()
generate z2 = rnormal()
generate z3 = rnormal()

* DGP
generate x = $pi*z1 + $pi*z2 + $pi*z3 + v           // reduced form
generate y = x + e

* correlation between x and e
correlate x e

* reduced form regression
regress x z1 z2        z3

* OLS
regress y x

* 2sls

ivregress 2sls y (x=z1 z2 z3), small

* liml
ivregress liml y (x=z1 z2 z3), small

* fuller(1)
ivreg2 y (x=z1 z2 z3), small fuller(1)

* fuller(4)
ivreg2 y (x=z1 z2 z3), small fuller(4)

* program to carry out simulation

program ch11sim, rclass
        version 11.1
        drop _all

        set obs $numobs
        matrix sig = (1, $rho \ $rho, 1)            // cov(e1,v2)
        drawnorm e v, n($numobs) corr(sig)    // e1 & v2 values
```

```
        generate z1 = rnormal()
        generate z2 = rnormal()
        generate z3 = rnormal()

        * DGP
        generate x = $pi*z1 + $pi*z2 + $pi*z3 + v
        generate y = x + e

        * 2sls
        ivregress 2sls y (x=z1 z2 z3), small
        return scalar b2sls =_b[x]
        return scalar se2sls = _se[x]
        return scalar t2sls = (_b[x]-1)/_se[x]
        return scalar r2sls = abs(return(t2sls))>invttail($numobs-2,.025)

        * liml
        ivregress liml y (x=z1 z2 z3), small
        return scalar bliml =_b[x]
        return scalar seliml = _se[x]
        return scalar tliml = (_b[x]-1)/_se[x]
        return scalar rliml = abs(return(tliml))>invttail($numobs-2,.025)

        * fuller a=1
        ivreg2 y (x=z1 z2 z3), small fuller(1)
        return scalar bfull =_b[x]
        return scalar sefull = _se[x]
        return scalar tfull = (_b[x]-1)/_se[x]
        return scalar rfull = abs(return(tfull))>invttail($numobs-2,.025)

        * fuller a=4
        ivreg2 y (x=z1 z2 z3), small fuller(4)
        return scalar bfull4 =_b[x]
        return scalar sefull4 = _se[x]
        return scalar tfull4 = (_b[x]-1)/_se[x]
        return scalar rfull4 = abs(return(tfull4))>invttail($numobs-2,.025)
end

simulate b2slsr=r(b2sls) se2slsr=r(se2sls) t2slsr=r(t2sls) ///
        r2slsr=r(r2sls) blimlr=r(bliml) selimlr=r(seliml) ///
        tlimlr=r(tliml) rlimlr=r(rliml) bfullr=r(bfull) ///
        sefullr=r(sefull) tfullr=r(tfull) rfullr=r(rfull) ///
        bfull4r=r(bfull4) sefull4r=r(sefull4) tfull4r=r(tfull4) ///
        rfull4r=r(rfull4), reps(10000) nodots nolegend ///
        seed(1234567): ch11sim

di " Simulation parameters"
di " rho = " $rho
di " N = " $numobs
di " pi = "  $pi

* For each estimator compute
* avg and standard deviation estimate beta
* avg nominal standard error
* avg percent rejection 5% test

di " 2sls"
gen mse2sls = (b2slsr-1)^2
tabstat b2slsr se2slsr r2slsr mse2sls, stat(mean sd)

di " liml"
gen mseliml = (blimlr-1)^2
tabstat blimlr selimlr rlimlr mseliml, stat(mean sd)
```

```
di " fuller(1)"
gen msefull = (bfullr-1)^2
tabstat bfullr sefullr rfullr msefull, stat(mean sd)

di " fuller(4)"
gen msefull4 = (bfull4r-1)^2
tabstat bfull4r sefull4r rfull4r msefull4, stat(mean sd)

log close
```

第 12 章

时间序列数据回归：非平稳数据

本章概要

12.1 平稳数据与非平稳数据

本章的主要目的是向您展示如何使用 Stata 来探索数据的时间序列特征。计量经济学的基本原则之一是估计量的统计特征及其研究效用取决于其数据的表现形式。例如,在线性回归模型中,残差与自变量有相关性,这将导致最小二乘法下的估计量不再具有一致性,不可用于预测与后续检验中。

在时间序列回归中,常规计量程序一般要求数据是平稳的以获得正确统计特征,这就从根本上要求时间序列的均值、方差以及协方差不能依赖于数据被观测的时间段。例如,1973年第三季度的 GDP 必须和 2006 年第四季度 GDP 有相同的均值和方差。为解决这个问题,近年来,计量经济学家们在这个领域进行了深入研究,这里我们将讨论其中的一些技术。

简单的时间序列图是最优先的诊断工具之一,它能够显示出潜在的数据问题,并给出针对性的统计方法建议。正如我们在前几章所看到的,时间序列图在 Stata 中很容易获得。因此,我们接下来要讨论一些新的解决方法。

首先,我们要将目录更改到包含数据文件的目录下,并将它加载到内存中。在本节例子里,我们将使用 *usa. dta* 数据。

```
cdc:\data\poe4stata
use usa,clear
```

该数据集包括四个变量(**gdp**,**inf**,**f** 和 **b**),但没有时间变量。为了使用 Stata 内置的时间序列功能,我们就必须创建一个时间变量,并使用 **tsset** 命令使得数据成为时间序列数据。为了使图形更有意义,我们进一步创建一组日期来匹配该数据集中的数据。该数据集的定义文件表明,集合里面包含季度性数据,它们始于 1984 年第一季度(1984q1),截至 2009 年第三季度(2009q3)。在第 9 章我们就已经详细讨论过如何在 Stata 中创建合适的日期格式,如果您还没有做好准备,建议您在阅读后面内容之前完成对该章节的阅读。

12.1.1 回顾: 在 Stata 中创建日期

简单来说,我们首先要做的就是输入一系列整数来标记所需的日期。在第 9 章我们已经知道,Stata 通过距离基准参考时间(1960)的单位时间个数来记录时间信息,因此,日期创建就必须包含一个定义单位时间与起始日期的函数。由此,**q(1984q1)** 意味着时间的单位增量为一季度,并且整数标记数列开始于 1984 年第一季度。为了验证这一点,输入:

```
display q(1984q1)
```

结果显示:

```
.di q(1984q1)
96
```

这个命令表明,1984 年的第一季度是 1960 年第一季度之后的第 96 个季度。Stata 通过数据集的行数来增加日期数,只要在这个数字(**q(1984q1)**)后面加上 **_n − 1**,其中 **_n** 是 Stata 用于定义观测值位置的一种方法,因此,第一个观测值相当于 0。而第一个观测值是 1984q1,它等于 96,因此对于观测值 2(**_n = 2**)将会被记为 97,依此类推,可使用 **generate** 命令将这个变量写入日期。

```
gen date = q(1984q1) + _n − 1
```

接着,我们用格式命令将上述的整数数据转换成使用 **%tq** 显示格式的字符串,也就是说,96 将被显示为 1984q1,使其更容易让人看出这些数据实际上是日期数据。最后,我们用 **tsset** 命令,让新的变量变为时间序列。

```
format % tq date
tsset date
```

12.1.2　日期提取

有时候我们会遇到可用的数据分散在不连续的年份或季度的情况。时间序列一旦被生成、格式化并定义之后,我们将很容易处理这些情况。提取包含在 *usa. dta* 的季度和年度信息就需要几个步骤。首先,赋予数据新的格式。在我们目前的例子中,我们需要将之前的 **%tq** 格式转换成 **%td** 格式。后者是 Stata 中的母格式,是唯一一种可以将月份、日期、年份等从数据信息中提取出来的数据格式。将 **%tq** 格式的季度数据转换成 **%td** 格式的函数是 **dofq( )**,意为"季度换为天"。该参数使数据以季度格式包含日期,一旦格式被改变,则年份和季度等日期可使用非常清晰的语法如下萃取:

```
gen newdate = dofq(newdate)
gen y = year(newdate)
gen q = quarter(newdate)
```

使用 **dofm( )** 功能将 **%tm** 格式转换为 **%td** 格式,可以在 Command 窗口输入 **help dates** 命令,详细阅读帮助文件里 *Converting and Extracting date and time values* 这一部分。

获得正确的日期信息数据集之后,我们应该及时保存数据。新的数据信息可以永久地覆盖你的数据集,使你免于以后每次使用都要手动键入这些数据的麻烦。无论是使用下拉菜单 **File > Save** 或键盘命令 **Ctrl + S**,都将帮助你保存当前信息到 *usa. dta*。

12.1.3　制图

使用 **graph** 命令画出 **gdp** 的数据样本图。绘制时间序列图完整的语法是:

```
graph twoway(tsline gdp)
```

第一个参数是 **twoway**,其后是 **tsline**(即时间序列线),该参数用来度量 x 轴上 **gdp** 变量的时间维度,而不用可变的日期去度量。我们使用 Stata 的内置差分运算符 **D.**(或 **D1**)来绘制一阶差分。差分运算符与滞后运算符 **L** 类似,前者被用作一个前缀,使得数据差分变得非常容易。差分运算符既可以用在生成命令语句中,也可以直接用在所有 Stata 的时间序列的命令中。有关其他时间序列运算符的更多信息,请使用在线帮助,或在窗口搜索 **tsvarlist**。

这一命令可以被简化为:

```
tsline gdp
```

先将 **graph twoway** 合并省略,这将是我们遵循的惯例。

获得差分序列数据图可按如下语句实现:

```
tsline D.gdp
```

一个简单的方法来进行组合制图是使用命令 **name**(*graph_name*)选项,如下所示。创建图表 **gdp** 和它的差分,予以命名,然后用 **graph combine** 命令把对象相结合。Stata 命令:

```
qui tsline gdp,name(gdp,replace)
qui tsline D.gdp,name(dgdp,replace)
graph combine gdp dgdp
```

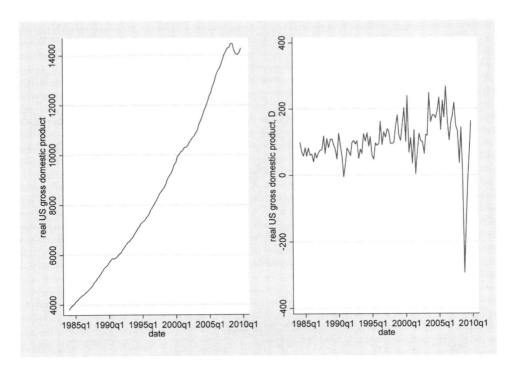

左边的面板呈现的是美国的 GDP 水平，右边的面板显示了其季度性变化。若要从内存中移除之前所创建的图形及命名，可以用 **graph drop** *graph_name* 命令来实现。

如果你想保存所绘制的图形，可以使用 **saving**(*graph_name*)选项来完成，这将使你能够很便利地将图形复制到其他的程序中。若要删除已创建且用 **saving**(*graph_name*)选项保存的图形，可以使用 Stata 的 **shell** 命令，在操作系统中直接访问命令行。目前我们所列示的操作系统是 Windows XP，使用 **shell** 命令打开 Windows XP 的命令窗口，这样我们就可以从这里发出标准的计算机系统操作命令。

下面展示的是一组关于通胀率、美联储基金利率和 3 年期国债利率，以及它们的变化的曲线图形。

```
qui tsline inf,name(inf,replace)
qui tsline D.inf,name(dinf,replace)yline(0)
qui tsline f,name(f,replace)
qui tsline D.f,name(df,replace)yline(0)
qui tsline b,name(b,replace)
qui tsline D.b,name(db,replace)yline(0)

graph combine inf dinf f df b db,cols(2)
```

对于每一个度量变化的图形，我们都用 **yline**(0)选项在其中设置了一条 $y = 0$ 的水平线，这样可以直观地确认正负值。此外，**graph combine** 命令使用 **cols**(2)命令，可以使数据本身及其变化趋势分别在两边呈现。

接下来，生成一组概要统计量。本例中，《*POE*4》要求你计算数据子样本的概要统计量。第一个子样本中包含了从 1984 年第一季度到 1996 年第四季度的 52 个观测值。第二个子样本中包含了从 1996 年第四季度到 2009 年第四季度的 52 个观测值。可以使用附带条件 **if** 选项的

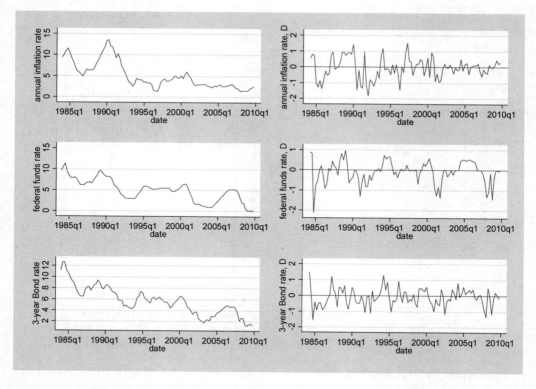

summarize 命令获得相应的概要统计量,这里关键在于如何将子样本与所研究的时间相匹配。

有几种方法可以实现这一点。首先,我们可以使用标准的 if 语句限制样本日期。子样本开始于数据集的开头,结束于 1996 年的第四季度。语法如下:

    Summarize if date < =q(1996q4)

这个命令能够描述性统计所有早于并包括 1996 年第四季度的数据。日期数据储存在 **date** 变量中,Stata 里有关季节性日期变量命令为 **q( )**,在括号中添加 **1996q4**,为 **q(1996q4)**,对应日期为 1996 年第四季度。运算符 < = 表示数学上的小于或等于。第二子样本始于 1997 年的第一季度并一直延伸到数据集的末尾。语法为:

    Summarize if date > =q(1997q1)

如果在 **summarize** 命令后面没有列示变量名称,那么数据集里所有变量的概要统计量都会被报告出来。当然这里不会出现任何差分数据,除非你开始之前就单独使用了 **generate** 命令生成差分数据,并把它们放入数据集里。在本例中,事前没有进行差分,因此只有在描述统计之后再另行处理。

其他用来限制样本的方法是使用内置的 **tin( )** 函数,但它仅适用于时间序列。关于 **tin( )** 函数的语法在线帮助如下:

```
Time-series function

    tin(d1, d2)
        Domain d1:    data or time literals recorded in units of t previously tsset
        Domain d2:    data or time literals recorded in units of t previously tsset
        Range:        0 and 1, 1 means true
        Description:  true if d1 ≤ t ≤ d2, where t is the time variable previously tsset.

                      You must have previously tsset the data to use tin().  When you tsset
                      the data, you specify a time variable t, and the format on t states how
                      it is recorded.  You type d1 and d2 according to that format.
```

"tin"读作"tin",表明其本身的作用。它本质上是一个逻辑函数,用户可以用它来查看观测对象是否处在语句中所设置的两个参数 **d1** 与 **d2**(含)之间的时间段内。参数的设置可以是日期,也可以是整数,但不论怎样,所应用的数据集必须是经 **tsset** 函数处理过的时间序列类型,否则该功能将无法使用。

如果你想让样本观测值从头开始,只需要将参数 **d1** 省略;若想要观测值持续到样本数据的最末尾,只需将参数 **d2** 省略。具体 **tin**( )语法示例如下:

```
Summarize if tin(,1996q4)
summarize if tin(1997q1,)
```

为了完整地复制《*POE4*》中表 12.1 的所有数据,我们必须明确设定参数 **d1**,因为第一个观测值被删除了,本表中第一个观测值为 1984 年第二季度,因此命令语句如下:

```
Summarize gdp inf bf D.gdp D.inf D.b D.f if tin(1984q2,1996q4)
```

第一个数据子集的结果如下:

Variable	Obs	Mean	Std. Dev.	Min	Max
gdp	51	5813.02	1204.604	3906.3	8023
inf	51	6.903725	3.337811	1.28	13.55
b	51	7.343137	1.939775	4.32	12.64
f	51	6.417255	2.130539	2.99	11.39
gdp D1.	51	82.65882	29.33348	-4.6	161.8
inf D1.	51	-.1605882	.8320058	-1.8	1.43
b D1.	51	-.1029412	.6312822	-1.54	1.45
f D1.	51	-.0864706	.5860711	-2.12	.97

接着,第二个:

```
. summarize gdp inf b f D.gdp D.inf D.b D.f if tin(1997q1,)
```

Variable	Obs	Mean	Std. Dev.	Min	Max
gdp	52	11458.19	2052.135	8137	14484.9
inf	52	3.219423	1.116619	1.45	6.04
b	52	3.977115	1.564322	1.27	6.56
f	52	3.4875	2.025269	.12	6.52
gdp D1.	52	120.275	92.91987	-293.7	267.9
inf D1.	52	.0251923	.4617422	-.93	1.52
b D1.	52	-.0875	.4788502	-1.33	.81
f D1.	52	-.0992308	.5142893	-1.43	.59

这些与表 12.1 一致。

12.2　伪回归[①]

有时候,即使回归变量之间并没有任何关系,也有可能得到一个统计量显著相关的回归结果。在时间序列分析中,使用非平稳数据做回归分析是很常见的。这里的例子中,我们随机产生了两个数列 rw_1 和 rw_2。

$$rw_1 : y_t = y_{t-1} + v_{1t}$$

$$rw_2 : x_t = x_{t-1} + v_{2t}$$

其中,误差是使用伪随机数发生器产生的独立标准正态随机偏离数。显然,x_t 和 y_t 无论怎么看都没有任何关系。为了探究这些不相关的时序变量之间的经验关系,导入 *spurious. dta* 数据,创建时间变量,并在 Stata 中说明该数据是时间序列。

```
use spurious,clear
gen time = _n
tsset time
```

由于数据是人工生成的,没有必要花时间来创建实际日期。在这种情况下,一个简单的周期计数器就可以解决问题,使用 **_n** 来对样本序数直接进行赋值。只要时序数据记录在固定的时间间隔(即观测值之间所经过的时间段是相等的),这种简单的创建时间变量的方法都可以用。

首先,我们要做的是绘制相关数据的时间序列图。简单来说:

```
tsline rw1 rw2,name(g1,replace)
```

生成下图:

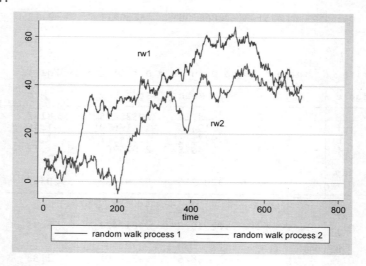

散点图揭示了变量之间的潜在伪(spurlous)关系：

```
scatter rw1 rw2,name(g2,replace)
```

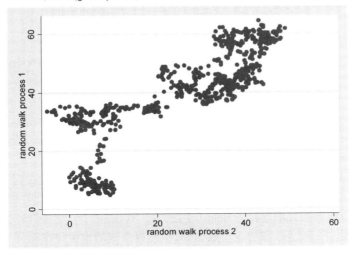

其中,**name**( )选项并不是必需的,但是这个选项可以让你方便地在批处理文件中运行命令。它可以为每个图形命名,并可以在新的窗口中把图形全部打开。

我们可以看到,线性回归统计结果表明这两个实质上完全没有关系的时间序列之间显示出了线性关系。

```
regress rw1 rw2
```

结果如下：

```
. regress rw1 rw2
```

Source	SS	df	MS			Number of obs	=	700
						F(1, 698)	=	1667.65
Model	122116.557	1	122116.557			Prob > F	=	0.0000
Residual	51112.3314	698	73.2268359			R-squared	=	0.7049
						Adj R-squared	=	0.7045
Total	173228.888	699	247.823874			Root MSE	=	8.5573

rw1	Coef.	Std. Err.	t	P>|t|	[95% Conf. Interval]
rw2	.8420412	.0206196	40.84	0.000	.8015572 .8825251
_cons	17.81804	.6204776	28.72	0.000	16.59981 19.03627

注意到 $rw2$ 的相关系数为正 (0.842) 且显著 $(t = 40.84 > 1.96)$。然而,实际上这些变量完全不相关! 因此,我们观测到的相关关系可以说纯粹是伪的或谬误的 $(spurious)$。导致此类伪回归结果的原因是由于这是两列非平稳数据。这也告诉我们,在进行时间序列回归分析之前,我们都要进行数据的平稳性检查。

我们可以使用 LM 检验来快速检测残差之间是否存在自相关的可能(详见第 9 章)。

```
. estat bgodfrey
```

Breusch-Godfrey LM test for autocorrelation

lags(p)	chi2	df	Prob > chi2
1	682.958	1	0.0000

H0: no serial correlation

可以看出,p 值非常小,这表明模型存在设定错误。对此,我们需要进一步检验。

12.3 平稳性的单位根检验

扩展的 **Dickey-Fuller** 检验可以用来测试数据平稳性。在进行检验之前,我们需要根据具体的时间序列来做一些相关选择。有时,这些选择是基于对时间序列图的目视检查。通过观察,你可以判断该时间序列的均值是否非零,或者它们是否存在线性或二次趋势。如果一个样本存在二次趋势,那么它的差分样本将具有线性趋势。在前文关于联邦基金利率的图形中,可以看到 **F** 值呈现出下降趋势,而它的差分(**D. f**)则在某一固定值附近波动,债券亦然。这表明,对于每个序列,扩展的 **Dickey-Fuller**(ADF)检验都将呈现出一个固定值,而不是一个有时间性的趋势。

GDP 时间序列数据似乎在时间上呈现出了一定的二次趋势。出现在它下面的系列差分序列有小幅向上的漂移,由此你可以选择包含常数项和时间趋势的 ADF 检验。众所周知,判断是必须的,而如何明智地进行判断是一门艺术。我们的目标是利用各类能进行的检验来尽可能减少一些不确定性,但是也要意识到,在选择恰当的检验设定时需要计量经济学家们给出的判断。

接下来我们要决定的就是在 ADF 回归中放入滞后数据。再次强调,这是一种主观判断,但是 ADF 回归中的残差不应自相关,并且,模型中应该有足够的滞后差分,以保证残差具有白噪声。

在本节中,我们将讨论两种可以用于 Dickey-Fuller 平稳性估计假设检验方法。第一种是手动的。在该方法中,可以用最小二乘法做出一个恰当的模型,算出检验的 t 值,该结果再与课本中表格里的 t 临界值相比较。让我们回顾一下,在本例中的滞后变量的 t 比率并不具有 t 分布,而正确的分布十分复杂,我们需要依靠已经建立的临界值表或者进行模拟来得到正确的检测临界值。

第二种方法是使用 Stata 的一个内置函数。这种方法的好处是 Stata 可以生成正确的检验临界值,使我们免于查阅其他资料的麻烦。Stata 还为我们提供了正确的 p 值。

下表为 Dickey-Fuller 回归的基本分类:

序列特征	回归模型
无常数项、无趋势	$\Delta y_t = \gamma y_{t-1} + v_t$
有常数项、无趋势	$\Delta y_t = \alpha + \gamma y_{t-1} + v_t$
有常数项、有趋势	$\Delta y_t = \alpha + \gamma y_{t-1} + \lambda_t + v_t$

每个类型里,零假设和备择假设都分别为 $H_0: \gamma = 0$ 和 $H_1: \gamma < 0$。通常来说,模型回归估计之后,要报告 γ 的 t 值,并与书中的临界值或 Stata 提供的临界值进行比较。

扩展的 Dickey-Fuller 检验在模型中加入了滞后差分变量。该模型有常数项、无趋势,如下:

$$\Delta y_t = \alpha + \gamma y_{t-1} + \sum_{s=1}^{m} a_s \Delta y_{t-s} + v_t$$

你要确认所要添加的滞后变量的个数,基本来说,模型中应该包含足够多 Δy_{t-s} 的滞后变量,以保证残差不会产生自相关。相关例子我们将在后文呈现。滞后变量的数量也可以由残差 v_t 的自相关函数(ACF)的检验决定,或者由滞后变量的估计参数 a_s 的显著性决定。

本例中,以联邦基金回报率(**f**)与三年期债券回报率(**b**)为示例,时序图显示,数据呈现出波动趋势，也就是说，它们可能具有非平稳性。在进行 Dickey-Fuller 检验之前，我们先决定是否使用常数模型或趋势模型。由于数列在一个非零的平均值附近波动，并且未显示出线性或二次趋势，因此，我们选择"有常数项、无趋势"模型。接着，我们来决定应该在等式右边加入多少滞后差分变量。根据第 9 章对模型选择的定义，我们认为加入一个滞后差分变量就能消除该类问题中残差自相关的问题。

清空 Stata 内存中之前的数据，重新载入 *usa. dta* 的数据：

```
use usa,clear
```

如果在第一个例子中创建、使用了日期时间变量之后，*usa. dta* 的数据没有被保存，那么现在需要重新创建一个 **date** 变量。

```
us eusa,clear
gen date = q(1984q1) + _n - 1
format % tq date
tsset date
```

Stata 回归命令如下：

```
regress D.f L.f L.D.f
regress D.b L.b L.D.b
```

这里差分运算符是用于生成方程左侧的 **f** 和 **b** 变化值（作为因变量），滞后运算符 **L. operator** 用于获得 **f** 和 **b** 的一阶滞后变量，最后两个变量运用了 **L. D. f** 和 **L. D. b** 两种运算符。这些运算符的线性可积性允许它们组合在一起以任意顺序（可交换性）使用，因此，**L. D. f** 获得 **D. f** 的一阶滞后项，而 **D. f** 则是 **f** 的一阶差分值。可交换性（commutative）意味着我们可以改变运算符的顺序为 **D. L. f**，结果不变。

```
. regress D.f L.f L.D.f
```

Source	SS	df	MS	
Model	10.0957158	2	5.0478579	
Residual	19.6353195	99	.198336561	
Total	29.7310353	101	.294366686	

Number of obs = 102
F(2, 99) = 25.45
Prob > F = 0.0000
R-squared = 0.3396
Adj R-squared = 0.3262
Root MSE = .44535

D.f	Coef.	Std. Err.	t	P>|t|	[95% Conf. Interval]
f
L1.	-.0446213	.0178142	-2.50	0.014	-.0799685 -.0092741
LD.	.5610582	.0809827	6.93	0.000	.4003708 .7217455
_cons	.1725221	.1002333	1.72	0.088	-.0263625 .3714067

```
. regress D.b L.b L.D.b
```

Source	SS	df	MS	
Model	4.20542707	2	2.10271354	
Residual	25.0098641	99	.25262489	
Total	29.2152912	101	.289260309	

Number of obs = 102
F(2, 99) = 8.32
Prob > F = 0.0005
R-squared = 0.1439
Adj R-squared = 0.1267
Root MSE = .50262

D.b	Coef.	Std. Err.	t	P>|t|	[95% Conf. Interval]
b
L1.	-.0562412	.0208081	-2.70	0.008	-.097529 -.0149534
LD.	.2903078	.0896069	3.24	0.002	.1125084 .4681072
_cons	.236873	.1291731	1.83	0.070	-.0194345 .4931804

f 和 **b** 的一阶滞后变量的 t 值见表中圈图处,这些值可用于 Dickey-Fuller 检验。

滞后运算符同样支持 *numlist* 功能,这可以进一步简化命令为:

```
reg L(0/1).D.f L.f
reg L(0/1).D.b L.b
```

本例中,回归命令简写为 **reg**,且 **L(0/1).D.f** 替换了 **D.f L.D.f**。在该例当中,虽然这样做并没有省去任何字符,但是如果加入的 **f** 滞后运算符与差分运算符增多的话,我们就可以看到它的省略优势。如下所示,该省略功能对使用循环语句来进行模型的滞后选择也很有用处。

Stata 有自带的 **dfuller** 命令,可用于 Dickey-Fuller 回归检验。相关的命令和语法在线帮助如下:

Syntax

```
        dfuller varname [if] [in] [, options]

    options          description

    Main
      noconstant     suppress constant term in regression
      trend          include trend term in regression
      drift          include drift term in regression
      regress        display regression table
      lags(#)        include # lagged differences

    You must tsset your data before using dfuller; see [TS] tsset.
    varname may contain time-series operators; see tsvarlist.
```

在选项中,你可以自由选择是否包含常数项、趋势和漂移(平方趋势),并设定滞后期数。如果使用 **regress** 选项,将会列报完整的回归统计结果。考虑到方便比较,我们选择如下命令:

```
    dfuller f,regress lags(1)
```

当使用 **regress** 选项,Dickey-Fulle 检验的有关统计量、临界值和回归结果都被列示如下,检验所需的正确 p 值也同时产生,这使得检验分析更加简便。在本例中,p 值的结果大于 0.10,因此,在该显著性水平下,我们不能拒绝单位根的零假设。

```
. dfuller f, regress lags(1)
```

Augmented Dickey-Fuller test for unit root   Number of obs   =   102

	Test Statistic	1% Critical Value	Interpolated Dickey-Fuller 5% Critical Value	10% Critical Value
Z(t)	-2.505	-3.509	-2.890	-2.580

MacKinnon approximate p-value for Z(t) = 0.1143

D.f	Coef.	Std. Err.	t	P>|t|	[95% Conf. Interval]	
f						
L1.	-.0446213	.0178142	-2.50	0.014	-.0799685	-.0092741
LD.	.5610582	.0809827	6.93	0.000	.4003708	.7217455
_cons	.1725221	.1002333	1.72	0.088	-.0263625	.3714067

对债券收益序列的检验如下:

```
. dfuller b, regress lags(1)
```

Augmented Dickey-Fuller test for unit root   Number of obs   =   102

	Test Statistic	1% Critical Value	5% Critical Value	10% Critical Value
		——— Interpolated Dickey-Fuller ———		
Z(t)	-2.703	-3.509	-2.890	-2.580

MacKinnon approximate p-value for Z(t) = 0.0735

D.b	Coef.	Std. Err.	t	P>|t|	[95% Conf. Interval]	
b L1.	-.0562412	.0208081	-2.70	0.008	-.097529	-.0149534
LD.	.2903078	.0896069	3.24	0.002	.1125084	.4681072
_cons	.236873	.1291731	1.83	0.070	-.0194345	.4931804

对债券收益率检验所得的 p 值大于 5%, 因此在该显著性水平下, 我们不能拒绝关于非平稳性的零假设。

我们可以看到, Dickey-Fuller 检验统计量(被记作 $z(t)$)以及分别在 1%, 5% 与 10% 显著性水平的临界值都被报告出来。这些临界值与课本上的略微有所不同, 这很有可能是因为 Stata 特别为用户所做的修改。对任何样本, 检验统计量都没有落在拒绝区域内, 我们可以得出: 至少在 5% 的显著性水平下, 数据是非平稳的。

Dickey-Fuller 检验将被重复应用在差分序列当中。由于差分序列既不包含趋势, 也没有常数项, 因此, 不含滞后算子的命令如下:

    Dfuller D.f, noconstant lags(0)

    dfuller D.b, noconstant lags(0)

这里回归结果略去, 我们直接报告 DF 检验值。

```
. dfuller D.f, noconstant lags(0)
```

Dickey-Fuller test for unit root   Number of obs   =   102

	Test Statistic	1% Critical Value	5% Critical Value	10% Critical Value
		——— Interpolated Dickey-Fuller ———		
Z(t)	-5.487	-2.600	-1.950	-1.610

```
. dfuller D.b, noconstant lags(0)
```

Dickey-Fuller test for unit root   Number of obs   =   102

	Test Statistic	1% Critical Value	5% Critical Value	10% Critical Value
		——— Interpolated Dickey-Fuller ———		
Z(t)	-7.662	-2.600	-1.950	-1.610

本例中, 我们拒绝非平稳性的零假设, 并得出了两个数列均在其差分序列中具有平稳性的结论。

在对话窗中进行 Dickey-Fuller 检验的步骤如下：依次点击 **Statistics > Time series > Tests > Augmented Dickey-Fuller unit root tests**。相应对话框如下：

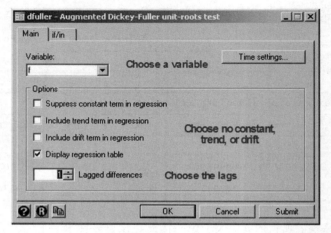

再次说明，**dfuller** 对话框可以简单生成上述命令语句。选择你想要检验的变量，在"Options"列表中进行 **noconstant**、**trend** 或 **drift** 等情况的设定选择，并确定 ADF 模型中的滞后期数。你也可以在对话框中查看此处进行的回归结果。

Stata 中还有其他一些针对非平稳性的检验，也都相当实用。首屈一指的是 DF-GLS 检验，其 **dfgls** 命令为针对时间序列单位根检验，它执行的是修改后的 Dickey-Fuller t 检验（被称为 DF-GLS 检验），由 Elliott, Rothenberg and Stock(1996) 提出。本质上，该检验是一个增广的 Dickey-Fuller 检验，其命令类似于 Stata 的 **dfuller** 命令，所不同的是这些时间序列在进行检验之前先要被进行广义最小二乘(GLS)回归转化。Elliott、Rothenberg、Stock 以及后来的研究都表明，较之前的增广 Dickey-Fuller 检验，这种新检验方法的效果明显更好，因此，它通常不会在常规的增广 Dickey-Fuller 检验未拒绝原假设的情况下拒绝原假设。

使用 **dfgls** 命令对时间序列模型实施 DF-GLS 检验，模型中包括 1 至 k 个滞后一阶差分和去趋势变量，其中 k 可以由用户自己设定，或者由在 Schwert(1989) 中描述的方法来设定。如《POE4》中所述，增广（扩展）Dickey-Fuller 检验涉及拟合回归形式：

$$\Delta y_t = \alpha + \beta y_{t-1} + \delta t + \zeta_1 \Delta y_{t-1} + \cdots + \zeta_k \Delta y_{t-k} + u_t$$

然后，检验原假设 $H_0 : \beta = 0$。DF-GLS 检验与之前的检验类型相似，只是前者使用的是去趋势数据的广义最小二乘法的回归模型(GLS-detrended model)。该检验的原假设为：y_t 是一个随机游走、可能存在漂移的变量。还有两种可能的备择假设：y_t 具有线性时间趋势的平稳数据特征，或者 y_t 可能有一个非零的均值但没有线性时间趋势特征。默认的使用方法是前者，可以使用 **notrend** 选项设定后者。

对于美联储的资金水平和三年期国债利率：

```
dfgls f
dfgls b
```

结果为：

```
. dfgls f

DF-GLS for f                                                    Number of obs =      91
Maxlag = 12 chosen by Schwert criterion

                 DF-GLS tau        1% Critical      5% Critical       10% Critical
    [lags]     Test Statistic        Value            Value              Value

     12           -3.035            -3.575           -2.753            -2.479
     11           -3.025            -3.575           -2.783            -2.508
     10           -2.905            -3.575           -2.813            -2.537
      9           -3.107            -3.575           -2.842            -2.565
      8           -3.097            -3.575           -2.870            -2.591
      7           -3.602            -3.575           -2.898            -2.617
      6           -3.732            -3.575           -2.924            -2.641
      5           -3.436            -3.575           -2.949            -2.664
      4           -3.290            -3.575           -2.972            -2.686
      3           -3.793            -3.575           -2.994            -2.706
      2           -3.499            -3.575           -3.014            -2.723
      1           -3.278            -3.575           -3.031            -2.739

Opt Lag (Ng-Perron seq t) =  1 with RMSE  .3535111
Min SC   = -1.980541 at lag  1 with RMSE  .3535111
Min MAIC = -1.808821 at lag  1 with RMSE  .3535111


. dfgls b

DF-GLS for b                                                    Number of obs =      91
Maxlag = 12 chosen by Schwert criterion

                 DF-GLS tau        1% Critical      5% Critical       10% Critical
    [lags]     Test Statistic        Value            Value              Value

     12           -2.556            -3.575           -2.753            -2.479
     11           -2.571            -3.575           -2.783            -2.508
     10           -2.265            -3.575           -2.813            -2.537
      9           -2.787            -3.575           -2.842            -2.565
      8           -3.270            -3.575           -2.870            -2.591
      7           -2.896            -3.575           -2.898            -2.617
      6           -3.185            -3.575           -2.924            -2.641
      5           -3.206            -3.575           -2.949            -2.664
      4           -2.995            -3.575           -2.972            -2.686
      3           -3.392            -3.575           -2.994            -2.706
      2           -2.924            -3.575           -3.014            -2.723
      1           -3.095            -3.575           -3.031            -2.739

Opt Lag (Ng-Perron seq t) =  3 with RMSE  .4644163
Min SC   = -1.371452 at lag  1 with RMSE  .4793635
Min MAIC = -1.216796 at lag  1 with RMSE  .4793635
```

使用 **dfgls** 检验的好处之一是简易明了。Schwert 标准设定了至多滞后 12 期，因此模型从滞后 1～12 中进行检索。能最小化 SC, MAIC 以及 Ng-Perron 等统计量的模型也均予以给定。对于 **f**, 滞后选项明显为 1, 在 5% 的置信水平下非平稳零假设被拒绝。对于 **b**, 其中的两个标准：滞后变量的选择为 1, 显著性水平也设置在 5%。

　　GLS 估计量的估计效率越高, 结果可能会越不明确, 也就是说该时间序列数据实际上可能就是平稳的。有时为确保正确性, 建议进行另一种检验。Phillips-Perron（1988）检验了时间序列是非平稳的零假设, 以及平稳的备择假设。**pperron** 命令使用在第 9 章讨论的 Newey-West 标准误来考察序列相关性, 而对此, 增广 Dickey-Fuller 检验则用 **dfuller** 命令添加一阶差分的滞后变量。该测试的优点在于, 使用者不需要考虑模型选择过程来决定如何增强回归, 因此, **regress** 选项直接得到回归结果, 缺点是, 其结果取决于带宽（bandwidth）的选择。与第 9 章中讨论的 **newey** 过程不同, **pperron** 检验会自动选择被推荐的建议之一。你有添加趋势变量或者删除常数项的选择权。比如这个例子中,我们可以看出,图形包含了一个向下的趋势。

为了检测两个时间序列的水平,我们可以进行如下命令:

```
pperron b,regress trend
pperron f,regress trend
```

结果如下:

```
. pperron f, regress trend

Phillips-Perron test for unit root              Number of obs    =       103
                                                Newey-West lags  =         4
```

	Test Statistic	1% Critical Value	─── Interpolated Dickey-Fuller ─── 5% Critical Value	10% Critical Value
Z(rho)	-13.209	-27.420	-20.712	-17.510
Z(t)	-2.560	-4.039	-3.450	-3.150

```
MacKinnon approximate p-value for Z(t) = 0.2985
```

f	Coef.	Std. Err.	t	P>|t|	[95% Conf. Interval]	
f L1.	.9460524	.0326592	28.97	0.000	.8812574	1.010847
_trend	-.0035557	.0027713	-1.28	0.202	-.0090539	.0019426
_cons	.3633958	.2941354	1.24	0.220	-.2201604	.9469521

及:

```
. pperron b, regress trend

Phillips-Perron test for unit root              Number of obs    =       103
                                                Newey-West lags  =         4
```

	Test Statistic	1% Critical Value	─── Interpolated Dickey-Fuller ─── 5% Critical Value	10% Critical Value
Z(rho)	-16.361	-27.420	-20.712	-17.510
Z(t)	-2.978	-4.039	-3.450	-3.150

```
MacKinnon approximate p-value for Z(t) = 0.1382
```

b	Coef.	Std. Err.	t	P>|t|	[95% Conf. Interval]	
b L1.	.8924541	.0429605	20.77	0.000	.8072218	.9776865
_trend	-.0069282	.0035347	-1.96	0.053	-.013941	.0000845
_cons	.8823205	.4187536	2.11	0.038	.0515253	1.713116

这组结果与由普通增广 Dickey-Fuller 回归得出的结果相同。$\mathbf{Z(rho)}$ 统计量没有落在任何一个回归检验的拒绝域中,这意味着我们支持 **b** 和 **f** 的非平稳性。**f** 的趋势项不显著,可能会被忽略,但另一个时序则具有显著性,系数估计结果为相关结论提供了证据。

12.4 整合与协整

如果两组非平稳数据同时变动,那么它们具有协整关系。例如,我们已经发现了联邦基金利率与三年期债券利率的水平均为非平稳,而它们的差分数据具有平稳性。在不明晰的时间序列术语运用当中,每一个序列都被称为"一阶积整(**integrated of order 1 或 I(1)**)"。如果有两组非平稳数据在时间上一起变动,那么我们则称它们为协整。在本例中,从经济理论角度来看,这两者应通过套利而捆绑在一起,但这并没有保证。因此,我们要进行一个正式的统计检验。

检验过程很简单。用 **I(1)** 中的一个变量对另一个变量进行最小二乘回归。接着,用增广 Dickey-Fuller 法检验残差的非平稳性。如果序列协整,则检验的统计量会在统计上显著。该检验中的零假设是残差非平稳。如果拒绝原假设,则可以得出残差具有平稳性,即该序列协整的结论。

12.4.1　Engle-Granger 检验

本检验在前文中通常被称为恩格尔—格兰杰因果检验(Engle-Granger test)。对 **b** 做 **f** 和一个截距的回归,保存残差并用于增广 Dickey-Fuller 回归。手动完成如下:

```
regress b f
```

```
. regress b f
```

Source	SS	df	MS		Number of obs =	104
					F(1, 102) =	865.60
Model	568.17396	1	568.17396		Prob > F =	0.0000
Residual	66.9519745	102	.656391907		R-squared =	0.8946
					Adj R-squared =	0.8936
Total	635.125935	103	6.16627121		Root MSE =	.81018

b	Coef.	Std. Err.	t	P>|t|	[95% Conf. Interval]	
f	.9144114	.0310801	29.42	0.000	.8527641	.9760587
_cons	1.13983	.1740833	6.55	0.000	.7945362	1.485123

```
Predict ehat,residual
```

```
Regress D.ehatL.ehat L.D.ehat,noconstant
```

```
. regress D.ehat L.ehat L.D.ehat, noconstant
```

Source	SS	df	MS		Number of obs =	102
					F(2, 100) =	10.16
Model	3.53907328	2	1.76953664		Prob > F =	0.0001
Residual	17.4123657	100	.174123657		R-squared =	0.1689
					Adj R-squared =	0.1523
Total	20.951439	102	.205406265		Root MSE =	.41728

D.ehat	Coef.	Std. Err.	t	P>|t|	[95% Conf. Interval]	
ehat						
L1.	-.2245093	.0535039	-4.20	0.000	-.3306595	-.1183592
LD.	.2540448	.0937006	2.71	0.008	.0681454	.4399442

滞后一期 $\hat{e}$ 变量的 t 值为 -4.20。检验所需临界值务必从正确的表格中获得,如《POE4》中表 12.4,对于包含了截距的协整回归,在 5% 的显著性水平下所获得的临界值 t_c 为 -3.37,很明显,t 比率低于临界值。当 $t \leqslant t_c$ 时,无协整关系的原假设将被拒绝,反之则不能拒绝原假设。在本例中,t 统计量为 $-4.196 < -3.37$,因此关于最小二乘残差非平稳的原假设被拒绝,即残差是平稳的,这表明了债券利率和联邦基金利率是有协整关系的。

我们可以用 Stata 内置的 **dfuller** 命令来获取 t 值,但是它提供的临界值不准确。这些临界值仍然需要从匹配了协整关系方程的表格中获取,而且它们与传统的 Dickey-Fuller 回归结果中的临界值不同。

```
. dfuller ehat, noconstant lags(1)
```

Augmented Dickey-Fuller test for unit root   Number of obs   =   102

	Test Statistic	1% Critical Value	Interpolated Dickey-Fuller 5% Critical Value	10% Critical Value
Z(t)	-4.196	-2.600	-1.950	-1.610

再次强调,当检验残差的平稳性时,不要使用这张表格中的临界值,因为它基于的假设是该检验的时间序列尚未被估计。

12.4.2 误差修正模型

协整关系介于两个非平稳的单整变量 I(1) 之间。这些变量都有一个共同的趋势,并在长期中朝聚集的趋势运行。在本节中,嵌入协整关系的 I(0) 变量之间的动态关系被称为短期误差修正模型,我们将要对其进行检验。

从 ARDL(1,1) 开始:

$$y_t = \delta + \theta_1 y_{t-1} + \delta_0 x_t + \delta_1 x_{t-1} + v_t$$

经过一些转化之后(详见《POE4》)得到:

$$\Delta y_t = -(1 - \theta_1)(y_{t-1} - \beta_1 - \beta_2 x_{t-1}) + \delta_0 \Delta x_t + \delta_1 \Delta x_{t-1} + v_t$$

第二个括号内的式子是一个协整关系,反映 y 和 x 的线性相关水平。令 $\alpha = (1 - \theta_1)$,则方程的参数可以用非线性最小二乘法估计。

```
gen Db = D.b
nl(Db = -{alpha}* (L.b - {beta1} - beta2}* L.f) + ///
{delta0}* D.f + {delta1}* D.L.f),variables(L.bL.fD.L.f)
```

这里唯一的问题是,时间序列运算符 **D** 不能在式子中作为因变量使用,因此必须单独先创建用于 **nl** 命令的因变量。滞后运算符和差分运算符倒是都可以用于等式的右边,如果变量选项需要的话。结果如下:

Source	SS	df	MS		
Model	15.0345905	4	3.75864763	Number of obs =	102
Residual	14.1807005	97	.146192788	R-squared =	0.5146
				Adj R-squared =	0.4946
Total	29.215291	101	.289260307	Root MSE =	.3823517
				Res. dev. =	88.20819

Db	Coef.	Std. Err.	t	P>|t|	[95% Conf. Interval]	
/alpha	.1418774	.0496561	2.86	0.005	.0433237	.240431
/beta1	1.429188	.6246253	2.29	0.024	.18948	2.668897
/beta2	.7765569	.1224753	6.34	0.000	.5334773	1.019637
/delta0	.8424631	.0897482	9.39	0.000	.6643378	1.020588
/delta1	-.3268445	.0847928	-3.85	0.000	-.4951347	-.1585544

Parameter beta1 taken as constant term in model & ANOVA table

估计 θ_1 如下:

```
Scalar theta1 = 1 - _b[alpha:_cons]
```

```
    scalar list theta1
```

```
.scalar list theta1
    theta1 = .85812265
```
最后，获取残差，并进行 ADF 平稳性检验。
```
    gen ehat = L.b - _b[beta1:_cons] - _b[beta2:_cons]* L.f
    reg D.ehat L.ehat L.D.ehat,noconst
    di di _b[L.ehat]/_se[L.ehat]
```

```
.di _b[L.ehat]/_se[L.ehat]
-3.9108174
```

　　和之前一样，零假设为 (y,x) 不协整。由于协整关系包括常数项，因此临界值为 -3.37。将计算出的统计量（-3.912）与临界值比较，我们拒绝原假设，并得出结论：(y,x) 具有协整关系。

关键术语

增广 DF 检验	**estat bgodfrey**	平稳
协整	**format %tm**	**时序散点图**
组合绘图	**format %tq**	tin(d1 ,d2)
日期函数	整合	趋势
dfuller	滞后运算符，**L.**	**tsline**
Dickey-Fuller(DF) 检验	**nl**	**tsvarlist**
差分运算符，**D.**	无常数项	
dofq	**q(1996q4)**	
dofm	**name(graph ,replace)**	
飘移	非平稳	
Engle-Granger 检验	**shell**	

第 12 章 Do 文件

```
file chap12.do for Using Stata for Principles of Econometrics,4e

* cd c:\data\poe4stata

* Stata Do-file
* copyright C 2011 by Lee C.Adkins and R.Carter Hill
* used for "Using Stata for Principles of Econometrics,4e"
* by Lee C.Adkins and R.Carter Hill(2011)
* John Wiley and Sons,Inc.


* setup
version 11.1
capture log close
set more off
```

```
* open log
log using chap12,replace text
useusa,clear


* ------------------------------------------
* Create dates and declare time-series
* ------------------------------------------

generate date = q(1984q1) + _n - 1
format date % tq
tsset date


* -------------------------------------------
* Extract dates with year and quarter
* -------------------------------------------

gen double newdate = dofq(date)
gen y = year(newdate)
gen q = quarter(newdate)

list date y q in 1/9

* -------------------------------------------
* Graph time-series
* Graphs are named with replace option
* and combined
* -------------------------------------------
quitslinegdp,name(gdp,replace)
quitslineD.gdp,name(dgdp,replace)
graph combine gdpdgdp

quitsline inf,name(inf,replace)
quitsline D.inf,name(dinf,replace)y line(0)
quitsline f,name(f,replace)
quitslineD.f,name(df,replace)y line(0)
quitsline b,name(b,replace)
quitslineD.b,name(db,replace)y line(0)

graph combine inf dinf f df b db,cols(2)

* Two ways to limit dates
summarize if date < = q(1996q4)
summarize if date > = q(1997q1)

summarize if tin(,1996q4)
summarize if tin(1997q1,)

* To get summary stats for all variables and differences without generate
summarizegdp inf b f D.gdp D.inf D.bD.f if tin(1984q2,1996q4)
summarizegdp inf b f D.gdp D.inf D.bD.f if tin(1997q1,)
```

```
summarize

*  -----------------------------------
*  Spurious Regression
*  -----------------------------------

use spurious,clear
gen time = _n
tsset time

regress rw1 rw2
estat bgodfrey

tsline rw1 rw2,name(g1,replace)
scatter rw1 rw2,name(g2,replace)

regress rw1 rw2
estat bgodfrey

*  -----------------------------------
*  Unit root tests and cointegration
*  -----------------------------------

useusa,clear
gen date = q(1984q1) + _n - 1
format % tq date
tsset date

*  Augmented Dickey Fuller Regressions
regressD.fL.fL.D.f
regressD.bL.bL.D.b

*  Augmented Dickey Fuller Regressions with built in functions
dfuller f,regress lags(1)
dfuller b,regress lags(1)

*  ADF on differences
dfullerD.f,noconstant lags(0)
dfullerD.b,noconstant lags(0)

*  DF-GLS tests
dfgls f
dfgls b

*  Phillips-Perron tests
pperron f,regress trend
pperron b,regress trend

*  Engle Granger cointegrations test
regress b f
```

```
predict ehat,residual
regress D.ehat L.ehat L.D.ehat,noconstant

* Using the built-in Stata commands
dfuller ehat,noconstant lags(1)
drop ehat

gen Db = D.b
nl(Db = - {alpha}* (L.b - {beta1} - {beta2}* L.f) + {delta0}* D.f + {delta1}* D.L.f),///
variables(L.bL.fD.L.f)
scalar theta1 = 1 - _b[alpha:_cons]
scalar list theta1

gen ehat = L.b - _b[beta1:_cons] - _b[beta2:_cons]* L.f
quireg D.ehat L.ehat L.D.ehat,noconst
di _b[L.ehat]/_se[L.ehat]
log close
```

第 13 章

向量误差修正和向量自回归模型

本章概要

13.1 向量误差修正(VEC)和向量自回归(VAR)模型

向量自回归(vector autoregressive,VAR)模型用于描述平稳变量之间动态关系的总体框架,因此,时间序列分析的第一步应是确定数据是否平稳。如果不是,则检验一阶差分是否平稳。通常来说,时间序列水平(或对数水平)非平稳的情况下,其一阶差分序列数据是平稳的。

如果时间序列非平稳,那么 VAR 框架则需要进行修改,以保证各个变量之间的关系估计具有一致性。向量误差修正(VEC)模型只是 VAR 的一个特殊的模型,它针对的是在一阶差分序列上平稳的变量(记作 I(1))。VEC 模型还考虑到了变量之间的任何协整关系。

我们来看两个时间序列变量 y_t 和 x_t。根据第 9 章关于动态变量关系的一般化讨论,我们建立如下方程组:

$$y_t = \beta_{10} + \beta_{11}y_{t-1} + \beta_{12}x_{t-1} + v_t^y$$
$$x_t = \beta_{20} + \beta_{21}y_{t-1} + \beta_{22}x_{t-1} + v_t^x$$

在这组方程中,每个变量都是自己的滞后变量和系统中其他变量的滞后变量的方程。在这种情况下,系统包含两个变量 y 和 x,两个方程一起构成向量自回归(VAR)系统。在这个例子中,由于滞后的最大阶数是一阶,我们记作 VAR(1)。

如果 y 和 x 是平稳的,该系统可以对每个等式都使用最小二乘估计。如果 y 和 x 非平稳,但在差分序列(即 I(1))上平稳,则使用差分序列并作最小二乘估计:

$$\Delta y_t = \beta_{11}\Delta y_{t-1} + \beta_{12}\Delta x_{t-1} + v_t^{\Delta y}$$
$$\Delta x_t = \beta_{21}\Delta y_{t-1} + \beta_{22}\Delta x_{t-1} + v_t^{\Delta x}$$

如果 y 和 x 是一阶差分平稳(I(1))且协整,那么可以通过修改方程组以使其在估计过程中允许一阶差分平稳(I(1))变量的协整关系。由于在模型中引入协整关系,这个模型就成了向量误差修正(VEC)模型。

13.2 估计向量误差修正(VEC)模型

第一个例子,我们将用澳大利亚与美国国内生产总值来估计一个 VEC 模型。我们决定使用向量误差修正模型,因为:(1)时间序列虽然处于非平稳的水平,但是它们的差分序列平稳;(2)变量之间有协整关系。我们最初是通过观察它们两个序列的趋势图得到这两点的。

首先,改变当前目录至包含所要研究数据的文件夹,并加载数据。在本例中,我们将使用 *gdp. dta* 数据。

```
cdc:\data\poe4stata
use gdp, clear
```

数据样本中包含了两个季度性时间序列:澳大利亚和美国国内生产总值,时间段都是 1970 年的第一季度到 2004 年的第四季度。和第 12 章做法一样,创建季度性序列:

```
gen date =q(1970q1) + _n -1
format % tq   date
tsset date
```

绘制出来的图形显示,这两个 GDP 序列并不平稳,但是其差分序列具有平稳性。在本例中,我们执行带有选项 *scheme* 的 **tsline** 命令。这个 *scheme*(方案)选项可以保存图形绘制

偏好,以供后面使用,你可以自己设置或者直接使用 Stata 中内置的设定。在命令行输入以下语句决定使用哪一种方案:

```
graph query, schemes
```

在本例中,我们使用一种叫做 **sj** 的方案,表示 *Stata Journal*。这个方案可以让图形的外观与正式出版的一样。在本例中,它产生的灰度线图用两种不同的线定义:实线为澳大利亚(*aus*),虚线对应美国(*usa*)。带有图形可选方案的完整语法如下:

```
tsline aus usa, scheme(sj)
tsline D.aus D.usa, scheme(sj)
```

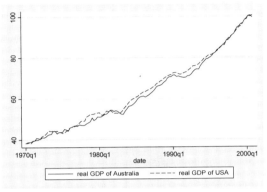

两个序列看上去都不平稳,但它们有相同的趋势,表明这两个序列之间可能存在协整关系。

在第 12 章,我们讨论了如何进行单位根检验。增广 Dickey-Fuller(ADF)回归需要对一些具体设定做出判断,例如,是否包含固定值、趋势或漂移,以及 ADF 回归的差分运算符的滞后期数。绘制差分序列图形可以给我们一些相关的提示。如下图所示,该差分序列图并未显示出明显的趋势或漂移迹象。

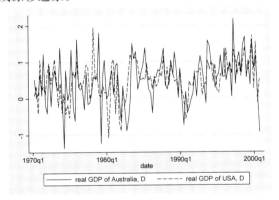

滞后的长度可以按照模型选择规则来确定,或者直接采用最大滞后长度,比如 4,然后依次减少滞后变量,直到滞后变量使得 t 值变得显著。

```
dfuller aus, regress lags(1)
dfuller usa, regress lags(3)
```

在减少滞后变量的过程中,我们决定在回归中包含常数项(虽然它看起来没有必要),并为 *aus* 序列加入 1 个滞后变量,给 *usa* 序列加入 3 个滞后变量。在 5% 的水平上,没有任何一个估计过的 ADF 回归统计有接近显著的结果。令人满意的是,序列非平稳,它们之间协整关系也得到探究。

```
. dfuller aus, regress lags(1)
```

| Augmented Dickey-Fuller test for unit root | | Number of obs | = | 122 |

	Test Statistic	1% Critical Value	5% Critical Value	10% Critical Value
		——— Interpolated Dickey-Fuller ———		
Z(t)	2.658	-3.503	-2.889	-2.579

MacKinnon approximate p-value for Z(t) = 0.9991

```
. dfuller usa, regress lags(3)
```

| Augmented Dickey-Fuller test for unit root | | Number of obs | = | 120 |

	Test Statistic	1% Critical Value	5% Critical Value	10% Critical Value
		——— Interpolated Dickey-Fuller ———		
Z(t)	1.691	-3.503	-2.889	-2.579

MacKinnon approximate p-value for Z(t) = 0.9981

在每一种情况下,数据非平稳的零假设在任何合理的显著性水平上都不能被拒绝。注意到,两个滞后差分变量在 *U. S.* 方程里面都是显著的,且 *Australia* 方程里 3 阶滞后变量也显著。这些显著性表明,我们应该考虑滞后变量。

接下来,使用最小二乘法估计协整方程。请注意,该协整关系不包括常数项。

Regress aus usa, noconst

```
. reg aus usa, noconst
```

Source	SS	df	MS			
Model	526014.204	1	526014.204	Number of obs =	124
Residual	182.885542	123	1.48687433	F(1, 123) =	.
				Prob > F =	0.0000
				R-squared =	0.9997
				Adj R-squared =	0.9996
Total	526197.09	124	4243.52492	Root MSE =	1.2194

aus	Coef.	Std. Err.	t	P>|t|	[95% Conf. Interval]
usa	.9853495	.0016566	594.79	0.000	.9820703	.9886288

保存残差值,以便进行恩格尔—格兰杰(Engle-Granger)的协整关系检验,并进行绘图。

```
predict ehat, residual
tsline ehat
```

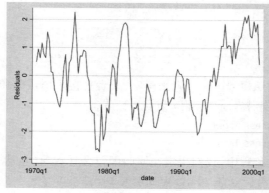

残差截距项为 0,也看不到有任何趋势。最后,保存的残差将在辅助回归中使用。

$$\Delta \hat{e}_t = \phi \hat{e}_{t-1} + v_t$$

Stata 命令：

```
Regress D.ehat L.ehat, noconstant
```

```
. reg D.ehat L.ehat, noconst
```

Source	SS	df	MS
Model	2.99032657	1	2.99032657
Residual	43.7006336	122	.358201914
Total	46.6909601	123	.379601302

Number of obs = 123
F(1, 122) = 8.35
Prob > F = 0.0046
R-squared = 0.0640
Adj R-squared = 0.0564
Root MSE = .5985

D.ehat	Coef.	Std. Err.	t	P>|t|	[95% Conf. Interval]	
ehat L1.	-.1279366	.0442792	-2.89	0.005	-.2155916	-.0402816

t 值为 -2.89，而无截距协整关系的 5% 显著性水平上的临界值是 -2.76，所以检验结果落入拒绝域内，即没有协整关系的零假设在 5% 的显著性水平上被拒绝。

通过最小二乘法我们估计了向量误差修正模型（VEC）的参数，以衡量一个季度的真实 GDP 对经济的冲击反应。

```
regress D.aus L1.ehat
```

```
regress D.usa L1.ehat
```

关于澳大利亚 GDP 的误差修正模型估计结果如下：

Source	SS	df	MS
Model	1.77229686	1	1.77229686
Residual	49.697821	121	.410725793
Total	51.4701178	122	.421886212

Number of obs = 123
F(1, 121) = 4.32
Prob > F = 0.0399
R-squared = 0.0344
Adj R-squared = 0.0265
Root MSE = .64088

D.aus	Coef.	Std. Err.	t	P>|t|	[95% Conf. Interval]	
ehat L1.	-.0987029	.0475158	-2.08	0.040	-.1927729	-.0046329
_cons	.4917059	.0579095	8.49	0.000	.3770587	.606353

$\hat{e}_{t-1}$ 的系数显著为负，表明美国和澳大利亚的 GDP 之间临时不平衡反映在了澳大利亚 GDP 上。对于美国：

Source	SS	df	MS
Model	.166467786	1	.166467786
Residual	32.2879333	121	.266842424
Total	32.4544011	122	.266019681

Number of obs = 123
F(1, 121) = 0.62
Prob > F = 0.4312
R-squared = 0.0051
Adj R-squared = -0.0031
Root MSE = .51657

D.usa	Coef.	Std. Err.	t	P>|t|	[95% Conf. Interval]	
ehat L1.	.0302501	.0382992	0.79	0.431	-.0455732	.1060734
_cons	.5098843	.0466768	10.92	0.000	.4174752	.6022934

美国的数据没有表现出两个经济体之间的不平衡，因为其 $\hat{e}_{t-1}$ 的 t 值并不显著。这些结果表明，澳大利亚的经济状况受美国的经济状况影响更多一些，而后者则更少受到前者的影响。在两个经济体贸易的简单模型中，美国是一个大封闭经济体，而澳大利亚是一个小型开放经济体。

13.3　估计向量自回归(VAR)模型

实际上,向量自回归模型(VAR)估计起来比 VEC 模型更简单。它适用于变量之间没有协整关系的情形,且要求用于估计的时间序列已被平稳化。

基于《POE4》的例子,我们从 *fred. dta* 数据中选取了 1960 年第一季度到 2009 年第四季度的美国宏观经济数据里的实际个人可支配收入(取对数,以 Y 表示)和实际个人消费支出(取对数,记为 C)。如前例所示,我们要做的第一步是检验序列是否平稳。如果序列不平稳,就要对它们进行差分处理,并确保它们的差分序列具有平稳性(即整合(integrated))。然后,检验变量之间的协整关系。如果它们是协整的,用 VEC 模型估计。如果非协整,则用差分和滞后差分来估计 VAR 模型。

首先,改变当前目录至所用数据文件夹,并加载数据。在本例中,我们将使用 *fred. dta* 数据。

```
cd c:\data\poe4stata
use fred, clear
```

这些数据都是 1960 年第一季度到 2009 年第四季度的季度性数据。正如我们在第 12 章中所示例的那样,先对它们进行时间序列化。

```
gen date =q(1960q1) + _n -1
format % tq date
tsset date
```

第一步是绘制序列,以便确定是否应该在非平稳的检验中考虑常数项或趋势。原序列及其差分序列均被绘制如下:

```
tsline c y, legend(lab (1 "ln(Consumption)") lab(2 "ln(PDI)"))
tsline D.c D.y, legend(lab (1 "D.ln(Consumption)") lab(2 "D.ln(PDI)"))
```

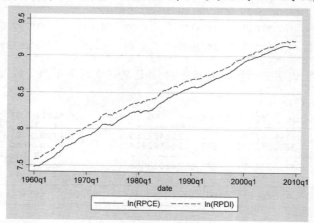

两个序列的趋势似乎相同。差分序列没有明确显示出趋势,但该序列的平均值显示出大于零,这表明在 ADF 回归应该考虑包含常数项。

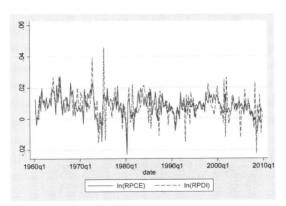

我们还需要决定在增广 Dickey-Fuller 回归中加入多少期滞后差分变量。遵循的原则是该数量只需使得 ADF 回归的残差不自相关。因此,在一开始就用不包含滞后变量的模型来进行 Dickey-Fuller 回归,并运用第 9 章中讨论过的 LM 检验来检查回归中的残差是否自相关,其后逐步加入足够的滞后期数来消除残差的自相关影响。如果 Stata 按以上策略完成,Dickey-Fuller(DF) 回归就能在 Stata 中很显性地估计;如果直接先执行 **dfuller** 命令,那么 estat bgodfrey 命令获得的结果就不是基于正确回归的结果。

增广 Dickey-Fuller 检验(ADF test)如下:

```
qui reg L(0/1).D.cL.c
estat bgodfrey, lags(1 2 3)
quireg L(0/2).D.cL.c
estat bgodfrey, lags(1 2 3)
quireg L(0/3).D.cL.c
estat bgodfrey, lags(1 2 3)
```

基于最后两个回归的检验,结果如下:

Breusch-Godfrey LM test for autocorrelation

lags(p)	chi2	df	Prob > chi2
1	2.077	1	0.1495
2	2.539	2	0.2810
3	2.542	3	0.4677

H0: no serial correlation

Breusch-Godfrey LM test for autocorrelation

lags(p)	chi2	df	Prob > chi2
1	0.157	1	0.6916
2	1.271	2	0.5297
3	2.098	3	0.5523

H0: no serial correlation

很显然,第二个增广 Dickey-Fuller 检验呈现出残差自相关,而第三个检验则没有。相关的统计结果可以用以下命令得到:

```
dfuller c, lags(3)
```

其中用到滞后期数为 3。

```
. dfuller c, lags(3)
```

Augmented Dickey-Fuller test for unit root　　　　　Number of obs　=　　　196

| | Test Statistic | ——— Interpolated Dickey-Fuller ——— | | |
		1% Critical Value	5% Critical Value	10% Critical Value
Z(t)	-1.995	-3.478	-2.884	-2.574

MacKinnon approximate p-value for Z(t) = 0.2886

注意到该回归中包含了常数项,并且检验统计量为 -1.995,因此,平方根零假设在 5% 的显著性水平上不能被拒绝。

可以使用 Stata 循环对 y 执行同样的程序。

```
forvalues p = 1/3 {
    qui reg L(0/`p').D.y L.y
    di "Lags =" `p'
    estat bgodfrey, lags(1 2 3)
}
```

循环使用宏变量 **p**,从 1 递增到 3。quietly 选项保证回归在后台运行,不在屏幕上显示。回归中用了缩略词,使得一个命令语句里的因变量 D.y 与滞后自变量结合在一起,如 reg L (0/`p').D.y。当 p=1 时,回归方程为 reg D.y L.D.y。这里我们还要求在显示 *LM* 检验结果之前显示 p 值。结果如下:

Lags =1

Breusch-Godfrey LM test for autocorrelation

lags(p)	chi2	df	Prob > chi2
1	0.208	1	0.6487
2	2.853	2	0.2401
3	2.880	3	0.4105

H0: no serial correlation

Lags =2

Breusch-Godfrey LM test for autocorrelation

lags(p)	chi2	df	Prob > chi2
1	2.077	1	0.1495
2	2.539	2	0.2810
3	2.542	3	0.4677

H0: no serial correlation

Lags =3

Breusch-Godfrey LM test for autocorrelation

lags(p)	chi2	df	Prob > chi2
1	0.157	1	0.6916
2	1.271	2	0.5297
3	2.098	3	0.5523

H0: no serial correlation

显然没有任何证据表明,y 的滞后差分变量应该作为自变量(即常规 Dickey-Fuller 回归)。该 Dickey-Fuller 检验结果如下:

```
. dfuller y, lags(0)
```

Dickey-Fuller test for unit root   Number of obs =   199

	Test Statistic	Interpolated Dickey-Fuller		
		1% Critical Value	5% Critical Value	10% Critical Value
Z(t)	-2.741	-3.477	-2.883	-2.573

MacKinnon approximate p-value for Z(t) = 0.0673

回顾一下,协整关系可以用最小二乘估计模型估计:

$$C_t = \beta_1 + \beta_2 Y_t + v_t$$

以这个回归获得的残差变化值作为因变量,与滞后一期残差、滞后一期残差变化值等作回归。

$$\Delta\hat{e}_t = \gamma\hat{e}_{t-1} + \delta\Delta\hat{e}_{t-1} + v_t$$

相应的 Stata 处理程序为：

```
reg c y
predict ehat, res
reg D.ehat L.ehat D.L.ehat, noconst
di _b[L.ehat]/_se[L.ehat]
```

结果为：

```
.di _b[L.ehat]/_se[L.ehat]
 -2.8728997
```

注意到这里的回归方程中包含了截距项,以此获得消费(以对数表示)中独立于可支配收入的部分。协整残差平稳性检验的 5% 显著性水平上的临界值是 -3.37。由于单位根检验的 t 值是 -2.873,大于 -3.37,这表示该残差非平稳,因此,C(即 $\ln(RPCE)$)和 Y(即 $\ln(RPDI)$)之间的关系是虚假的,也就是说,它们其实没有协整关系。在这种情况下,模型参数的估计应使用差分形式的向量自回归模型(VAR)。

向量自相关模型(VAR)在 Stata 中很容易估计。最简单的途径是使用 varbasic 命令。varbasic 适用于基本的向量自回归(VAR)模型和绘制脉冲响应函数(IRFs),以及预测误差方差分解(FEVDs)。

以下是基本的平稳性差分变量的向量自回归模型方程式。

$$\Delta y_t = \beta_{11} \Delta y_{t-1} + \beta_{12} \Delta x_{t-1} + v_t^{\Delta y}$$
$$\Delta x_t = \beta_{21} \Delta y_{t-1} + \beta_{22} \Delta x_{t-1} + v_t^{\Delta x}$$

变量 x_t 和 y_t 是非平稳的,但其差分变量平稳。在方程组里,每个差分变量都是自身的滞后差分变量和其他差分变量的滞后差分变量的线性方程。由于方程是线性的,因此可以用最小二乘法来估计参数。varbasic 命令简化了这一点,只需要在方程系统中指定变量 Δy_t 和 Δx_t,并在方程右边加入滞后变量的数量。在本例中,只需加入一期滞后变量,其 VAR 语法如下:

```
varbasic D.cD.y, lags(1/1) step(12) nograph
```

语法 lags(1/1) 表示滞后变量从第一阶滞后直到最后一阶,这里是滞后 1 期到滞后 1 期。如果 VAR 中滞后期数大于 1,那么你要对这个期数做调整。step(12)选项也是如此,它是用来限制要计算脉冲响应(IRF)和预测误差方差分解(FEVD)的滞后期长度,使用这个选项可以使制图更容易,而且还节省 Stata 生成表格的空间。最后,nograph 选项用于告知系统不需输出 IRFs 和 FEVDs 的曲线图。这些都可以在如下单独语句中完成,其结果输出为:

```
. varbasic D.c D.y, lags(1/1) step(12) nograph

Vector autoregression

Sample:  1960q3 - 2009q4                    No. of obs    =       198
Log likelihood =  1400.444                  AIC           = -14.0853
FPE            =  2.62e-09                   HQIC          = -14.04496
Det(Sigma_ml)  =  2.46e-09                   SBIC          = -13.98565

Equation         Parms      RMSE     R-sq      chi2     P>chi2

D_c                3      .006575   0.1205  27.12459   0.0000
D_y                3      .008562   0.1118  24.92656   0.0000
```

	Coef.	Std. Err.	z	P>|z|	[95% Conf. Interval]	
D_c						
c LD.	.2156068	.0741801	2.91	0.004	.0702164	.3609972
y LD.	.1493798	.0572953	2.61	0.009	.0370832	.2616765
_cons	.0052776	.0007516	7.02	0.000	.0038046	.0067507
D_y						
c LD.	.4754276	.0965863	4.92	0.000	.286122	.6647332
y LD.	-.2171679	.0746013	-2.91	0.004	-.3633839	-.070952
_cons	.0060367	.0009786	6.17	0.000	.0041187	.0079547

注意到 Dickey-Fuller 回归使用了较长的滞后期变量,因此 VAR 也应该具有较长的滞后期。在实践中,要检验变量是否自相关,测试 VAR 残差可能是一个很好的办法。具体操作上,类似于做自相关检验的命令是在执行 varbasic 后,调用 Stata 命令 varlmar 进行 *LM* 检验。

. varlmar

Lagrange-multiplier test

lag	chi2	df	Prob > chi2
1	9.5086	4	0.04957
2	5.6784	4	0.22449

H0: no autocorrelation at lag order

由于滞后阶数为 1 时的 p 值小于 5%,因此残差被认为有自相关。将滞后期长度增加到 3 就能消除自相关情况。

Stata 中的另一个程序可以使得在 VAR 模型中选择滞后长度变得简单。varsoc 命令报告最终预测误差(FPE)、Akaike 信息准则(AIC,赤池准则)、Schwarz 贝叶斯信息准则(SC)以及 Hannan&Quinn 信息准则(HQIC),从而为一系列向量自回归的滞后阶选择提供统计量信息。这可以用来确定未知阶数的 VAR 或 VEC 模型的滞后长度,比如,对于前面的例子来说,Stata 有:

. varsoc D.c D.y, maxlag(4)

Selection-order criteria
Sample: 1961q2 - 2009q4   Number of obs   =   195

lag	LL	LR	df	p	FPE	AIC	HQIC	SBIC
0	1355.02				3.2e-09	-13.8772	-13.8636	-13.8436
1	1379.09	48.129	4	0.000	2.6e-09	-14.083	-14.0422*	-13.9823*
2	1383.92	9.6655*	4	0.046	2.6e-09	-14.0915	-14.0235	-13.9237
3	1388.24	8.6379	4	0.071	2.6e-09*	-14.0948*	-13.9996	-13.8598
4	1391.6	6.7149	4	0.152	2.6e-09	-14.0882	-13.9659	-13.7861

AIC 选择的滞后阶数为 3,而 SC(由 Stata 标记为 SBIC)选择的滞后阶数为 1。

调用 varbasic 的对话框路径为:**Statistics > Mutivariate time series > Basic VAR**。

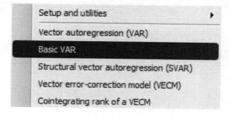

对话框如下:

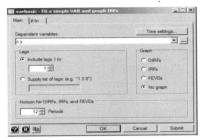

同时列出 c 和 y 作为因变量,选择"**Include lags 1 to:**"按钮,并设置下面框中的数字为 1,以产生与《*POE4*》中相同的结果,尽管在本例中,我们已经将其设置为 3。在对话框的左下角 **horizon** 框内,我们选择 12 期作为 IRFs(脉冲响应函数)和 FEVDs(预测误差方差分解)的滞后期的长度,点击 OK。

13.4　脉冲响应与方差分解

脉冲响应函数(Impulse response functions,IRFs)反映的是变量调整路径的冲击效应。预测误差方差分解(Forecast error variance decompositions,FEVDs)度量了每种类型的冲击对预测误差方差的影响。这两种计算方法在评估经济变量冲击如何通过系统震荡都很有效。

脉冲响应函数(IRFs)和预测误差方差分解(FEVDs)可以通过执行 varbasic 命令产生,其结果可在表或曲线图中呈现。本例中,我们将说明这两点。在 varbasic 命令后,使用 irf table 命令来产生 IRFs 和 FEVDs。

```
irf table irf
irf table fevd
```

irf table 语法如下:

```
irf table [stat][, options]
```

其中的 stat 选项如下:

irf	impulse-response function
oirf	orthogonalized impulse-response function
dm	dynamic-multiplier function
cirf	cumulative impulse-response function
coirf	cumulative orthogonalized impulse-response function
cdm	cumulative dynamic-multiplier function
fevd	Cholesky forecast-error variance decomposition
sirf	structural impulse-response function
sfevd	structural forecast-error variance decomposition

IRF 表的结果是:

step	(1) irf	(1) Lower	(1) Upper	(2) irf	(2) Lower	(2) Upper
0	1	1	1	0	0	0
1	.215607	.070216	.360997	.475428	.286122	.664733
2	.117506	.042463	.192549	-.000742	-.088665	.087181
3	.025224	-.014994	.065442	.056027	.007234	.104819
4	.013808	-.003806	.031422	-.000175	-.020898	.020548
5	.002951	-.004713	.010615	.006603	-.002593	.015799
6	.001623	-.001478	.004723	.000031	-.003694	.003632
7	.000345	-.000905	.001595	.000778	-.000719	.002275
8	.000191	-.000295	.000676	-4.9e-06	-.000581	.000571
9	.00004	-.000148	.000228	.000092	-.000134	.000317
10	.000022	-.000049	.000094	-7.2e-07	-.000086	.000084
11	4.7e-06	-.000022	.000032	.000011	-.000022	.000043
12	2.6e-06	-7.4e-06	.000013	-1.0e-07	-.000012	.000012

step	(3) irf	(3) Lower	(3) Upper	(4) irf	(4) Lower	(4) Upper
0	0	0	0	1	1	1
1	.14938	.037083	.261676	-.217168	-.363384	-.070952
2	-.000233	-.027858	.027392	.118181	.043031	.193332
3	.017604	-.000946	.036153	-.025776	-.066356	.014804
4	-.000055	-.006566	.006456	.013967	-.003818	.031752
5	.002075	-.001028	.005177	-.003059	-.010845	.004726
6	-9.7e-06	-.001161	.001141	.001651	-.001506	.004807
7	.000244	-.000241	.00073	-.000363	-.001642	.000916
8	-1.5e-06	-.000182	.000179	.000195	-.000303	.000693
9	.000029	-.000043	.000101	-.000043	-.000237	.000151
10	-2.2e-07	-.000027	.000026	.000023	-.000051	.000097
11	3.4e-06	-6.9e-06	.000014	-5.1e-06	-.000033	.000023
12	-3.2e-08	-3.8e-06	3.7e-06	2.7e-06	-7.7e-06	.000013

95% lower and upper bounds reported
(1) Irfname = varbasic, impulse = D.c, and response = D.c
(2) Irfname = varbasic, impulse = D.c, and response = D.y
(3) Irfname = varbasic, impulse = D.y, and response = D.c
(4) Irfname = varbasic, impulse = D.y, and response = D.y

上表由四个子表构成,类似于四个象限,表格底部有相关注解。第一象限(西北,左上)是 $\ln(RCPE)$ 对本身震荡的响应。该序列不具有平稳性,因此冲击不会持久,其效果最终将会消失。$\ln(RPDI)$ 的震荡影响也不持久,其对 $\ln(RCPE)$ 冲击的响应更加有趣,反之亦然。第二象限(东北部,右上)显示了震荡 $\ln(RCPE)$ 对 $\ln(RPDI)$ 一个周期的影响,但也很快消失。$\ln(RPDI)$ 的冲击对 $\ln(RCPE)$(象限 3,左下)产生了一个小但显著的影响,虽然该效应再次地快速下降为 0。

单独的 irf graph 命令可以做与 irf table 命令一样的事情,不同的是前者将以图片呈现结果,后者则以表格。

irf graph

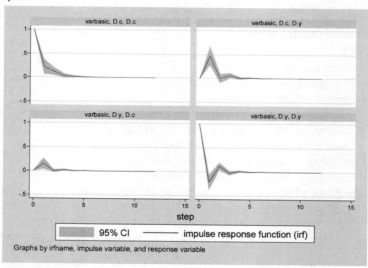

以上就是以 irf table 命令产生的结果形成的图形。

和脉冲响应模型一样,预测误差方差分解(FEVDs)结果可以生成表格,也可以生成图形。命令分别如下:

irf table fevd
irf graph fevd

结果被同样的方式分布在象限中报告,并在底部注解。

step	(1) fevd	(1) Lower	(1) Upper	(2) fevd	(2) Lower	(2) Upper
0	0	0	0	0	0	0
1	1	1	1	.198552	.099067	.298037
2	.97297	.932729	1.01321	.2438	.146908	.340692
3	.973298	.933619	1.01298	.243198	.145308	.341087
4	.972967	.93271	1.01322	.243752	.145393	.34211
5	.972972	.932723	1.01322	.243743	.145351	.342135
6	.972967	.932709	1.01323	.24375	.145347	.342153
7	.972967	.932709	1.01323	.24375	.145346	.342154
8	.972967	.932709	1.01323	.24375	.145346	.342154
9	.972967	.932709	1.01323	.24375	.145346	.342154
10	.972967	.932709	1.01323	.24375	.145346	.342154
11	.972967	.932709	1.01323	.24375	.145346	.342154
12	.972967	.932709	1.01323	.24375	.145346	.342154

step	(3) fevd	(3) Lower	(3) Upper	(4) fevd	(4) Lower	(4) Upper
0	0	0	0	0	0	0
1	0	0	0	.801448	.701963	.900933
2	.02703	-.013212	.067271	.7562	.659308	.853092
3	.026702	-.012977	.066381	.756802	.658913	.854692
4	.027033	-.013225	.06729	.756248	.65789	.854607
5	.027028	-.01322	.067277	.756257	.657865	.854649
6	.027033	-.013225	.067291	.75625	.657847	.854653
7	.027033	-.013225	.067291	.75625	.657846	.854654
8	.027033	-.013225	.067291	.75625	.657846	.854654
9	.027033	-.013225	.067291	.75625	.657846	.854654
10	.027033	-.013225	.067291	.75625	.657846	.854654
11	.027033	-.013225	.067291	.75625	.657846	.854654
12	.027033	-.013225	.067291	.75625	.657846	.854654

95% lowerand upper bounds reported
(1) Irfname = varbasic , impulse = D.c, and response =D.c
(2) Irfname = varbasic , impulse = D.c, and response =D.y
(3) Irfname = varbasic , impulse = D.y, and response =D.c
(4) irfname = varbasic , impulse = D.y, and response =D.y

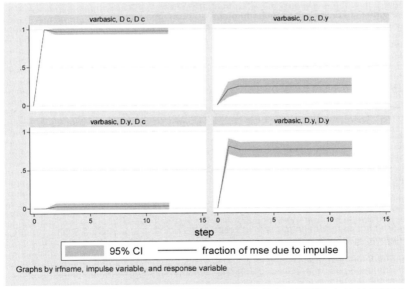

Stata 中针对脉冲响应函数（IRFs）和预测误差方差分解（FEVDs）的绘图和制表功能都十分灵活。使用命令语句或者对话框,可以将表格和图形叠加,还可以做很多其他的事情。按照路径"**Statistics ＞ Multivariate time series ＞IRF and FEVD analysis**"可以找到最终对话框如下：

这里,你可以有多种选择,包括我们刚刚讨论过的。不过,也可以使用这些对话框来叠加、组合图形,或在结果中选择输出表格或图形的特定部分。请随意尝试!

关键术语

ADF test	脉冲响应函数	**trend**
协整	IRF	**tsline**
dfuller	**irf graph**	**varbasic**
drift	**irf table**	**varlmar**
恩格尔-格兰杰检验	滞后	**varsoc**
estatbgodfrey	LM 检验	向量自回归模型
预测方程误差分解	多元时间序列	向量方差相关模型
（FEVD）	**scheme**	

第 13 章 Do 文件

```
*    file chap13.do for Using Stata for Principles of Econometrics, 4e

*    cd c:\data\poe4stata

*    Stata do - file
*    copyright C 2011 by Lee C. Adkins and R. Carter Hill
*    used for "Using Stata for Principles of Econometrics, 4e"
*    by Lee C. Adkins and R. Carter Hill (2011)
*    John Wiley and Sons, Inc.

*    setup
version 11.1
capture log close
set more off

*    open log
log using chap13, replace text


* -------------------------------------------------------------
*    Estimating a VECM
*    Load the data and create a time variable
* -------------------------------------------------------------

use gdp, clear
gen date = q(1970q1) + _n - 1
format % tq date
tsset date


* -------------------------------------------------------------
*    Plot the series to identify constants
*    and trends.
* -------------------------------------------------------------
```

```
tsline aus usa, scheme(sj) name(level, replace)
tsline D.aus D.usa, scheme(sj) name(difference, replace)

*    Test for Unit Roots
*    Experiment with noconst, trend, drift, and lag length
dfuller aus, regress lags(1)
dfuller usa, regress lags(3)

*    Cointegrating regression
reg aus usa, noconst
predict ehat, res
tsline ehat, name(C1, replace)

*    Engle - Granger Test for Cointegration
reg D.ehat L.ehat, noconst
dfuller ehat, lags(0) noconst


* ------------------------------------------------------------
*    VECM
* ------------------------------------------------------------

regress D.aus L.ehat
regress D.usa L.ehat
drop ehat


* ------------------------------------------------------------
*    VAR Estimation
* ------------------------------------------------------------

use fred, clear
gen date = q(1960q1) + _n - 1
format % tq date
tsset date

* ------------------------------------------------------------
*    Plot the series to identify constants
*    and trends
* ------------------------------------------------------------

tsline c y, legend(lab (1 "ln(RPCE)") lab(2 "ln(RPDI)")) ///
        name(l1, replace) lpattern(solid dash)
tsline D.c D.y, legend(lab (1 "ln(RPCE)") lab(2 "ln(RPDI)")) ///
        name(d1, replace) lpattern(solid dash)

*    Stationarity Analysis
*    Brute force, 1 equation at a time
qui reg L(0/1).D.c L.
di "Lags = 1"
estat bgodfrey, lags(1 2 3)
qui reg L(0/2).D.c L.c
di "Lags = 2"
estat bgodfrey, lags(1 2 3)
qui reg L(0/3).D.c L.c
```

```stata
di "Lags = 3"
estat bgodfrey, lags(1 2 3)
dfuller c, lags(3)

*    Use the loop to compute stats for y
forvalues p = 1/3 {
    qui reg L(0/`p').D.y L.y
    di "Lags =" `p'
    estat bgodfrey, lags(1 2 3)
}
dfuller y, lags(0)

*    Cointegration Test: Case 2
reg c y
predict ehat, res
reg D.ehat L.ehat D.L.ehat, noconst
di _b[L.ehat]/_se[L.ehat]

reg D.c D.L.c D.L.y
reg D.y D.L.c D.L.y

varbasic D.c D.y, lags(1/1) step(12) nograph


* ----------------------------------------------------------------
* Test residuals for autocorrelation
* ----------------------------------------------------------------
varlmar

* Try extending lags to 3 and repeat
quietly varbasic D.c D.y, lags(1/3) step(12)
varlmar
*    There is evidence of autocorrelation so extend the lag to 3

*    Selecting lags using model selection criteria
varsoc D.c D.y, maxlag(4)

*    Impulse responses and variance decompositions
qui varbasic D.c D.y, lags(1/1) step(12)
irf table irf
irf table fevd

irf graph irf, name(g1, replace)
irf graph fevd, name(g2, replace)

*    Combining irf and fevd in a single table
irf table irf fevd, title("Combined IRF/FEVD for C and Y")
log close
```

第 14 章

时变波动率与自回归条件异方差（ARCH）模型

本章概要

14.1 自回归条件异方差(ARCH)模型和时变波动率

在本章中,我们将运用 Stata 来估计几种因变量的方差随时间推移而变化的模型。这类模型被广泛地称为自回归条件异方差模型(autoregressive conditional heteroskedasticity, ARCH),具体形式上有很多种类型。

首先,我们用股票收益率来举例说明这个问题。数据存储在 Stata 的数据集 *returns. dta* 中,改变当前目录至包含该数据的文件夹,并加载数据。

```
cd c:\data\poe4stata
use returns, clear
```

这些数据包含四个月度股价指数:美国纳斯达克指数(nasdaq)、澳大利亚股指(allords)、日本日经指数(nikkei)和英国富时指数(ftse),选取的是 1988 年 1 月到 2007 年 7 月的月度数据。

```
gen date =m(1988m1) + _n -1
format date % tm
tsset date
```

使用 twoway(tsline varname)命令画出各个时序的折线图,该命令可略写为 tsline varname。在执行之前,用 replace 选项为每个图命名,然后将这些图组合起来。

```
Qui tsline nasdaq, name(nas, replace)
qui tsline allords, name(a, replace)
qui tsline ftse, name(f, replace)
Qui tsline nikkei, name(nk, replace)
graph combine nas a f nk, cols(2) name(all1, replace)
```

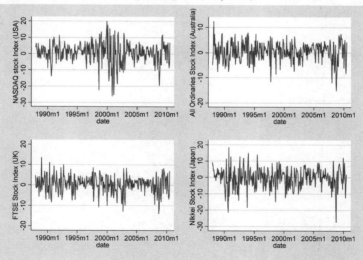

这些序列的特点是随机游走、快速变化且不停波动(**volatile**),同时这种波动看上去像是随时间不断变化。例如,美国股票回报指数(NASDAQ)从 1992 年到 1996 年相对较平稳,然后开始剧烈波动,直到 2004 年初波动开始变缓,而样本最后阶段的数据再次出现剧烈波动。其他数据也有类似表现,既有相对平稳时期也有剧烈波动时期。

接下来,使用 histogram 命令绘出收益率的直方图,并用 normal 选项绘制出正态分布曲线。

```
qui histogram nasdaq,normal name(nas, replace)
qui histogram allords, normal name(a, replace)
qui histogram ftse, normal name(f, replace)
```

```
qui histogram nikke,normal name(nk, replace)
graph combine nasafnk, cols(2) name(all2, replace)
```

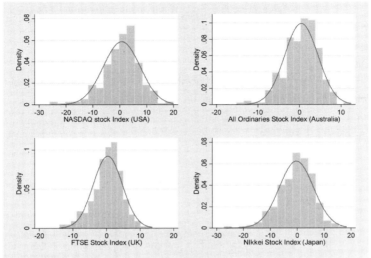

这些序列均呈现尖峰形态,意味着大量的观测值处于平均水平,同时也有大量的观测值远离平均水平。与标准正态分布相比,这些直方图呈现峰高尾厚的特点。

14.2　估计、检验和预测

基本的 ARCH 模型由两个方程组成。均值方程(mean equation)描述了时间序列的均值行为是一个线性回归方程,包含常数项,有时可能还包括一些解释变量。下面的例子中,均值函数只包含一个截距项。

$$y_t = \beta + e_t$$

本例中,我们期望时间序列随其均值 β 随机变化。如果时间序列的均值随着时间而改变或者能被其他变量解释,那么与一般回归模型一样,应该在方程中加入这些变量。回归误差服从正态分布并具有异方差性,当期误差的方差取决于前期信息。e_t 的方差用 h_t 表示,方差方程(**variance equation**)描述了误差方差的表现形式:

$$h_t = \alpha + \alpha_1 e_{t-1}^2$$

注意,h_t 取决于前期误差的平方。为保证方差 h_t 为正,这个方程中的参数必须是正数。

拉格朗日乘数(LM)检验可以用来检验是否存在 ARCH 效应(即是否 α>0)。要执行此检验,首先要估计均值方程,设定残差的平方项 $\hat{e}^2$ 并保存,以便用于后面的辅助回归,然后再利用样本量和拟合优度来计算统计量。对于一阶 ARCH,用 $\hat{e}_t^2$ 对滞后残差 $\hat{e}_{t-1}^2$ 和常数项回归:

$$\hat{e}_t^2 = \gamma_0 + \gamma_1 \hat{e}_{t-1}^2 + v_t$$

其中,v_t 是一个随机项,原假设和备择假设分别为:

$$H_0 : \gamma_1 = 0$$
$$H_1 : \gamma_1 \neq 0$$

检验统计量为 TR^2,其中 T 是辅助回归方程中观测值数量,如果它满足 $\chi^2(1)$ 分布则说明零假设成立。同时观察检验水平(α)的 p 值,如果 p 值小于检测水平则拒绝零假设。如果考虑有高阶的 ARCH(q)误差方差,则用一个包含 q 阶滞后的 $\hat{e}_t^2$ 作为自变量来计算 TR^2,同时使用 $\chi^2(q)$ 分布来计算 p 值。

运用 *byd. dta* 数据来做第一个 ARCH 模型的演示。加载数据并使用 *clear* 选项清除 Stata

内存中以前的所有数据。

```
use byd, clear
```

此数据集包含了一个单一的未注明日期的时间序列,因此我们需要以最简便的方式创建时间变量,使其转化为时间序列数据。

```
gen time = _n
tsset time
```

此例中,使用 _n 可以创建一个和观测值数量相等的时间计数器,并将其生成的时间变量赋值给新变量 time。然后使用 tsset 命令设定其为时间序列。

首先使用以下命令画出时间序列图:

```
tsline r, name(g1, replace)
```

绘制下图:

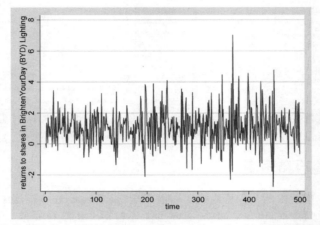

我们可以从图形中看出变量随时间变化的波动性。在时间序列的尾部,BYD 的回报率似乎波动更大。为此,我们提出 ARCH(1)模型,运用之前讨论的 LM 方法,对无 ARCH 的零假设模型 ARCH(1)进行检验。第一步,估计只包含截距项的回归,并获得残差,我们称之为 ehat,然后将其平方。

```
regress r
predict ehat, residual
gen ehat2 = ehat* ehat
```

在辅助回归模型 $\hat{e}_t^2 = \gamma_0 + \gamma_1 \hat{e}_{t-1}^2 + v_t$ 中使用了滞后运算符 L. 产生一阶滞后,作为回归元添加到模型中。

```
regress ehat2  L.ehat2
```

该回归中,检验统计量为 TR^2,运用 chi2tail 函数可以计算 p 值。记住,chi2tail 函数的第一个参数是检验的自由度(等于 q),第二个参数是计算出来的统计量。如果 p 值低于预期的显著性水平,则拒绝非 ARCH 的零假设。Stata 命令如下:

```
Scalar TR2 = e(N)* e(r2)
Scalar pvalue = chi2tail(1,TR2)
scalar crit = invchi2tail(1,.05)
scalar list TR2 pvaluecrit
```

结果如下:

```
.scalar list TR2 pvalue  crit
        TR2 =  62.159504
     pvalue =  3.167e - 15
       crit =  3.8414588
```

Stata 自带的内置函数可计算这个检验统计量,使用这个函数将得到相同的结果。先进行回归估计,然后使用后估计命令 archlm,结果如下：

```
. regress r
```

Source	SS	df	MS
Model	0	0	.
Residual	700.737278	499	1.40428312
Total	700.737278	499	1.40428312

Number of obs	=	500
F(0, 499)	=	0.00
Prob > F	=	.
R-squared	=	0.0000
Adj R-squared	=	0.0000
Root MSE	=	1.185

r	Coef.	Std. Err.	t	P>|t|	[95% Conf. Interval]	
_cons	1.078294	.0529959	20.35	0.000	.9741716	1.182417

然后使用后估计命令 archlm,如下所示：

estat archlm, lags(1)

正如我们所知,执行后估计命令要先输入 estat,再输入 archlm。archlm 命令可以使用 lags(q)选项,其中 q 为你希望包含在备择假设中的 ARCH 过程的阶数,本例中,$q=1$。

archlm 命令的结果如下：

```
. estat archlm, lags(1)
LM test for autoregressive conditional heteroskedasticity (ARCH)
```

lags(p)	chi2	df	Prob > chi2
1	62.160	1	0.0000

H0: no ARCH effects　　*vs.*　　H1: ARCH(p) disturbance

这是一个特别有用的方法,可以替代通过辅助回归手动计算 TR^2。这里,零假设和备择假设都清楚地予以说明,同时给出了统计量和其分布,并计算了 p 值,使其在默认的输出结果中显示。这意味着,Stata 生成了准确检验所需的所有信息,非常好！

archlm 检验也可通过对话框来运行,但这个过程相当麻烦。防止忘记如何使用下拉式菜单,这里给出相关的操作方法。首先,你需要使用回归模型来估计均值方程。选择 **Statistics > Linear models and related > Linear regression**,并选择 **r** 作为因变量（没有自变量）,然后点击 **OK**。接下来选择 **Statistics > Time series > Tests < Time-series tests after regress**。

这时,将打开我们之前所看到过的 **estat** 对话框。

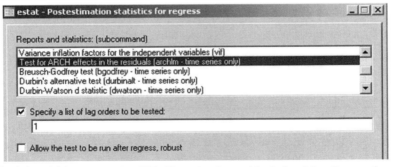

这里,下拉滚动条,选择 **Test for ARCH effects in the residuals**（**archlm-time series only**）选项,然后指定被检验数据的滞后数目（图中所示为 1）,单击 **OK**。

在本例中,无 ARCH 效应的零假设在 5% 水平下被拒绝,接下来,我们进行模型估计。

基本的 ARCH 模型和所有的变体模型都使用 arch 命令来估计,语法如下所示：

arch depvar[indepvars][if][in][weight][,options]

在 arch 命令之后,你需要列出因变量、自变量（如果有的话）或其他任何你愿意使用的条件和权重。接下来可以添加估计所需的选项,这让 Stata 的 arch 命令变得非常灵活且强大。

对于 BYD 的 ARCH（1）模型,只需使用简单的 arch(1)命令。BYD 回报率的 ARCH（1）模

型的完整命令语法如下:

```
arch r,arch(1)
```

输出结果为:

```
ARCH family regression

Sample: 1 - 500                  Mean              Number of obs  =       500
Distribution: Gaussian                             Wald chi2(.)   =         .
Log likelihood = -740.7932                 Variance  Prob > chi2  =         .
                                          Parameters
```

r	Coef.	OPG Std. Err.	z	P>|z|	[95% Conf. Interval]
r					
_cons	1.063941	.0394424	26.97	0.000	.9866353 1.141247
ARCH					
arch					
L1.	.569351	.1028432	5.54	0.000	.3677821 .77092
_cons	.6421377	.0632134	10.16	0.000	.5182418 .7660337

在 Stata 的输出结果中(此处未报告)是一个迭代(**Iterations**)的列表,其呈现了该结果是如何得出的。迭代(**Iterations**)表明,估计结果是利用一个非线性数值化的最优值来获得的,本例中,就是似然函数最大化(见《*POE4*》C.8)。随着迭代的进行,列表的似然函数不断变大。如果数值优化上失败了,多次迭代之后就会出现报错信息。

迭代的结果就是我们要估计的参数,本例中的结果和《*POE4*》中类似,但是标准误略有不同。不过不用担心这一点,如果 ARCH(1)模型是合适的,那么估计结果就是正确的。因此在 BYD 例子中,平均回报率大约为 1.06%。这个 ARCH 模型的 t 统计量是显著的,因此可以认为模型的方差是一个自回归条件异方差。

我们可以通过对话框操作来得出这些结果:从下拉菜单中选择 **Statistics** > **Time series** > **ARCH/GARCH** > **ARCH and GARCH models**,这样便打开了 **arch-Autoregressive conditional heteroskedasticity family of estimators** 对话框,如下所示:

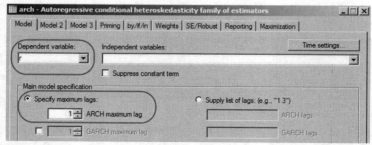

在框中选择 **r** 作为因变量,并在 ARCH **maximum lag** 框中选择一期滞后,单击 **OK** 就可以了,注意,你可以选择更大 ARCH 滞后,或者在对话框中指定滞后阶数。此外,这个对话框还能进行广义 ARCH 的估计。现在,我们先来绘制预计未来收益 r_{t+1} 和条件方差 h_{t+1} 的图形。

本例中,预测回报率是一个常数,因为模型中没有解释变量,只有常数项被包含在了 ARCH 模型的回归部分。

$$\hat{r}_{t+1} = \hat{\beta}_0 = 1.063$$

预测误差方差本质上是基于所估计的方差方程的样本预测模型。

$$\hat{h}_{t+1} = \hat{\alpha}_0 + \hat{\alpha}_1(r_t - \hat{\beta}_0)^2 = 0.642 + 0.569(r_t - 1.063)^2$$

Stata 在估计 ARCH 模型的时候都会产生预测误差方差,通过 predict 命令和 variance 选项将结果保存到变量中。这里，ARCH（1）模型被估计并产生方差，且方差被保存在名为 htarch 的变量中。

    Archr, arch(1)
    predicth tarch, variance

当然，也可以通过估计的 ARCH 模型中保存的结果来手动生成：

    gen ht_1 = _b[ARCH:_cons] + _b[ARCH:L1.arch]* (L.r - _b[r:_cons])^2
    list htarchht_1 in 496/500

结果为：

```
. list htarch ht_1 in 496/500

        htarch1        ht_1
496.    1.412281    1.412281
497.    .8093833    .8093833
498.    1.968768    1.968768
499.    1.614941    1.614941
500.    2.122526    2.122526
```

手动计算结果与 Stata 内置命令 predict 的执行结果一致。

接下来，可以使用 tsline 命令来绘制误差方差随时间变化的图形。

    tsline htarch, name(g2, replace)

生成的时间序列图如下：

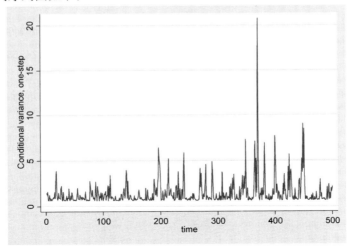

很明显，图中尾部的样本数据波动更为剧烈。

14.3　扩　展

ARCH（1）模型的一个重要拓展是 ARCH（q）模型。在这个模型中，额外的滞后残差平方作为方程方差 h_t 的决定性影响因素被加入方程中：

$$h_t = \alpha_0 + \alpha_1 e_{t-1}^2 + \alpha_2 e_{t-2}^2 + \cdots + \alpha_q e_{t-q}^2$$

14.3.1　GARCH 模型

另一个拓展为**广义 ARCH** 模型或 **GARCH** 模型。相对于标准 ARCH 模型，GARCH 模型在条件方差 h_{t-p} 添加了一个 p 阶滞后方差。一个 GARCH（1,1）模型形式如下：

$$h_t = \delta + \alpha_1 e_{t-1}^2 + \beta_1 h_{t-1}$$

GARCH 模型中含有回归模型残差平方的一阶滞后和方差的一阶滞后。可以在广义的

ARCH 或 GARCH 中添加其他项得到 GARCH(p,q)，其中，p 是模型中 h_t 的滞后阶数，q 是残差 e_t 的滞后阶数。

估计 BYD 的 GARCH(1,1)模型非常简单，仅需在已有的 ARCH 模型中添加一个 GARCH 项：

```
archr, arch(1) garch(1)
```

语法解释如下：在 ARCH 回归模型中将 r 作为因变量，且除了常数项外没有其他自变量。第一个选项 arch(1)令 Stata 向方差中添加一个一阶滞后值 e_t，第二个选项 garch(1)令 Stata 向方差中添加一个一阶滞后方差 h_t。结果如下所示：

```
ARCH family regression

Sample: 1 - 500                              Number of obs   =        500
Distribution: Gaussian                       Wald chi2(.)    =          .
Log likelihood = -736.0281                   Prob > chi2     =          .
```

	r	Coef.	OPG Std. Err.	z	P>|z|	[95% Conf. Interval]
r							
	_cons	1.049856	.0404623	25.95	0.000	.9705517	1.129161
ARCH							
arch	L1.	.4911796	.1015995	4.83	0.000	.2920482	.6903109
garch	L1.	.2379837	.1114836	2.13	0.033	.0194799	.4564875
	_cons	.4009868	.0899182	4.46	0.000	.2247505	.5772232

α_1 的估计结果为 0.491，滞后方差的估计系数 β_1 为 0.238。同样，这些结果与课本上有一些细微的差别，但都在预料之内，因为我们是通过数值计算而非分析方法来进行系数的估计。

与 ARCH 模型一样，这里也可以保存并绘制预测方差图：

```
Predict htgarch, variance
tsline htgarch
```

时间序列图如下所示：

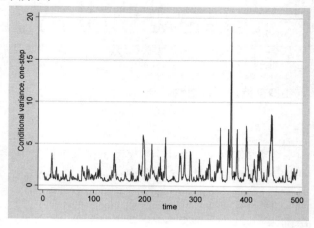

14.3.2 门限 GARCH 模型

门限 **GARCH**(**threshold GARCH**)模型或 T-GARCH 是 GARCH 模型的另一个推广，该模型中正面和负面消息处理不对称。在 T-GARCH 模型中，条件方差的方程是：

$$h_t = \delta + \alpha_1 e_{t-1}^2 + \gamma d_{t-1} e_{t-1}^2 + \beta_1 h_{t-1}$$

$$d_t = \begin{cases} 1 & e_t < 0\,(\text{bad news}) \\ 0 & e_t \geqslant 0\,(\text{good news}) \end{cases}$$

在 Stata 中，意味着另一个选项需要被添加到 archr 回归模型，添加这种不对称的选项是 tarch()。这里的参数告诉 Stata 增加多少期滞后的不对称项，可以少于 ARCH 式子 q，但绝不能大于 q。

以下是 BYD 的 T-GARCH 模型：

```
archr, arch(1) garch(1) tarch(1)
predict httgarch, variance
tsline httgarch
```

再次保存方差并使用时序散点图制图。GARCH 阈值计算结果是：

ARCH family regression

Sample: 1 - 500	Number of obs	= 500
Distribution: Gaussian	wald chi2(.)	= ·
Log likelihood = -730.554	Prob > chi2	= ·

r	Coef.	OPG Std. Err.	z	P>|z|	[95% Conf. Interval]	
r						
_cons	.9948399	.0429174	23.18	0.000	.9107234	1.078956
ARCH						
arch L1.	.754298	.2003852	3.76	0.000	.3615501	1.147046
tarch L1.	-.4917071	.2045045	-2.40	0.016	-.8925285	-.0908856
garch L1.	.2873	.1154888	2.49	0.013	.0609462	.5136538
_cons	.3557296	.0900538	3.95	0.000	.1792274	.5322318

预测误差方差图如下：

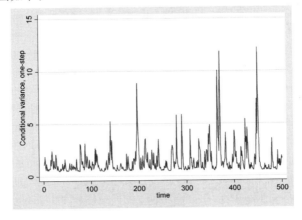

14.3.3 均值 GARCH

最后一个 ARCH 模型变体称为**均值 GARCH 模型**（**GARCH-in-mean** 或 **MGARCH**）。在这个模型中，方差 h_t 将被加入到回归方程中。

$$y_t = \beta_0 + \theta h_t + e_t$$

如果参数 θ 为正，则方差越高，导致平均收益 $E(y)$ 越多。这在理论上是合理的：风险越高，平均收益也就会更高！为将均值 GARCH 模型运用到 BYD 的样本中去，只需在 arch 命令

表达式中添加一个新的选项,因此命令语句变为:

　　　　arch r, archm arch(1) garch(1) tarch(1)

这里,添加选项 archm(表示均值 GARCH),并与 arch(1)、garch(1) 和 tarch(1) 并列。保留后面几项是因为关于 BYD 的例子来自于课本。结果如下:

ARCH family regression

Sample:1 – 500

Distribution:Gaussian

Log likelihood = – 724.6549

		Number of obs	=	500
		Waldchi2(1)	=	8.51
		Prob > chi2	=	0.0035

r	Coef.	OPG Std. Err.	z	P>|z|	[95% Conf. Interval]	
r						
_cons	.8181453	.0711579	11.50	0.000	.6786783	.9576122
ARCHM						
sigma2	.1958843	.067164	2.92	0.004	.0642453	.3275233
ARCH						
arch L1.	.6160302	.1634603	3.77	0.000	.2956538	.9364066
tarch L1.	-.321069	.1621927	-1.98	0.048	-.6389608	-.0031772
garch L1.	.2783425	.1039073	2.68	0.007	.074688	.481997
_cons	.3705214	.0818646	4.53	0.000	.2100698	.5309731

从表中可以看到均值 GARCH 的回归系数为 $\hat{\theta} = 0.1959$,为正,并在 5% 水平下显著。

最后,保存预测均值和方差函数,绘出时间序列图,如下:

```
predict m_mgarch, xb
predict htmgarch, variance
qui tsline m_mgarch, name(g5, replace)
qui tsline htmgarch, name(g6, replace)
graph combine g5 g6, cols(1)
```

此时,均值和方差绘制在对应的图中:

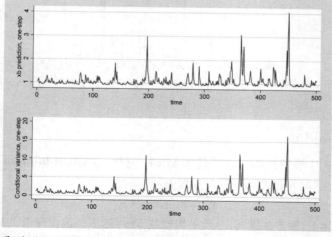

从图中可以看到,预测均值和方差的形式非常相似。

关键术语

arch( )
ARCH
format％tm
archy, options
archlm, lags( )
archm
自回归条件异方差
均值 GARCH（MGARCH）

garch( )
广义 ARCH（GARCH）
histogram
LM 检验
均值方程
predict ehat, residual
predictyhat, xb

门限 GARCH
tarch( )
tsline
方差方程
波动性
％tm
回报

第 14 章 Do 文件

```
*    file chap14.do for Using Stata for Principles of Econometrics, 4e

*    cd c:\data\poe4stata

*    Stata Do-file
*    copyright C 2011 by Lee C. Adkins and R. Carter Hill
*    used for "Using Stata for Principles of Econometrics, 4e"

*    by Lee C. Adkins and R. Carter Hill (2011)
*    John Wiley and Sons, Inc.

*    setup
version 11.1
capture log close
set more off

*    open log
log using chap14, replace text
use returns, clear

* ------------------------------------------------------------
*    Create dates and declare time series
* ------------------------------------------------------------

gen date = m(1988m1) + _n - 1
format date %tm
tsset date

* ------------------------------------------------------------
*    Time series plots and histograms
* ------------------------------------------------------------

qui tsline nasdaq, name(nas, replace)
qui tsline allords, name(a, replace)
qui tsline ftse, name(f, replace)
```

```
qui tsline nikkei, name(nk, replace)
graph combine nas a f nk, cols(2) name(all1, replace)

qui histogram nasdaq, normal name(nas, replace)
qui histogram allords, normal name(a, replace)
qui histogram ftse, normal name(f, replace)
qui histogram nikkei, normal name(nk, replace)
graph combine nas a f nk, cols(2) name(all2, replace)

* -------------------------------------------------------------
*    Load byd, create dates and declare time series
* -------------------------------------------------------------
usebyd, clear
gen time = _n
tsset time

tsline r, name(g1, replace)

* -------------------------------------------------------------
*    LM test for ARCH(1)
* -------------------------------------------------------------

regress r
predict ehat, residual

gen ehat2 = ehat * ehat
quireg ehat2 L.ehat2
scalar TR2 = e(N)* e(r2)
scalarpvalue = chi2tail(1,TR2)
scalarcrit = invchi2tail(1,.05)
scalar list TR2 pvaluecrit

* -------------------------------------------------------------
*    Built - in LM Test for ARCH(1)
* -------------------------------------------------------------
regress r
estatarchlm, lags(1)

* -------------------------------------------------------------
*    ARCH(1)
* -------------------------------------------------------------

arch r, arch(1)
predict htarch1, variance
tslinehtarch, name(g2, replace)

gen ht_1 = _b[ARCH:_cons] + _b[ARCH:L1.arch]* (L.r - _b[r:_cons])^2
listhtarch ht_1 in 496/500

* -------------------------------------------------------------
```

```
*    GARCH(1,1)
* ------------------------------------------------------------

arch r, arch(1) garch(1)
predicthtgarch, variance
tslinehtgarch, name(g3, replace)


* ------------------------------------------------------------
*    Threshold GARCH
* ------------------------------------------------------------

arch r, arch(1) garch(1) tarch(1)
predicthttgarch, variance
tslinehttgarch, name(g4, replace)


* ------------------------------------------------------------
*    GARCH in mean
* ------------------------------------------------------------

arch r, archm arch(1) garch(1) tarch(1)
predictm_mgarch, xb
predicthtmgarch, variance
qui tsline m_mgarch, name(g5, replace)
qui tsline htmgarch, name(g6, replace)
graph combine g5 g6, cols(1)

summarizem_mgarch r, detail
histogramm_mgarch, normal

log close
```

第 15 章

面板数据模型

本章概要

15.1　微观计量面板数据

数据集 *nls_panel. dta* 包含由 716 个妇女连续 5 年构成的样本数据。打开数据文件夹，并获得关键变量的概要统计量。

```
use nls_panel, clear
```

为充分利用数据的横截面性质和时间序列性质的优势，我们必须通过个体与时间两个维度来定义变量。为使用 Stata 强大的"**xt**"命令，我们需要定义横截面观测值变量(**i**)和时间序列观测值变量(**t**)。Stata 相关命令为 **xtset**：

```
xtset id year
```

```
.xtset id year
   Panel variable :  id (strongly balanced)
    Time variable :  year, 82 to 88, but with gaps
            delta:  1 unit
```

该数据是严格的平衡数据，也就是对每一个体都具有同样时间序列的观测值，比如这里是 5 年。尽管 1982,1983,1985,1987 和 1988 之间的时间间隔并不相同，但每个个体这五年中每年的数据都有。这样的数据我们称之为"平衡面板"数据，这个数据是作者从一个更大的非平衡数据集 *nls. dta* 中整理出来的。大部分面板数据集会有很多缺失值，但这个数据集里的关键变量是没有缺失值的。Stata 的 xtdescribe 命令提供了更多的关于面板的信息。

```
. xtdescribe
      id:  1, 2, ..., 716                            n =        716
    year:  82, 83, ..., 88                           T =          5
           Delta(year) = 1 unit
           Span(year)  = 7 periods
           (id*year uniquely identifies each observation)

Distribution of T_i:   min     5%     25%     50%     75%     95%     max
                         5      5       5       5       5       5       5

      Freq.   Percent   Cum.  |  Pattern
       716    100.00  100.00  |  11.1.11
       716    100.00          |  XX.X.XX
```

使用 summarize 命令列出概要统计量，我们会发现关键变量都具有相同的观测值数量。

```
    summarize lwage educ south black union exper tenure
```

```
. summarize lwage educ south black union exper tenure

    Variable  |     Obs        Mean     Std. Dev.       Min        Max
   -----------+--------------------------------------------------------
       lwage  |    3580     1.918238   .4646068    .137109    4.254619
        educ  |    3580    13.02235     2.44402          4         18
       south  |    3580     .4240223   .4942627          0          1
       black  |    3580     .2821229   .4500957          0          1
       union  |    3580     .2642458   .4409924          0          1
   -----------+--------------------------------------------------------
       exper  |    3580    12.02858    3.862796   1.057692    27.1923
      tenure  |    3580     6.947439   5.171849          0      24.75
```

如果列出前面的少数样本，我们可以看出它们是如何排列的。

```
list id year lwage educ south black union exper tenure in 1/10
```

```
. list id year lwage educ south black union exper tenure in 1/10
```

	id	year	lwage	educ	south	black	union	exper	tenure
1.	1	82	1.808289	12	0	1	1	7.666667	7.666667
2.	1	83	1.863417	12	0	1	1	8.583333	8.583333
3.	1	85	1.789367	12	0	1	1	10.17949	1.833333
4.	1	87	1.84653	12	0	1	1	12.17949	3.75
5.	1	88	1.856449	12	0	1	1	13.62179	5.25
6.	2	82	1.280933	17	0	0	0	7.576923	2.416667
7.	2	83	1.515855	17	0	0	0	8.384615	3.416667
8.	2	85	1.93017	17	0	0	0	10.38461	5.416667
9.	2	87	1.919034	17	0	0	0	12.03846	.3333333
10.	2	88	2.200974	17	0	0	1	13.21154	1.75

固定效应模型可以应用于混合数据,这是因为截距关系项涵盖了个体变异,因此它允许横截面差异性存在。

15.2 混合数据模型

混合数据模型就是把所有的个体样本简单地混合在一起,不考虑其个体差异或时间效应。

$$y_{it} = \beta_1 + \beta_2 x_{2it} + \beta_3 x_{3it} + e_{it}$$

基本的回归设计如下:

```
reg lwage educ exper exper2 tenure tenure2 black south union
```

```
. reg lwage educ exper exper2 tenure tenure2 black south union
```

Source	SS	df	MS
Model	251.535043	8	31.4418803
Residual	521.026186	3571	.145904841
Total	772.561229	3579	.215859522

```
Number of obs =    3580
F(  8,  3571) =  215.50
Prob > F      =  0.0000
R-squared     =  0.3256
Adj R-squared =  0.3241
Root MSE      =  .38197
```

lwage	Coef.	Std. Err.	t	P>|t|	[95% Conf. Interval]	
educ	.0714488	.0026894	26.57	0.000	.0661759	.0767217
exper	.0556851	.0086072	6.47	0.000	.0388096	.0725605
exper2	-.0011475	.0003613	-3.18	0.002	-.0018559	-.0004392
tenure	.01496	.0044073	3.39	0.001	.006319	.023601
tenure2	-.000486	.0002577	-1.89	0.059	-.0009913	.0000192
black	-.1167139	.0157159	-7.43	0.000	-.1475269	-.0859008
south	-.1060026	.0142008	-7.46	0.000	-.1338451	-.07816
union	.1322432	.0149616	8.84	0.000	.102909	.1615774
_cons	.4766	.0561559	8.49	0.000	.3664993	.5867008

15.2.1 聚类稳健性标准误差

在面板数据中,每一个体有好几个观测值。在每个时间周期里,个体误差项都会有同样的组分。比如,我们估计一个工资方程,对任意个体,非观测特征如能力等在每个时间周期都会有,个体误差项就会表现出基于个体样本聚类导致的内部相关性。放宽同一个体跨期零误差相关性假设,我们令:

$$\text{cov}(e_{it}, e_{is}) = \psi_{ts}$$

注意到备择假设同样放松同方差性(homoskedasticity)条件,因为当 $t = s$,有:

$$\text{cov}(e_{it}, e_{it}) = \text{var}(e_{it}) = \psi_{tt}$$

　　误差方差在不同的时期可能会不同,但对个体而言是不变的。为了避免与后面将会用到的方差和协方差符号 σ^2 搞混,我们引入拉丁字母(ψ)"psi"来表示相应的方差和协方差。

　　基于这些假设,最小二乘法估计量是无偏并一致的,但是普通最小二乘法的方差估计公式不再成立。类似于第 8 章及第 9 章使用稳健(robust)协方差矩阵来进行最小二乘估计,本例中,我们使用稳健性聚类标准误差。相关概念和处理方法在《POE4》附录 15A(581-583 页)有详细说明,Stata 在回归命令后添加一个简单的表示稳健标准误差的选项以达到解决同方差性目的的。

```
reg lwage educ exper exper2 tenure tenure2 black southunion,
    vce(cluster id)
```

　　选项 vce(cluster id)中要求 id 被指定,由此我们能够识别哪些观测误差项之间是内部相关的。

(Std. Err. adjusted for 716 clusters in id)

lwage	Coef.	Robust Std. Err.	t	P>|t|	[95% Conf. Interval]	
educ	.0714488	.0054995	12.99	0.000	.0606517	.0822459
exper	.0556851	.0113101	4.92	0.000	.03348	.0778901
exper2	-.0011475	.0004925	-2.33	0.020	-.0021144	-.0001807
tenure	.01496	.0071232	2.10	0.036	.0009752	.0289448
tenure2	-.000486	.0004102	-1.18	0.236	-.0012914	.0003194
black	-.1167139	.0281342	-4.15	0.000	-.1719493	-.0614784
south	-.1060026	.0270616	-3.92	0.000	-.1591322	-.052873
union	.1322432	.0270747	4.88	0.000	.0790878	.1853986
_cons	.4766	.0845629	5.64	0.000	.3105787	.6426213

　　注意输出结果中显示了 Robust Std. Err.项,且标准差是基于 716 组调整的,716 其实就是样本中的个体数量。将前表回归结果中未经过修正的标准误差与本表相比,修正过后的稳健标准误差略微更大。

15.3　固定效应模型

　　固定效应模型允许每个个体可以有不同的截距参数,模型如下:

$$y_{it} = \beta_{1i} + \beta_2 x_{2it} + \beta_3 x_{3it} + e_{it} \qquad i = 1, \cdots, N$$

注意,截距项现在有下标 i,这反映了个体特质(specific)。新的方程里,我们生成了 N 个新参数,每个个体都有一个截距参数。为此,我们可以创建 N 的指示变量,如下所示:

$$D_{1i} = \begin{cases} 1 & i=1 \\ 0 & \text{otherwise} \end{cases} \qquad D_{2i} = \begin{cases} 1 & i=2 \\ 0 & \text{otherwise} \end{cases} \qquad D_{3i} = \begin{cases} 1 & i=3 \\ 0 & \text{otherwise} \end{cases}$$

　　如果 N 不是特别大,则这些指示变量都可以作为额外的变量加入回归模型。这一模型一般又称为最小二乘虚拟变量模型。

$$y_{it} = \beta_{11} D_{1i} + \beta_{12} D_{2i} + \cdots + \beta_{1,10} D_{10i} + \beta_2 x_{2it} + \beta_3 x_{3it} + e_{it}$$

　　为了说明,我们创建了一个只有 10 个个体的小版本的 *nls_panel. dta* 数据集。打开并检查数据集 *nls_panel*10. *dta*。

```
use nls_panel10, clear
summarize
```

```
. summarize lwage educ exper exper2 tenure tenure2 black south union
```

Variable	Obs	Mean	Std. Dev.	Min	Max
lwage	50	2.197666	.3770917	1.280933	3.579129
educ	50	14.2	1.678191	12	17
exper	50	12.50923	2.827552	7.576923	19.04487
exper2	50	164.316	73.05605	57.40976	362.7071
tenure	50	6.498334	5.357182	0	19
tenure2	50	70.35375	96.20069	0	361
black	50	.1	.3030458	0	1
south	50	0	0	0	0
union	50	.44	.5014265	0	1

注意,由于这 10 个个体都没有居住在南方的,因此变量 south 在本小节的分析中直接略去。

我们没有真正为这些个体创建 10 个指示变量,而是使用了 Stata 的因子变量标记法。本例中我们想要不同层级的 id 变量都有一个专有的指示变量。输入 help factor variables,可找到关于基础层级(base level)的讨论。使用 ib# 可以将某一特定组设定为基础参照组,其中 # 为预设的基础参照组,比如,ib2. group 意味着第二组为基础组。这里,我们不需要特定的基础组,因此使用命令 ibn.group 来表明没有参照组。

最小二乘虚拟变量模型的估计如下:

reg lwageibn.id exper exper2 tenure tenure2 union, noconstant

这里不选择自动生成常数项,因为其会导致共线性。

```
. reg lwage ibn.id exper exper2 tenure tenure2 union, noconstant
```

Source	SS	df	MS		
Model	245.787227	15	16.3858151		
Residual	2.66718984	35	.076205424		
Total	248.454417	50	4.96908834		

Number of obs = 50
F(15, 35) = 215.02
Prob > F = 0.0000
R-squared = 0.9893
Adj R-squared = 0.9847
Root MSE = .27605

lwage	Coef.	Std. Err.	t	P>|t|	[95% Conf. Interval]	
id						
1	.1519055	1.096745	0.14	0.891	-2.074606	2.378417
2	.1868944	1.071485	0.17	0.863	-1.988335	2.362124
3	-.0630423	1.350917	-0.05	0.963	-2.805549	2.679464
4	.185626	1.343498	0.14	0.891	-2.54182	2.913072
5	.9389866	1.09778	0.86	0.398	-1.289625	3.167598
6	.7944846	1.111771	0.71	0.480	-1.462531	3.0515
7	.5811988	1.235914	0.47	0.641	-1.92784	3.090237
8	.537925	1.097498	0.49	0.627	-1.690114	2.765964
9	.4183341	1.084049	0.39	0.702	-1.782401	2.61907
10	.614558	1.090176	0.56	0.577	-1.598618	2.827734
exper	.2379985	.1877565	1.27	0.213	-.1431675	.6191646
exper2	-.0081882	.0079048	-1.04	0.307	-.0242358	.0078595
tenure	-.01235	.0341433	-0.36	0.720	-.0816647	.0569646
tenure2	.0022961	.0026885	0.85	0.399	-.0031617	.007754
union	.1135435	.1508628	0.75	0.457	-.1927244	.4198113

方差分析表中包含了常规信息,可以看到我们一共估计了 15 个参数。

为便于后文使用,我们保存了残差平方和、自由度 $N-K$ 以及估计的误差方差。

scalar sse_u =e(rss)

scalar df_u = e(df_r)

scalar sig2u =sse_u/df_u

为检验截距一致性,构造零假设与备择假设如下:

$$H_0 : \beta_{11} = \beta_{12} \cdots = \beta_{1N}$$
$$H_1 : \beta_{1i} 不全相等$$

使用 Stata 的 test 命令对 9 对等式进行检验：

```
test(1.id = 2.id) (2.id = 3.id) (3.id = 4.id) (4.id = 5.id) ///
    (5.id = 6.id) (6.id = 7.id) (7.id = 8.id) (8.id = 9.id)(9.id = 10.id)
.test (1.id = 2.id) (2.id = 3.id) (3.id = 4.id)(4.id = 5.id)///
    (5.id = 6.id) (6.id = 7.id) (7.id = 8.id)(8.id = 9.id) (9.id = 10.id)
```

(1)　1bn.id − 2.id = 0

(2)　2.id − 3.id = 0

(3)　3.id − 4.id = 0

(4)　4.id − 5.id = 0

(5)　5.id − 6.id = 0

(6)　6.id − 7.id = 0

(7)　7.id − 8.id = 0

(8)　8.id − 9.id = 0

(9)　9.id − 10.id = 0

```
          F(  9,  35)  =   4.13
             Prob > F =   0.0011
```

该例中,我们没有看到显著性差异,主要因为样本中只有 10 个个体。

另外我们可以估计"受约束模型",并计算 F 统计量。

$$F = \frac{(SSE_R - SSE_U)/J}{SSE_U/(NT - K)}$$

估计"受约束模型",同时保存残差平方和 SSE_R,命令如下：

```
reg lwage exper exper2 tenure tenure2 union
scalar sse_r = e(rss)
```

利用这些值计算 F 统计量、临界值和 p 值。

```
scalar f = (sse_r − sse_u)/(9* sig2u)
scalar fc = invFtail(9,df_u,.05)
scalar pval = Ftail(9,df_u,f)
di"F test of equal intercepts = " f
di"F(9,df_u,.95) = " fc
di"p value = " pval
```

结果如下：

```
. di "F test of equal intercepts = "f
F test of equal intercepts = 4.1339667

. di "F(9,df_u,.95) = "fc
F(9,df_u,.95) = 2.1608293

. di "pvalue = "pval
P value = .00108357
```

15.3.1　固定效应估计值

上述方法一般适用于小样本 N。如果有成千上万个个体,则为每个个体设置指示变量就不方便了。固定效应估计可以使用一个简单命令来实现,下面将要讨论这个问题。首先,我们考虑一个基于均值偏离形式的数据替代方法。为实现之,就得为每个个体找到用于回归的个体均值。

$$\overline{y}_i = \frac{1}{T}\sum_{t=1}^{T} y_{it} = \beta_{1i} + \beta_2 \frac{1}{T}\sum_{t=1}^{T} x_{2it} + \beta_3 \frac{1}{T}\sum_{t=1}^{T} x_{3it} + \frac{1}{T}\sum_{t=1}^{T} e_{it}$$

$$= \beta_{1i} + \beta_2 \overline{x}_{2i} + \beta_3 \overline{x}_{3i} + \overline{e}_i$$

y_i 上的一横是表示全部时期的 y_{it} 和的平均值。接着从下面的方程中,减去这个均值方程。

$$y_{it} = \beta_{1i} + \beta_2 x_{2it} + \beta_3 x_{3it} + e_{it} \qquad t = 1, \cdots, T$$

得到:

$$y_{it} = \beta_{1i} + \beta_2 x_{2it} + \beta_3 x_{3it} + e_{it}$$
$$- (\overline{y}_i = \beta_{1i} + \beta_2 \overline{x}_{2i} + \beta_3 \overline{x}_{3i} + \overline{e}_i)$$
$$\overline{\phantom{y_{it} - \overline{y}_i = \beta_2(x_{2it} - \overline{x}_{2i})}}$$
$$y_{it} - \overline{y}_i = \beta_2(x_{2it} - \overline{x}_{2i}) + \beta_3(x_{3it} - \overline{x}_{3i}) + (e_{it} - \overline{e}_i)$$

对这个方程的最小二乘回归结果就是固定效应估计。*nls_panel_devn. dta* 数据集中就包含均值偏离数据。打开这个数据集,然后做概要统计:

```
use nls_panel_devn, clear
summarize
. summarize
```

Variable	Obs	Mean	Std. Dev.	Min	Max
lw_dev	50	2.83e-18	.2643443	-.8445444	1.055708
exp_dev	50	-1.48e-17	2.26546	-3.092308	3.369232
exp2_dev	50	2.58e-16	58.50121	-93.17334	111.1935
ten_dev	50	-4.86e-18	2.130799	-3.583334	3.383334
ten2_dev	50	-3.42e-16	39.09372	-91.27776	111.3819
union_dev	50	0	.2857143	-.6	.8

注意到每个变量的均值都是零,因为它们是相对于均值偏离。

列示其中的部分观测值:

```
list lw_dev exp_dev union_dev in1/10
. list lw_dev exp_dev union_dev in 1/10
```

	lw_dev	exp_dev	union_~v
1.	-.0245214	-2.779487	0
2.	.0306066	-1.862821	0
3.	-.0434434	-.266664	0
4.	.0137196	1.733336	0
5.	.0236386	3.175636	0
6.	-.4884602	-2.7423066	-.4
7.	-.2535382	-1.9346146	-.4
8.	.1607768	.0653804	-.4
9.	.1496408	1.7192304	.6
10.	.4315808	2.8923104	.6

利用 *nls_panel 10. dta* 中的数据和概要统计量手动生成用于下面回归的数据,然后进行回归:

```
reg lw_dev exp_dev exp2_dev ten_dev ten2_dev uni on_dev,nocons tant
```

```
. reg lw_dev exp_dev exp2_dev ten_dev ten2_dev union_dev, noconstant
```

Source	SS	df	MS		Number of obs =	50
					F(5, 45) =	2.55
Model	.756828872	5	.151365774		Prob > F =	0.0407
Residual	2.66718984	45	.059270885		R-squared =	0.2210
					Adj R-squared =	0.1345
Total	3.42401872	50	.068480374		Root MSE =	.24346

lw_dev	Coef.	Std. Err.	t	P>|t|	[95% Conf. Interval]	
exp_dev	.2379985	.1655857	1.44	0.158	-.0955082	.5715052
exp2_dev	-.0081882	.0069714	-1.17	0.246	-.0222293	.0058529
ten_dev	-.01235	.0301116	-0.41	0.684	-.0729979	.0482978
ten2_dev	.0022961	.002371	0.97	0.338	-.0024793	.0070716
union_dev	.1135435	.1330485	0.85	0.398	-.15443	.381517

将这个系数估计结果与先前只包含 10 个指示变量的估计结果进行对比,其结果基本一致。这里的标准差稍微大了一点,因为直接使用 regress 命令,回归过程未能识别所考虑的均值偏离(deviation)。修正的方法是将残差自由度设定为 35。

下面,我们自己创建均值偏离变量。清空内存,打开 *nls_panel 10. dta*,使用 xtset 命令:

```
use nls_panel10, clear
xtset id year
```

我们可以使用 **extensions to functions** 对话框来完成组内均值计算。从下拉菜单选择 **Data > Create or change variables > Create new variable(extended)**。

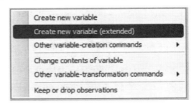

也可以使用 help egen 里的链接来打开对话窗。

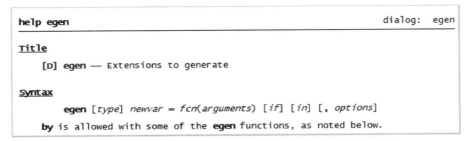

另外一种方法就是在命令窗口输入 db egen。接着,在 **Generate variable** 框内输入一个变量名称,并在 **egen function** 的下拉列表中选择 **mean**。在 **expression** 里输入方程将要操作的变量,这里只有一个变量 **lwage**。

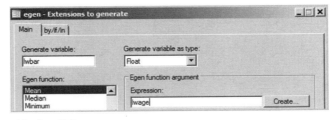

点击 by/if/in 键,如下图:

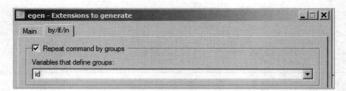

勾选 Repeat command by groups 框,输入定义组(个体)的变量名。同样也可以使用 Stata 命令,按每个个体的 id 将数据进行分类(sort),并使用 stable 选项,然后运用 by 命令将 generate 命令拓展为 egen 命令。

　　sort id,stable

为保存我们输入的内容,并降低输入出错的可能性,我们将使用 loop 循环语句来为每个变量创建均值偏离变量。首先,使用全局宏命令生成需要转换的变量列表。

　　global v1list lwage exper exper2 tenure tenure2 union

循环语句 foreach 的控制结构类似于第 9 章里的 forvalues 循环命令。对于每一个全局宏 v1list 里的变量,我们将使用 egen 命令创建均值,然后使用 generate 命令生成均值偏离变量。Foreach 命令行以左括弧结尾,语句最后以右括弧结束。中间的循环语句就是重复的将 varlist 里面指定的变量赋值给`var',以生成均值偏离变量。

　　foreach var of varlist $ v1list {

　　　　byi: egen `var'bar = mean(`var') gen

　　　　`var'_dev = `var' - `var'bar

　　　　}

接下来列出数据,进行无常数项回归,产生固定效应估计。

　　listid year lwage lwagebar lwage_dev in 1/10

我们看到对每个个体而言,lwagebar 在每个时间周期里保持不变。

. list id year lwage lwagebar lwage_dev in 1/10

	id	year	lwage	lwagebar	lwage_dev
1.	1	82	1.808289	1.83281	-.0245214
2.	1	83	1.863417	1.83281	.0306066
3.	1	85	1.789367	1.83281	-.0434434
4.	1	87	1.84653	1.83281	.0137196
5.	1	88	1.856449	1.83281	.0236386
6.	2	82	1.280933	1.769393	-.4884602
7.	2	83	1.515855	1.769393	-.2535382
8.	2	85	1.93017	1.769393	.1607768
9.	2	87	1.919034	1.769393	.1496408
10.	2	88	2.200974	1.769393	.4315808

基于均值偏离形式,对这些变量进行最小二乘估计。

　　reg lwage_dev exper_dev exper2_dev tenure_dev tenure2_dev union_dev,
　　　　noconstant

```
. reg lwage_dev exper_dev exper2_dev tenure_dev tenure2_dev union_dev, noconst
> ant
```

Source	SS	df	MS
Model	.756828858	5	.151365772
Residual	2.66718982	45	.059270885
Total	3.42401868	50	.068480374

```
Number of obs =        50
F(  5,     45) =      2.55
Prob > F       =    0.0407
R-squared      =    0.2210
Adj R-squared  =    0.1345
Root MSE       =    .24346
```

lwage_dev	Coef.	Std. Err.	t	P>|t|	[95% Conf. Interval]	
exper_dev	.2379985	.1655857	1.44	0.158	-.0955082	.5715052
exper2_dev	-.0081882	.0069714	-1.17	0.246	-.0222293	.0058529
tenure_dev	-.01235	.0301116	-0.41	0.684	-.0729979	.0482978
tenure2_dev	.0022961	.002371	0.97	0.338	-.0024793	.0070716
union_dev	.1135435	.1330485	0.85	0.398	-.15443	.3815169

这里,回归结果中的标准差是不正确的,这是因为最小二乘估计软件进行误差方差项的估计所用的公式是 $\hat{\sigma}_e^2 = SSE(NT-5)$,忽视了我们使用的是 N 个个体均值作为数据平减的依据,这里的误差方差计算应该是 $\hat{\sigma}_e^2 = SSE(NT - N - 5)$。因此,最好使用能直接完整估计固定效应模型的软件,从而确保计算正确。

15.3.2 利用 xtreg 获得固定效应估计值

我们可以使用带 fe 选项的 xtreg 命令来实现固定效应模型估计。关于这个命令,可以输入 help xtreg,了解相关语法。

```
help xtreg                                          dialog: xtreg
                                                   also see: xtreg postestimation


Title

    [XT] xtreg — Fixed-, between-, and random-effects, and population-averaged linear models

Syntax

    GLS random-effects (RE) model

        xtreg depvar [indepvars] [if] [in] [, re RE_options]

    Between-effects (BE) model

        xtreg depvar [indepvars] [if] [in] , be [BE_options]

    Fixed-effects (FE) model

        xtreg depvar [indepvars] [if] [in] [weight] , fe [FE_options]
```

```
    xtreg lwage exper exper2 tenure tenure2 union, fe

. xtreg lwage exper exper2 tenure tenure2 union, fe
```

```
Fixed-effects (within) regression          Number of obs    =        50
Group variable: id                         Number of groups =        10

R-sq:  within  = 0.2210                     Obs per group: min =         5
       between = 0.0226                                    avg =       5.0
       overall = 0.0742                                    max =         5

                                            F(5,35)          =      1.99
corr(u_i, Xb)  = -0.3986                    Prob > F         =    0.1050
```

lwage	Coef.	Std. Err.	t	P>|t|	[95% Conf. Interval]	
exper	.2379985	.1877565	1.27	0.213	-.1431675	.6191646
exper2	-.0081882	.0079048	-1.04	0.307	-.0242358	.0078595
tenure	-.01235	.0341433	-0.36	0.720	-.0816647	.0569646
tenure2	.0022961	.0026885	0.85	0.399	-.0031617	.007754
union	.1135435	.1508628	0.75	0.457	-.1927244	.4198113
_cons	.4346871	1.14518	0.38	0.707	-1.890152	2.759526

sigma_u	.3161662	
sigma_e	.2760533	
rho	.56742384	(fraction of variance due to u_i)

```
F test that all u_i=0:     F(9, 35) =      4.13          Prob > F = 0.0011
```

这里,有些结果比较熟悉,有些就比较陌生了。我们所熟悉的是系数以及系数的标准误,陌生的如标志为_cons 的系数, Stata 报告了 10 个指示变量系数的均值,后文将详细讨论。最下面一行报告的是 F 统计量,该值对应的零假设是个体截距项之间没有显著性差异。

15.3.3　使用完整面板数据的固定效应回归

现在我们使用全样本的完整面板数据集来估计工资方程。打开 *nls_panel. dta* 数据集,调用 xtset 命令。

```
use nls_panel, clear
xtset id year
```

创建一个变量列表便于重复调用变量,接着应用固定效应估计量。

```
Global x1list exper exper2 tenure tenure2 south union
xtreg lwage $ x1list, fe
```

```
· xtreg lwage $ x1list, fe
Fixed-effects (within) regression              Number of obs      =        3580
Group variable: id                             Number of groups   =         716

R-sq:  within  = 0.1430                         Obs per group: min =           5
       between = 0.1162                                        avg =         5.0
       overall = 0.1170                                        max =           5

                                                F(6,2858)          =       79.46
corr(u_i, Xb)  = 0.0952                         Prob > F           =      0.0000
```

lwage	Coef.	Std. Err.	t	P>|t|	[95% Conf. Interval]	
exper	.0410832	.00662	6.21	0.000	.0281027	.0540637
exper2	-.0004091	.0002733	-1.50	0.135	-.000945	.0001269
tenure	.0139089	.0032778	4.24	0.000	.0074818	.0203361
tenure2	-.0008962	.0002059	-4.35	0.000	-.0012999	-.0004926
south	-.0163224	.036149	-0.45	0.652	-.0872031	.0545584
union	.0636972	.0142538	4.47	0.000	.0357485	.091646
_cons	1.450034	.04014	36.12	0.000	1.371328	1.52874

sigma_u	.40231926				
sigma_e	.19511039				
rho	.80959194	(fraction of variance due to u_i)			

```
F test that all u_i=0:     F(715, 2858) =      19.66          Prob > F = 0.0000
```

最底下一行的 Stata 语句 F test that all u_i =0 是对 715 个个体差异的总体 F 检验,结果表明至少在某些个体之间存在显著性差异。

如果预期有异方差,或预期有跨期观测不到的个体异质性,我们将基于聚类修正标准误差对之进行调整。

```
xtreg lwage $x1list, fe vce(cluster id)
```

(Std. Err. adjusted for 716 clusters in id)

lwage	Coef.	Robust Std. Err.	t	P>|t|	[95% Conf. Interval]	
exper	.0410832	.0082404	4.99	0.000	.0249049	.0572615
exper2	-.0004091	.0003299	-1.24	0.215	-.0010568	.0002387
tenure	.0139089	.0042154	3.30	0.001	.0056329	.022185
tenure2	-.0008962	.0002495	-3.59	0.000	-.0013861	-.0004064
south	-.0163224	.05848	-0.28	0.780	-.1311355	.0984907
union	.0636972	.0168605	3.78	0.000	.0305952	.0967993
_cons	1.450034	.055029	26.35	0.000	1.341996	1.558072

这个命令也可以使用下拉菜单获得,按路径 **Statistics > Longitudinal/panel data >**

Linear models > Linear regression(FE,RE,PA,BE)。

另外一个方法是输入 db xtreg,在对话窗里分别选择自变量、因变量,并选择 Fixed - effects 按钮,点击 **OK**。

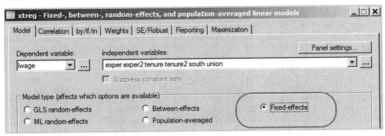

为获得固定效应模型后估计值,从 **Statistics > Postestimation** 下拉菜单选择 **Predictions,residuals,etc**。

在对话框里给变量命名,同时确定选项。点击 **OK**。

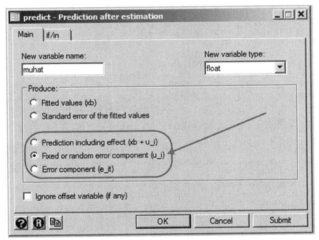

另一种计算每个个体指示变量系数的方法是,在固定效应模型估计之后使用后估计(**post-estimation**)命令:

    Predict muhat,u

这里,muhat 为变量名,u 用于估计固定效应。为获得指示变量的系数,将这些值加入由 _cons 给出的平均值中。计算 muhat 值的和的命令如下:

    tabstat muhat if year ==82,stat(sum)

variable	sum
muhat	-1.12e-07

值得注意的是,回归方程中的种族变量(black)和教育年限变量(educ)有可能会导致某种特定形式下的共线性。变量 black 为指示变量,black 为 1 时代表黑人,等于 0 时为白人,本例中为简化说明,只包括两个种族,在更大的数据集中,可能会包括其他的种族虚拟变量。此外,本例中每个人的指示变量 black 是不会随时间变化而变化。同样的,本例中任何女性的教育年限 educ 也不随时间变化而变化,这是因为在数据整理之前她们就已经完成了教

育。因此,当我们创建均值偏离变量时(如 15.3.1 小节那样),我们会获得这些变量的 5 个零值集合。变量 black 和 educ 的均值偏离形式都是为零,因此在这一估计过程中没有任何变异。包含这些变量的固定效应估计过程如下:

```
global x2list educ black $ x1list

xtreg lwage $ x2list, fe
```

lwage	Coef.	Std. Err.	t	P>|t|	[95% Conf. Interval]	
educ	(omitted)					
black	(omitted)					
exper	.0410832	.00662	6.21	0.000	.0281027	.0540637
exper2	-.0004091	.0002733	-1.50	0.135	-.000945	.0001269
tenure	.0139089	.0032778	4.24	0.000	.0074818	.0203361
tenure2	-.0008962	.0002059	-4.35	0.000	-.0012999	-.0004926
south	-.0163224	.036149	-0.45	0.652	-.0872031	.0545584
union	.0636972	.0142538	4.47	0.000	.0357485	.091646
_cons	1.450034	.04014	36.12	0.000	1.371328	1.52874
sigma_u	.40231926					
sigma_e	.19511039					
rho	.80959194	(fraction of variance due to u_i)				

在输出结果中,注意 black 和 educ 被 Stata 自动删除了。回看本章 15.1 节部分少量观测值列表,你会看出对这些观测值而言这是真的。我们还可以使用 Stata 的 xtsum 命令来验证一下,这个命令会报告横截面和时间序列数据概要统计量。

```
xtsum educ
```

Variable		Mean	Std. Dev.	Min	Max	Observations	
educ	overall	13.02235	2.44402	4	18	N =	3580
	between		2.445387	4	18	n =	716
	within		0	13.02235	13.02235	T =	5

我们注意到组内标准差(**within standard deviation**)为零,这意味着组内(每个个体)观测值是没有变异的,或者说变量 educ 对个体而言是恒定的,固定效应变换自然就将这些变量删掉了。当 Stata 进行固定效应估计时,剔除那些无时间变异性的变量就可以更准确地设定模型。再对照看一下本节开头的估计结果,完全一致。

15.4 随机效应估计

随机效应模型视个体间的异质性为一个随机成分。模型如下:

$$y_{it} = \bar{\beta}_1 + \beta_2 x_{2it} + \beta_3 x_{3it} + (e_{it} + u_i)$$
$$= \bar{\beta}_1 + \beta_2 x_{2it} + \beta_3 x_{3it} + v_{it}$$

其中,联合误差项为:

$$v_{it} = u_i + e_{it}$$

这个新的误差项最重要的特质是同方差性:

$$\sigma_v^2 = \text{var}(v_{it}) = \text{var}(u_i + e_{it}) = \sigma_u^2 + \sigma_e^2$$

但是会与一种特殊的方式序列相关。对个体 i,有:

$$\text{cov}(v_{it}, v_{is}) = \sigma_u^2$$

这些观测值的相关系数如下:

$$\rho = \text{corr}(v_{it}, v_{is}) = \frac{\text{cov}(v_{it}, v_{is})}{\sqrt{\text{var}(v_{it})\text{var}(v_{is})}} = \frac{\sigma_u^2}{\sigma_u^2 + \sigma_e^2}$$

个体内(组内)相关性非常重要。对个体 i 和 j 而言有:

$$\text{cov}(v_{it}, v_{js}) = 0$$

模型中的参数估计用的是可行的广义最小二乘法 (feasible generalized least squares, FGLS)。在 Stata 里,这一估计用的是 xtreg 命令,与固定效应估计很相似,只是随机效应估计最后的选项变成 re。我们继续使用前一节里的数据集 *nls_panel. dta*。

        xtreg lwage $ x2list, re theta

选项 theta 令 Stata 列报出 GLS 估计中使用的变换参数,后文对此还会有讨论。

```
Random-effects GLS regression              Number of obs      =       3580
Group variable: id                         Number of groups   =        716

R-sq:   within  = 0.1411                    Obs per group: min =          5
        between = 0.3543                                   avg =        5.0
        overall = 0.3191                                   max =          5

Random effects u_i ~ Gaussian              Wald chi2(8)       =     860.08
corr(u_i, X)        = 0 (assumed)          Prob > chi2        =     0.0000
theta               = .74368295
```

lwage	Coef.	Std. Err.	z	P>|z|	[95% Conf. Interval]	
educ	.0732536	.0053308	13.74	0.000	.0628055	.0837017
exper	.043617	.0063576	6.86	0.000	.0311564	.0560776
exper2	-.000561	.0002626	-2.14	0.033	-.0010757	-.0000463
tenure	.0141541	.0031666	4.47	0.000	.0079478	.0203605
tenure2	-.0007553	.0001947	-3.88	0.000	-.001137	-.0003737
black	-.1167366	.0302087	-3.86	0.000	-.1759446	-.0575286
south	-.0818117	.0224109	-3.65	0.000	-.1257363	-.0378871
union	.0802353	.0132132	6.07	0.000	.0543379	.1061327
_cons	.5339294	.0798828	6.68	0.000	.377362	.6904968
sigma_u	.32904965					
sigma_e	.19511039					
rho	.73986872	(fraction of variance due to u_i)				

在这个估计结果里,有几项要注意。首先,educ 和 black 的系数在随机效应模型中可以被估计。其次,ρ 的估计值约为 0.74。复合误差项估计值如下:

$$\hat{\sigma}_u = 0.3290$$

$$\hat{\sigma}_e = 0.1951$$

随机效应估计量的标准差可以使得聚类效应更稳健。

        xtreg lwage $ x2list, re vce(cluster id)

总之,当我们确信个体(组)间存在异方差性或者总误差项跨期中有序列相关性时,则应该使用随机效应模型进行估计。

15.4.1 GLS 变换

随机效应模型中的广义最小二乘法的实施过程在《*POE4*》第 15 章附录 B 有详细讨论。随机效应模型如下:

$$y_{it} = \overline{\beta}_1 + \beta_2 x_{2it} + \beta_3 x_{3it} + (u_i + e_{it})$$

其中 u_i 是个体特定误差,e_{it} 是一般回归误差。我们要讨论一个平衡面板数据样本,其由 N 个个体组成,且每个个体都有 T 个时间序列观测值。为了实施广义最小二乘法,我们需要同时估计个体特定误差成分的方差 σ_u^2 和回归误差的方差 σ_e^2。

这样通过对最小二乘形式的变换,我们获得了随机效应模型的广义最小二乘法估计量。变换模型如下:

$$y_{it}^* = \overline{\beta}_1 x_{1it}^* + \beta_2 x_{2it}^* + \beta_3 x_{3it}^* + v_{it}^*$$

其中的变换变量为：

$$y_{it}^* = y_{it} - \alpha \bar{y}_i, \quad x_{1it}^* = 1 - \alpha, \quad x_{2it}^* = x_{2it} - \alpha \bar{x}_{2i}, \quad x_{3it}^* = x_{3it} - \alpha \bar{x}_{3i}$$

变量 $\bar{y}_i, \bar{x}_{2i}$ 和 $\bar{x}_{3i}$ 为个体（组内）均值。变换误差项为 $v_{it}^* = v_{it} - \overline{\alpha v}_i$。关键变换参数（transformation parameter）α（Stata 称为 theta）定义如下：

$$\alpha = 1 - \frac{\sigma_e}{\sqrt{T\sigma_u^2 + \sigma_e^2}}$$

回归误差方差 σ_e^2 来自于固定效应估计量，基于个体（组内）均值偏离回归的方程如下：

$$y_{it} - \bar{y}_i = \beta_2(x_{2it} - \bar{x}_{2i}) + \beta_3(x_{3it} - \bar{x}_{3i}) + (e_{it} - \bar{e}_i)$$

σ_e^2 的一致性估计量可以用 SSE_{DV} 除以合适的自由度 $NT - N - K_{slopes}$ 得到，其中 K_{slopes} 为方程变换形式后的参数数量。

$$\hat{\sigma}_e^2 = \frac{SSE_{DV}}{NT - N - K_{slopes}}$$

估计量 σ_u^2 的计算需要花更多工夫。首先，我们使用经过时间平均后的观测值：

$$\bar{y}_i = \bar{\beta}_1 + \beta_2 \bar{x}_{2i} + \beta_3 \bar{x}_{3i} + u_i + \bar{e}_i \qquad i = 1, 2, \cdots, N$$

这个模型的最小二乘估计量又被称为组间估计量（**between estimator**）。模型中的误差项是 $u_i + \bar{e}_i$，其个体之间不相关，且具有同方差性。

$$var(u_i + \bar{e}_i) = \sigma_u^2 + \frac{\sigma_e^2}{T}$$

我们可以估计这个方差，通过组间估计，将误差平方和 SSE_{BE} 除以自由度 $N - K_{BE}$，其中 K_{BE} 为包含截距参数的组间回归方程参数的个数。

$$\widehat{\sigma_u^2 + \frac{\sigma_e^2}{T}} = \frac{SSE_{BE}}{N - K_{BE}}$$

根据以上估计值，我们可以估计 σ_u^2，如下：

$$\sigma_u^2 = \widehat{\sigma_u^2 + \frac{\sigma_e^2}{T}} - \frac{\hat{\sigma}_e^2}{T} = \frac{SSE_{BE}}{N - K_{BE}} - \frac{SSE_{DV}}{T(NT - N - K_{slopes})}$$

在前面的 GLS 估计中，Stata 已经向我们展示了 theta 参数，theta = 0.74368295，我们回顾一下这个值是如何得来的。

首先，获得固定效应估计量，保存估计误差方差。

```
quietly xtreg lwage $ x2list, fe
scalar sig2e = (e(sigma_e))^2
```

中间的估计量是带有 xtreg 的另一个选项，可以使用 ereturn list 查看保存的内容。

```
xtreg lwage $ x2list, be
ereturn list
```

获得估计的误差方差，并实施变换参数的计算。

```
scalar sig2b = e(rss)/e(df_r)
scalar sig2u = sig2b - sig2e/e(Tbar)
scalar sigu = sqrt(sig2u)
scalar theta = 1 - sqrt(sig2e/(e(Tbar)* sig2u + sig2e))
di "Components of variance"
di "sig2e  = " sig2e " variance of overall error e(it)"
```

```
di "sige     = "sqrt(sig2e) " standard deviation of e(it)"
di "sig2b    = " sig2b " variancefrom between regression "
di "sig2u    = " sig2u " derived variance mu(i) "
di"sigu   = " sigu" standard deviation mu(i) "
di"theta = " theta" transformation parameter "
```

我们可以看到最终结果和前文 Stata 命令得出的值一样。

```
Components of variance
sig2e  = .03806806 variance of overall errore(it)
sige   = .19511039 standard deviation of e(it)
sig2b  = .11588729 variance from between regression
sig2u  = .10827367 derived variance mu(i)
sigu   = .32904965 standard deviation mu(i)
theta  = .74368295 transformation parameter
```

数据的变换与固定效应模型变换方式一样,构造一个包含截距项的标量,用每个变量减去变换系数与其组内均值的积。先计算时间均值,然后计算偏差分。

```
gen one  =1
sort id, stable

global v2list lwage one $ x2list

foreach var of varlist $ v2list {
        byi: egen `var'bar =mean(`var')
        gen `var'd = `var' - theta*  `var'bar
        }
```

对变换后的数据运用最小二乘法,有:

```
reg lwaged educd blackd experd exper2d tenured tenure2d southd uniond
    oned, noconstant
```

Source	SS	df	MS
Model	898.326385	9	99.8140427
Residual	136.490642	3571	.038221966
Total	1034.81703	3580	.289055035

```
Number of obs =     3580
F(  9,  3571) = 2611.43
Prob > F      =  0.0000
R-squared     =  0.8681
Adj R-squared =  0.8678
Root MSE      =    .1955
```

lwaged	Coef.	Std. Err.	t	P>|t|	[95% Conf.	Interval]
educd	.0732536	.0053308	13.74	0.000	.0628019	.0837052
blackd	-.1167366	.0302087	-3.86	0.000	-.1759646	-.0575085
experd	.043617	.0063576	6.86	0.000	.0311521	.0560818
exper2d	-.000561	.0002626	-2.14	0.033	-.0010758	-.0000461
tenured	.0141541	.0031666	4.47	0.000	.0079457	.0203626
tenure2d	-.0007553	.0001947	-3.88	0.000	-.0011371	-.0003736
southd	-.0818117	.0224109	-3.65	0.000	-.1257512	-.0378722
uniond	.0802353	.0132132	6.07	0.000	.0543291	.1061415
oned	.5339295	.0798828	6.68	0.000	.377309	.6905499

将上表中的估计结果和上一节里使用带 re 选项的 xtreg 命令执行的结果进行比较,和前面标准差讨论一样,它们完全一致。

15.4.2 Breusch-Pagan 检验

为检验随机效应的存在,我们将使用 Breusch-Pagan 检验统计量。

$$LM^2 = \frac{NT}{2(T-1)} \left\{ \frac{\sum_{i=1}^{N} \left(\sum_{t=1}^{T} \hat{e}_{it} \right)^2}{\sum_{i=1}^{N} \sum_{t=1}^{T} \hat{e}_{it}^2} - 1 \right\}$$

如果零假设 $H_0: \sigma_u^2 = 0$ 为真,即没有随机效应,则 $LM \sim N(0,1)$ 为大样本,因此,我们在 α 水平下拒绝零假设 H_0,接受备择假设 $H_1: \sigma_u^2 > 0$ 的条件为 $LM > z_{(1-\alpha)}$,其中 $z_{(1-\alpha)}$ 为标准正态分布 $[N(0,1)]$ 的 $100(1-\alpha)$ 百分位值。当 $\alpha = 0.05$,这个临界值为 1.645;当 $\alpha = 0.01$,这个临界值为 2.326。只要零假设被拒绝,我们就可以得出存在随机效应。

最初的 Breusch 和 Pagan 拉格朗日乘数检验(LM test)用到的统计量为 LM^2,零假设下,该统计量服从 $\chi_{(1)}^2$ 分布。后续的学者指出,使用 LM^2 统计量备择假设应为 $H_1: \sigma_u^2 \neq 0$,但是如果备择假设为 $H_1: \sigma_u^2 > 0$,使用统计量 LM 服从单侧标准正态分布 $N(0,1)$ 效果会更好。有些软件,如 Stata,报告的就是 LM^2 统计量,使用 LM^2 统计量的问题在于 LM 有可能小于 0,因而不能作为 $\sigma_u^2 > 0$ 的证据。因为,显著性水平为 α 的卡方检验调整为卡方分布的 $100(1-2\alpha)$ 百分位数,当 $\alpha = 0.05$,临界值的标准是 2.706,是 1.645 的平方。据此,这个算法只能用于 $LM > 0$ 的情况。

在 Stata 里实施这个检验可以使用后估计命令 xttest0。先默认执行随机效应模型,然后再使用 xttest0 命令。

```
quietly xtreglwage $ x2list, re
xttest0
```
Breusch and Pagan Lagrangian multiplier test for random effects

```
    lwage[id,t] = Xb + u[id] + e[id,t]

    Estimated results:
                  |      Var       sd = sqrt(Var)
            lwage |   .2158595        .4646068
                e |   .0380681        .1951104
                u |   .1082737        .3290497

    Test:    Var(u) = 0
                         chi2(1)   =    3859.28
                         Prob > chi2 =     0.0000
```

15.4.3 Hausman 检验

检验随机效应模型里的误差组分 u_i 和自变量之间的相关关系,我们可以使用 Hausman 检验。这个检验是将随机效应模型估计出的系数和固定效应模型的系数进行对比。Hausman 检验的基本思想是如果 u_i 和解释变量 x_{kit} 之间没有相关性,则随机效应和固定效应估计量是一致的。如果两个估计量是一致,那么大样本下它们应该收敛于真实的参数值 β_k,换言之,大样本下随机效应和固定效应估计值应该相似。然而如果 u_i 与 x_{kit} 有相关性,随机效应估计量会不一致,但固定效应估计量会保持一致,因此,在大样本里,固定效应估计量会向真实参数值收敛,而随机效应估计量会向某个非真实参数值收敛。本例中,我们希望能观察到固定效应和随机效应之间的差异。

分别执行固定效应和随机效应估计,并保存结果。

```
quietly xtreg lwage $ x2list, fe
```

```
estimates store fe

quietly xtreg lwage $ x2list, re
estimates store re
```

Hausman 对比检验使用后估计命令:

```
hausman fe re
```

当使用 hausman 命令时,固定效应估计量(**fe**)应列在前面,随机效应估计量(**re**)列在后面。

	—— Coefficients ——			
	(b) fe	(B) re	(b-B) Difference	sqrt(diag(V_b-V_B)) S.E.
exper	.0410832	.043617	-.0025338	.0018455
exper2	-.0004091	-.000561	.0001519	.0000758
tenure	.0139089	.0141541	-.0002452	.0008468
tenure2	-.0008962	-.0007553	-.0001409	.0000668
south	-.0163224	-.0818117	.0654893	.0283637
union	.0636972	.0802353	-.0165381	.0053462

```
             b = consistent under Ho and Ha; obtained from xtreg
             B = inconsistent under Ha, efficient under Ho; obtained from xtreg

    Test:  Ho:  difference in coefficients not systematic

             chi2(6) = (b-B)'[(V_b-V_B)^(-1)](b-B)
                     =       20.73
             Prob>chi2 =      0.0021
```

检验结果报告了两个模型的常规系数(Coefficients)和它们估计的差异(Difference)。S.E.列是差异的标准差,因此计算 **south** 项的系数的 t 值如下:

$$t = \frac{b_{FE,k} - b_{RE,k}}{[\operatorname{se}(b_{FE,k})^2 - \operatorname{se}(b_{RE,k})^2]^{1/2}} = \frac{-0.0163 - (-0.0818)}{[(0.0361)^2 - (0.0224)^2]^{1/2}} = \frac{0.0654893}{0.0283637} = 2.3137$$

当零假设为真时,这个检验统计量服从渐进正态分布,但这里的统计量值为 2.3137,超过了临界值 1.96,因此我们拒绝两个系数相等的零假设。

下面的检验结果报告是比较 6 个系数的卡方统计量,p 值(0.0021)很小,因此我们应拒绝系数估计值无系统性差异的零假设。这样的差异意味着随机效应估计量是不一致的,其原因可能是存在诸如教育年限等内生变量或其他一些错误设定。

另外一个检验方法是 Yair Mundlak 方法,见 Wooldridge(2010, p. 332)[1]。其思路是:如果在 u_i 和 x_{kit} 之间存在系统性关系,那么 u_i 与随时间变化的解释变量组内均值之间就应存在某种关系。为实施这个检验,我们在原始模型中加入时间均值变量,使用随机效应模型估计,检验增加的自变量的显著性。如果 u_i 和 x_{kit} 之间没有关系,则没有显著性。

```
global xlist3 experbar exper2bartenurebar tenure2bar southbar ///
        unionbar educ exper exper2 tenure tenure2 blacksouth union

xtreg lwage $ xlist3, re
test experbar exper2bar tenurebar tenure2bar southbar unionbar
```

(1) expbar = 0
(2) exp2bar = 0
(3) tenbar = 0
(4) ten2bar = 0
(5) southbar = 0
(6) unionbar = 0

---

[1] Econometric Andlys of Cross section and Panel Dete, MIT Press.

```
        chi2( 6) =   20.44
      Prob > chi2 =   0.0023
```

这个检验的优势是避免出现负的 Hausman 统计量的可能性,同时该检验更稳健。

```
xtreg lwage $ xlist3, re vce(cluster id)
test experbar exper2bar tenurebar tenure2bar southbar unionbar
```

```
.test experbar exper2bar tenurebar tenure2bar southbar unionbar
(1)   experbar = 0
(2)   exper2bar = 0
(3)   tenurebar = 0
(4)   tenure2bar = 0
(5)   southbar = 0
(6)   unionbar = 0
        chi2( 6) =     17.26
      Prob > chi2 =   0.0084
```

另外一个可能的选择就是,如果认为年度效应可能比较显著,我们可在检验之前加上年度指示变量。

```
tabulate year, generate (d)
xtreg lwage $ xlist3 d2 - d5, re vce(cluster id)
test expbar exp2bar tenbar ten2bar southbar unionbar
```

```
.test experbar exper2bar tenurebar tenure2bar southbar unionbar
(1)   experbar =0
(2)   exper2bar =0
(3)   tenurebar =0
(4)   tenure2bar =0
(5)   southbar =0
(6)   unionbar =0
        chi2( 6) =   16.29
      Prob > chi2 =      0.0123
```

通过这些不同检验,我们拒绝随机效应与自变量无关的零假设,亦即抛弃对随机效应估计的怀疑。

15.4.4　Hausman-Taylor 模型

工资方程的固定效应估计和随机效应估计的比较结果面临一个窘境:解释变量和随机效应的相关性说明了随机效应估计量是不一致的。这样的不一致性问题我们可以通过固定效应估计来克服,但是这样一来,我们就不能再估计无时间变化(恒定)的变量 *EDUC* 和 *BLACK* 的系数。然而教育的年化收入边际效应,以及基于肤色的工资歧视(不管是否存在)是我们要面对的两个主要问题。

Hausman-Taylor 估计量是应用于随机效应模型的工具变量估计量,主要是用于克服由于随机效应和部分解释变量之间的相关性而导致估计量不一致性的问题。该模型具体细节见 Wooldridge(2010, Chapter 11.3),相关实施步骤如下:

$$y_{it} = \beta_1 + \beta_2 x_{it,exog} + \beta_3 x_{it,endog} + \beta_3 w_{i,exog} + \beta_4 w_{i,endog} + u_i + e_{it}$$

将解释变量分为 4 类:

$x_{it,exog}$:随时间和个体而变化的外生变量

$x_{it,endog}$:随时间和个体而变化的内生变量

$w_{i,exog}$：不随时间变化的外生变量

$w_{i,endog}$：不随时间变化的内生变量

模型方程中每个类型都有一个变量，但实际操作中某个类型可能不止一个变量。为了使得 Hausman-Taylor 估计能够有效执行，随时间和个体而变化的外生变量（$x_{it,exog}$）的数量至少要比不随时间变化的内生变量（$w_{i,endog}$）的数量要多。

在 Stata 里使用 xthtaylor 命令执行该估计。工资方程设定不变，但是要通过选项 endog() 来确定哪些是内生变量，并运用选项 constant() 来确定哪些变量是跨时间恒定的（**time-invariant**）的。输入 help xthtaylor：

```
help xthtaylor                                    dialog: xthtaylor
                                                also see: xthtaylor postestimation


Title

    [XT] xthtaylor — Hausman-Taylor estimator for error-components models

Syntax

        xthtaylor depvar indepvars [if] [in] [weight] , endog(varlist) [options]

    options                    description

    Main
      noconstant               suppress constant term
    * endog(varlist)           explanatory variables in indepvars to be treated as endogenous
      constant(varlist_ti)     independent variables that are constant within panel
      varying(varlist_tv)      independent variables that are time varying within panel
      amacurdy                 fit model based on Amemiya and MaCurdy estimator
```

在《POE4》第 560—562 页的例子里（延续前面的例子），变量 south 和 educ 视为潜在的内生变量，south 随时间变化而变化，educ 则为时间恒定变量。

xthtaylor lwage $ x2list,endog(south educ)constant(educ black)

输出结果按上面的变量分类分为四个部分，如下：

Random effects u_i ~ i.i.d.

| | | | | | Wald chi2(8) | = 609.26 |
| | | | | | Prob > chi2 | = 0.0000 |

lwage	Coef.	Std. Err.	z	P>|z|	[95% Conf. Interval]	
TVexogenous						
exper	.0399079	.0064745	6.16	0.000	.027218	.0525977
exper2	-.0003913	.0002676	-1.46	0.144	-.0009159	.0001332
tenure	.0143257	.0031597	4.53	0.000	.0081328	.0205186
tenure2	-.0008526	.0001974	-4.32	0.000	-.0012395	-.0004657
union	.0719692	.0134545	5.35	0.000	.045599	.0983395
TVendogenous						
south	-.0317122	.0348474	-0.91	0.363	-.1000118	.0365874
TIexogenous						
black	-.0359136	.0600681	-0.60	0.550	-.1536449	.0818177
TIendogenous						
educ	.1705081	.0444628	3.83	0.000	.0833626	.2576535
_cons	-.7507694	.5862357	-1.28	0.200	-1.89977	.3982314
sigma_u	.44986996					
sigma_e	.1949059					
rho	.84195987	(fraction of variance due to u_i)				

Note: TV refers to time varying; TI refers to time invariant.

15.5 回归方程组

本小节我们将讨论来自通用电气（General Electric，GE）和西屋公司（Westinghouse，WE）的投资数据。这两个公司是 Grunfeld 经典数据集里收集的 10 个公司中的两个。使用常规初始命令打开数据集，并检查其内容：

```
use grunfeld2, clear
describe
```

```
summarize
```

Grunfeld 数据集对 10 个公司中的每家都有 20 个时间序列观测值，*grunfeld2.dta* 删除了除 GE 和 WE 之外的所有数据。

我们首先考虑两个投资模型方程。如果这两个模型的参数一致，我们就可以对这 40 个观测值使用混合数据回归模型。

$$INV_{GE,t} = \beta_1 + \beta_2 V_{GE,t} + \beta_3 K_{GE,t} + e_{GE,t} \qquad t = 1, \cdots, 20$$
$$INV_{WE,t} = \beta_1 + \beta_2 V_{WE,t} + \beta_3 K_{WE,t} + e_{WE,t} \qquad t = 1, \cdots, 20$$

使用混合数据回归估计，可以直接使用下面的简约回归形式：

```
reg inv v k
```

如果参数不一致，则回归模型如下：

$$INV_{GE,t} = \beta_{1,GE} + \beta_{2,GE} V_{GE,t} + \beta_{3,GE} K_{GE,t} + e_{GE,t} \qquad t = 1, \cdots, 20$$
$$INV_{WE,t} = \beta_{1,WE} + \beta_{2,WE} V_{WE,t} + \beta_{3,WE} K_{WE,t} + e_{WE,t} \qquad t = 1, \cdots, 20$$

为检验我们是否应该使用混合数据模型，可以先估计一个虚拟变量模型。

$$INV_{it} = \beta_{1,GE} + \delta_1 D_i + \beta_{2,GE} V_{it} + \delta_2 D_i \times V_{it} + \beta_{3,GE} K_{it} + \delta_3 D_i \times K_{it} + e_{it}$$

其中，$D = 1$ 表示观测值为 WE，创建这个虚拟变量以及它的交互项：

```
tabulate firm, generate(d)
gen vd1 = v* d1
gen kd1 = k* d1
gen vd2 = v* d2
gen kd2 = k* d2
```

对这个带有虚拟变量的模型进行回归，把 GE 作为基础参照指示变量，$D = 0$。

```
reg inv vkd2 vd2 kd2
. reg inv v k d2 vd2 kd2
```

Source	SS	df	MS
Model	72079.4011	5	14415.8802
Residual	14989.8218	34	440.877111
Total	87069.2229	39	2232.54418

Number of obs =   40
F(5,   34) =   32.70
Prob > F   = 0.0000
R-squared   = 0.8278
Adj R-squared = 0.8025
Root MSE   = 20.997

inv	Coef.	Std. Err.	t	P>|t|	[95% Conf. Interval]
v	.0265512	.011722	2.27	0.030	.0027291 .0503733
k	.1516939	.0193564	7.84	0.000	.1123568 .1910309
d2	9.446918	28.80535	0.33	0.745	-49.0926 67.98643
vd2	.0263429	.0343527	0.77	0.448	-.0434701 .096156
kd2	-.0592874	.1169464	-0.51	0.615	-.2969511 .1783764
_cons	-9.956307	23.62636	-0.42	0.676	-57.97086 38.05824

检验指示变量和斜率指示变量的系数显著性。

```
test d2 vd2 kd2
. test d2 vd2 kd2
```

(1)　d2 = 0
(2)　vd2 = 0
(3)　kd2 = 0

　　　F(3,　34) =　　1.19
　　　Prob > F =　　0.3284

如果这样的回归形式是你所期望的，那么我们可以通过因子变量注释法达到同样的效果，而不需创建指示变量。因子变量 ib1.firm 设定对 firm 2 为 1，其他为 0，正如前所述，令 GE 为基础参照组。

```
reg inv v k ib1.firm ib1.firm#(c.v c.k)
```

```
. reg inv v k ib1.firm ib1.firm#(c.v c.k)
```

Source	SS	df	MS
Model	72079.4012	5	14415.8802
Residual	14989.8217	34	440.877109
Total	87069.2229	39	2232.54418

```
Number of obs =      40
F( 5,    34) =   32.70
Prob > F      =  0.0000
R-squared     =  0.8278
Adj R-squared =  0.8025
Root MSE      =  20.997
```

inv	Coef.	Std. Err.	t	P>|t|	[95% Conf. Interval]	
v	.0265512	.011722	2.27	0.030	.0027291	.0503733
k	.1516939	.0193564	7.84	0.000	.1123568	.1910309
2.firm	9.446916	28.80535	0.33	0.745	-49.0926	67.98643
firm#c.v						
2	.0263429	.0343527	0.77	0.448	-.0434701	.096156
firm#c.k						
2	-.0592874	.1169464	-0.51	0.615	-.2969511	.1783764
_cons	-9.956306	23.62636	-0.42	0.676	-57.97086	38.05824

相应的检验命令如下：

```
test 2.firm 2.firm#c.v 2.firm#c.k
```

```
.test2.firm2.firm#c.v2.firm#c.k

( 1)  2.firm = 0
( 2)  2.firm#c.v = 0
( 3)  2.firm#c.k = 0

      F( 3, 34) =    1.19
         Prob > F =   0.3284
```

除了令某个公司为基础参照组外，我们还要包含每个公司独立的截距项及斜率。

```
reg inv d1 d2 vd1 vd2 kd1 kd2, noconstant
```

Source	SS	df	MS
Model	282856.08	6	47142.6801
Residual	14989.8218	34	440.877113
Total	297845.902	40	7446.14756

```
Number of obs =      40
F( 6,    34) =  106.93
Prob > F      =  0.0000
R-squared     =  0.9497
Adj R-squared =  0.9408
Root MSE      =  20.997
```

inv	Coef.	Std. Err.	t	P>|t|	[95% Conf. Interval]	
d1	-9.956306	23.62636	-0.42	0.676	-57.97086	38.05824
d2	-.5093887	16.47857	-0.03	0.976	-33.99786	32.97909
vd1	.0265512	.011722	2.27	0.030	.0027291	.0503733
vd2	.0528941	.0322909	1.64	0.111	-.0127288	.1185171
kd1	.1516939	.0193564	7.84	0.000	.1123568	.1910309
kd2	.0924065	.1153334	0.80	0.429	-.1419792	.3267922

为了检验 GE 和 WE 系数显著性差异，我们需要检验虚拟变量系数为 0 的联合零假设：

```
test(d1 = d2)(vd1 = vd2)(kd1 = kd2)
```

```
.test (d1 = d2) (vd1 = vd2) (kd1 = kd2)

( 1)  d1 - d2 = 0
( 2)  vd1 - vd2 = 0
( 3)  kd1 - kd2 = 0

      F( 3, 34) =    1.19
         Prob > F =   0.3284
```

如果第二种方法是你所期望的，使用因子变量法来创建指示变量和它们间的交互性就没有必要了。

```
reg inv ibn.firm ibn.firm#(c.v c.k), noconstant
test (1.firm = 2.firm) (1.firm#c.v = 2.firm#c.v) (1.firm#c.k = 2.firm#c.k)
```

```
. reg inv ibn.firm ibn.firm#(c.v c.k), noconstant
```

Source	SS	df	MS			
Model	282856.081	6	47142.6801			
Residual	14989.8217	34	440.877109			
Total	297845.902	40	7446.14756			

Number of obs = 40
F(6, 34) = 106.93
Prob > F = 0.0000
R-squared = 0.9497
Adj R-squared = 0.9408
Root MSE = 20.997

inv	Coef.	Std. Err.	t	P>|t|	[95% Conf. Interval]	
firm						
1	-9.956306	23.62636	-0.42	0.676	-57.97086	38.05824
2	-.5093902	16.47857	-0.03	0.976	-33.99786	32.97908
firm#c.v						
1	.0265512	.011722	2.27	0.030	.0027291	.0503733
2	.0528941	.0322909	1.64	0.111	-.0127288	.1185171
firm#c.k						
1	.1516939	.0193564	7.84	0.000	.1123568	.1910309
2	.0924065	.1153334	0.80	0.429	-.1419792	.3267922

```
.test (1.firm=2.firm)(1.firm#c.v=2.firm#c.v)(1.firm#c.k=2.firm#c.k)
(1)  1bn.firm - 2.firm = 0
(2)  1bn.firm#c.v - 2.firm#c.v = 0
(3)  1bn.firm#c.k - 2.firm#c.k = 0
       F( 3, 34) =  1.19
         Prob > F = 0.3284
```

这里没有明显的证据表明这两个回归中的系数不同,然而,我们还将对这个系数差异进行方差检验。利用第 8 章中的 Goldfeld-Quandt 检验,我们用带 **if** 限制条件的 **regress** 命令对两个回归分别进行估计,同时为便于后面使用,我们保存 SSE。回顾 ereturn list 命令,它可以显示回归执行后所保存的项目:

```
reg inv v k if firm==1
scalar sse_ge = e(rss)
reg inv v k if firm==2
scalar sse_we = e(rss)
* Goldfeld - Quandt test
scalar GQ = sse_ge/sse_we
scalar fc95 = invFtail(17,17,.05)
di"Goldfeld - Quandt Test statistic = " GQ
di "F(17,17,.95) = " fc95
.di "Goldfeld - Quandt Test statistic =" GQ
Goldfeld - Quandt Test statistic = 7.4533808
.di"F(17,17,.95) = "fc95
F(17,17,.95) = 2.2718929
```

由上可知,我们有充分的证据表明这两个方程的误差方差显著不同。另外,如果你忘了 **scalar** 命令的语法,输入 db scalar,使用对话框可以了解具体步骤。

15.5.1 似不相关回归

似不相关回归(SUR)允许方程系数内各方程系数和方差之间的关系存在不同,各方程变量之间没有关系,但允许各方程的误差项之间具有同期相关性。

$$\text{cov}(e_{GE,v}, e_{WE,t}) = \sigma_{GE,WE}$$

SUR 估计量是一个广义最小二乘估计量,因为数据是一个堆积于另一个之上的堆栈形式(stacked form,有时称为长格式),在 Stata 中,可以由 xtgls 命令实现。下文将要讨论数据为宽格式(wide form)时估计模型如何展开。xtgls 命令带有许多选项,并且功能非常强大。

输入 help xtgls,可以了解相关语法和选项。

```
help xtgls                                    dialog:  xtgls
                                            also see:  xtgls postestimation


Title

    [XT] xtgls — Fit panel-data models by using GLS

Syntax

    xtgls depvar [indepvars] [if] [in] [weight] [, options]

    options                     description
    Model
      noconstant                suppress constant term
      panels(iid)               use i.i.d. error structure
      panels(heteroskedastic)   use heteroskedastic but uncorrelated error structure
      panels(correlated)        use heteroskedastic and correlated error structure
      corr(independent)         use independent autocorrelation structure
      corr(ar1)                 use AR1 autocorrelation structure
      corr(psar1)               use panel-specific AR1 autocorrelation structure
      rhotype(calc)             specify method to compute autocorrelation parameter; see options for
                                  details; seldom used
      igls                      use iterated GLS estimator instead of two-step GLS estimator
      force                     estimate even if observations unequally spaced in time

    SE
      nmk                       normalize standard error by N-k instead of N
```

其中选项 panels(correlated),就是指 SUR 模型。方程误差不仅有异方差性,同时还具有相关性。为实施估计,我们使用 xtset 设定数据,同时加上 yearly 选项来指明年度数据。

　　Xtset firm year,yearly

　　回归模型如下:

　　Xtgls inv ibn.firm ibn.firm #(c.vc.k), noconstant panels(correlated) nmk

我们添加了 nmk 选项,这样在计算误差方差和协方差时,可以获得修正的自由度 $N - K$。

.xtgls inv ibn.firm ibn.firm#(c.vc.k),noconstant panels(correlated) nmk

Cross - sectional time - series FGLS regression

Coefficients:　generalized least squares

Panels:　　　 heteroskedastic with cross - sectional correlation

Correlation:　no autocorrelation

Estimated covariances	=	3	Number of obs	=	40
Estimated autocorrelations	=	0	Number of groups	=	2
Estimated coefficients	=	6	Time periods	=	20
			Wald chi2(6)	=	424.35
			Prob > chi2	=	0.0000

inv	Coef.	Std. Err.	z	P>|z|	[95% Conf. Interval]	
firm						
1	-27.71932	29.32122	-0.95	0.344	-85.18785	29.74922
2	-1.251988	7.545217	-0.17	0.868	-16.04034	13.53637
firm#c.v						
1	.0383102	.0144152	2.66	0.008	.010057	.0665634
2	.0576298	.0145463	3.96	0.000	.0291196	.08614
firm#c.k						
1	.1390363	.0249856	5.56	0.000	.0900654	.1880072
2	.0639781	.0530406	1.21	0.228	-.0399796	.1679357

　　两个方程系数相等的类邹检验(Chow-like test)如下:

　　test(1.firm = 2.firm) (1.firm#c.v = 2.firm#c.v) (1.firm#c.k = 2.firm#c.k)

.test(1.firm = 2.firm)(1.firm#c.v = 2.firm#c.v)(1.firm#c.k = 2.firm#c.k)

(1)　1bn.firm - 2.firm = 0

(2)　1bn.firm#c.v - 2.firm#c.v = 0

(3)　1bn.firm#c.k - 2.firm#c.k = 0

　　　　　chi2(3) =　8.77

　　　Prob > chi2 =　0.0326

前文我们提到，xtgls 命令提供了很多选项，这里你可以进行下述测试。如果认为两个回归方程的方差不同，你可以使用第 8 章的分组或分区异方差模型。如果没有同期协方差，可以使用如下模型：

```
*   pooled model GLS with group hetero
xtgls inv v k, panels(heteroskedastic) nmk
```

如果我们选择混合数据回归模型，但是希望保留 SUR 的跨方程异方程和同期协方差的假设，则使用：

```
*   pooled model GLS with sur assumptions
xtgls inv v k, panels(correlated) nmk
```

SUR 模型可以自身迭代，这意味着获得 SUR 估计量以后，其可用于计算新的方程残差。这些残差可以用于估计两个方程的方差、协方差以及一个新的 SUR 估计量集。这个过程可以不断重复直到收敛，这里我们基于附带 igls 选项的混合数据面板模型来验证这个迭代过程。

```
*   pooled model GLS with sur assumptions iterated
xtgls inv v k, panels(correlated) nmk igls
```

考虑到 SUR 模型在估计时可能混合了方程间误差项的一阶序列相关性，为此，我们假设：

$$e_{GE,t} = \rho_{GE} e_{GE,t-1} + v_{GE,t}$$
$$e_{WE,t} = \rho_{WE} e_{WE,t-1} + v_{WE,t}$$

选项 corr(ar1) 是在假设 $\rho_{GE} = \rho_{WE}$ 的情况下执行估计。

```
*   pooled model GLS with sur assumptions and common ar(1)
xtgls inv v k, panels(correlated) corr(ar1)nmk
```

所有有关这些模型的详细内容都超过了本书的范围，想详细了解 xtgls 的完整文献可以参阅 Cameron 和 Trivedi（2010，pp. 273-278）[1]。

当方程有很多，而时间观测值的数量却不多时，我们通常不推荐使用 GLS 来实施 SUR 估计，取而代之的是经常使用 Beckand 和 Katz(1995)建议的基于稳健性标准误的最小二乘法来处理 SUR 类型假设。这些又被称为"面板修正标准误差"（panel-corrected standard errors），在 Stata 里该命令为 xtpcse。将这个命令应用于这个混合数据回归模型，如下：

```
    xtpcse inv v k, nmk
```

```
Linear regression, correlated panels corrected standard errors (PCSEs)

Group variable:     firm                 Number of obs      =         40
Time variable:      year                 Number of groups   =          2
Panels:             correlated (balanced)  Obs per group: min =       20
Autocorrelation:    no autocorrelation                  avg =         20
                                                        max =         20

Estimated covariances      =      3       R-squared          =     0.8098
Estimated autocorrelations =      0       Wald chi2(2)       =     176.16
Estimated coefficients     =      3       Prob > chi2        =     0.0000
```

inv	Coef.	Panel-corrected Std. Err.	z	P>|z|	[95% Conf. Interval]	
v	.0151926	.006932	2.19	0.028	.0016062	.0287791
k	.1435792	.0246476	5.83	0.000	.0952707	.1918876
_cons	17.872	4.690806	3.81	0.000	8.678191	27.06581

---

① Microeconometrics Using Stata, Revised Edition,Stata Press. ——中文版《使用 Stata 学习微观计量经济学》，肖光恩等译，重庆大学出版社，2015。

15.5.2　宽格式面板数据 SUR 模型

在 Stata(包括大多数计量软件)中,估计 SUR 模型时,数据更多的是宽格式(wide form)而不是如 *grunfeld*2. *dta* 里那样的堆栈模式(stacked form)。不过这样的数据格式转换在 Stata 中很容易完成。

```
use grunfeld2, clear
reshape wide inv vk,i(year) j(firm)
```

转换格式的命令如下:

```
. reshape wide inv v k, i(year) j(firm)
(note: j = 1 2)

Data                              long    ->    wide

Number of obs.                      40    ->      20
Number of variables                  5    ->       7
j variable (2 values)             firm    ->    (dropped)
xij variables:
                                   inv    ->    inv1 inv2
                                     v    ->    v1 v2
                                     k    ->    k1 k2
```

使用下述命令浏览数据:

```
describe
summarize
list in 1/5
```

变量描述如下:

```
. describe

Contains data
  obs:             20
  vars:             7
  size:          1,080 (99.9% of memory free)

                storage  display     value
variable name    type    format      label      variable label

year            int      %8.0g                   year
inv1            double   %10.0g                   1 inv
v1              double   %10.0g                   1 v
k1              double   %10.0g                   1 k
inv2            double   %10.0g                   2 inv
v2              double   %10.0g                   2 v
k2              double   %10.0g                   2 k

Sorted by:  year
```

与此前 *grunfeld*2. *dta* 里的变量 inv,v 和 k 格式不同,现在的数据集中每个企业变量有 20 个观测值。概要统计量如下:

```
. summarize

    Variable |       Obs        Mean    Std. Dev.       Min        Max

        year |        20      1944.5     5.91608       1935       1954
        inv1 |        20      102.29     48.5845       33.1      189.6
          v1 |        20    1941.325   413.8433     1170.6     2803.3
          k1 |        20      400.16   250.6188       97.8      888.9
        inv2 |        20     42.8915   19.11019      12.93      90.08

          v2 |        20      670.91   222.3919      191.5     1193.5
          k2 |        20       85.64   62.26494         .8      213.5
```

其中,部分观测值如下:

```
. list in 1/5
```

	year	inv1	v1	k1	inv2	v2	k2
1.	1935	33.1	1170.6	97.8	12.93	191.5	1.8
2.	1936	45	2015.8	104.4	25.9	516	.8
3.	1937	77.2	2803.3	118	35.05	729	7.4
4.	1938	44.6	2039.7	156.2	22.89	560.4	18.1
5.	1939	48.1	2256.2	172.6	18.84	519.9	23.5

对于宽格式数据的 SUR 模型,使用的估计命令为 sureg。

```
help sureg                                                    dialog:  sureg
                                                            also see:  sureg postestimation

Title

    [R] sureg — Zellner's seemingly unrelated regression

Syntax

    Basic syntax

        sureg (depvar1 varlist1) (depvar2 varlist2) ... (depvarN varlistN) [if] [in] [weight]
```

对宽格式数据,具体估计命令如下:

```
    sureg(inv1 v1 k1)(inv2 v2 k2),corr dfk small
. sureg (inv1 v1 k1) (inv2 v2 k2), corr dfk small

Seemingly unrelated regression
```

Equation	Obs	Parms	RMSE	"R-sq"	F-Stat	P
inv1	20	2	28.47948	0.6926	20.92	0.0000
inv2	20	2	10.29363	0.7404	25.27	0.0000

	Coef.	Std. Err.	t	P>|t|	[95% Conf.	Interval]
inv1						
v1	.0383102	.0144152	2.66	0.012	.0090151	.0676053
k1	.1390363	.0249856	5.56	0.000	.0882594	.1898131
_cons	-27.71932	29.32122	-0.95	0.351	-87.3072	31.86857
inv2						
v2	.0576298	.0145463	3.96	0.000	.0280682	.0871914
k2	.0639781	.0530406	1.21	0.236	-.0438134	.1717695
_cons	-1.251988	7.545217	-0.17	0.869	-16.58571	14.08174

```
Correlation matrix of residuals:

          inv1      inv2
inv1    1.0000
inv2    0.7290    1.0000

Breusch-Pagan test of independence: chi2(1) =    10.628, Pr = 0.0011
```

从回归命令来看,每一个方程都包含在括弧内,因变量还是放在第一个。其他的选项解释如下:

- dfk 要求对误差方差和同期协方差估计使用修正的自由度,形式如下:

$$\hat{\sigma}_{GE,WE} = \frac{1}{\sqrt{T-K_{GE}}\ \sqrt{T-K_{WE}}} \sum_{t=1}^{20} \hat{e}_{GE,t}\hat{e}_{WE,t} = \frac{1}{T-3} \sum_{t-1}^{20} \hat{e}_{GE,t}\hat{e}_{WE,t}$$

- corr 要求报告不同方程残差之间的相关性,同时列报"无相关"的 LM 检验统计量。

$$LM = T \sum_{i=2}^{M} \sum_{j=1}^{i-1} r_{ij}^{2}$$

这里的 *LM* 统计量服从大样本下自由度为 $M(M-1)/2$ 的卡方分布。

- small 要求检验基于 t 统计量或者 F 统计量而不是 Z 统计量或者卡方统计量。

查看估计的方差和协方差,使用:

```
matrix liste(Sigma)
symmetric e(Sigma)[2,2]
            inv1      inv2
inv1  777.44634
inv2  207.58713   104.30788
```

15.6　混合模型①

随机效应模型允许随机个体的异质性在跨期中保持不变,这一特性可由截距项证明。你自然会问:"如果截距项也随机变化,那么斜率和其他参数会怎样呢?"这是个极好的问题,解决这个问题的方法之一便是混合(分层)模型(mixed model)②。这一模型不仅能处理随机截距项,而且还能处理随机斜率。更重要的是,该模型还可获得多层组内效应。例如,以学校学生为样本,尽管我们允许个体异质性,但是可能会存在学校效应,比如孩子们来自某一个学校。Stata 的 xtmixed 命令专门用于处理这类问题,可以通过查看帮助、连接说明、阅读案例或操作对话窗来了解这个命令。

```
help xtmixed                                dialog:   xtmixed
                                            also see: xtmixed postestimation

Title

    [XT] xtmixed — Multilevel mixed-effects linear regression

Syntax

    xtmixed depvar [fe_equation] [|| re_equation] [|| re_equation ...] [, options]
```

另外一个非常好的资源来自先前提到的 Cameron 和 Trivedi(2010,第 9 章的第 5 节和第 6 节)。

我们验证 xtmixed 命令用法的思路是使用模拟数据。通过观察数据生成过程和估计命令,你对什么时候使用什么样的选项会有更好的认识。模拟数据有组间和个体效应,首先,我们创建数据:

```
clear
* set random number seed
set seed 1234567
```

首先我们为 10 组数据创建两个组间效应 u1 和 u2,其相关系数为 0.5。

```
set obs 10       //number of groups
*    random group effects with correlation sgrp
matrix sgrp = (1, .5 \ .5, 1)
drawnorm u1 u2, corr(sgrp)
```

数据生成过程中,比较棘手的部分是在不同的观测样本之间保持组间和个体的同质性不变。创建组别变量 grp,然后复制观测值 20 次,即每组 20 个个体。

```
gen grp = _n     // assign group id
expand 20              // number of individuals per group
```

接下来创建两个随机个体效应,u3 和 u4,相关系数为 0.7。

---

① 这里有一部分是高阶内容。

② 为与 pool data model 区分,mixed model 有时又翻译为分层模型、混合(分层)模型、多水平模型、多水平混合效应模型。——译者注

```
*    random individual effects withcorrelation sind
matrix sind = (1, .7 \ .7, 1)
drawnormu3 u4, corr(sind)
```

分配个人 id,然后复制这些个体观测值 10 次,这样一来我们就有 10 倍的系列观测值或情景,从中我们可以观察个体。

```
gen id = _n                    // assign individual id
expand 10                      // number of observations per individual
```

按组和个体对数据排序:

```
sort grp id                    // arrange by group and person
```

对某个组合或场景创建序数 $t = 1—10$。

```
by grp id:gen t = _n
```

现在随机创建不相关变量 x 和总体干扰项 e。

```
matrix sigxe = (1, 0\0,1)
drawnorm x e, corr(sigxe)
```

为方便,重调了变量顺序,并列示部分观测值。

```
order grp id tu1u2 u3 u4 x e
list in 1/20
```

	grp	id	t	u1	u2	u3	u4	x	e
1.	1	1	1	1.071039	.8732365	-.2009179	1.186175	.2388448	.1548654
2.	1	1	2	1.071039	.8732365	-.2009179	1.186175	-1.448084	-1.003928
3.	1	1	3	1.071039	.8732365	-.2009179	1.186175	-.5339671	-.045241
4.	1	1	4	1.071039	.8732365	-.2009179	1.186175	-1.477673	.5904121
5.	1	1	5	1.071039	.8732365	-.2009179	1.186175	.3947991	-.891265
6.	1	1	6	1.071039	.8732365	-.2009179	1.186175	-.1993113	-1.329407
7.	1	1	7	1.071039	.8732365	-.2009179	1.186175	.6081262	-.9055414
8.	1	1	8	1.071039	.8732365	-.2009179	1.186175	-.0429053	1.274183
9.	1	1	9	1.071039	.8732365	-.2009179	1.186175	-.6466608	-1.245
10.	1	1	10	1.071039	.8732365	-.2009179	1.186175	-.1450447	1.576772
11.	2	2	1	1.729758	-.0415373	.6692421	1.480754	-.3922293	.4159981
12.	2	2	2	1.729758	-.0415373	.6692421	1.480754	-.4346218	.1466878
13.	2	2	3	1.729758	-.0415373	.6692421	1.480754	-.0884378	1.965032
14.	2	2	4	1.729758	-.0415373	.6692421	1.480754	.2971053	-.0706769
15.	2	2	5	1.729758	-.0415373	.6692421	1.480754	-1.087195	.2557569
16.	2	2	6	1.729758	-.0415373	.6692421	1.480754	-.875877	1.194646
17.	2	2	7	1.729758	-.0415373	.6692421	1.480754	-.812617	-.8523542
18.	2	2	8	1.729758	-.0415373	.6692421	1.480754	1.365633	-.952275
19.	2	2	9	1.729758	-.0415373	.6692421	1.480754	-2.571998	-.2759298
20.	2	2	10	1.729758	-.0415373	.6692421	1.480754	.5481977	1.791418

表中为组 1 的观测值,个体观察序列从 1 到 11,对应的时间观测值为 1—10。注意到,组间和个体效应跨组和跨时间都各自保持不变。

利用这样的结构我们可以生成并估计一大批模型。首先,与随机效应模型一样,创建一个带有随机截距项的变量 y。真实的截距为 10,斜率为 5。现在我们将随机误差项乘以 3,则有 $\sigma_e = 3$,且随机效应标准差 $\sigma_{u1} = 1.0$。

```
gen y = (10 + u3) + 5*x + 3*e

xtset id t
xtreg y x, re
```

```
Random effects u_i ~ Gaussian               Wald chi2(1)      =      5751.83
corr(u_i, X)      = 0 (assumed)             Prob > chi2       =       0.0000
```

y	Coef.	Std. Err.	z	P>|z|	[95% Conf. Interval]	
x	4.984971	.0657294	75.84	0.000	4.856144	5.113798
_cons	10.01111	.0969605	103.25	0.000	9.821075	10.20115
sigma_u	1.0010396					
sigma_e	2.9607527					
rho	.10258664	(fraction of variance due to u_i)				

我们当然知道怎么检验随机效应,因为我们清楚数据怎么来的。

```
xttest0
Breusch and Pagan Lagrangian multiplier test for random effects

        y[id,t] = Xb + u[id] + e[id,t]

        Estimated results:
                    |        Var      sd = sqrt(Var)
                  y |    36.40073        6.033302
                  e |    8.766056        2.960753
                  u |    1.00208         1.00104

        Test:    Var(u) = 0
                        chi2(1) =       94.07
                  Prob > chi2 =       0.0000
```

下一步,结合截距项和斜率以及两者的相关性,创建一个输出变量。

gen y2 = (10 +u3) + (5 +u4)* x + 3* e

xtmixed y2 x ||id: x

类似于一般回归,xtmixed 命令设定了回归部分。跨个体随机变化的截距项和斜率用 ||id:x 指明。两条竖线表示组层面,id 表示个体层面,x 表示斜率是随机的,同时还隐含了伴随截距项的随机性。输出结果非常复杂,第一个估计集是有关截距和斜率的。

```
.xtmixedy2x||id: x
    Performing EM optimization:
    Performing gradient - based optimization:
    Iteration0:   log restricted - likelihood = - 5162.5524
    Iteration1:   log restricted - likelihood = - 5162.5522

Computing standard errors:

Mixed-effects REML regression              Number of obs     =        2000
Group variable: id                         Number of groups  =         200

                                           Obs per group: min =          10
                                                          avg =        10.0
                                                          max =          10

                                           Wald chi2(1)      =     2299.45
Log restricted-likelihood = -5162.5522     Prob > chi2       =      0.0000
```

y2	Coef.	Std. Err.	z	P>|z|	[95% Conf. Interval]	
x	4.944701	.1031165	47.95	0.000	4.742596	5.146805
_cons	9.999877	.0989142	101.10	0.000	9.806009	10.19375

这些是基于随机组分和总体扰动项的标准差估计而来的,极大似然估计检验一般被认为是保守的,这是因为该方法忽略了备择假设 $\sigma_{u3} > 0$ 和/或 $\sigma_{u4} > 0$ 里面的单侧特征。

Random-effects Parameters	Estimate	Std. Err.	[95% Conf. Interval]	
id: Independent				
sd(x)	1.080571	.0974925	.905431	1.289589
sd(_cons)	1.01991	.0969353	.8465669	1.228748
sd(Residual)	2.946652	.0516848	2.847074	3.049714

```
LR test vs. linear regression:     chi2(2) =    148.14    Prob > chi2 = 0.0000

Note: LR test is conservative and provided only for reference.
```

接着,考虑一个具有随机个体效应(u3 和 u4)和组间效应(u1 和 u2)的模型,这些效应具有相关性。组层面使用 ||grp:x,cov(un),选项 cov(un) 表明组间效应协方差是非结构性的。类似的 ||id: x, cov(un) 设定了具有非结构性协方差的个体效应。

```
gen y3 = (10 + u3 + 2* u1) + (5 +u4 + 2* u2)* x + 3* e
xtmixed y3 x || grp: x, cov(un) ||id: x, cov(un)
```

上面输出结果的第一部分报告了估计的斜率和截距,估计过程又被称为严格的极大似然估计(REML),基本假设就是随机效应的正态性与方差齐性。

```
Mixed-effects REML regression                    Number of obs     =      2000
```

Group Variable	No. of Groups	Observations per Group		
		Minimum	Average	Maximum
grp	10	200	200.0	200
id	200	10	10.0	10

```
                                                 Wald chi2(1)      =     58.29
Log restricted-likelihood = -5172.5486           Prob > chi2       =    0.0000
```

y3	Coef.	Std. Err.	z	P>|z|	[95% Conf. Interval]	
x	4.654365	.6096052	7.64	0.000	3.459561	5.849169
_cons	9.898466	.7274034	13.61	0.000	8.472782	11.32415

结果的后面部分报告的是随机效应的标准差估计值和它们之间的相关性。

Random-effects Parameters	Estimate	Std. Err.	[95% Conf. Interval]	
grp: Unstructured				
sd(x)	1.901634	.4607021	1.182795	3.057345
sd(_cons)	2.280183	.5469646	1.424904	3.648832
corr(x,_cons)	.3811047	.2914015	-.2606752	.7892862
id: Unstructured				
sd(x)	1.027574	.0993964	.8501143	1.242079
sd(_cons)	.9615468	.0987601	.7862195	1.175972
corr(x,_cons)	.6619854	.1118354	.3852072	.8294962
sd(Residual)	2.948056	.0517184	2.848413	3.051185

```
LR test vs. linear regression:       chi2(6) =   1172.43    Prob > chi2 = 0.0000
```

Note: LR test is conservative and provided only for reference.

关键术语

组间效应	**small**
Hausman 检验	**sort**
Hausman-Taylor 模型	似不相关回归 SUR

第 15 章 Do 文件

```
* file chap15.do for Using Stata for Principles of Econometrics, 4e

cd c:\data\poe4stata

* Stata do-file
* copyright C 2011 by Lee C. Adkins and R. Carter Hill
* used for "Using Stata for Principles of Econometrics, 4e"
* by Lee C. Adkins and R. Carter Hill (2011)
* John Wiley and Sons, Inc.

* setup
version 11.1
capture log close
set more off

* * * * * * * * * * * A Microeconomic Panel

* open log file
log using chap15_nls, replace text

* Open and examine the data
use nls_panel, clear
xtset id year
describe
summarize lwage educ south black union exper tenure
list id year lwage educ south black union exper tenure in 1/10

* * * * * * * * * * * Pooled OLS

* OLS
reg lwage educ exper exper2 tenure tenure2 black south union

* OLS with cluster robust standard errors
reg lwage educ exper exper2 tenure tenure2 black south union, vce(cluster id)

* * * * * * * * * * LSDV estimator for small N
use nls_panel10, clear
summarize lwage educ exper exper2 tenure tenure2 black south union

* LSDV for wage equation
reg lwage ibn.id exper exper2 tenure tenure2 union, noconstant
```

```
scalar sse_u = e(rss)
scalar df_u = e(df_r)
scalar sig2u = sse_u/df_u

test (1.id=2.id) (2.id=3.id) (3.id=4.id) (4.id=5.id) ///
    (5.id=6.id) (6.id=7.id) (7.id=8.id) (8.id=9.id)(9.id=10.id)


*  Pooled model
reg lwage exper exper2 tenure tenure2 union
scalar sse_r = e(rss)

*  F-test: using sums of squared residuals

scalar f = (sse_r - sse_u)/(9* sig2u)
scalar fc = invFtail(9,df_u,.05)
scalar pval = Ftail(9,df_u,f)
di "F test of equal intercepts = " f
di "F(9,df_u,.95) = " fc
di "p value = " pval

* * * * * * * * * * Use data in deviation from mean form

use nls_panel_devn, clear
summarize
list lw_dev exp_dev union_dev in 1/10
reg lw_dev exp_dev exp2_dev ten_dev ten2_dev union_dev, noconstant

*  Create deviation from mean data
use nls_panel10, clear

xtset id year
sort id, stable

*  Sort data and create group means
global v1list lwage exper exper2 tenure tenure2 union

foreach var of varlist $v1list {
by i: egen `var'bar = mean(`var')
gen `var'_dev = `var' - `var'bar
}

list id year lwage lwagebar lwage_dev in 1/10

*  OLS regression on data in deviations from mean
reg lwage_dev exper_dev exper2_dev tenure_dev tenure2_dev union_dev, noconstant

*  Using fixed effects software
xtreg lwage exper exper2 tenure tenure2 union, fe
```

```
*  Fixed effects using complete NLS panel
use nls_panel, clear
xtset id year

global x1list exper exper2 tenure tenure2 south union
xtreg lwage $ x1list, fe

*  FE with robust cluster - corrected standard errors
xtreg lwage $ x1list, fe vce(cluster id)

*  Recover individual differences from mean
predict muhat, u
tabstat muhat if year ==82, stat(sum)

*  Using time invariant variables
global x2list educ black $ x1list
xtreg lwage $ x2list, fe
xtsum educ

* * * * * * * * * * *  Random Effects

xtreg lwage $ x2list, re theta

*  RE with robust cluster - corrected standard errors
xtreg lwage $ x2list, re vce(cluster id)

*  Calculation of RE transformation parameter
quietly xtreg lwage $ x2list, fe
scalar sig2e = ( e(sigma_e))^2

*  Automatic Between estimator
xtreg lwage $ x2list, be
ereturn list

*  Save sigma2_between and compute theta
scalar sig2b = e(rss)/e(df_r)
scalar sig2u = sig2b - sig2e/e(Tbar)
scalar sigu = sqrt(sig2u)
scalar theta = 1 - sqrt(sig2e/(e(Tbar)* sig2u + sig2e))
di "Components of variance"
di "sig2e   = " sig2e " variance of overall error e(it)"
di "sige    = " sqrt(sig2e) " standard deviation of e(it)"
di "sig2b   = " sig2b " variance from between regression "
di "sig2u   = " sig2u " derived variance mu(i) "

di "sigu    = " sigu  " standard deviation mu(i) "
di "theta   = " theta " transformation parameter "

*  transform data including intercept
gen one = 1
```

```
sort id, stable
global v2list lwage one $x2list

foreach var of varlist $v2list {
by i: egen `var'bar = mean(`var')
gen `var'd = `var' - theta* `var'bar
}

*  RE is ols applied to transformed data
reg lwaged educd blackd experd exper2d tenured tenure2d southd uniond oned,
noconstant

*  Breusch - Pagan test
quietly xtreg lwage $x2list, re
xttest0

*  Hausman contrast test
quietly xtreg lwage $x2list, fe
estimates store fe

quietly xtreg lwage $x2list, re
estimates store re

hausman fe re

*  Regression based Hausman test
global xlist3 experbar exper2bar tenurebar tenure2bar southbar ///
        unionbar educ exper exper2 tenure tenure2 black south union

xtreg lwage $xlist3, re
test experbar exper2bar tenurebar tenure2bar southbar unionbar

*  Hausman test with robust VCE
xtreg lwage $xlist3, re vce(cluster id)
test experbar exper2bar tenurebar tenure2bar southbar unionbar

*  Add year specific indicator variable
tabulate year, generate (d)
xtreg lwage $xlist3 d2 - d5, re vce(cluster id)
test experbar exper2bar tenurebar tenure2bar southbar unionbar

*  Hausman - Taylor Model
xthtaylor lwage $x2list, endog(south educ) constant(educ black)
*
log close

* * * * * * * * * *  Seemingly Unrelated Regressions

*  open log
log using chap15_sur, replace text
```

```
*  Open Grunfeld GE & WE data
use grunfeld2, clear
describe
summarize

*  pooled least squares
reg inv v k

*  Create slope and intercept indicators
tabulate firm, generate(d)
gen vd1 = v* d1
gen kd1 = k* d1
gen vd2 = v* d2
gen kd2 = k* d2

*  model with indicator and slope - indicator variables
reg inv v k d2 vd2 kd2
test d2 vd2 kd2

reg inv v k ib1.firm ib1.firm#(c.v c.k)
test 2.firm 2.firm#c.v 2.firm#c.k

*  model with firm specific variables
reg inv d1 d2 vd1 vd2 kd1 kd2, noconstant
test (d1 = d2) (vd1 = vd2) (kd1 = kd2)

*  use factor variable notation
reg inv ibn.firm ibn.firm#(c.v c.k), noconstant
test (1.firm = 2.firm) (1.firm#c.v = 2.firm#c.v) (1.firm#c.k = 2.firm#c.k)

*  Separate regressions allow different variances
reg inv v k if firm == 1
scalar sse_ge = e(rss)

reg inv v k if firm == 2
scalar sse_we = e(rss)

*  Goldfeld - Quandt test
scalar GQ = sse_ge/sse_we
scalar fc95 = invFtail(17,17,.05)
di "Goldfeld - Quandt Test statistic = " GQ
di "F(17,17,.95) = " fc95

*  SUR using XTGLS
xtset firm year, yearly
xtgls inv ibn.firm ibn.firm#(c.v c.k), noconstant panels(correlated) nmk
test (1.firm = 2.firm) (1.firm#c.v = 2.firm#c.v) (1.firm#c.k = 2.firm#c.k)

*  pooled model GLS with group hetero
xtgls inv v k, panels(heteroskedastic) nmk
```

```
*  pooled model GLS with sur assumptions
xtgls inv v k, panels(correlated) nmk

*  pooled model GLS with sur assumptions iterated
xtgls inv v k, panels(correlated) nmk igls

*  pooled model GLS with sur assumptions and common ar(1)
xtgls inv v k, panels(correlated) corr(ar1) nmk

*  pooled ols with sur cov matrix
xtpcse inv v k, nmk

*  Convert long data to wide data and use SUREG
use grunfeld2, clear
reshape wide inv v k, i(year) j(firm)
describe
summarize
list in 1/5

sureg (inv1 v1 k1) (inv2 v2 k2), corr dfk small

matrix list e(Sigma)

log close

* * * * * * * * * *  Mixedmodels

log using chap15_mixed, replacetext
clear

*  set random number seed
set seed 1234567

*  generate some paneldata

set obs 10    // number of groups

*  random group effects with correlation sgrp
matrix sgrp = (1, .5 \ .5, 1)
drawnorm u1 u2, corr(sgrp)

gen grp = _n   // assign group id
expand 20    // number of individuals per group

*  random individual effects with correlation sind
matrix sind = (1, .7 \ .7, 1)
drawnorm u3 u4, corr(sind)

gen id = _n   // assign individual id
expand 10    // number of observations per individual
```

```
sort grp id     // arrange by group and person

*  generate time or occasion counter for each id
by grp id: gen t = _n

*  generate uncorrelated x and e
matrix sigxe = (1, 0 \0,1)
drawnorm x e, corr(sigxe)

*  change variable order
order grp id t u1 u2 u3 u4 x e
list grp id t u1 u2 u3 u4 x e in 1/20

*  random individual intercept dgp
gen y = (10 + u3) + 5* x + 3* e

xtset id t
xtreg y x, re
xttest0

*  random individual intercept and random slope
gen y2 = (10 + u3) + (5 + u4)* x + 3* e
xtmixed y2 x || id: x

*  random intercept and slope: person and group effect
gen y3 = (10 + u3 + 2* u1) + (5 + u4 + 2* u2)* x + 3* e
xtmixed y3 x || grp: x, cov(un) || id: x, cov(un)
log close
```

第 16 章

定性和受限因变量模型

本章概要

16.1 二元因变量模型[①]

本节将从交通经济中的重要问题出发来阐述二元相关变量模型。比如,我们如何解释一个人去上班是选择坐公交(公共交通)还是开车(私人交通)? 我们以虚拟变量表示个体的选择:

$$y = \begin{cases} 1 & \text{开私家车上班} \\ 0 & \text{坐公交上班} \end{cases}$$

随机抽取一个上班的工人(在抽取之前 y 变量是无法知道的),因此,y 是个随机变量。如果开车上班的概率是 p,那么 $P[y=1]=p$,使用公共交通的概率则是 $P[y=0]=1-p$。

定义解释变量如下:

$$x = (\text{坐公交的时间} - \text{开车的时间})$$

令 Z 为标准正态随机变量,其概率密度函数为:

$$\phi(z) = \frac{1}{\sqrt{2\pi}} e^{-5z^2}$$

此函数可以通过 Stata 的 normalden 函数计算得到。Z 的累积分布函数如下:

$$\Phi(z) = P[Z \leq z] = \int_{-\infty}^{z} \frac{1}{\sqrt{2\pi}} e^{-5u^2} du$$

使用 Stata 的 normal 函数可计算这个公式。

根据 probit 统计模型,y 取 1 的概率 p 可以表示成:

$$p = P[y=1] = P[Z \leq \beta_1 + \beta_2 x] = \Phi(\beta_1 + \beta_2 x)$$

transport. dta 包含了选择开车或坐公交的交通时间的 21 个采样数据。下面这张表中 *DTIME* = (公交时间-开车时间),如果选择开车则因变量 *AUTO* = 1。

使用标准开始命令,打开数据文件并检查数据:

```
use transport, clear
describe
summarize
```

```
. summarize
```

Variable	Obs	Mean	Std. Dev.	Min	Max
autotime	21	49.34762	32.43491	.2	99.1
bustime	21	48.12381	34.63082	1.6	91.5
dtime	21	-.122381	5.691037	-9.07	9.1
auto	21	.4761905	.5117663	0	1

Stata 的 probit 模型估计命令与其他估计命令语法相似。

```
probit auto dtime
```

在 probit 之后的第一个变量是二元因变量,紧接着是解释变量(自变量)。Stata 菜单中可以找到关于 **probit** 的命令和选项。选择 **Statistics** > **Binary outcomes** > **Probit regression** 或输入 db probit。

[①] 又称为二值因变量模型。——译者注

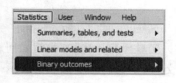
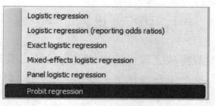

probit 对话框和其他对话框类似。菜单方法的问题是要面对很多不熟悉的选项,尤其是对于高级模型,所以大多数情况下我们会选择简单的命令形式。

注意,在输出结果中有一系列迭代(iterations),记录了 Stata 最大化对数似然函数的步骤。关于对数似然函数(log-likelihood function)估计详见《POE4》附录 C。

```
. probit auto dtime

Iteration 0:   log likelihood =  -14.532272

Iteration 1:   log likelihood =  -6.2074807

Iteration 2:   log likelihood =   -6.165583

Iteration 3:   log likelihood =  -6.1651585

Iteration 4:   log likelihood =  -6.1651585
```

Probit regression				Number of obs	=	21
				LR chi2(1)	=	16.73
				Prob > chi2	=	0.0000
Log likelihood = -6.1651585				Pseudo R2	=	0.5758

auto	Coef.	Std. Err.	z	P>|z|	[95% Conf. Interval]	
dtime	.2999898	.1028673	2.92	0.004	.0983735	.5016061
_cons	-.0644338	.3992438	-0.16	0.872	-.8469372	.7180696

输出结果表中包含了估计系数、标准误差和 z 值。probit 估计量都是具有渐近属性的,因此使用正态分布做统计量临界值的检验。输出结果中还报告了模型整体显著性检验结果 LR chi2(1)及其 p 值,类似于回归分析中的 F 检验,此检验属于联合检验,零假设为所有变量的系数(除了截距项)都等于零。

概率预测值基于 probit 模型,因此有:

$$\hat{p} = \Phi(\tilde{\beta}_1 + \tilde{\beta}_2 x)$$

这些样本值的概率预测值可以使用后估计命令 predict 获得:

    predict phat

现在需要估计因为公共交通时间的增加带来的边际效应。假设公共交通比私人交通多花 20 几分钟[dtime = 2],可计算如下:

$$\frac{\widehat{dP[AUTO = 1]}}{dDTIME} = \phi(\tilde{\beta}_1 + \tilde{\beta}_2 DTIME)\tilde{\beta}_2 = \phi(-0.0644 + 0.03000 \times 2)(0.3000)$$

$$= \phi(0.5355)(0.3000) = 0.3456 \times 0.3000 = 0.1037$$

表达式中的 $\phi(\cdot)$ 是标准正态概率密度函数(pdf),可用 Stata 的 normalden 函数对其括弧内的变量或值进行估计。为计算当 dtime=2 时,$\tilde{\beta}_1 + \tilde{\beta}_2 DTIME$ 的值,我们使用 lincom 命令:

    lincom _b[_cons] + _b[dtime]*2

(1) 2*[auto]dtime + [auto]_cons = 0

auto	Coef.	Std. Err.	z	P>|z|	[95% Conf. Interval]	
(1)	.5355458	.4505849	1.19	0.235	-.3475843	1.418676

$\phi(\tilde{\beta}_1 + \tilde{\beta}_2 DTIME)$ 的值是通过 nlcom 计算的,因为常规 pdf 是非线性的。

nlcom (normalden(_b[_cons] + _b[dtime]*2))

_nl_1:　normalden(_b[_cons] + _b[dtime]*2)

auto	Coef.	Std. Err.	z	P>|z|	[95% Conf. Interval]	
_nl_1	.3456449	.0834072	4.14	0.000	.1821699	.50912

最终边际效应为 $\phi(\tilde{\beta}_1 + \tilde{\beta}_2 DTIME)\tilde{\beta}_2$,当 dtime = 2 时,计算边际效应的 nlcom 命令如下:

nlcom (normalden(_b[_cons] + _b[dtime]*2)*_b[dtime])

_nl_1:　normalden(_b[_cons] + _b[dtime]*2)*_b[dtime]

auto	Coef.	Std. Err.	z	P>|z|	[95% Conf. Interval]	
_nl_1	.10369	.0326394	3.18	0.001	.0397179	.167662

上述步骤用于计算当 dtime = 2 的边际效应。另一个代表值为平均时间差 dtime = $-0.122\,381$。

lincom _b[_cons] + _b[dtime]*(-.122381)

nlcom (normalden(_b[_cons] + _b[dtime]*(-.122381)))

nlcom (normalden(_b[_cons] + _b[dtime]*(-.122381))*_b[dtime])

这些命令的结果如下所示:

. lincom _b[_cons]+_b[dtime]*(-.122381)

(1)　- .122381*[auto]dtime + [auto]_cons = 0

auto	Coef.	Std. Err.	z	P>|z|	[95% Conf. Interval]	
(1)	-.1011468	.3993423	-0.25	0.800	-.8838433	.6815496

. nlcom (normalden(_b[_cons]+_b[dtime]*(-.122381)))

　　　_nl_1:　normalden(_b[_cons]+_b[dtime]*(-.122381))

auto	Coef.	Std. Err.	z	P>|z|	[95% Conf. Interval]	
_nl_1	.3969068	.0160319	24.76	0.000	.3654847	.4283288

. nlcom (normalden(_b[_cons]+_b[dtime]*(-.122381))*_b[dtime])

　　　_nl_1:　normalden(_b[_cons]+_b[dtime]*(-.122381))*_b[dtime]

auto	Coef.	Std. Err.	z	P>|z|	[95% Conf. Interval]	
_nl_1	.119068	.0409982	2.90	0.004	.038713	.199423

类似的,我们可以计算一个预期概率,例如:

$$\dot{p} = \Phi(\tilde{\beta}_1 + \tilde{\beta}_2 DTIME) = \Phi(-0.0644 + 0.3000 \times 3) = 0.7983$$

$\Phi(\cdot)$ 函数是标准正态累积分布函数(cdf),Stata 中返回标准正态分布 cdf 值的函数为 normal。采用 nlcom 命令,我们计算如下:

nlcom (normal(_b[_cons] + _b[dtime]* 3))

_nl_1:　normal(_b[_cons] + _b[dtime]* 3)

auto	Coef.	Std. Err.	z	P>|z|	[95% Conf. Interval]	
_nl_1	.7982919	.1425387	5.60	0.000	.5189211	1.077663

16.1.1 平均边际效应

一个新趋势是基于样本中每个数据点的边际效应来计算边际效应平均值,而不是计算某一特定点上(如平均值)的边际效应或预测值。通过创建每个样本 dtime 值的边际效应变量,我们可以手动实现这一过程。

```
gen ame = normalden(_b[_cons] + _b[dtime]* dtime)* _b[dtime]
```

列示这个变量的概要统计量:

```
tabstat ame, stat(n mean sd min max)
```

variable	N	mean	sd	min	max
ame	21	.0484069	.0364573	.0024738	.1152559

这个值是:

$$\widehat{AME} = \frac{1}{N} \sum_{i=1}^{N} \phi(\tilde{\beta}_1 + \tilde{\beta}_2 DTIME_i)\tilde{\beta}_2$$

平均边际效应(每个值的边际效应的平均值)已经成为一种计算平均值边际效应的流行替代方法,因为它概括了样本中个体对解释变量值变化的响应。当前的例子中,公交车行驶时间相对私人交通行驶时间增加每 10 分钟,概率平均估计值增加 0.0484。

由 tabstat 报告的标准差 sd 是个体值的样本标准差,它衡量了不同人之间的边际效应差异的多少。

Stata 使用 margins 命令来计算大多数模型中的边际效应、预值值和平均边际效应。你可以使用 help margins 和 Stata 的说明文件了解这个命令,但其内容很多,甚至是过多。我们希望能够简单并实用地介绍它。$DTIME$ 的边际效应如下:

$$\frac{\widehat{dP(AUTO = 1)}}{dDTIME} = \phi(\tilde{\beta}_1 + \tilde{\beta}_2 DTIME)\tilde{\beta}_2 = g(\tilde{\beta}_1, \tilde{\beta}_2)$$

边际效应是一个估计值量,因为它是估计量 $\tilde{\beta}_1$ 和 $\tilde{\beta}_2$ 的函数。《POE4》附录 5B. 5 中关于德尔塔方法(delta method)的讨论与之相关,因为边际效应是 $\tilde{\beta}_1$ 和 $\tilde{\beta}_2$ 的非线性函数。

对变量均值计算 $DTIME$ 的边际效应如下:

```
margins, dydx(dtime) atmeans
Conditional marginal effects                 Number of obs  =        21
Model VCE  : OIM

Expression  : Pr(auto), predict()
dy/dx w.r.t. : dtime
at          : dtime          =     -.122381 (mean)
```

	dy/dx	Delta-method Std. Err.	z	P>|z|	[95% Conf. Interval]	
dtime	.119068	.0409982	2.90	0.004	.038713	.199423

结果显示我们已经计算的是一个**条件**边际效应 dy/dx,相对于 dtime = -0.122381 (均值),这里标准误差为 Delta - method 标准误差。95% 的区间估计是基于标准的正态分布计算的,临界值为 ±1.96。由于只有 21 个观测值,我们可能希望采用 t 分布临界值。

平均边际效应的计算默认的是 margins 命令:

```
        margins, dydx(dtime)
Average marginal effects                    Number of obs    =         21
Model VCE   : OIM

Expression  : Pr(auto), predict()
dy/dx w.r.t. : dtime
```

	dy/dx	Delta-method Std. Err.	z	P>|z|	[95% Conf. Interval]	
dtime	.0484069	.003416	14.17	0.000	.0417116	.0551022

平均边际效应计算结果等于 0.0484，与我们手动计算的结果相同。**Delta-method 标准误差**不是我们上面计算出来的边际效应标准偏差。这个数值在《*POE4*》附录 16A.2 上面有解释。我们这里改用 t 分布而非标准正态区间估计进行计算：

```
        scalar t975 = invttail(19,.025)
        di "0.975 critical value 19 df " t975


        scalar lbame = .0484069 - t975* .003416
        scalar ubame = .0484069  + t975* .003416
        di "95% interval estimate AME"
        di "lbame = " lbame " ubame = " ubame
```

返回的估计区间比标准正态分布区间宽，因为它使用的临界值是 2.0930241。

```
        lbame = .04125713 ubame = .05555667
```

在前面的章节中，我们手动计算了当 $DTIME = 2$ 时的边际效应，使用 Stata 的 margins 命令可以自动完成这一任务。

```
        margins, dydx(dtime) at(dtime =2)
Conditional marginal effects                Number of obs    =         21
Model VCE   : OIM

Expression  : Pr(auto), predict()
dy/dx w.r.t. : dtime
at          : dtime          =          2
```

	dy/dx	Delta-method Std. Err.	z	P>|z|	[95% Conf. Interval]	
dtime	.1036899	.0326394	3.18	0.001	.0397179	.167662

由于是在特定的点上估计的结果，因此这是一个条件边际效应。

正如我们在前面部分手动所做的那样，margins 命令也能计算出预测值。

```
        margins, predict(pr) at(dtime=3)
Adjusted predictions                        Number of obs    =         21
Model VCE   : OIM

Expression  : Pr(auto), predict(pr)
at          : dtime          =          3
```

	Margin	Delta-method Std. Err.	z	P>|z|	[95% Conf. Interval]	
_cons	.7982919	.1425387	5.60	0.000	.5189211	1.077663

上面，我们计算的预期概率为：

$$\dot{p} = \Phi(\tilde{\beta}_1 + \tilde{\beta}_2 DTIME) = \Phi(-0.0644 + 0.3000 \times 3) = 0.7983$$

因为正态 $cdf\Phi(\cdot)$ 是非线性函数,故应使用 Delta 方法标准误。

每一个观测值的平均预测值通过以下命令获得:

```
margins, predict(pr)
```

```
Predictive margins                                  Number of obs    =        21
Model VCE       : OIM

Expression      : Pr(auto), predict(pr)
```

		Delta-method				
	Margin	Std. Err.	z	P>|z|	[95% Conf. Interval]	
_cons	.4863133	.0647176	7.51	0.000	.3594693	.6131574

回想一下,我们计算了这些预测值,并称之为 phat。我们观察到的概要统计量如均值是由 Stata 的 margins 命令报告的:

```
summarize phat
```

Variable	Obs	Mean	Std. Dev.	Min	Max
phat	21	.4863133	.4116046	.0026736	.996156

16.1.2　概率边际效应:细节[1]

考虑概率模型 $p = \Phi(\tilde{\beta}_1 + \tilde{\beta}_2 x)$,$x$ 为连续变量,当 $x = x_0$ 时,其边际效应为:

$$\frac{dp}{dx}\bigg|_{x=x_0} = \phi(\beta_1 + \beta_2 x_0)\beta_2 = g(\beta_1, \beta_2)$$

边际效应的估计量为 $g(\tilde{\beta}_1, \tilde{\beta}_2)$,其中 $\tilde{\beta}_2$ 和 $\tilde{\beta}_2$ 是未知参数的最大似然估计量。该估计量的方差在《POE4》附录 5B.5 中方程 5B.8 里有深入讨论,且由下式给定:

$$\mathrm{var}\left[g(\tilde{\beta}_1, \tilde{\beta}_2)\right] \cong \left[\frac{\partial g(\beta_1, \beta_2)}{\partial \beta_1}\right]^2 \mathrm{var}(\tilde{\beta}_1) + \left[\frac{\partial g(\beta_1, \beta_2)}{\partial \beta_2}\right]^2 \mathrm{var}(\tilde{\beta}_2) +$$

$$2\left[\frac{\partial g(\beta_1, \beta_2)}{\partial \beta_1}\right]\left[\frac{\partial g(\beta_1, \beta_2)}{\partial \beta_2}\right]\mathrm{cov}(\tilde{\beta}_1, \tilde{\beta}_2) \tag{16.1}$$

估计量的方差和协方差来自极大似然估计。计算的核心内容详见《POE4》附录 C.8.2。根据 Delta 方法,我们需要求导:

$$\frac{\partial g(\beta_1, \beta_2)}{\partial \beta_1} = \frac{\partial \left[\phi(\beta_1 + \beta_2 x_0)\beta_2\right]}{\partial \beta_1}$$

$$= \left\{\frac{\partial \phi(\beta_1 + \beta_2 x_0)}{\partial \beta_1} \times \beta_2\right\} + \phi(\beta_1 + \beta_2 x_0) \times \frac{\partial \beta_2}{\partial \beta_1}$$

$$= -\phi(\beta_1 + \beta_2 x_0) \times (\beta_1 + \beta_2 x_0) \times \beta_2$$

为获得最终结果,我们令 $\partial \beta_2 / \partial \beta_1 = 0$,有:

$$\frac{\partial \phi(\beta_1 + \beta_2 x_0)}{\partial \beta_1} = -\phi(\beta_1 + \beta_2 x_0) \times (\beta_1 + \beta_2 x_0)$$

运用类似的步骤,我们可获得其他关键导数:

$$\frac{\partial g(\beta_1, \beta_2)}{\partial \beta_2} = \phi(\beta_1 + \beta_2 x_0)\left[1 - (\beta_1 + \beta_2 x_0) \times \beta_2 x_0\right]$$

---

[1]　本小节包括部分高阶材料,部分 Stata 代码详见《POE4》附录 16A.1。

从交通数据例子的极大似然估计结果中,我们获得估计量的方差和协方差①。

$$\begin{bmatrix} \widehat{\mathrm{var}(\tilde{\beta}_2)} & \widehat{\mathrm{cov}(\tilde{\beta}_1,\tilde{\beta}_2)} \\ \widehat{\mathrm{cov}(\tilde{\beta}_1,\tilde{\beta}_2)} & \widehat{\mathrm{var}(\tilde{\beta}_2)} \end{bmatrix} = \begin{bmatrix} 0.1593956 & 0.0003261 \\ 0.0003261 & 0.0105817 \end{bmatrix}$$

为在 Stata 中获得这些值,估计概率模型并列示矩阵 e(v)。通过 ereturn list 命令返回估计结果。

```
probit auto dtime
ereturn list

matrix list e(V)
symmetric e(V)[2,2]
                auto:       auto:
                dtime       _cons
auto:dtime   .01058169
auto:_cons   .0003261    .15939558
```

注意到 Stata 把截距项估计量置于系数最后。

当 dtime = 2 时,选择开车上班的概率 dtime 边际效应由下列语句获得:

```
margins, dydx(dtime) at(dtime=2)
```

Conditional marginal effects | Number of obs | = | 21
Model VCE　　　: OIM

Expression　　: Pr(auto), predict()
dy/dx w.r.t. : dtime
at　　　　　　: dtime　　　　　　=　　　　2

	dy/dx	Delta-method Std. Err.	z	P>|z|	[95% Conf. Interval]
dtime	.1036899	.0326394	3.18	0.001	.0397179　.167662

为了证实这一点,导数必须通过极大似然估计来计算。对于 dtime = 2($x_0 = 2$),导数的计算结果为:

$$\widehat{\frac{\partial g(\beta_1,\beta_2)}{\partial \beta_1}} = -0.055531 \text{ 和 } \widehat{\frac{\partial g(\beta_1,\beta_2)}{\partial \beta_2}} = 0.2345835$$

我们采用 nlcom 命令计算这些值:

```
nlcom (-normalden(_b[_cons]+_b[dtime]*2)*(_b[_cons]+_b[dtime]*2)
      *_b[dtime])
```

auto	Coef.	Std. Err.	z	P>|z|	[95% Conf. Interval]
_nl_1	-.0555307	.0454006	-1.22	0.221	-.1445142　.0334528

```
nlcom (normalden(_b[_cons]+_b[dtime]*2)*(1-(_b[_cons]+_b[dtime]*2)*
      _b[dtime]*2))
```

auto	Coef.	Std. Err.	z	P>|z|	[95% Conf. Interval]
_nl_1	.2345835	.1710668	1.37	0.170	-.1007013　.5698683

---

①　减去二阶导数的逆矩阵。

对上述方程(16.1)运用乘法,我们可以获得边际效应估计的方差和标准差:

$$\widehat{\mathrm{var}\big[g(\tilde{\beta}_1,\tilde{\beta}_2)\big]} = 0.0010653 \text{ 和 } \widehat{\mathrm{se}\big[g(\tilde{\beta}_1,\tilde{\beta}_2)\big]} = 0.0326394$$

16.1.3　平均边际效应的标准差[①]

考虑概率模型 $p = \Phi(\beta_1 + \beta_2 x)$,对于交通运输例子,解释变量为 $x = DTIME$。这个连续变量的平均边际效应为:

$$AME = \frac{1}{N}\sum_{i=1}^{N}\phi(\beta_1 + \beta_2 DTIME_i)\beta_2 = g_2(\beta_1,\beta_2)$$

采用以下命令计算:

```
margins, dydx(dtime)
```

```
Average marginal effects                          Number of obs  =        21
Model VCE     : OIM

Expression    : Pr(auto), predict()
dy/dx w.r.t.  : dtime
```

	dy/dx	Delta-method Std. Err.	z	P>|z|	[95% Conf. Interval]	
dtime	.0484069	.003416	14.17	0.000	.0417116	.0551022

平均边际效应的估计量是 $g_2(\tilde{\beta}_1,\tilde{\beta}_2)$,运用 Delta 法求 $\mathrm{var}\big[g_2(\tilde{\beta}_1,\tilde{\beta}_2)\big]$,我们需要求导:

$$\frac{\partial g_2(\beta_1,\beta_2)}{\partial \beta_1} = \frac{1}{N}\sum_{i=1}^{N}\frac{\partial}{\partial \beta_1}\big[\phi(\beta_1 + \beta_2 DTIME_i)\beta_2\big]$$

$$= \frac{1}{N}\sum_{i=1}^{N}\frac{\partial g(\beta_1,\beta_2)}{\partial \beta_1}$$

这里的 $\partial g(\beta_1,\beta_2)/\partial \beta_1$ 已在前文估算过。类似的,偏导数如下:

$$\frac{\partial g_2(\beta_1,\beta_2)}{\partial \beta_2} = \frac{1}{N}\sum_{i=1}^{N}\frac{\partial}{\partial \beta_2}\big[\phi(\beta_1 + \beta_2 DTIME_i)\beta_2\big]$$

$$= \frac{1}{N}\sum_{i=1}^{N}\frac{\partial g(\beta_1,\beta_2)}{\partial \beta_2}$$

对于交通数据,计算如下:

$$\widehat{\frac{\partial g_2(\beta_1,\beta_2)}{\partial \beta_1}} = -0.00185 \text{ 和 } \widehat{\frac{\partial g_2(\beta_1,\beta_2)}{\partial \beta_2}} = -0.032366$$

为了计算这些值,采用以下命令语句:

```
gen dg21 = -normalden(_b[_cons] +_b[dtime]* dtime)* ///
           (_b[_cons] +_b[dtime]* dtime)* _b[dtime]
gen dg22 = normalden(_b[_cons] +_b[dtime]* dtime)* ///
           (1 - (_b[_cons] +_b[dtime]* dtime)* _b[dtime]* dtime)
    summarize dg21 dg22
```

Variable	Obs	Mean	Std. Dev.	Min	Max
dg21	21	-.00185	.0538807	-.0724431	.0725776
dg22	21	-.0323657	.1530839	-.1792467	.3620589

[①]　本小节为高阶内容,主要应用解释的是《POE4》第 16 章附录 16A.2 里面的相关内容。

运用上面 16.1.1 节的公式 (16.1)，用 g_2 替代 g，并执行所要求的乘法，可以得到估计的平均边际效应方差和标准差：

$$\mathrm{var}\left[\, \overline{g_2(\tilde{\beta}_1,\tilde{\beta}_2)}\,\right]\, =\, 0.0000117 \text{ 和 } \mathrm{se}\left[\, \overline{g_2(\tilde{\beta}_1,\tilde{\beta}_2)}\,\right]\, =\, 0.003416$$

16.2　二值选择的 Logit 模型

我们以 Coke 和 Pepsi 的选择为例，进一步说明线性概率模型中的 probit 模型和 Logit 模型的二值选择。打开数据文件 *coke. dta* 并检验其内容。

```
use coke, clear
describe
```

variable name	storage type	display format	value label	variable label
coke	byte	%8.0g		=1 if coke chosen, =0 if pepsi chosen
pr_pepsi	double	%10.0g		price of 2 liter bottle of pepsi
pr_coke	double	%10.0g		price of 2 liter bottle of coke
disp_pepsi	byte	%8.0g		= 1 if pepsi is displayed at time of purchase, otherwise = 0
disp_coke	byte	%8.0g		= 1 if coke is displayed at time of purchase, otherwise = 0
pratio	double	%10.0g		price of coke relative to price of pepsi

```
summarize
```

Variable	Obs	Mean	Std. Dev.	Min	Max
coke	1140	.4473684	.4974404	0	1
pr_pepsi	1140	1.202719	.3007257	.68	1.79
pr_coke	1140	1.190088	.2999157	.68	1.79
disp_pepsi	1140	.3640351	.4813697	0	1
disp_coke	1140	.3789474	.4853379	0	1
pratio	1140	1.027249	.286608	.497207	2.324675

变量 *COKE* 定义如下：

$$COKE = \begin{cases} 1 & \text{（选择 Coke）} \\ 0 & \text{（选择 Pepsi）} \end{cases}$$

该变量的期望值 $E(COKE) = P(COKE = 1) = p_{COKE}$，即选择 COKE 的概率。我们选择 Coke 对 Pepsi 的相对价格（*PRATIO*）作为解释变量，同时将 *DISP_COKE* 和 *DISP_PEPSI* 作为指示变量。当指示变量分别等于 1 时，表示对应饮料有商店柜台展示；而等于 0 时，表示该饮料没有柜台展示。我们预期 Coke 的存在将增加 Coke 的柜台展示购买率，而 Pepsi 的存在将减少 Coke 的购买率。

Logit 随机变量的累积分布函数为：

$$\mathrm{A}(l) = P[L \leqslant l] = \frac{1}{1 + e^{-l}}$$

模型中观察值 y 取值为 1 时，Logit 模型的概率 p 为：

$$p = P[L \leqslant \beta_1 + \beta_2 x] = \mathrm{A}(\beta_1 + \beta_2 x) = \frac{1}{1 + e^{-(\beta_1 + \beta_2 x)}}$$

除了累积分布函数不同，logit 模型和 probit 模型的选择形式是一样的。这两个模型分别如下所示：

$$p_{COKE} = E(COKE) = \Phi(\beta_1 + \beta_2 PRATIO + \beta_3\, DISP\_COKE + \beta_4 DISP\_PEPSI)$$

$$p_{COKE} = E(COKE) = \Lambda(\gamma_1 + \gamma_2 PRATIO + \gamma_3 DISP\_COKE + \gamma_4 DISP\_PEPSI)$$

我们检验这些备选模型,通过 logit 模型、probit 模型和线性概率模型进行回归获得相关结果。从线性概率模型开始,采用稳健标准误的 **regress** 命令,保存估计结果以备后续使用,并获取线性预测值,命令如下:

```
regress coke pratio disp_coke disp_pepsi, vce(robust)
estimates store lpm
predict phat
```

采用 margins 命令,我们能够计算某个特定点上的预测值。

```
margins, predict(xb) at(pratio=1.1 disp_coke=0 disp_pepsi=0)
```

```
Adjusted predictions                               Number of obs   =      1140
Model VCE      : Robust

Expression     : Linear prediction, predict(xb)
at             : pratio          =          1.1
                 disp_coke       =            0
                 disp_pepsi      =            0
```

	Margin	Delta-method Std. Err.	z	P>|z|	[95% Conf. Interval]	
_cons	.4492675	.0202031	22.24	0.000	.4096702	.4888648

为预测选择结果,把预测选择概率与 0.5 比较,并列示结果。

```
generate p1 = (phat >= .5)
tabulate p1 coke,row
```

Key
frequency
row percentage

p1	=1 if coke chosen, =0 if pepsi chosen 0	1	Total
0	507 65.84	263 34.16	770 100.00
1	123 33.24	247 66.76	370 100.00
Total	630 55.26	510 44.74	1,140 100.00

成功的预测值处于对角线上。

获得概率估计并保存。

```
probit coke pratio disp_coke disp_pepsi
estimates store probit
```

后估计命令 estat 将创建一个带有大量其他信息的分类表,像我们为线性概率模型创建的表那样。

```
estat classification
```

```
Probit model for coke
```

Classified	—— True ——		Total
	D	~D	
+	247	123	370
-	263	507	770
Total	510	630	1140

```
Classified + if predicted Pr(D) >= .5
```

使用 margins 计算价格比率变化的平均边际效应。

```
        margins, dydx(pratio)
```

```
Average marginal effects                    Number of obs    =    1140
Model VCE    : OIM

Expression   : Pr(coke), predict()
dy/dx w.r.t. : pratio
```

		Delta-method				
	dy/dx	Std. Err.	z	P>|z|	[95% Conf. Interval]	
pratio	-.4096951	.0616434	-6.65	0.000	-.530514	-.2888761

使用 margins 命令我们能计算特定值的边际效应。

```
        margins, dydx(pratio) at(pratio=1.1 disp_coke=0 disp_pepsi=0)
```

```
Conditional marginal effects                Number of obs    =    1140
Model VCE    : OIM

Expression   : Pr(coke), predict()
dy/dx w.r.t. : pratio
at           : pratio        =        1.1
               disp_coke     =          0
               disp_pepsi    =          0
```

		Delta-method				
	dy/dx	Std. Err.	z	P>|z|	[95% Conf. Interval]	
pratio	-.4518877	.0702839	-6.43	0.000	-.5896417	-.3141338

而且，使用 margins 我们也能够计算特定值的预测值。

```
        margins, predict(pr) at(pratio=1.1 disp_coke=0 disp_pepsi=0)
```

```
Adjusted predictions                        Number of obs    =    1140
Model VCE    : OIM

Expression   : Pr(coke), predict(pr)
at           : pratio        =        1.1
               disp_coke     =          0
               disp_pepsi    =          0
```

		Delta-method				
	Margin	Std. Err.	z	P>|z|	[95% Conf. Interval]	
_cons	.4393966	.0218425	20.12	0.000	.3965861	.4822071

16.2.1　Wald 检验

probit 和 Logit 模型中单个系数的假设检验，一般采用常用的渐近 t(asymptotic-t)检验来完成。如果零假设为 $H_0 : \beta_k = c$，则 probit 模型的检验统计量为：

$$t = \frac{\tilde{\beta}_k - c}{\mathrm{se}(\tilde{\beta}_k)} \approx t_{(N-K)}$$

其中,$\tilde{\beta}_k$ 是参数估计量,N 是样本规模,K 为估计参数的数量。该检验是渐进调整的,且如果 N 很大,则 $t_{(N-K)}$ 分布的临界值将非常接近于标准正态分布的临界值。然而,在小样本中,采用 t 分布临界值能使差异更小,是一个更"保守"的选择。

t 检验是基于 Wald 原理,这个检验原则在《POE4》附录 C.8.4b 中有讨论。Stata 有"内置"的 Wald 检验语句,因而可以很方便地调用。为了验证,采用 Logit 模型。先考虑两个假设:

假设(1)　$H_0 : \beta_3 = -\beta_4 , H_1 : \beta_3 \neq -\beta_4$

假设(2)　$H_0 : \beta_3 = 0 , \beta_4 = 0 , H_1 :$ 要么 β_3、要么 β_4 非零

假设(1)表示变量的系数值相等但是符号相反,或者说,可口可乐和百事可乐的柜台展示对可口可乐的选择概率有一个完全相反的影响。t 检验采用如下语句:

```
lincom disp_coke + disp_pepsi
```

(1)　[coke]disp_coke + [coke]disp_pepsi = 0

coke	Coef.	Std. Err.	z	P>|z|	[95% Conf. Interval]
(1)	-.2301101	.0989868	-2.32	0.020	-.4241207	-.0360994

在本例中,test 命令产生的统计量一般服从卡方分布,该值为 t 统计量的平方,$W = 5.4040$。如果零假设为真,则检验统计量服从渐近 $X_{(1)}^2$ 卡方分布。

```
test disp_coke + disp_pepsi =0
```

(1)　[coke]disp_coke + [coke]disp_pepsi = 0

```
      chi2(1) =   5.40
      Prob > chi2 =   0.0201
```

《POE4》附录 C.8.4b 对 t 分布和卡方分布之间的关系有详细解释。

广义 Wald 统计量用来检验联合零假设(2),即无论是可口可乐还是百事可乐的柜台展示都不影响可口可乐的购买率。这里,我们要检验两个假设,因此 Wald 统计量服从渐近 $X_{(2)}^2$ 分布。

```
test disp_coke disp_pepsi
```

(1)　[coke]disp_coke = 0

(2)　[coke]disp_pepsi = 0

```
       chi2(2) =   19.46
     Prob > chi2 =   0.0001
```

16.2.2　似然比检验

当对模型使用极大似然估计量时,比如 probit 和 Logit 模型,通常优先选择基于似然比原理的检验。《POE4》附录 C.8.4a 有关于这个方法的讨论。这个检验由两部分构成:一部分为对无约束的完整的模型(unrestricted,full model)使用极大似然估计获得极大似然函数值($\ln L_U$),另一部分则是在零假设成立条件下对受约束的模型(restricted)使用极大似然估计获得极大似然函数值($\ln L_R$)。似然比检验统计量为 $LR = 2(\ln L_U - \ln L_R)$。如果零假设为真,该统计量服从自由度等于被检验假设数量的渐近卡方分布。当 LR 大于卡方分布临界值时,拒绝零假设。

为了说明,首先来看完整的模型显著性检验。在完成对 probit 模型或 Logit 模型估计后,将似然函数值保存为 e(11)。如果除了截距项以外其他参数都为 0,则该 **probit** 模型为 $p_{COKE} = \Phi(\beta_1)$,其似然函数值保存为 e(11_0)。该 probit 模型的显著性似然比率值计算如下:

```
scalar lnlu = e(11)
```

```
scalar lnlr = e(ll_0)
scalar lr_test = 2* (lnlu - lnlr)
di "lnlu  =" lnlu
di " lnlr  =" lnlr
di " lr_test =" lr_test
. di "lnlu  = " lnlu
lnlu  = -710.94858
. di " lnlr  = " lnlr
lnlr  = -783.86028
. di " lr_test = " lr_test
lr_test = 145.82341
```

probit 估计会自动报告下面的估计值:

```
Probit regression              Number of obs   =      1140
                               LR  chi2(3)     =      145.82
                               Prob > chi2     =      0.0000
```

我们可以使用这一原理检验其他假设。前一页的假设(1)检验就是先把假设作为一个限制(约束)条件施加给模型,然后进行检验。如果这个假设为真,则有:

$$P(COKE = 1) = \Phi(\beta_1 + \beta_2 PRATIO + \beta_4(DISP \_ PEPSI - DISP \_ COKE))$$

创建一个变量,其值等于存在的两种饮料(**disp_pepsi** 和 **disp_coke**)之差,然后对这个产生的"受限模型"进行估计:

```
gen disp = disp_pepsi - disp_coke
probit coke pratio disp
estimates store probitr
```

给定一个无约束模型或受限模型,Stata 有命令可自动计算似然比检验值。利用前述保存的模型估计结果,有:

```
lrtest probit probitr
Likelihood - ratio test              LR chi2(1)    =     5.42
(Assumption: probitr nested in probit)     Prob > chi2  =     0.0199
```

为检验假设(2):显示变量不显著,我们估计约束模型 $P(COKE = 1) = \Phi(\beta_1 + \beta_2 PRATIO)$,并重复执行。

```
probit coke pratio
estimates store probitr
lrtest probit probitr
Likelihood - ratio test              LR chi2(2)    =     19.55
(Assumption: probitr nested in probit)     Prob > chi2  =     0.0001
```

16.2.3　Logit 估计

Logit 模型的语法和分析与 **probit** 模型一样。

```
logit coke pratio disp_coke disp-pepsi
estimates store logit
Logistic regression              Number of obs   =        1140
                                 LR chi2(3)      =       148.83
                                 Prob > chi2     =       0.0000
                                 Pseudo R2       =       0.0949
Log likelihood = -709.44614
```

coke	Coef.	Std. Err.	z	P>|z|	[95% Conf. Interval]	
pratio	-1.995742	.3145873	-6.34	0.000	-2.612322	-1.379162
disp_coke	.3515994	.1585398	2.22	0.027	.0408671	.6623316
disp_pepsi	-.7309859	.1678376	-4.36	0.000	-1.059941	-.4020303
_cons	1.922972	.3258328	5.90	0.000	1.284352	2.561593

estat classification

Logistic model for coke

Classified	True D	~D	Total
+	247	123	370
-	263	507	770
Total	510	630	1140

Classified + if predicted Pr(D) >= .5

margins, dydx(pratio)

Average marginal effects   Number of obs   =   1140
Model VCE   : OIM

Expression   : Pr(coke), predict()
dy/dx w.r.t. : pratio

	dy/dx	Delta-method Std. Err.	z	P>|z|	[95% Conf. Interval]
pratio	-.4332631	.0639434	-6.78	0.000	-.5585899 -.3079363

margins, dydx(pratio) at(pratio=1.1 disp_coke=0 disp_pepsi=0)

Conditional marginal effects   Number of obs   =   1140
Model VCE   : OIM

Expression   : Pr(coke), predict()
dy/dx w.r.t. : pratio
at   : pratio   =   1.1
                disp_coke   =   0
                disp_pepsi   =   0

	dy/dx	Delta-method Std. Err.	z	P>|z|	[95% Conf. Interval]
pratio	-.489797	.0753207	-6.50	0.000	-.6374228 -.3421711

margins, predict(pr) at(pratio=1.1 disp_coke=0 disp_pepsi=0)

Adjusted predictions   Number of obs   =   1140
Model VCE   : OIM

Expression   : Pr(coke), predict(pr)
at   : pratio   =   1.1
                disp_coke   =   0
                disp_pepsi   =   0

	Margin	Delta-method Std. Err.	z	P>|z|	[95% Conf. Interval]
_cons	.4323318	.0224204	19.28	0.000	.3883885 .476275

16.2.4 样本外预测

用新数据而非估计数据来评价选择模型的预测能力是一件有趣的事情。使用最初的 1000 个观测值估计 **probit** 模型和 **Logit** 模型的线性概率,然后预测余下的 140 个结果。

```
regress coke pratio disp_coke disp_pepsi in 1/1000
predict phat2
generate p2 = (phat2 > =.5)
tabulate p2 coke in 1001/1140, row
```

```
┌─────────────────────────┐
│ Key                     │
├─────────────────────────┤
│    frequency            │
│    row percentage       │
└─────────────────────────┘
```

	=1 if coke chosen, =0 if pepsi chosen		
p2	0	1	Total
0	51 53.13	45 46.88	96 100.00
1	6 13.64	38 86.36	44 100.00
Total	57 40.71	83 59.29	140 100.00

```
      probit coke pratio disp_coke disp_pepsi in 1/1000
      estat classification in 1001/1140
```

Probit model for coke

	──── True ────		
Classified	D	~D	Total
+	38	6	44
−	45	51	96
Total	83	57	140

Classified + if predicted Pr(D) >= .5

```
      logit coke pratio disp_coke disp_pepsi in 1/1000
      estat classification in 1001/1140
```

Logistic model for coke

	──── True ────		
Classified	D	~D	Total
+	38	6	44
−	45	51	96
Total	83	57	140

Classified + if predicted Pr(D) >= .5

本例中，我们没有发现 **Logit** 预测和 **probit** 预测的区别。

16.3　多项 Logit

假设决策者必须从几个不同选项中选择一个，下面我们来考虑选项 $j=3$ 的问题。比如高中毕业生应该选择两年制大学或四年制大学，还是放弃入学？影响因素可能包括家庭收入、高中成绩、家庭大小、种族、学生性别以及家长教育程度。用 **Logit** 和 **probit** 模型可以计算出第 i 个个体选择第 j 个选项的概率。

$$p_{ij} = P[\text{个体 } i \text{ 选样 } j \text{ 选项}]$$

在这个例子中，有 $J=3$ 三个备选项，分别是 $j=1,2,3$。这些数值的大小是随机赋值的，并没有特定的顺序，因此也没有什么特别的含义。你可以把它们视为 A，B 和 C 三类。

假定只有一个解释变量 x_i，在多项 Logit 模型设定中，个体 i 选择 $j = 1$，2，3 的概率分别为：

$$p_{i1} = \frac{1}{1 + \exp(\beta_{12} + \beta_{22} x_i) + \exp(\beta_{13} + \beta_{23} x_i)}, \quad j = 1$$

$$p_{i2} = \frac{\exp(\beta_{12} + \beta_{22} x_i)}{1 + \exp(\beta_{12} + \beta_{22} x_i) + \exp(\beta_{13} + \beta_{23} x_i)}, \quad j = 2$$

$$p_{i3} = \frac{\exp(\beta_{13} + \beta_{23} x_i)}{1 + \exp(\beta_{12} + \beta_{22} x_i) + \exp(\beta_{13} + \beta_{23} x_i)}, \quad j = 3$$

因为此模型是一个关于 β 参数的复杂非线性方程，β 参数自然不会表现为一条直线"斜率"。这些模型的边际效应为在其他因素保持恒定的情况下，x 改变时，个体选择其他选项的概率，可表示如下：

$$\left. \frac{\Delta p_{im}}{\Delta x_i} \right|_{\text{all else constant}} = \frac{\partial p_{im}}{\partial x_i} = p_{im} \left[\beta_{2m} - \sum_{j=1}^{3} \beta_{2j} p_{ij} \right]$$

该模型运用的是极大似然法估计，使用数据文件 *nels_small. dta*，该数据包括 1000 个观测值，每个观测对应一个高中毕业生选择不上大学（*PSECHOICE* = 1）、上两年制大学（*PSECHOICE* = 2）或者四年制大学（*PSECHOICE* = 3）。这里，为了说明，我们主要阐述成绩变量 *GRADES*，从 1.0（最高成绩 A + ）到 13.0（最低成绩 F），并代表英语、数学和社会学科的综合成绩[①]。打开数据文件并检查其内容：

```
use nels_small, clear
describe
```

variable name	storage type	display format	value label	variable label
psechoice	byte	%8.0g		no college = 1, 2 = 2-year college, 3 = 4-year college
hscath	byte	%8.0g		= 1 if catholic high school graduate
grades	double	%10.0g		average grade on 13 point scale with 1 = highest
faminc	float	%9.0g		gross 1991 family income (in $1000)
famsiz	byte	%8.0g		number of family members
parcoll	byte	%8.0g		= 1 if most educated parent graduated from college or had an advanced degree
female	byte	%8.0g		= 1 if female
black	byte	%8.0g		= 1 if black

获取 *GRADES* 的概要统计量：

```
summarize grades, detail
```

注意到 *GRADES* 的中位数是 6.64，5% 百分位数是 2.635，这些数值将被来做如下计算：

---

① 等级指数看上去有点尴尬，这是由于等级越高数字越小。尽管我们可以把这些数字倒转过来，但是我们还是选择了原始等级序数。

```
       average grade on 13 point scale with 1 = highest

          Percentiles      Smallest
    1%        2.02           1.74
    5%        2.635          1.85
   10%        3.375          1.96        Obs              1000
   25%        4.905          2           Sum of Wgt.      1000

   50%        6.64                       Mean          6.53039
                            Largest      Std. Dev.    2.265855
   75%        8.24          11.46
   90%        9.525         11.53        Variance     5.134097
   95%       10.105         11.77        Skewness    -.0909654
   99%       11.13          12.33        Kurtosis     2.243896
```

对这 1000 个样本使用 **tab** 命令，观测 *PSECHOICE* 的选择分布。

```
        tab psechoice
```

```
no college
 = 1, 2 =
  2-year
college, 3
= 4-year
  college    Freq.        Percent         Cum.

        1      222         22.20         22.20
        2      251         25.10         47.30
        3      527         52.70        100.00

    Total    1,000        100.00
```

用 mlogit 命令来估计该模型，该命令中，因变量必须使用数值 $1,2,\ldots,m$ 来代表决策者所面对的不同类别选择。在该命令中添加选项 baseoutcome(1)，表明设定 *PSECHOICE* = 1（不上大学）作为"基础类别"。

```
    mlogit psechoice grades, baseoutcome(1)
```

在 Stata 数据菜单，输入 db mlogit 命令或者按照路径 **Statistics > Categorical outcomes > Multinomial logistic regression** 点击，可以调出 mlogit 对话框。

因为使用的是极大似然估计，所以会有迭代过程，具体见 Stata 相关步骤。

```
Iteration 0:  log likelihood = -1018.6575

Iteration 1:  log likelihood = -881.68524

Iteration 2:  log likelihood = -875.36084

Iteration 3:  log likelihood = -875.31309

Iteration 4:  log likelihood = -875.31309
```

这个算法需要四个步骤。似然估计值随着迭代的增加而增加。

估计结果如下：

```
Multinomial logistic regression              Number of obs   =      1000
                                             LR chi2(2)      =    286.69
                                             Prob > chi2     =    0.0000
Log likelihood = -875.31309                  Pseudo R2       =    0.1407
```

psechoice	Coef.	Std. Err.	z	P>|z|	[95% Conf. Interval]	
1	(base outcome)					
2						
grades	-.3087889	.0522849	-5.91	0.000	-.4112654	-.2063125
_cons	2.506421	.4183848	5.99	0.000	1.686402	3.32644
3						
grades	-.7061967	.0529246	-13.34	0.000	-.809927	-.6024664
_cons	5.769876	.4043229	14.27	0.000	4.977417	6.562334

结果中,包括了 *PSECHOICE* = 2 和 *PSECHOICE* = 3 的估计系数,分别是 $\tilde{\beta}_{12}$, $\tilde{\beta}_{22}$, $\tilde{\beta}_{13}$, $\tilde{\beta}_{23}$ 和 $\tilde{\beta}_{23}$ 。其他系数与第一个选择有关,由于识别问题将它们都设为零,即 $\tilde{\beta}_{11} = \tilde{\beta}_{21} = 0$ 。它们的系数本身没有直接意义,但 *GRADES* 的系数有统计显著性。结果最上面部分是针对 *GRADES* 系数为零的联合检验的结果,该检验结果为 LR chi2(2),反映了模型整体检验的显著性。

使用后估计命令 predict 对样本中每个观测值的选择概率预测值进行计算。由于有三个选择,因此要设置三个预测值名称。

```
predict ProbNo ProbCC ProbColl
```

总结一下这些预测概率,会发现它们的平均值与原始数据中的选择百分比是一致的(参见前述 **tabulate** 命令的结果),这是 Logit 模型的一个特点。

```
summarize ProbNo ProbCC ProbColl
```

Variable	Obs	Mean	Std. Dev.	Min	Max
ProbNo	1000	.222	.1739746	.009808	.7545629
ProbCC	1000	.251	.0784017	.0702686	.3314252
ProbColl	1000	.527	.2388916	.0399892	.9199234

概率和边际效应是复杂的代数表达式,但幸运的是,后估计命令 margins 会直接进行计算,只不过需要一个额外的选项。由于有三个选择,因此我们必须对所需的预测值或边际效应结果予以标明。还有,在 **probit** 模型中,我们可以通过 at 选项来设定用于求导计算的解释变量的值。利用 margins 命令计算预测概率值,如下所示:

```
margins, predict(outcome(1)) at(grades=6.64)
```

```
Adjusted predictions                          Number of obs    =        1000
Model VCE     : OIM

Expression    : Pr(psechoice==1), predict(outcome(1))
at            : grades            =         6.64
```

	Margin	Delta-method Std. Err.	z	P>|z|	[95% Conf. Interval]	
_cons	.181006	.0148743	12.17	0.000	.151853	.2101591

使用同样的方法可以获得其他预测值,这里我们省略了输出结果。

```
margins, predict(outcome(2)) at(grades =6.64)
margins, predict(outcome(3)) at(grades =6.64)
margins, predict(outcome(1)) at(grades =2.635)
margins, predict(outcome(2)) at(grades =2.635)
margins, predict(outcome(3)) at(grades =2.635)
```

为计算个体解释变量的概率导数(边际效应),我们再次使用 margins 命令。

```
margins, dydx(grades) at(grades=6.64)
```

```
Conditional marginal effects                  Number of obs    =        1000
Model VCE     : OIM

Expression    : Pr(psechoice==1), predict()
dy/dx w.r.t. : grades
at           : grades            =         6.64
```

	dy/dx	Delta-method Std. Err.	z	P>|z|	[95% Conf. Interval]	
grades	.0841445	.0063047	13.35	0.000	.0717875	.0965015

上面由于我们没有给出明确设定($PSECHOICE$)，Stata 计算了成绩变化一单位导致的基础类别选择概率的变化，也就是 $PSECHOICE = 1$ 的概率变化的边际效应。

如果我们省略 $GRADES$ 的条件水平，那么 Stata 会计算样本中所有个体的平均边际效应（average marginal effect）。具体而言，与之前的命令一样，先计算每个学生成绩的基础类别选择（$PSECHOICE = 1$）概率的边际效应，然后再计算所有边际效应的平均值。

```
        margins,dydx(grades)
Average marginal effects                        Number of obs   =       1000
Model VCE   : OIM

Expression  : Pr(psechoice==1), predict()
dy/dx w.r.t. : grades
```

	dy/dx	Delta-method Std. Err.	z	P>|z|	[95% Conf. Interval]	
grades	.0743738	.0052076	14.28	0.000	.064167	.0845805

使用相同的命令对两个特定分位数上的样本计算边际效应，具体如下，这里我们省略了输出结果。

```
    margins, dydx(grades) predict(outcome(2)) at(grades =6.64)

    margins, dydx(grades) predict(outcome(2)) at(grades =2.635)

    margins, dydx(grades) predict(outcome(3)) at(grades =6.64)

    margins, dydx(grades) predict(outcome(3)) at(grades =2.635)
```

16.4　条件 Logit

假设决策者必须在几个不同的选择之间抉择，比如多项式 Logit 模型。在市场背景下，假设我们需要在三种软饮料中作出选择（$J = 3$），有百事可乐、七喜和传统的可口可乐，都是两升的规格。在超市，购物者将根据产品的价格以及其他因素对饮料作出选择。利用超市结账处的扫描仪，记录相关购买数据（什么品牌、多少单位、支付的价格）。这样一来，我们也知道消费者在一个特定的购物场合不会购买的产品的价格。关键是，如果收集到一段时间内消费者从各种各样超市购买碳酸饮料的数据，我们就能观察到消费者的选择情况，并知道其每一次购物所面临的价格。

这里我们用 y_{i1}，y_{i2} 和 y_{i3} 作为指示变量来说明个体 i 所做的选择。如果决策 1（百事可乐）被选择，则 $y_{i1} = 1, y_{i2} = 0, y_{i3} = 0$。如果决策 2（七喜）被选择，那么 $y_{i1} = 0, y_{i2} = 1, y_{i3} = 0$。同样，如果决策 3（可口可乐）被选择，则 $y_{i1} = 0, y_{i2} = 0, y_{i3} = 1$。个体 i 对于品牌 j 所面临的价格表示为 $PRICE_{ij}$，也就是说，对于每个购买水的顾客，百事可乐、七喜和可口可乐的价格是不同的。记住，不同的顾客在不同的时间可以在不同的超市和商店购物。由于每一个顾客不同，他们所做的选择也会有所不同，所以像价格之类的变量对每个人是特定的。

我们的目标是了解影响消费者选择饮料的因素，我们将建立一个模型来计算个体 i 选择 j 的概率：

$$P_{ij} = P[\text{个体 } i \text{ 选择 } j]$$

条件 **Logit** 模型设定这些概率为：

$$p_{ij} = \frac{\exp(\beta_{1j} + \beta_2 PRICE_{ij})}{\exp(\beta_{11} + \beta_2 PRICE_{i1}) + \exp(\beta_{12} + \beta_2 PRICE_{i2}) + \exp(\beta_{13} + \beta_2 PRICE_{i3})}$$

注意,与多项式 **Logit** 模型的概率不同,这里,只有一个参数 β_2 与可能的价格选择概率 P_{ij} 的影响相关。我们还包括特定的数项(截距)。这些系数不能全被估计,其中一个必须设定为零,这里将设 $\beta_{13} = 0$。

我们将通过极大似然估计法来估计未知参数。"自身价格(own price)"的变化和"交叉价格(cross price)"的变化对选择概率的影响是不同的。特别地,自身价格效应可表示如下:

$$\frac{\partial p_{ij}}{\partial PRICE_{ij}} = p_{ij}(1 - p_{ij})\beta_2$$

β_2 的符号代表自身价格效应的方向。

如果另外一种饮料 k ($k \neq j$) 价格发生变化,饮料 j 被选择的概率的变化为:

$$\frac{\partial p_{ij}}{\partial PRICE_{ij}} = - p_{ij}p_{ik}\beta_2$$

交叉价格效应和自身价格效应是反向的。回顾相关边际效应,如果我们能估计出系数和预测值,就可以计算这些价格效应。

我们观察 1822 个购买样本,包括 104 周的 5 家商店的数据,其中,顾客购买 2 升装的百事可乐占 34.6% ,七喜占 37.4% ,可口可乐占 28% 。这些数据来源于 *cola. dta* 数据文件。打开这个数据文件,计算概要统计量:

```
use cola, clear
describe
```

variable name	storage type	display format	value label	variable label
id	int	%8.0g		customer id
choice	byte	%8.0g		= 1 if brand chosen
price	double	%10.0g		price of 2 liter soda
feature	byte	%8.0g		= 1 featured item at the time of purchase
display	byte	%8.0g		= 1 if displayed at time of purchase

```
summarize
```

Variable	Obs	Mean	Std. Dev.	Min	Max
id	5466	911.5	526.0141	1	1822
choice	5466	.3333333	.4714476	0	1
price	5466	1.185134	.3059794	.16	2.99
feature	5466	.5087816	.4999686	0	1
display	5466	.3635199	.4810567	0	1

条件 **Logit** 的数据要求必须是 stacked 格式。这里有三个选择,因此每个个体必然有三行数据,变量名为 id。前 3 个人的数据列示如下:

```
list in 1/9
```

	id	choice	price	feature	display
1.	1	0	1.79	0	0
2.	1	0	1.79	0	0
3.	1	1	1.79	0	0
4.	2	0	1.79	0	0
5.	2	0	1.79	0	0
6.	2	1	.89	1	1
7.	3	0	1.41	0	0
8.	3	0	.84	0	1
9.	3	1	.89	1	0

每行数据对应 1,2 和 3 三个决策,某个决策被选择,则 **choice** 值为 1,否则为 0。变量的价格同样包含决策 1, 2 和 3 的价格。

包含选择项特定常量是很重要的,比如每一个品牌的指示变量,这些指示变量有助于获取市场份额的影响信息。使用自动观测数值变量 **_n**,我们可以生成一个列示决策 1、决策 2 和决策 3 的变量。

```
sort id, stable
by id:gen alt = _n
```

请注意,由于我们是有序地持续观察百事可乐、七喜和可口可乐的,因此这个程序是可行的。下面列出一些观察值来说明我们是如何做的。

```
list in 1/3
```

	id	choice	price	feature	display	alt
1.	1	0	1.79	0	0	1
2.	1	0	1.79	0	0	2
3.	1	1	1.79	0	0	3

现在,分决策类别计算数据概要统计量:

```
bysort alt:summarize choice price feature display
```

-> alt = 1

Variable	Obs	Mean	Std. Dev.	Min	Max
choice	1822	.3457739	.4757505	0	1
price	1822	1.227453	.2902694	.68	1.79
feature	1822	.5148189	.4999176	0	1
display	1822	.3117453	.4633336	0	1

-> alt = 2

Variable	Obs	Mean	Std. Dev.	Min	Max
choice	1822	.3743139	.4840781	0	1
price	1822	1.11764	.3242961	.16	2.99
feature	1822	.5159166	.4998838	0	1
display	1822	.4429199	.4968675	0	1

-> alt = 3

Variable	Obs	Mean	Std. Dev.	Min	Max
choice	1822	.2799122	.4490791	0	1
price	1822	1.210307	.2908002	.68	1.79
feature	1822	.4956092	.500118	0	1
display	1822	.3358946	.4724319	0	1

在我们的数据中,选择 2(七喜)的平均价格略低于平均价格,且其展示频率高于选择 1(百事可乐)和选择 3(可口可乐)。

16.4.1 使用 asclogit 估计

命令 asclogit 代表特定选择的条件 **Logit**(alternative-specific conditional logit)。首先,我们将做一个扩展,虽然不是完全必要,但是在解释研究结果时非常方便。我们将创建特定值标签,因此 alt 将不再是 1,2 和 3,而是由品牌名称表示。下面的第一条语句创建了标签,第二是将标签运用于变量 alt。

```
label define brandlabel 1 "Pepsi"  2  "SevenUp" 3 "Coke"
```

```
label values alt brandlabel
```

使用 help asclogit 命令,我们可以了解 asclogit 命令的语法。

```
help asclogit                                          dialog:  asclogit
                                                       also see: asclogit postestimation

Title

    [R] asclogit — Alternative-specific conditional logit (McFadden's choice) model

Syntax

    asclogit depvar [indepvars] [if] [in] [weight], case(varname) alternatives(varname)
        [options]

    options                       description

    Model
    * case(varname)               use varname to identify cases
    * alternatives(varname)       use varname to identify the alternatives available for each case
```

输入 db asclogit 或者通过菜单路径 **Statistics** > **Categorical outcomes** > **Alternativespecific conditional logit**,可以弹出相应对话框。

对于可口可乐选择模型,我们使用:

```
asclogit choice price, case(id) alternatives(alt) basealternative(Coke)
```

在这个命令语句中,case 用于标识个体。命令 alternatives 是必需的,它表明每个个体可能面临的选择。同时,命令 asclogit 将自动创建另一种可选择特定变量,我们称为 pepsi(百事)和 sevenup(七喜),并将它们添加到模型中。基础选择的设定使用 basealternative (Coke),这点其实没有严格要求,但通常来说,自己设定基础参照组总比按软件系统内部分配规则设置要好。结果如下:

```
Alternative-specific conditional logit        Number of obs   =       5466
Case variable: id                             Number of cases =       1822

Alternative variable: alt                     Alts per case: min =          3
                                                             avg =        3.0
                                                             max =          3

                                              Wald chi2(1)    =     278.28
Log likelihood = -1824.5621                   Prob > chi2     =     0.0000
```

choice	Coef.	Std. Err.	z	P>|z|	[95% Conf. Interval]	
alt price	-2.296368	.1376575	-16.68	0.000	-2.566172	-2.026565
Pepsi _cons	.2831663	.062381	4.54	0.000	.1609019	.4054307
SevenUp _cons	.103833	.0624705	1.66	0.096	-.0186069	.226273
Coke	(base alternative)					

asclogit 命令同样有后估计命令。该命令首先对于样本数据的选择(choice)有一个很好的概要统计。

```
estat alternatives
```

Alternatives summary for alt

index	Alternative value	label	Cases present	Frequency selected	Percent selected
1	1	Pepsi	1822	630	34.58
2	2	SevenUp	1822	682	37.43
3	3	Coke	1822	510	27.99

更重要的是,后估计命令不仅可以计算每个选择项的预测概率值,还可以计算出边际效应。

本例中,默认命令将基于可选择解释变量价格的平均值来计算边际效应。

    estat mfx

而且,我们还可以针对每一种选择的特定价格值来计算出对应的预测概率和边际效应。

    estat mfx, at(Coke:price=1.10 Pepsi:price=1 SevenUp:price=1.25)

```
Pr(choice = Pepsi|1 selected) = .4831931
```

variable	dp/dx	Std. Err.	z	P>|z|	[	95% C.I.	]	X
price								
Pepsi	-.573443	.035023	-16.37	0.000	-.642088	-.504799		1
SevenUp	.252391	.014163	17.82	0.000	.224632	.28015		1.25
Coke	.321052	.025424	12.63	0.000	.271221	.370883		1.1

```
Pr(choice = SevenUp|1 selected) = .22746378
```

variable	dp/dx	Std. Err.	z	P>|z|	[	95% C.I.	]	X
price								
Pepsi	.252391	.014163	17.82	0.000	.224632	.28015		1
SevenUp	-.403527	.018607	-21.69	0.000	-.439996	-.367058		1.25
Coke	.151136	.008372	18.05	0.000	.134727	.167545		1.1

```
Pr(choice = Coke|1 selected) = .28934312
```

variable	dp/dx	Std. Err.	z	P>|z|	[	95% C.I.	]	X
price								
Pepsi	.321052	.025424	12.63	0.000	.271221	.370883		1
SevenUp	.151136	.008372	18.05	0.000	.134727	.167545		1.25
Coke	-.472188	.029761	-15.87	0.000	-.530519	-.413857		1.1

16.5 有序选择模型

多项式和条件 **logit** 模型中的选择项没有自然顺序或特殊安排,但是,在某些情况下,选择会以一个特定的方式排序,包括:
- 回应可以是强烈反对、反对、中立、同意或强烈同意的民意调查的结果。
- 成绩分数或工作表现的评级。学生得到以老师对其表现的评估为基础进行排序的等级 A, B, C, D, E。员工往往基于完成的工作量被评价,例如,优秀、很好、好、尚可、差。这两者实际上是相似的。
- 标准普尔债券评级,如 AAA, AA, A, BBB 等,作为判断公司或国家发行债券的信用度,以及投资的风险性。

当对这些不同结果类型建模时,需要给这些结果分配数值,但数值是序数,只反映结果的排名。比如在第一个示例中,我们可能会给因变量 y 分配数值如下:

$$y = \begin{cases} 1 & \text{强烈反对} \\ 2 & \text{反对} \\ 3 & \text{中立} \\ 4 & \text{同意} \\ 5 & \text{强烈同意} \end{cases}$$

在《POE4》中,相关例子讨论的是高中毕业后选择上什么类型的大学这一问题。我们可以对这一可能性进行如下排序:

$$y = \begin{cases} 3 & \text{四年制大学（完整大学经历）} \\ 2 & \text{两年制大学（部分大学经历）} \\ 1 & \text{不上大学} \end{cases}$$

我们观察到的选择是基于对继续高等教育的"观点(sentiment)"y_i^* 的比较,在课本的例子中,该变量为 $GRADES$ 的函数:

$$y_i^* = \beta GRADES_i + e_i$$

由于有 $M = 3$ 个选择项,因此有 $M - 1 = 2$ 个阈值 μ_1 和 μ_2,且 $\mu_1 < \mu_2$。上面的索引模型(index model)中没有截距项,这是因为它与阈值变量具有完全共线性。如果将继续高等教育的观点设在最低类别,那么 $y_i^* < \mu_1$,此时选择"不上大学";如果 $\mu_1 < y_i^* < \mu_2$,那么选择"两年制大学";如果 $y_i^* > \mu_2$,那么选择"四年制大学"。也就是:

$$y = \begin{cases} 3 & \text{（四年制大学）} \quad \text{如果 } y_i^* > \mu_2 \\ 2 & \text{（两年制大学）} \quad \text{如果 } \mu_1 < y_i^* < \mu_2 \\ 1 & \text{（不上大学）} \quad \text{如果 } y_i^* < \mu_1 \end{cases}$$

有序 **probit** 模型假定误差 e_i 服从标准正态分布。

这个例子使用的是数据文件 *nels_small. dta*,打开这个数据文件。

    use nels_small, clear

获取 $GRADES$ 变量的详细概要统计量。

    summarize grades, detail

. summarize grades, detail

                average grade on 13 point scale with 1 = highest

	Percentiles	Smallest		
1%	2.02	1.74		
5%	2.635	1.85		
10%	3.375	1.96	Obs	1000
25%	4.905	2	Sum of Wgt.	1000
50%	6.64		Mean	6.53039
		Largest	Std. Dev.	2.265855
75%	8.24	11.46		
90%	9.525	11.53	Variance	5.134097
95%	10.105	11.77	Skewness	-.0909654
99%	11.13	12.33	Kurtosis	2.243896

根据样本数据对选择分组列报:

    tab psechoice

no college = 1, 2 = 2-year college, 3 = 4-year college	Freq.	Percent	Cum.
1	222	22.20	22.20
2	251	25.10	47.30
3	527	52.70	100.00
Total	1,000	100.00	

有序 **probit** 模型回归跟一般回归模型一样。为详细说明此模型,我们使用对话框,遵循路径 **Statistics > Ordinal outcomes > Orde red probit regression** 或者输入 db oprobit。

    oprobit psechoice grades

该模型使用的是极大似然估计法,Stata 回归结果表明,只需要 3 个迭代就完成数值算法收敛。

```
Iteration 0:  log likelihood = -1018.6575
Iteration 1:  log likelihood = -876.21962
Iteration 2:  log likelihood = -875.82172
Iteration 3:  log likelihood = -875.82172
Ordered probit regression                    Number of obs   =       1000
                                             LR chi2(1)      =     285.67
                                             Prob > chi2     =     0.0000
Log likelihood = -875.82172                  Pseudo R2       =     0.1402
```

psechoice	Coef.	Std. Err.	z	P>|z|	[95% Conf. Interval]	
grades	-.3066252	.0191735	-15.99	0.000	-.3442045	-.2690459
/cut1	-2.9456	.1468283			-3.233378	-2.657822
/cut2	-2.089993	.1357681			-2.356094	-1.823893

GRADES 的估计系数为 -0.3066,且非常显著。"**/cut**"参数是估计阈值 μ_1 和 μ_2。

对这个模型的边际效应计算因每个结果不同而不同:

$$\frac{\partial P[y=1]}{\partial GRADES} = -\phi(\mu_1 - \beta GRADES) \times \beta$$

$$\frac{\partial P[y=2]}{\partial GRADES} = \left[\phi(\mu_1 - \beta GRADES) - \phi(\mu_2 - \beta GRADES)\right] \times \beta$$

$$\frac{\partial P[y=3]}{\partial GRADES} = \phi(\mu_2 - \beta GRADES) \times \beta$$

Stata 中的 **margins** 命令将直接计算这些边际效应,附加选项表明计算的是哪个排序结果的边际效应。如果我们选择 *GRADES* 为中位数(6.64),那么上四年制大学概率的边际效应为:

```
margins, dydx(grades) at(grades=6.64) predict(outcome(3))

Conditional marginal effects              Number of obs   =       1000
Model VCE    : OIM

Expression   : Pr(psechoice==3), predict(outcome(3))
dy/dx w.r.t. : grades
at           : grades          =         6.64
```

	dy/dx	Delta-method Std. Err.	z	P>|z|	[95% Conf. Interval]	
grades	-.1221475	.0076332	-16.00	0.000	-.1371084	-.1071867

如果我们选择 *GRADES* 为第 5% 分位值(2.635),那么边际效应为:

```
margins, dydx(grades) at(grades =2.635) predict(outcome(3))
Conditional marginal effects              Number of obs   =       1000
Model VCE    : OIM

Expression   : Pr(psechoice==3), predict(outcome(3))
dy/dx w.r.t. : grades
at           : grades          =        2.635
```

	dy/dx	Delta-method Std. Err.	z	P>|z|	[95% Conf. Interval]	
grades	-.0537788	.0035887	-14.99	0.000	-.0608126	-.046745

16.6 计数模型

当回归模型中的因变量是一个事件发生次数的计数,结果变量为 $y = 0,1,2,3,\cdots$,与前一节中的序数不同,这些数字是真实的次数,因此这个概率模型与之前的模型也不同。我们仍然有兴趣解释并预测类似概率,比如一个人在一年内会去看两次或更多次医生的概率,我们用来作为基础的概率分布函数是泊松分布,而不是正态或 **logistic** 分布。如果 Y 是一个泊松随机变量,那么它的概率函数是:

$$f(y) = P(Y = y) = \frac{e^{-\lambda}\lambda^y}{y!}, y = 0,1,2,\ldots$$

其中阶乘(!)项 $y! = y \times (y-1) \times (y-2) \times \cdots \times 1$。这个概率函数只有一个参数 λ,是 Y 的均值(和方差),也就是,$E(Y) = \mathrm{var}(Y) = \lambda$。在回归模型中,我们尝试将 $E(Y)$ 的行为解释为某些解释变量的函数。我们在此处作同样的处理,保证 $E(Y) \geqslant 0$,定义如下:

$$E(Y) = \lambda = \exp(\beta_1 + \beta_2 x)$$

正如其他建模情况,我们将用估计模型来预测结果,确定解释变量的变化对因变量均值变化的影响,即边际效应,同时还要检验系数的显著性。

我们可以直接预测 y 的条件均值。给定极大似然估计值 $\tilde{\beta}_1$ 和 $\tilde{\beta}_2$,并设定解释变量值为 x_0,则:

$$\widehat{E(y_0)} = \tilde{\lambda}_0 = \exp(\tilde{\beta}_1 + \tilde{\beta}_2 x_0)$$

这个值是当 x 取 x_0 时对观察到的事件预期发生次数的估计值。事件发生特定次数的概率可以通过将估计条件均值代入概率函数来预测,如:

$$\widehat{\Pr(Y = y)} = \frac{\exp(-\tilde{\lambda}_0)\tilde{\lambda}_0^y}{y!}, y = 0,1,2,\ldots$$

在泊松模型中,连续变量 x 变化的边际效应不是简单地由参数给定,因为条件均值模型是参数的非线性函数。令条件均值由 $E(y_i) = \lambda_i = \exp(\beta_1 + \beta_2 x_i)$ 设定,使用指数函数求导规则,我们可以得到边际效应:

$$\frac{\partial E(y_i)}{\partial x_i} = \lambda_i \beta_2$$

这个选择定义了泊松计数回归模型。

接下来,我们将讨论《POE4》中 1988 年奥运会各国获得奖牌数量的例子。我们使用泊松回归模型,将赢得的奖牌的数量($MEDALTOT$)解释为人口对数和国内生产总值(按 1995 实际的美元测量)对数的函数。数据文件为 $olympics.dta$。打开数据文件:

```
use olympics, clear
```
保留 1988 年的数据。

```
keep if year==88
```
仅保留有用的变量。

```
keep medaltot pop gdp
```
我们最初会估计的泊松模型条件均值函数如下:

$$E(MEDALTOT) = \lambda = \exp(\beta_1 + \beta_2\ln(POP) + \beta_3\ln(GDP))$$

创建对数变量。

```
generate lpop = ln(pop)
generate lgdp = ln(gdp)
```

估计泊松模型并保存结果,其语法与一般的回归模型类似。

```
poisson medaltot lpop lgdp
```

估计的结果如下:

```
Iteration 0:  log likelihood = -722.76694
Iteration 1:  log likelihood = -722.33675
Iteration 2:  log likelihood = -722.33649
Iteration 3:  log likelihood = -722.33649
Poisson regression                              Number of obs   =        151
                                                LR chi2(2)      =    1728.04
                                                Prob > chi2     =     0.0000
Log likelihood = -722.33649                     Pseudo R2       =     0.5447
```

medaltot	Coef.	Std. Err.	z	P>|z|	[95% Conf. Interval]	
lpop	.1800376	.0322801	5.58	0.000	.1167697	.2433055
lgdp	.5766033	.0247217	23.32	0.000	.5281497	.625057
_cons	-15.88746	.5118048	-31.04	0.000	-16.89058	-14.88434

可以输入命令 db poisson 打开 poisson 对话框,或者在 Stata 菜单栏选择 **Statistics** > **Count outcomes** > **Poisson regression**。

使用 margins 命令计算解释变量在中值上的边际效应:

```
margins, dydx(*) at((median) lpop lgdp)
```

```
Conditional marginal effects                    Number of obs   =        151
Model VCE    : OIM

Expression   : Predicted number of events, predict()
dy/dx w.r.t. : lpop lgdp
at           : lpop           =     15.73425 (median)
               lgdp           =     22.81883 (median)
```

	Delta-method					
	dy/dx	Std. Err.	z	P>|z|	[95% Conf. Interval]	
lpop	.1995122	.0389282	5.13	0.000	.1232143	.2758101
lgdp	.6389744	.0402253	15.88	0.000	.5601343	.7178145

使用 margins 命令,我们可以计算出当解释变量取中值时事件发生次数的预测值。

```
margins, predict(n) at((median) lpop lgdp)
```

```
Adjusted predictions                            Number of obs   =        151
Model VCE    : OIM

Expression   : Predicted number of events, predict(n)
at           : lpop           =     15.73425 (median)
               lgdp           =     22.81883 (median)
```

	Delta-method					
	Margin	Std. Err.	z	P>|z|	[95% Conf. Interval]	
_cons	1.10817	.0903926	12.26	0.000	.9310035	1.285336

16.7　删失数据模型

本小节讨论删失数据情况的典型案例是基于(Thomas Mroz,1987)关于已婚妇女劳动参与率与工资水平的研究。数据在文件 *mroz. dta* 里,由 753 个已婚妇女作为观察样本。在这些妇女中,325 没有在外工作,因此也就没有工作时间和工资。从《POE4》表 16.3 的直方图显示的工作时间中可以看出相当部分妇女并未进入劳动力市场。这也是一个典型的截尾数据(censored data),意味着因变量的观测值中相当大一部分存在有限值。本例中已婚妇女外出工作时间上,这个有限值为 0。

16.7.1 模拟实验数据

在《POE4》第 16 章 7.2 节部分,强调先做一个蒙特卡洛实验,把相应的模拟数据存入 *tobit. dta*。使用模拟仿真是学习计量的一个非常好的方法,它需要我们理解数据是如何在一系列特定假设下取得的。本案例的观察样本是在一个索引变量模型或潜变量模型的框架下取得的,有点类似于 16.5 部分的有序 **probit** 模型。令潜在变量为:

$$y_i^* = \beta_1 + \beta_2 x_i + e_i = -9 + x_i + e_i$$

在这个例子中,我们给定参数 $\beta_1 = -9$ 和 $\beta_2 = 1$,假定误差项服从正态分布 $e_i \sim N(0, \sigma^2 = 16)$。如果 $y_i^* \leq 0$,则 $y_i = 0$;如果 $y_i^* > 0$,则 $y_i = y_i^*$。也就是:

$$y_i = \begin{cases} 0 & if\ y_i^* \leq 0 \\ y_i^* & if\ y_i^* > 0 \end{cases}$$

打开数据文件 *tobit. dta.*

```
use tobit, clear
describe
```

首先检查所有数据的概要统计量:

```
Summarize
```

Variable	Obs	Mean	Std. Dev.	Min	Max
y	200	2.951102	3.906139	0	14.9416
x	200	9.88019	5.659853	.148959	19.824

然后执行 y 大于零的数据概要统计量:

```
summarize if y>0
```

Variable	Obs	Mean	Std. Dev.	Min	Max
y	100	5.902204	3.616079	.106413	14.9416
x	100	14.15509	3.481772	2.00901	19.824

模拟数据样本中共有 100 个样本的 y 值为正。先建立全样本中 y 与 x 的最小二乘回归,如下:

```
reg y x
```

Source	SS	df	MS
Model	1697.72783	1	1697.72783
Residual	1338.59888	198	6.76060042
Total	3036.32671	199	15.2579232

```
Number of obs =     200
F( 1,   198) =  251.12
Prob > F      =  0.0000
R-squared     =  0.5591
Adj R-squared =  0.5569
Root MSE      =  2.6001
```

y	Coef.	Std. Err.	t	P>|t|	[95% Conf. Interval]	
x	.5160625	.0325657	15.85	0.000	.4518423	.5802827
_cons	-2.147694	.3705802	-5.80	0.000	-2.878485	-1.416903

我们可以看到估算值与实际值相差很大。

现在用 $y > 0$ 的值对 x 进行回归,如下:

```
reg y x if y>0
```

Source	SS	df	MS
Model	489.720033	1	489.720033
Residual	804.80632	98	8.21230938
Total	1294.52635	99	13.0760238

```
Number of obs =      100
F( 1,   98) =    59.63
Prob > F      = 0.0000
R-squared     = 0.3783
Adj R-squared = 0.3720
Root MSE      = 2.8657
```

y	Coef.	Std. Err.	t	P>|t|	[95% Conf. Interval]	
x	.6387869	.0827208	7.72	0.000	.4746302	.8029437
_cons	-3.139881	1.205478	-2.60	0.011	-5.532112	-.7476489

可以看到估计值与实际值仍然相差很大。

tobit 的语法与普通回归语法基本一致,除了对变量有向下(lower limit,ll)删失或者向上(upper limit,ul)删失的设定要求。输入 **help tobit** 可以了解详细的语法。本例中的模拟数据有下限,因此估计命令为:

```
tobit y x, ll
```

结果如下:

```
Tobit regression
```

```
Number of obs   =       200
LR chi2(1)      =    205.08
Prob > chi2     =    0.0000
Pseudo R2       =    0.2535
```

```
Log likelihood = -301.87794
```

y	Coef.	Std. Err.	t	P>|t|	[95% Conf. Interval]	
x	1.048705	.0789849	13.28	0.000	.8929506	1.20446
_cons	-10.2773	1.096991	-9.37	0.000	-12.44052	-8.114084
/sigma	3.575591	.2610292			3.060853	4.090329

```
Obs. summary:        100  left-censored observations at y<=0
                     100  uncensored observations
                       0  right-censored observations
```

注意到,这些极大似然估计值与真实值很接近。/sigma 的系数是 σ 的估计值,这个系数在蒙特卡洛实验里设定为 4。

Tobit 的对话框可以用命令 **db tobit** 或者按照如下路径调出:

Statistics > Linear models and related > Censored regression > Tobit regression

16.7.2　Mroz 数据

如果要估计一个用来解释已婚妇女外出工作时间的模型,那么这个模型需要包含哪些解释变量?能将妇女拉入劳动力市场的因素包括其自身学历教育和其以前在劳动力市场的工作经验;可能减少妇女去工作的动因则包括年龄以及家里存在的小孩等情况。因此,我们提出回归模型:

$$HOURS = \beta_1 + \beta_2 EDUC + \beta_3 EXPER + \beta_4 AGE + \beta_4 KIDSL6 + e$$

其中,观察到的因变量 *HOURS* 要么是正的工作时间,要么为零。工作时间为零时表示该妇女没有外出工作。*KIDSL6* 是家庭中年龄小于 6 岁的孩子的数量:

打开数据文件 *mroz.dta*,并描述回归变量:

```
use mroz, clear
describe lfp hours educ exper age kids16
```

variable name	storage type	display format	value label	variable label
lfp	byte	%8.0g		dummy variable = 1 if woman worked in 1975, else 0
hours	int	%8.0g		Wife's hours of work in 1975
educ	byte	%8.0g		Wife's educational attainment, in years
exper	byte	%8.0g		Actual years of wife's previous labor market experience
age	byte	%8.0g		Wife's age
kids16	byte	%8.0g		Number of children less than 6 years old in household

通过计算关键变量的概要统计量来检查数据。

```
summarize lfp hours educ exper age kids16
```

Variable	Obs	Mean	Std. Dev.	Min	Max
lfp	753	.5683931	.4956295	0	1
hours	753	740.5764	871.3142	0	4950
educ	753	12.28685	2.280246	5	17
exper	753	10.63081	8.06913	0	45
age	753	42.53785	8.072574	30	60
kids16	753	.2377158	.523959	0	3

为了说明该数据的删失性质,为变量 hours 构造一个直方图。

```
histogram hours, frequency title(Hours worked by married women)
```

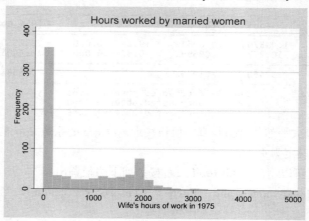

样本中,相当大的一部分已婚妇女没有外出工作(不在劳动力市场工作)。计算有正的外出工作时间妇女重要因素的概要统计量。

```
summarize hours educ exper age kids16 if (hours>0)
```

Variable	Obs	Mean	Std. Dev.	Min	Max
hours	428	1302.93	776.2744	12	4950
educ	428	12.65888	2.285376	5	17
exper	428	13.03738	8.055923	0	38
age	428	41.97196	7.721084	30	60
kids16	428	.1401869	.3919231	0	2

将其与那些不在劳动力市场工作的妇女的概要统计量进行比较。

```
summarize educ exper age kids16 if (hours==0)
```

Variable	Obs	Mean	Std. Dev.	Min	Max
hours	325	0	0	0	0
educ	325	11.79692	2.181995	5	17
exper	325	7.461538	6.918567	0	45
age	325	43.28308	8.467796	30	60
kids16	325	.3661538	.6368995	0	3

没有在外工作的妇女教育和工作经验略低,且年龄稍大,并有更多的小孩。

使用所有样本观察值来进行模型的最小二乘回归估计,然后再次针对有正的工作时间的妇女样本进行回归。

`regress hours educ exper age kids16`

Source	SS	df	MS		
Model	146771295	4	36692823.7		
Residual	424138429	748	567029.985		
Total	570909724	752	759188.463		

Number of obs = 753
F(4, 748) = 64.71
Prob > F = 0.0000
R-squared = 0.2571
Adj R-squared = 0.2531
Root MSE = 753.01

hours	Coef.	Std. Err.	t	P>|t|	[95% Conf. Interval]	
educ	27.08568	12.23989	2.21	0.027	3.057054	51.1143
exper	48.03981	3.641804	13.19	0.000	40.89044	55.18919
age	-31.30782	3.96099	-7.90	0.000	-39.0838	-23.53184
kids16	-447.8547	58.41252	-7.67	0.000	-562.5267	-333.1827
_cons	1335.306	235.6487	5.67	0.000	872.6945	1797.918

`regress hours educ exper age kids16 if (hours>0)`

Source	SS	df	MS		
Model	32193987.4	4	8048496.86		
Residual	225117032	423	532191.566		
Total	257311020	427	602601.92		

Number of obs = 428
F(4, 423) = 15.12
Prob > F = 0.0000
R-squared = 0.1251
Adj R-squared = 0.1168
Root MSE = 729.51

hours	Coef.	Std. Err.	t	P>|t|	[95% Conf. Interval]	
educ	-16.46211	15.58083	-1.06	0.291	-47.0876	14.16339
exper	33.93637	5.009185	6.77	0.000	24.09038	43.78237
age	-17.10821	5.457674	-3.13	0.002	-27.83575	-6.380677
kids16	-305.309	96.44904	-3.17	0.002	-494.8881	-115.7299
_cons	1829.746	292.5356	6.25	0.000	1254.741	2404.75

比较 educ 和 kids16 的估计系数。

现在使用 tobit 估计:

`tobit hours educ exper age kids16, ll`

Tobit regression

Log likelihood = -3827.1433

Number of obs = 753
LR chi2(4) = 255.50
Prob > chi2 = 0.0000
Pseudo R2 = 0.0323

hours	Coef.	Std. Err.	t	P>|t|	[95% Conf. Interval]	
educ	73.29099	20.47458	3.58	0.000	33.09659	113.4854
exper	80.53527	6.287805	12.81	0.000	68.19145	92.87909
age	-60.7678	6.88819	-8.82	0.000	-74.29025	-47.24534
kids16	-918.9181	111.6606	-8.23	0.000	-1138.123	-699.713
_cons	1349.876	386.2989	3.49	0.001	591.5188	2108.234
/sigma	1133.697	42.06234			1051.123	1216.271

Obs. summary:　325　left-censored observations at hours<=0
　　　　　　　　428　uncensored observations
　　　　　　　　0 right-censored observations

正如前面指出的,最小二乘估计是不可靠的,因为最小二乘估计量不仅是有偏的而且不一致。**Tobit** 估计系数符号和预期一样,并都在 1% 的水平下显著。

为了计算并解释边际效应,我们必须明确我们想要的东西。两个有用的回归方程分别为:$E(HOURS)$,即预期观测到的工作时间;$E(HOURS \mid HOURS > 0)$,即给定妇女外出工作条件下预期的工作时间。例如,对于观测工作时间,教育(education)的边际效应为:

$$\frac{\partial E(HOURS)}{\partial EDUC} = \Phi(\beta_1 + \beta_2 EDUC + \beta_3 EXPER + \beta_4 AGGE + \beta_4 KIDSL6) \times \beta_2$$

该边际效应是由 $EDUC$ 的系数乘上一个比例因子(*scale factor*)$\Phi(\cdot)$ 得到的。为计算用于估计边际效应的比例因子,我们必须明确各个解释变量的值。这里我们选择样本中各变量平均值,即 $EDUC$(12.29)、$EXPER$(10.63)、AGE(42.5),并假设一个家庭只有一个孩子(而不是平均值 0.24)。在进行 tobit 估计之后,用 Stata 计算比例因子的命令如下:

```
scalar xb = _b[_cons] + _b[educ]* 12.29 + _b[exper]* 10.63
       + _b[age]* 42.5 + _b[kidsl6]* 1
scalar cdf = normal( xb/_b[/sigma])
display "x* beta = " xb
display "Tobit scale Factor: cdf evaluated at zi = " cdf
display "Marginal effect of education = " _b[educ]* cdf
. display "x* beta = " xb
x* beta =  -394.837
. display "Tobit scale Factor: cdf evaluated at zi = " cdf
Tobit scale Factor: cdf evaluated at zi = .36381726
. display "Marginal effect of education = " _b[educ]* cdf
Marginal effect of education = 26.664527
```

因此,教育年限增加一年对工作时间的边际效应为:

$$\frac{\partial E(HOURS)}{\partial EDUC} = \tilde{\beta}_2 \tilde{\Phi} = 73.29 \times 0.3638 = 26.66$$

也就是说,在给定的解释变量值下,我们估计出来每额外增加一年的教育将导致妇女外出工作时间增加 26.7 小时。这个边际效应可以使用 **margins** 命令计算:

```
quietly tobit hours  educ exper age kidsl6, ll
margins, dydx(educ) at(educ=12.29 exper=10.63 age=42.5 kidsl6=1)
         predict(ystar(0,.))
Conditional marginal effects                  Number of obs  =     753
Model VCE   : OIM

Expression   : E(hours*|hours>0), predict(ystar(0,.))
dy/dx w.r.t. : educ
at           : educ       =      12.29
               exper      =      10.63
               age        =       42.5
               kidsl6     =          1
```

	dy/dx	Delta-method Std. Err.	z	P>|z|	[95% Conf. Interval]	
educ	26.66453	7.563667	3.53	0.000	11.84001	41.48904

上述的边际效应是教育年限(education)对 y($HOURS$)观察值的影响。边际效应可以分解成两个因子,这也被称为"McDonald-Moffit"分解,如下:

$$\frac{\partial E(y \mid x)}{\partial x} = \mathrm{Prob}(y > 0)\, \frac{\partial E(y \mid x, y > 0)}{\partial x} + E(y \mid x, y > 0)\, \frac{\partial \mathrm{Prob}(y > 0)}{\partial x}$$

第一个因子解释了变量 x 的变化对总体中已经观察到的 y 影响的边际效应。第二个因子说明的是当 x 发生变化时,从未观察到的变量 y 到观察到的 y 占总样本的比例的变化。

HOURS 值为正的观测值的边际效应如下:

$$\frac{\partial E(y \mid x, y > 0)}{\partial x}$$

边际效应计算如下:

```
margins, dydx(educ) at(educ=12.29 exper=10.63 age=42.5 kidsl6=1)
          predict(e(0,.))
Conditional marginal effects                    Number of obs   =      753
Model VCE    : OIM

Expression   : E(hours|hours>0), predict(e(0,.))
dy/dx w.r.t. : educ
at           : educ            =         12.29
               exper           =         10.63
               age             =          42.5
               kidsl6          =             1
```

	dy/dx	Delta-method Std. Err.	z	P>|z|	[95% Conf. Interval]	
educ	21.574	5.999972	3.60	0.000	9.814276	33.33373

16.8　选择偏差

Heckit 模型由两个方程组成。第一个是决定有用变量是否被观察到的选择方程。样本包含 N 个观测值,然而能观测到有用变量(interest variable)的样本数量 $n < N$。选择方程是用潜变量 z_i^* 来表示的,而 z_i^* 取决于一个或多个解释变量 w_i,表达式如下:

$$z_i^* = \gamma_1 + \gamma_2 w_i + u \qquad i = 1, \ldots, N$$

为简单起见,我们在选择方程式中只包含一个解释变量,潜变量观察不到,但我们可以观察到二元变量:

$$z_i = \begin{cases} 1 & z_i^* > 0 \\ 0 & \text{其他情况} \end{cases}$$

第二个方程是关于有用变量的线性方程,如下:

$$y_i = \beta_1 + \beta_2 x_i + e_i \qquad i = 1, \ldots, n \quad N > n$$

只有当 $z_i = 1$ 的时候,y_i 才能被观察到,而且如果两个方程的误差是相关的,这时选择性问题就出现了。在这种情况下用最小二乘估计 β_1 和 β_2 是有偏和不一致的。

一致性估计量基于如下条件回归函数:

$$E\left[y_i \mid z_i^* > 0\right] = \beta_1 + \beta_2 x_i + \beta_\lambda \lambda_i \qquad i = 1, \ldots, n$$

其中,额外变量 λ_i 是逆米尔斯比率(Inverse Mills Ratio, IMR),其值等于:

$$\lambda_i = \frac{\phi(\gamma_1 + \gamma_2 w_i)}{\Phi(\gamma_1 + \gamma_2 w_i)}$$

与之前一样,$\phi(\cdot)$ 表示标准正态概率密度函数(*pdf*),$\Phi(\cdot)$ 表示标准正态随机累积分布函数(*cdf*)。当 λ_i 的值未知时,参数 γ_1 和 γ_2 可以基于观察到的二元结果 z_i 使用二项 **probit** 模型来估计,因此,估计的 IMR 如下:

$$\tilde{\lambda}_i = \frac{\phi(\tilde{\gamma}_1 + \tilde{\gamma}_2 w_i)}{\Phi(\tilde{\gamma}_1 + \tilde{\gamma}_2 w_i)}$$

然后将估计的 $IMR(\tilde{\lambda}_i)$ 代入回归方程作为额外的解释变量,得到估计方程:

$$y_i = \beta_1 + \beta_2 x_i + \beta_\lambda \tilde{\lambda}_i + v_i \qquad i = 1,\ldots,n$$

这个方程的最小二乘估计结果得到系数 β_1 和 β_2 的一致估计量,但是要小心,由于最小二乘估计相对于极大似然估计是无效的,因此通过增广方程最小二乘法产生的标准差和 t 统计量是不正确的。标准误差的正确估计需要使用专门针对"*Heckit*"模型的软件。

作为例子,我们重新考虑通过使用(*Mroz*,1987)的数据来分析已婚妇女赚取的工资。在 753 位已婚妇女的样本中,其中 428 位在外就业工作,并有非零收益。

打开文件 mroz. dta.

```
use mroz, clear
```

创建变量 $\ln(WAGE)$:

```
generate lwage = ln(wage)
```

估计一个简单工资方程,令 $\ln(WAGE)$ 为妇女的教育年限($EDUC$)和外部市场工作经验年限($EXPER$)的函数,同时只针对有正工资(此时外出工作时间大于0)的 428 名妇女。

```
regress lwage educ exper if (hours > 0)
```

Source	SS	df	MS		
Model	33.132458	2	16.566229	Number of obs =	428
Residual	190.194984	425	.447517609	F(2, 425) =	37.02
				Prob > F =	0.0000
				R-squared =	0.1484
Total	223.327442	427	.523015086	Adj R-squared =	0.1444
				Root MSE =	.66897

lwage	Coef.	Std. Err.	t	P>|t|	[95% Conf. Interval]
educ	.1094888	.0141672	7.73	0.000	.0816423 .1373353
exper	.0156736	.0040191	3.90	0.000	.0077738 .0235733
_cons	-.4001744	.1903682	-2.10	0.036	-.7743548 -.0259939

可以看出,教育年限的估计回报约为11%,且教育年限和工作经验的估计系数在统计上都是显著的。

Heckit 过程首先估计劳动力参与率的 **probit** 模型,我们以妇女的年龄、受教育年限、是否有孩子的指示变量和被雇佣后要支付的边际税率等作为解释变量。创建一个新的虚拟变量 **kids** 表明家庭里是否存在小孩。

```
generate kids = (kidsl6 + kids618 > 0)
```

估计的 **probit** 模型是:

```
probit lfp age educ kids mtr
```

Probit regression

					Number of obs =	753
					LR chi2(4) =	41.45
					Prob > chi2 =	0.0000
Log likelihood = -494.14614					Pseudo R2 =	0.0403

lfp	Coef.	Std. Err.	z	P>|z|	[95% Conf. Interval]
age	-.0206155	.0070447	-2.93	0.003	-.0344229 -.0068082
educ	.0837753	.023205	3.61	0.000	.0382943 .1292563
kids	-.3138848	.1237108	-2.54	0.011	-.5563535 -.0714162
mtr	-1.393853	.6165751	-2.26	0.024	-2.602318 -.1853878
_cons	1.192296	.7205439	1.65	0.098	-.2199443 2.604536

正如预期的那样,年龄的影响、孩子们的存在以及较高的税率会显著降低一个妇女外出

工作的可能性,而教育年限的增加将提高其外出工作的可能性。使用估计系数,针对 428 位有市场工资的女性计算逆米尔斯比率,如下:

$$\tilde{\lambda} = IMR = \frac{\phi(1.1923 - 0.0206AGE + 0.0838EDUC - 0.3139KIDS - 1.3939MTR)}{\Phi 1.1923 - 0.0206AGE + 0.0838EDUC - 0.3139KIDS - 1.3939MTR)}$$

在 Stata 中,执行 predict 后估计命令后,针对逆米尔斯比率生成一个新的变量。命令语句中,**normalden** 函数是标准正态 *pdf*,**normal** 函数是标准正态 *cdf*。

```
predict w, xb
generate imr = normalden(w)/normal(w)
```

然后将该值代入工资方程,并进行最小二乘估计。

```
regress lwage educ exper imr
```

Source	SS	df	MS
Model	36.2307253	3	12.0769084
Residual	187.096716	424	.441265841
Total	223.327442	427	.523015086

Number of obs = 428
F(3, 424) = 27.37
Prob > F = 0.0000
R-squared = 0.1622
Adj R-squared = 0.1563
Root MSE = .66428

lwage	Coef.	Std. Err.	t	P>|t|	[95% Conf. Interval]
educ	.0584579	.0238495	2.45	0.015	.01158 .1053358
exper	.0163202	.0039984	4.08	0.000	.0084612 .0241793
imr	-.8664386	.3269855	-2.65	0.008	-1.509153 -.2237242
_cons	.8105417	.4944723	1.64	0.102	-.1613804 1.782464

有两个结果值得注意,首先,逆米尔斯比的估计系数在统计上显著,这意味着最小二乘结果中存在选择偏差。其次,估计的教育回报从 11% 下降到约 6% 。常规的标准误差无法解释逆米尔斯比本身是一个估计值这一事实。通过 Stata 的 heckman 命令,我们可以获得第一阶段 **probit** 估计模型的修正标准误差。

```
heckman lwage educ exper, select(lfp = age educ kids mtr) twostep
```

命令有两部分:第一部分是有用方程,第二部分是选择方程。当 hours = 0 时,劳动力参与变量 lfp = 0;当 hours > 0 时,lfp = 1。twostep 选项重复前面显示的步骤,并产生正确的标准误差。

输入 help heckman 可以找到 heckman 对话框。注意,两步估计法和极大似然估计量都有单独的对话框。

```
help heckman                          dialogs: heckman_ml  heckman_2step
                                      svy: heckman_ml
                                 also see: heckman postestimation

Title
    [R] heckman — Heckman selection model
```

或者,对于两步估计法,也可按照下面的菜单路径调出对话框:

Statistics > Sample - selection models > Heckman selection model（two - step）

```
. heckman lwage educ exper, select(lfp=age educ kids mtr) twostep
```

```
Heckman selection model -- two-step estimates       Number of obs    =      753
(regression model with sample selection)            Censored obs     =      325
                                                    Uncensored obs   =      428

                                                    Wald chi2(2)     =    19.53
                                                    Prob > chi2      =   0.0001
```

	Coef.	Std. Err.	z	P>|z|	[95% Conf. Interval]	
lwage						
educ	.0584579	.0296354	1.97	0.049	.0003737	.1165422
exper	.0163202	.0042022	3.88	0.000	.0080842	.0245563
_cons	.8105418	.6107985	1.33	0.185	-.3866012	2.007685
lfp						
age	-.0206155	.0070447	-2.93	0.003	-.0344229	-.0068082
educ	.0837753	.023205	3.61	0.000	.0382943	.1292563
kids	-.3138848	.1237108	-2.54	0.011	-.5563535	-.0714162
mtr	-1.393853	.6165751	-2.26	0.024	-2.602318	-.1853878
_cons	1.192296	.7205439	1.65	0.098	-.2199443	2.604536
mills						
lambda	-.8664387	.3992843	-2.17	0.030	-1.649022	-.0838559
rho	-0.92910					
sigma	.93255927					
lambda	-.86643869	.3992843				

正如你所见,调整的 t 统计量略小,表明该调整的标准误差在某种程度上比通常的那些从最小二乘回归中得到的标准误差大。

在大多数情况下,无论是选择方程还是有用方程,最好是估计完整的模型,并结合极大似然估计。尽管这个程序的性质已经超出了本书的范围,但在 Stata 里还是可以运用的,菜单路径如下:

Statistics > Sample – selection models > Heckman selection model(ML)

极大似然估计的工资方程为:

```
heckman lwage educ exper, select(age educ kids mtr)
```

结果如下:

```
. heckman lwage educ exper, select(lfp = age educ kids mtr)

Iteration 0:  log likelihood  =  -922.95945

Iteration 1:  log likelihood  =  -914.27456

Iteration 2:  log likelihood  =  -913.56337

Iteration 3:  log likelihood  =  -913.56101

Iteration 4:  log likelihood  =  -913.56101
```

```
Heckman selection model                             Number of obs    =      753
(regression model with sample selection)            Censored obs     =      325
                                                    Uncensored obs   =      428

                                                    Wald chi2(2)     =    22.50
Log likelihood =  -913.561                          Prob > chi2      =   0.0000
```

	Coef.	Std. Err.	z	P>|z|	[95% Conf. Interval]	
lwage						
educ	.0658159	.0166346	3.96	0.000	.0332126	.0984192
exper	.0117675	.0040935	2.87	0.004	.0037444	.0197906
_cons	.6685864	.2350055	2.84	0.004	.2079841	1.129189
lfp						
age	-.0132621	.005939	-2.23	0.026	-.0249022	-.0016219
educ	.0639306	.0217446	2.94	0.003	.0213119	.1065492
kids	-.1525918	.0995874	-1.53	0.125	-.3477796	.042596
mtr	-2.291885	.5375647	-4.26	0.000	-3.345493	-1.238278
_cons	1.595958	.6237306	2.56	0.011	.3734682	2.818447
/athrho	-1.219374	.1181811	-10.32	0.000	-1.451005	-.9877435
/lnsigma	-.1631751	.0500129	-3.26	0.001	-.2611986	-.0651515
rho	-.8394695	.0348978			-.8958914	-.7563985
sigma	.8494425	.0424831			.770128	.9369255
lambda	-.713081	.0605756			-.831807	-.594355

LR test of indep. eqns. (rho = 0):   chi2(1) =   28.64   Prob > chi2 = 0.0000

注意,使用该程序,我们可以应用似然比原则来检验有用方程中的误差和选择方程的中的误差是否相关,在输出结果的底部报告的是 LR 检验值。

关键术语

asclogit	潜变量	**normal**
baseoutcome	似然比检验	**normalden**
二项选择模型	**lincom**	**oprobit**
删失数据	**logit**	有序 probit 模型
删失回归	LR 检验	**poisson**
条件 logit	**lrtest**	泊松回归
db	边际效应	**predict**
德尔塔法	**margins**	**probit**
estat alternatives	**matrix**	选择偏差
estat classification	极大似然估计	选择方程
estat mfx	**mlogit**	**tabstat**
Heckit 模型	**modulo**	**tobit**
heckman	蒙特卡洛实验	tobit 比例因子
histogram	多项式 Logit	Wald 检验
逆 Mills 比率	**nlcom**	

第 16 章 Do 文件

```
*   file chap16.do for Using Stata for Principles of Econometrics, 4e
cd c:\data\poe4stata
*   Stata Do - file
*   copyright C 2011 by Lee C. Adkins and R. Carter Hill
*   used for "Using Stata for Principles of Econometrics, 4e"
*   by Lee C. Adkins and R. Carter Hill (2011)
*   John Wiley and Sons, Inc.


*   setup
```

```
version 11.1
capture log close
set more off

* * * * * * * * * * Probit

*    open new log
log using chap16_probit, replace text

*    examine data
use transport, clear
describe
summarize

*    probit estimation
probit auto dtime

*    predicted probabililties
predict phat

*    beta1 + beta2* 2
lincom _b[_cons] +_b[dtime]* 2

*    standard normal density

nlcom (normalden(_b[_cons] +_b[dtime]* 2))

*    marginal effect when dtime =2
nlcom (normalden(_b[_cons] +_b[dtime]* 2)* _b[dtime] )

*    calulations at mean  - .122381
lincom _b[_cons] +_b[dtime]* ( - .122381)
nlcom (normalden(_b[_cons] +_b[dtime]* ( - .122381)))
nlcom (normalden(_b[_cons] +_b[dtime]* ( - .122381))* _b[dtime] )

*    direct calculation of predicted probability at dtime =3
nlcom (normal(_b[_cons] +_b[dtime]* 3) )

*    marginal effect evaluated at each observation
gename = normalden(_b[_cons] +_b[dtime]* dtime)* _b[dtime]

*    average marginal effect
tabstat ame, stat(n mean sd min max)

*    marginal effects at means
margins, dydx(dtime) atmeans

*    average marginal effects
margins, dydx(dtime)

*    0.975 percentile of t(19) - distribution
scalar t975 = invttail(19, .025)
di "0.975 critical value 19 df " t975
```

```
*   95% interval estimate of AME
scalar lbame =   .0484069   - t975* .003416
scalar ubame =   .0484069   + t975* .003416
di "95% interval estimate AME"
di "lbame = " lbame " ubame = " ubame

*   ME at dtime = 2
margins, dydx(dtime) at(dtime=2)

*   95% interval estimate of AME at dtime = 2
scalar lb = .1036899 - t975* .0326394
scalar ub = .1036899 + t975* .0326394
di "95% interval estimate marginal effect dtime=2"
di "lb = " lb " ub = " ub

*   ME at dtime=3
margins, dydx(dtime) at(dtime=3)

*   predicted probability at dtime = 2
margins, predict(pr) at(dtime=2)

*   predicted probability at dtime = 3
margins, predict(pr) at(dtime=3)

*   95% interval estimate of predicted probability at dtime = 3
scalar lbp =   .7982919 - t975* .1425387
scalar ubp =   .7982919 + t975* .1425387
di "95% interval estimate predicted probability dtime=3"
di "lb = " lbp " ub = " ubp

*   Average predicted probability
margins, predict(pr)

*   Average of predicted probability

summarize phat

* -------------------------------------------------------------
*   The Delta - method standard errors
* -------------------------------------------------------------
* * * * * * * * * *  Appendix 16A

*   probit
probit auto dtime
ereturn list
matrix list e(V)

*   ME at dtime=2
margins, dydx(dtime) at(dtime=2)

*   dg - dbeta1
nlcom    (- normalden(_b[_cons] + _b[dtime]* 2)* (_b[_cons] + _b[dtime]* 2)* _b[dtime])

*   dg - dbeta2
```

```
nlcom    (normalden(_b[_cons] + _b[dtime]* 2)* (1 - (_b[_cons] + _b[dtime]* 2)* _b[dtime]
* 2))

*   average marginal effects
margins, dydx(dtime)

*   dg2 - dbeta1
gen dg21 = - normalden(_b[_cons] + _b[dtime]* dtime)* ///
(_b[_cons] + _b[dtime]* dtime)* _b[dtime]
gen dg22 = normalden(_b[_cons] + _b[dtime]* dtime)* ///
        (1 - (_b[_cons] + _b[dtime]* dtime)* _b[dtime]* dtime)
summarize dg21 dg22

log close

* * * * * * * * * *  A Marketing example

*   open new log
log using chap16_coke, replace text
use coke, clear

*   examine data
describe
summarize

*   linear probability model
regress coke pratio disp_coke disp_pepsi, vce(robust)
estimates store lpm
predict phat

*   predict probability when pratio = 1.1
margins, predict(xb) at(pratio =1.1 disp_coke =0 disp_pepsi =0)

*   predict outcomes using linear probability model
generate p1 = (phat > = .5)
tabulate p1 coke, row

*   probit
probit coke pratio disp_coke disp_pepsi
estimates store probit

*   predicted outcomes summary
estat classification

*   average marginal effect of change in price ratio
margins, dydx(pratio)

*   average marginal effect when pratio =1.1 and displays are not present
margins, dydx(pratio) at(pratio =1.1 disp_coke =0 disp_pepsi =0)

*   average predicted probability when pratio =1.1 and displays are not present
margins, predict(pr) at(pratio =1.1 disp_coke =0 disp_pepsi =0)

*   t - test
```

```
lincom disp_coke + disp_pepsi

*   chi - square tests
test disp_coke + disp_pepsi =0
test disp_coke disp_pepsi

*   likelihood ratio test of model significance
scalar lnlu = e(ll)
scalar lnlr = e(ll_0)
scalar lr_test = 2* (lnlu - lnlr)
di "lnlu   = " lnlu
di " lnlr   = " lnlr
di " lr_test = " lr_test

*   likelihood ratio test of displays equal but opposite effect
gen disp = disp_pepsi - disp_coke
probit coke pratio disp
estimates store probitr

*   automatic test
lrtest probit probitr

*   direct calculation
scalar lnlr = e(ll)
scalar lr_test = 2* (lnlu - lnlr)
di "lnlu   = " lnlu
di " lnlr   = " lnlr
di " lr_test = " lr_test

*   likelihood ratio of significance of displays
probit coke pratio
estimates store probitr

*   automatic test
lrtest probit probitr

*   direct calculation
scalar lnlr = e(ll)
scalar lr_test = 2* (lnlu - lnlr)
di "lnlu   = " lnlu
di " lnlr   = " lnlr
di " lr_test = " lr_test

*   logit
logit coke pratio disp_coke disp_pepsi
estimates store logit

*   predicted outcomes summary
estat classification

*   average marginal effects for logit
margins, dydx(pratio)

margins, dydx(pratio) at(pratio =1.1 disp_coke =0 disp_pepsi =0)
```

```
margins, predict(pr) at(pratio=1.1 disp_coke=0 disp_pepsi=0)

*   tables comparing models
esttab lpm probit logit , se(% 12.4f) b(% 12.5f) star(* 0.10 * * 0.05 * * * 0.01) ///
        scalars(ll_0 ll chi2)gaps mtitles("LPM" "probit" "logit") ///
            title("Coke - Pepsi Choice Models")

*   out of sample forecasting
regress coke pratio disp_coke disp_pepsi in 1/1000
predict phat2
generate p2 = (phat2 > = .5)
tabulate p2 coke in 1001/1140 , row

probit coke pratio disp_coke disp_pepsi in 1/1000
estat classification in 1001/1140

logit coke pratio disp_coke disp_pepsi in 1/1000
estat classification in 1001/1140

log close

* * * * * * * * * * * Chapter 16.3 Multinomial logit
log using chap16_mlogit, replace text
use nels_small, clear

*   summarize data
describe
summarize grades, detail
tab psechoice

*   estimate model
mlogit psechoice grades, baseoutcome(1)

*   compute predictions and summarize
predict ProbNo ProbCC ProbColl
summarize ProbNo ProbCC ProbColl

*   predicted probabilities
margins, predict(outcome(1)) at(grades=6.64)
margins, predict(outcome(2)) at(grades=6.64)
margins, predict(outcome(3)) at(grades=6.64)
margins, predict(outcome(1)) at(grades=2.635)
margins, predict(outcome(2)) at(grades=2.635)
margins, predict(outcome(3)) at(grades=2.635)

*   marginal effects
margins, dydx(grades) at(grades=6.64)
margins, dydx(grades)
margins, dydx(grades) at(grades=2.635)
margins, dydx(grades) predict(outcome(2)) at(grades=6.64)
margins, dydx(grades) predict(outcome(2)) at(grades=2.635)
margins, dydx(grades) predict(outcome(3)) at(grades=6.64)
margins, dydx(grades) predict(outcome(3)) at(grades=2.635)
```

```
log close

* * * * * * * * * Conditional logit

log using chap16_clogit, replace text
use cola, clear



*    examine data
describe
summarize
list in 1/9

*    create alternatives variable
sort id, stable
by id:gen alt = _n

*    view some observations
list in 1/3

*    summarize by alternative
bysort alt:summarize choice price feature display

*    label values
label define brandlabel 1 "Pepsi" 2 "SevenUp" 3 "Coke"
label values alt brandlabel

*    estimate model
asclogit choice price, case(id) alternatives(alt) basealternative(Coke)

*    post-estimation
estat alternatives
estat mfx
estat mfx, at(Coke:price=1.10 Pepsi:price=1 SevenUp:price=1.25)
log close
* * * * * * * * * * Ordered probit

log using chap16_oprobit, replace text
use nels_small, clear

*    summarize data
summarize grades, detail
tab psechoice

*    estimate model
oprobit psechoice grades

*    marginal effects
margins, dydx(grades) at(grades=6.64) predict(outcome(3))
margins, dydx(grades) at(grades=2.635) predict(outcome(3))
log close

* * * * * * * * * * Poisson Regression
```

```
log using chap16_poisson, replace
use olympics, clear

*    keep 1988 results
keep if year==88
keep medaltot pop gdp
describe

*    log variables
gen lpop = ln(pop)
gen lgdp = ln(gdp)

*    estimate poisson model
poisson medaltot lpop lgdp

*    marginal effects at median of log variable
margins, dydx(* ) at((median) lpop lgdp)

*    predicted number of medals at medians
margins, predict(n) at((median) lpop lgdp)

log close

* * * * * * * * * * * Tobit
log using chap16_tobit, replace text

*    using simulated data
use tobit, clear
*    examine data describe
summarize
summarize if y>0

*    regression
reg y x
reg y x if y>0

*    tobit
tobit y x, ll

*    tobit using Mroz data
use mroz, clear
*    examine data
describe lfp hours educ exper age kids16
summarize lfp hours educ exper age kids16
histogram hours, frequency title(Hours worked by married women)

summarize hours educ exper age kids16 if (hours>0)
summarize hours educ exper age kids16 if (hours==0)

*    regression
regress hours educ exper age kids16
regress hours educ exper age kids16 if (hours>0)

*    tobit
```

```
tobit hours educ exper age kids16, 11

*   tobit scale factor
scalar xb = _b[_cons] +_b[educ]* 12.29 +_b[exper]* 10.63 +_b[age]* 42.5 +_b[kids16]* 1
scalar cdf = normal(xb/_b[/sigma])
display "x* beta = " xb
display "Tobit scale Factor: cdf evaluated at zi = " cdf
display "Marginal effect of education = " _b[educ]* cdf

quietly tobit hours educ exper age kids16, 11

*   marginal effect on E(y |x)
margins, dydx(educ) at(educ =12.29 exper =10.63 age =42.5 kids16 =1) predict(ystar(0,.))

*   marginal effect on E(y |x,y >0)
margins, dydx(educ) at(educ =12.29 exper =10.63 age =42.5 kids16 =1) predict(e(0,.))


* * * * * * * * * *  Heckit


use mroz, clear

generate lwage = ln(wage)

*   ols
regress lwage educ exper if (hours >0)

*   probit
generate kids = (kids16 +kids618 >0)
probit lfp age educ kids mtr
predict w, xb

*   Inverse Mills Ratio
generate imr = normalden(w)/normal(w)

*   Heckit two - step
regress lwage educ exper imr

*   Heckit two - step automatic
heckman lwage educ exper, select(lfp =age educ kids mtr) twostep

*   Heckit maximum likelihood

heckman lwage educ exper, select(lfp =age educ kids mtr)
log close
```

附录 A

基本数学工具

本章概要

A.1 Stata 的数学及逻辑运算符

本附录包括基本的算术、逻辑和关系运算符如下：

算术		逻辑		关系 （数字和字符串）	
+	加	&	和	>	大于
-	减	|	或	<	小于
*	乘	!	否	> =	大于或等于
/	除	~	否	< =	小于或等于
^	幂			==	等于
-	生成负值或取负			!	不等于

两个连续等号（==）用于一种逻辑检验，表示"左侧的值是否和右侧的值相等"。

所有运算符的计算顺序为 !, ^, - (生成负值或取负), /, * , - (减), +, ! = (or \=), >, <, < =, > =, ==, &, 和 |。

我们可以通过在命令窗口输入 help operators 并按回车键，找到所有运算符。

A.2 数学函数

Stata 中可以实现多种数学函数。输入 help math functions 并按回车键，常用的函数会在 Stata 帮助系统中列示：

abs(x)： x 的绝对值。

ceil(x)： 大于等于 x 的最小整数，比如 n - 1 < x < n 时，得整数 n。参见 floor(x), int(x)和 round(x)。

exp(x)：指数函数，反函数为 ln(x)。

floor(x)：小于等于 x 的最小整数，比如 n < = x < n + 1 时，得整数 n。参见 ceil(x), int(x)和 round(x)。

int(x)： x 舍去小数点后的整数。

ln(x)：x 的自然对数函数（以 e 为底），反函数为 exp(x)。

  定义域： 1e - 323 to 8e + 307

  值域： - 744 to 709

log(x)：x 的自然对数，类似 ln(x)。

max(x1,x2,...,xn)：x1, x2, ..., xn 中的最大值

min(x1,x2,...,xn)：x1, x2, ..., xn 中的最小值

mod(x,y)：x/y 的余数，mod(x,y) = x - y*int(x/y)。

round(x,y)： 对 x 进行四舍五入操作，结果保留小数点后面指定 y 位。

round(x)：x 四舍五入后的整数。

sqrt(x)： x 的平方根函数。

sum(x)： 对 x 进行求和，将缺失值视为 0。

trunc(x)：x 的取整函数，类似于 int(x)。

A.3 Generate 命令的扩展

Stata 中 egen 命令提供了一些对 generate 命令扩展的函数。输入 help egen 后，可以查到所有的 egen 函数。该命令语法为：

egen [type] newvar = fcn(arguments) [if] [in] [, options]

其中，fcn 部分函数括弧里的 arguments 一般为表达式、变量列表或者数值列表，其中常用

的有：

　count(exp)　　　　　　　　　　　　　　　　　　　　　　（allows by varlist：）
　　　创建一个在变量列表中的常量，表示 exp 中没有缺失的观测单位的数量。
　　　参见 rownonmiss( ) 和 rowmiss( )。

　kurt(varname)　　　　　　　　　　　　　　　　　　　　（allows by varlist：）
　　　varname 的峰值，该峰值存在于变量列表中。

　max(exp)　　　　　　　　　　　　　　　　　　　　　　　（allows by varlist：）
　　　创建一个在变量列表中的常量，表示 exp 中的最大值。

　mean(exp)　　　　　　　　　　　　　　　　　　　　　　（allows by varlist：）
　　　创建一个在变量列表中的常量，表示 exp 的平均值。

　median(exp)　　　　　　　　　　　　　　　　　　　　　（allows by varlist：）
　　　创建一个在变量列表中的常量，表示 exp 的中位数。
　　　参见 pctile( )。

　min(exp)　　　　　　　　　　　　　　　　　　　　　　　（allows by varlist：）
　　　创建一个在变量列表中的常量，表示 exp 中的最小值。

　pctile(exp) [, p(#)]　　　　　　　　　　　　　　　　（allows by varlist：）
　　　创建一个在变量列表中的常量，表示 exp 中第百分之#位的值。
　　　如果 p(#)没有具体说明，则假设#为 50，意为求中位数，等同于 median( )。

　sd(exp)　　　　　　　　　　　　　　　　　　　　　　　（allows by varlist：）
　　　创建一个在变量列表中的常量，表示 exp 的标准差。
　　　参见 mean( )。

　skew(varname)　　　　　　　　　　　　　　　　　　　　（allows by varlist：）
　　　varname 的偏度，该偏度存在于变量列表中。

　std(exp) [, mean(#) std(#)]
　　　创建 exp 的标准值，表示期望的平均值和标准差，默认为 mean(0) 和 std(1)，
　　　即所创建变量的平均值为 0，标准差为 1。
　　　所创建的变量可能不在变量列表中

　total(exp)　　　　　　　　　　　　　　　　　　　　　　（allows by varlist：）
　　　创建一个在变量列表中的常量，表示 exp 的和值。
　　　也可以见 mean( )。

A.4　计算器

　　Stata 中有一个便利的工具——display 命令，我们经常把它当计算器使用。输入 help display。例如，当计算器使用：

```
display 2 + 2
```

可以用引号将会话括起来：

```
display "two plus two = " 2 + 2
```

计算结果将会在 Results 窗口中显示，如下：

```
two plus two = 4
```

A.5　科学计数法

　　对于非常大的数值，Stata 将自动转换为科学计数法。例如：

```
di 1000000*100000000
```

1.000e +14

输出结果 $1.000e +14$,即 10 的 14 次方。

A.6 数值的求导和积分

在《POE4》附录 A.3 中，给出了一些求导的规则。Stata 中也可以实现对函数的求导，我们可以在《POE4》的练习 A.8 例证中看到这一过程是如何实现的。对某函数上的一点求导即求该点切线的斜率。如果存在函数 $f(x)$ ，$\varepsilon > 0$ 且为一个较小的数值，那么对 x_i 求导的结果近似为：

$$\frac{dy}{dx} \approx \frac{f(x_i + \varepsilon) - (x_i - \varepsilon)}{2\varepsilon}$$

因此，如何选择 ε 是一个问题并且存在多种变化，而本书中没有更多的介绍。你可以登录网站 http://en. wikipedia. org/wiki/Numerical_differentiation 了解相关的介绍和参考文献。

Stata 中对于数值求导的命令为 dydx，输入 help dydx 我们可以知道基本的命令语法：

```
dydx yvar xvar [if] [in] , generate(newvar) [dydx_options]
```

我们将用《POE4》第 643 页中的函数 $y = x^2 - 8x + 16$ 来说明。清除内存，通过 range 命令，我们得到了一系列的 x 值，$x = 0, 1, \ldots, 8$。该命令的语法为：

```
range varname #first #last [#obs]
clear
range x 0 8 9                    //                  create x
```

将 x 值代入函数 $y = x^2 - 8x + 16$ 中我们可以得到相关的 y 值，然后作出相应的 twoway 图。

```
gen y = x^2 - 8*x + 16                  //generate function
label variable y "x^2 - 8*x +16"        //label
twoway connected y x                     //graph
```

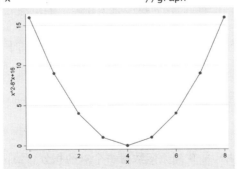

我们通过 dydx 命令实现对该函数的求导，创建一个新的变量 dy，表示每个点上的导数值。

```
dydx y x, gen(dy)               /        /derivative
```

点 (x, y) 处弹性为函数上该点的切线斜率乘以 x/y。通过 round 函数实现对函数值取到小数点后两位。

```
gen elas = round(dy*x/y,.01)            /        /elasticity
```

该函数准确的导函数为 $dy/dx = 2x - 8$ ，对自变量进行取值，然后可以列示出导函数值。

```
gen dytrue = 2*x - 8            //true derivative
list
```

	x	y	dy	elas	dytrue
1.	0	16	-8	0	-8
2.	1	9	-6	-.67	-6
3.	2	4	-4	-2	-4
4.	3	1	-2	-6	-2
5.	4	0	0	.	0
6.	5	1	2	10	2
7.	6	4	4	6	4
8.	7	9	6	4.67	6
9.	8	16	8	4	8

当一个函数有多个自变量时,它的偏导数就是控制其他所有常量的导数。例如,对于方程 $y^2 = 3x^2 + 2x + 3z + 14$,为了求其偏导数,我们设定 z 为某个特点值,令 $z = 2$,然后计算自变量 x 的导数。

```
scalar z0 = 2               //              specific value
gen y2 = 3* x^2 +2* x +3* z0 +14   //new function at z0
dydx y2 x, gen(dy2)         //partial derivative
gen dy2true = 6* x + 2      //true partial at z0
list x dy2 dy2true
```

	x	dy2	dy2true
1.	0	2	2
2.	1	8	8
3.	2	14	14
4.	3	20	20
5.	4	26	26
6.	5	32	32
7.	6	38	38
8.	7	44	44
9.	8	50	50

数值积分对于计算是一个挑战,因为我们必须在确定的范围之间从曲线图中找到相应的区域。我们可以登录网站 http://en. wikipedia. org/wiki/Numerical integration 找到相关的概念介绍。Stata 中,用于数值整合的操作是 integ。输入 help integ,我们可以得到这个命令语法:

```
integ yvar xvar [if] [in] [, integ_options]
```

我们通过《POE4》附录 A.4.1 中的简单方程 $y = 2x$ 来说明这一点。首先清除内存,在 0 到 1 之间取 101 个 x,在 Stata 中操作如下:

```
clear
range x 0 1 101             //create x
gen y = 2*x                 //generate y = f(x)
```

创建新的变量,代表从 $x = 0$ 到原函数每一个点的积分,并且列示出部分值。

```
integ y x, gen(iy)          //integral
list in 41/51               //list integral values
```

	x	y	iy
41.	.4	.8	.16
42.	.41	.82	.1681
43.	.42	.84	.1764
44.	.43	.86	.1849
45.	.44	.88	.1936
46.	.45	.9	.2025
47.	.46	.92	.2116
48.	.47	.94	.2209
49.	.48	.96	.2304
50.	.49	.98	.2401
51.	.5	1	.25

关键术语

算术运算符	**generate**	**range**
导数	**integ**	关系运算符
display	积分	科学计数法
dydx	逻辑运算符	**twoway**
egen	数学函数	

附录 A Do 文件

```
*   file appx_a.do for Using Stata for Principles of Econometrics, 4e
cd c:\data\poe4stata
*   Stata do-file
*   copyright C 2011 by Lee C. Adkins and R. Carter Hill
*   used for "Using Stata for Principles of Econometrics, 4e"
*   by Lee C. Adkins and R. Carter Hill (2011)
*   John Wiley and Sons, Inc.

*   setup
version 11.1
capture log close set more off

*   open log file
log using appx_a, replace text
clear

* * * * * * * * * *  numerical derivatives

range x 0 8 9           //create x
gen y = x^2 - 8*x + 16          //generate function
label variable y "x^2 -8*x +16"        //label
twoway connected y x        //graph
dydx y x, gen(dy)          //derivative
gen elas = round(dy*x/y,.01)   //elasticity
gen dytrue = 2*x - 8         //true derivative
list

*   partial derivative

scalar z0 = 2           //specific value
gen y2 = 3*x^2 +2*x +3*z0 +14            //new function at z0
dydx y2 x, gen(dy2)                      //partial derivative
gen dy2true = 6*x + 2                    //true partial at z0
list x dy2 dy2true

* * * * * * * * * *  numerical integrals
clear
range x 0 1 101             //create x
gen y = 2*x                //generate y = f(x)
integ y x, gen(iy)         //integral
list in 41/51                  //list integral values
log close
```

附录 B

概率论基础知识

本章概要

B.1　Stata 概率函数

Stata 中有许多用于概率密度函数和累计分布函数的命令。输入 help functions，然后点击 density functions 可以查看。

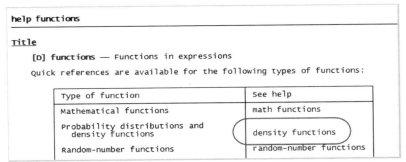

众多概率函数中，我们常用的有：

binomial(n,k,p)：二项式分布，当一次实验的成功概率为 p 时，则 n 次实验中有 k 次或更少次成功的概率。

chi2(n,x)：自由度为 n 的累计卡方分布。

chi2tail(n,x)：自由度为 n 的反向累计卡方分布，
$$chi2tail(n,x) = 1 - chi2(n,x)。$$

F(n1,n2,f)：分子、分母自由度分别为 n1,n2 的累计 F 分布。

Fden(n1,n2,f)：分子、分母自由度分别为 n1,n2 的 F 分布的概率密度函数。

Ftail(n1,n2,f)：分子、分母自由度分别为 n1,n2 的反向累计 F 分布，
$$Ftail(n1,n2,f) = 1 - F(n1,n2,f)。$$

invchi2(n,p)：卡方分布的逆运算：
如果 chi2(n,x) = p，则 invchi2(n,p) = x。

invchi2tail(n,p)：chi2tail()的逆运算：
如果 chi2tail(n,x) = p，则 invchi2tail(n,p) = x。

invF(n1,n2,p)：分子、分母自由度分别为 n1,n2 时，累计 F 分布的逆运算：
如果 F(n1,n2,f) = p，则 invF(n1,n2,p) = f。

invFtail(n1,n2,p)：分子、分母自由度分别为 n1,n2 时，反向累计 F 分布的逆运算：
如果 Ftail(n1,n2,f) = p，则 invFtail(n1,n2,p) = f。

invnormal(p)：累计标准正态分布的逆运算：
如果 normal(z) = p，则 invnormal(p) = z。

invttail(n,p)：反向累计 t 分布的逆运算：

如果 ttail(n,t) = p, 则 invttail(n,p) = t。

normal(z)：累计标准正态分布。

normalden(z)：标准正态分布密度。

normalden(x,m,s)：平均数为 m,标准差为 s 的正态分布密度。

$$normalden(x,0,1) = normalden(x)$$
$$normalden(x,m,s) = normalden((x-m)/s)/s$$

tden(n,t)：自由度为 n 的 t 分布密度。

ttail(n,t)：自由度为 n 的反向累计 t 分布,结果为 T > t 的概率。

B.2　二项分布

二项随机变量 X 代表当单次实验成功的概率为 p 时, n 次独立重复实验成功的次数。在既定的实验总次数 n 和单次实验成功的概率 p 下, 二项概率为：

$$P(X = x) = f(x) = \binom{n}{x} p^x (1-p)^{n-x}$$

此时,

$$\binom{n}{x} = \frac{n!}{x!(n-x)!}$$

代表"同时发生的 n 个事件中出现 x 的次数", $n!$ 代表 n 的阶乘,其计算公式为：

$$n! = n(n-1)(n-2)\cdots(2)(1)。$$

假设 LSU 老虎队本赛季一共将进行 $n = 13$ 场比赛,每一场比赛都是独立的,并且获胜的概率都是 $p = 0.7$,那么该队在这个赛季至少赢得 8 场比赛的概率是多少? 答案如下：

$$P(X \geq 8) = \sum_{x=8}^{13} f(x) = 1 - P(X \leq 7) = 1 - F(7)$$

用 Stata 函数中的 binomial,我们可以计算出 7 场或者更少场比赛获胜的概率为 0.165。

```
scalar prob1 = binomial(13,7,.7)
di "probability < = binomial(13,7,0.7) is " prob1

probability < = binomial(13,7,0.7) is .16539748
```

因此,在 7 场以上比赛中获胜的概率为 0.8346。

```
scalar prob2 = 1 - binomial(13,7,.7)
di "probability > binomial(13,7,0.7) is " prob2

probability > binomial(13,7,0.7) is .83460252
```

B.3　正态分布

B.3.1　正态分布密度图

首先,当 x 和 y 都为现有变量时,运用 twoway function,我们可以绘制标准正态函数

$y = f(x)$ 的散点图。当自变量 x 给定时,通过 Stata 中 normalden 命令,可以计算出标准正态函数 $\phi(x)$ 的值。比如,要得到 x 范围为 $[-5, 5]$ 的密度图,方法如下:

```
twoway function y = normalden(x), range(-5 5)        /  //
    title("Standard normal density")                    ///
    saving(normal_pdf.emf, replace)
```

得到图片后,可将其作为"增强型图片文件(enhanced metafile,扩展名.emf)"保存到硬盘。如果保存时遗漏了扩展名* .emf,那么图像将被保存为 Stata 图像(* .gph)。当我们需要把图片插入 Word 文档中时,就需要该图像文件的扩展名为* .emf,例如后文所呈现的图像。图片一旦储存,我们就可以通过默认储存路径随时查看和使用,对于笔者该路径为 c:\data\poe4stata。

任一正态分布函数图都可以通过修改标准正态分布函数的命令来获得。输入 help normalden 可以找到函数:① normalden(x,s),表示平均值为 0、标准差为 s 的正态分布函数;② normalden(x,m,s),表示平均值为 m、标准差为 s 的正态分布函数。在 Stata 中生成图形格式,有多种线条样式 (lpattern),选项如下表所示:

blank	dot	longdash_shortdash	tight_dot
dash	longdash	shortdash	vshortdash
dash_3dot	longdash_3dot	shortdash_dot	
dash_dot	longdash_dot	shortdash_dot_dot	
dash_dot_dot	longdash_dot_dot	solid	

可以通过在命令行输入 graph query linepatternstyle 查看全部线条样式,而线条的宽度由命令 lwidth 决定,输入 graph query linewidthstyle,可以查看线条宽度选择,如下:

medium	medthin	thick	vthick	vvthick	vvvthick
medthick	none	thin	vthin	vvthin	vvvthin

正态分布的 3 种曲线,我们通过 legend 命令实现,输入 help legend_option,可以查看相关帮助。在两个函数之间,我们用分隔符 || 将其清楚地区分开(注意不是 () 号),如:

```
twoway function y = normalden(x), range(-5 5)              ///
    || function y = normalden(x,0.8),                      ///
       r   ange(-5 5) lpattern(dash)                    /  //
    || function y = normalden(x,1,0.8),                    ///
       r   ange(-5 5) lpattern(dash_dot)                /  //
    ||, title("Normal Densities")                       /  //
legend(label(1 "N(0,1)") label(2 "N(0,0.8^2)")            ///
    l   abel(3 "N(1,0.8^2)"))
```

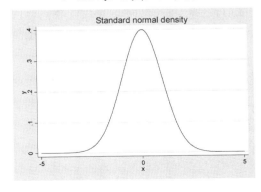

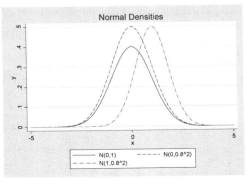

B.3.2 正态分布概率计算

现在,我们来计算正态分布概率。标准正态分布的累计函数中,随机变量 Z 被广泛运用,因此,我们用一个特定的符号表示该函数,$\Phi(z) = P(Z \leqslant z)$,该符号在概率计算中的应用如下:

$$P[a \leqslant X \leqslant b] = P\left[\frac{a-\mu}{\sigma} \leqslant Z \leqslant \frac{b-\mu}{\sigma}\right] = \Phi\left(\frac{b-\mu}{\sigma}\right) - \Phi\left(\frac{a-\mu}{\sigma}\right)$$

Stata 中 normal 函数命令可以计算函数 $\Phi(z) = P(Z \leqslant z)$。现在我们就用 normal 命令来计算左侧(尾)概率 $P[Z \leqslant 1.33] = \Phi(1.33)$。

```
scalar n_tail = normal(1.33)
di "lower tail probability N(0,1) < 1.33 is " n_tail
```

结果如下:

```
lower tail probability N(0,1) < 1.33 is .90824086
```

又例如, 如果 $X \sim N(3,9)$,则:

$$P[4 \leqslant X \leqslant 6] = P[0.33 \leqslant Z \leqslant 1] = \Phi(1) - \Phi(0.33) = 0.8413 - 0.6293 = 0.2120$$

所以,Stata 中的命令为:

```
scalar prob = normal((6-3)/3) - normal((4-3)/3)
di "probability 3 < =N(3,9) < =6 is " prob
```

结果如下:

```
probability 3 < =N(3,9) < =6 is .21078609
```

正态分布逆函数的计算是一种非常重要的方法,常常被用作临界值测试或区间估计,我们可以用 invnormal 函数命令实现。例如, 计算标准正态分布中概率为 95% 对应的值:

```
scalar n_95 = invnormal(.95)
di "95th percentile of standard normal = " n_95
```

结果如下:

```
95th percentile of standard normal = 1.6448536
```

B.4 t 分布

B.4.1   标准正态分布和 $t(3)$ 图像

t 分布的密度函数图形同样可以绘制,该图像仅由自由度来决定。现在,我们把自由度设为 3,然后通过 tden 函数命令来获得 t 分布密度值,最终绘制出图形。事实上我们可以将获得的 $t(3)$ 图形覆盖在标准正态分布的图像上,这样可以清晰地辨别出这两种分布函数的差别。

```
twoway function y = normalden(x), range( -5 5)          ///
      || function y = tden(3,x), range( -5 5) lpattern(dash)   ///
      ||, title("Standard normal and t(3)")             ///
         legend(label(1 "N(0,1)") label(2 "t(3)"))
```

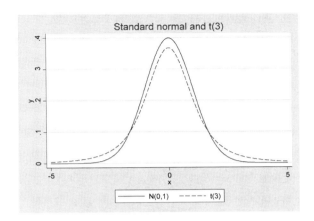

B.4.2　t 分布概率

Stata 中 ttail 函数命令可以完成 t 分布的概率计算,计算的结果表示 t 分布的上尾(侧)概率(upper tail),既 $T>t$ 的概率。例如,分别计算 $t(3)$ 中随机变量大于 1.33 和小于 1.33 的概率,计算过程如下:

```
scalar t_tail = ttail(3,1.33)
di "upper tail probability t(3) > 1.33 = " t_tail
di "lower tail probability t(3) < 1.33 = " 1 - ttail(3,1.33)
```

结果如下:

```
upper tail probability t(3) > 1.33 = .13779644
lower tail probability t(3) < 1.33 = .86220356
```

t 分布下百分位数值的计算可以用 t 分布逆运算 invttail 函数命令完成。例如,$t(3)$ 分布下,分别计算概率为第 95% 分位和第 5% 分位对应的值:

```
scalar t3_95 = invttail(3,.05)
di "95th percentile of t(3) = " t3_95
di "5th percentile of t(3) = " invttail(3,.95)
```

结果如下:

```
upper tail probability t(3) > 1.33 = .13779644
lower tail probability t(3) < 1.33 = .86220356
```

B.4.3　尾分布图

对于学生而言,计算尾概率是一项非常实用的技巧。例如,通过上一节的方法,我们不难得到 $t(38)$ 分布下 95% 分位对应的值:

```
di "95th percentile of t(38) = " invttail(38,.05)
```

结果如下:

```
95th percentile of t(38) = 1.6859545
```

根据上述的计算结果,我们首先可以生成尾部图形区域,即从最左至右到 $t=1.686$,并通过 recast 命令对该区域进行重铸。然后,我们在图像上添加 t 分布密度函数、标题和横坐标的相关文字,一般这类文字会添加在图形的下方。

```
twoway function y = tden(38,x), range(1.686 5)          ///
```

```
           color(ltblue) recast(area)                ///
    ||  function y = tden(38,x), range( - 5 5)       ///
           legend(off) plotregion(margin(zero))      ///
    ||, ytitle("f(t)") xtitle("t")                   ///
           text(0 1.686 "1.686", place(s))           ///
           title("Right - tail rejection region")
```

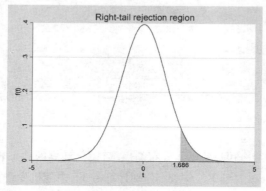

同样在 $t(38)$ 分布函数下,可以得到概率大于 1.9216 或小于 − 1.9216 的双尾图像,方法如下:

```
    twoway function y = tden(38,x), range(1.686 5)       ///
           color(ltblue) recast(area)                    ///
    ||  function y = tden(38,x), range( - 5 - 1.9216)    ///
           color(ltblue) recast(area)                    ///
    ||  function y = tden(38,x), range( - 5 5)           ///
    ||,  legend(off) plotregion(margin(zero))            ///
           ytitle("f(t)") xtitle("t")                    ///
           text(0 - 1.921578 " - 1.9216", place(s))      ///
           text(0 1.9216 "1.9216", place(s))             ///
           title("pr|t(38)| > 1.9216")
```

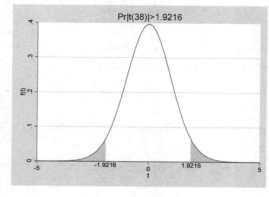

B.5 F 分布

B.5.1 F 分布密度图

F 分布中有分子自由度 $m1$ 和分母自由度 $m2$。$m1$ 和 $m2$ 的值共同决定了 F 分布的图形。在 F 分布中,随机变量只能取正数,所以本例中绘制 F 分布的密度图我们将创建一个取值范围为 $(0,6)$ 的新变量。同时,假如我们需要生成 $F(8,20)$ 的密度图像,用 twoway 函数命令和 Fden() 功能选项就可实现:

```
twoway function y = Fden(8,20,x), range(0 6)          ///
        l    egend(off) plotregion(margin(zero))       ///
        y    title("F-density") xtitle("x")       /    //
        ti   tle("F(8,20) density")
```

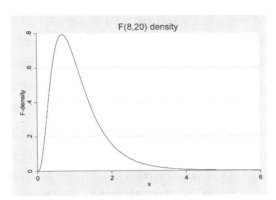

B.5.2　F 分布的概率计算

运用 Ftail() 函数命令,我们可以计算出 F 分布的上端概率,既 > f 的概率,同时通过 F( ),可以得到其累计分布函数。例如,我们可以计算出服从 $F(8,20)$ 的随机变量大于 3.0 的概率是 0.02203345,具体步骤如下:

```
scalar f_tail = Ftail(8,20,3.0)
di "upper tail probability F(8,20) > 3.0 = " f_tail
di "upper tail probability F(8,20) > 3.0 = " 1 - F(8,20,3.0)
```

. di "upper tail probability F(8,20) > 3.0 = " f_tail upper tail probability F(8,20) > 3.0 = .02203345

. di "upper tail probability F(8,20) > 3.0 = " 1 - F(8,20,3.0) upper tail probability F(8, 20) > 3.0 = .02203345

我们也可以通过函数的逆运算 invFtail() 得到 $F(8,20)$ 分布上、第 95% 分位所对应的值。需要说明,这个运算适用于上端尾部,即剩下的 5% 是在 95% 的上侧。

```
scalar f_95 = invFtail(8,20,.05)
di "95th percentile of F(8,20) = " f_95
```

95th percentile of F(8,20) = 2.4470637

B.6　卡方分布

B.6.1　卡方分布密度图

Stata 中并没有可以表达卡方分布的简单函数,因此我们需要运用 Stata 现有的函数来构造卡方分布密度函数的公式,具体为:

$$f(x) = \frac{1}{2^{m/2}\Gamma(m/2)}x^{0.5m-1}e^{-0.5x} \quad \text{for } x > 0$$

该公式可以在统计学课本上查到，或者登录网站 http://en. wikipedia. org/wiki/Chi – square_distribution 了解相关介绍。公式中，m 代表了自由度，决定了卡方分布的密度图形。$\Gamma(\cdot)$ 代表伽马函数，也许在以往的学习中，你很少运用到它，但你需要知道它是阶乘方程的一般形式。Stata 中的 lngamma 函数命令可以实现对伽马函数取自然对数的运算，如下：

```
lngamma(x)
    Description:  returns the natural log of the gamma function of x. For
    integer values of x > 0, this is ln((x-1)!).
```

清除内存，设置观察值到 101，然后生成从 0 到 20 的一系列 x 值。特别需要设定自由度 df 为 7，操作如下：

```
clear
set obs 101
gen xc = _n/5
scalar df = 7
```

所生成的新的变量即为卡方分布密度函数值：

```
gen chi2_pdf = (1/(2^(df/2)))*(1/exp(lngamma(df/2)))*///
            xc^(df/2 - 1)*exp(-xc/2)
```

绘制不带图注的密度函数图，自变量刻度从 0 到 21 按每刻度 2 单位增加。

```
twoway (connected chi2_pdf x, msymbol(none)), ///
        xlabel(0(2)21) title(Chi-square density with 7 df)
```

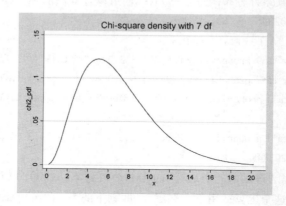

B.6.2　卡方分布概率计算

累计卡方分布函数的概率可用 chi2() 函数命令计算。例如，自由度为 7 的卡方分布中，大于 15 的概率计算如下：

```
scalar chi2_tail = 1 - chi2(df,15)
di "upper tail probability chi2(7) > 15 is " chi2_tail
```

结果为：

```
upper tail probability chi2(7) > 15 is .0359994
```

卡方分布函数逆运算可以用 invchi2() 完成，表示在已知概率下对应的值。同理也可以

用反向累计卡方分布逆运算 invchi2tail() 来计算该值。例如,自由度为 7 的卡方分布下,求
概率为 95% 分位所对应的值。

```
scalar chi2_95 = invchi2tail(df,.05)
di "95th percentile of chi2(7) = " chi2_95
```

结果如下:

```
95th percentile of chi2(7) = 14.06714
```

B.7　随机数

随机数的生成对于研究者而言具有重大意义,但普通的用户,不理解基本原理,很少使
用和生成随机值。在 Stata 中,有多种随机数生成器:

runiform():随机变量。

rbeta(a, b):贝塔随机变量。

rbinomial(n, p):二项随机变量,n 为实验总次数,p 为单次成功概率。

rchi2(df):卡方分布随机变量,df 为自由度 。

rgamma(a, b):伽马随机变量,其中 a 为伽马形状参数,而 b 为坐标参数。

rhypergeometric(N, K, n):超几何随机变量。

rnbinomial(n, p):负二项随机变量。

rnormal():标准正态(高斯)随机变量。

rnormal(m):正态(高斯)随机变量,其中平均值为 m,标准差为 1。

rnormal(m, s):正态(高斯)随机变量,其中平均值为 m,标准差为 s。

rpoisson(m):泊松随机变量,其中泊松分布平均值为 m。

rt(df):t 分布随机变量,df 为自由度。

然而,我们认为使用随机数的关键在于对它们的产生有一个整体的认识。接下来我们
将通过反演法来研究一个简单的学习案例。

B.7.1　反演法

假设你希望从一个特定的概率分布函数中得到随机数,这个概率分布函数是密度分布
函数 $f(y)$ 和累积分布函数 $F(y)$。

反演法:步骤

　　1. 从 $(0,1)$ 取一个随机数 u_1。

　　2. 令 $u_1 = F(y_1)$。

　　3. 从第二步的方程中解出 y_1。

4. y_1 的值为密度分布函数 $f(y)$ 的随机变量。

通过上述反演法,你可以生成关于任意分布函数的随机数,只要可以通过第三步解出 y_1,答案一般为 $y_1 = F^{-1}(u_1)$,此时 F^{-1} 被称为逆累积分布函数。

假设我们所取自由数的目标分布函数是 $f(y) = 2y, 0 < y < 1$。关于 Y 的密度分布函数为 $P(Y \leq y) = F(y) = y^2, 0 < y < 1$。令随机数 $u_1 = F(y_1) = y_1^2$,解得:$y_1 = F^{-1}(u_1) = (u_1)^{1/2}$。 y_1 则是随机值,来自于分布函数 $f(y) = 2y, 0 < y < 1$。

现在我们在 Stata 中举例说明。首先我们在三角密度函数中取 1000 个值 y_1,然后用 runiform() 生成有特定种子值的随机数 u_1,如下:

```
clear
set obs 1000
set seed 12345
gen u1 = runiform()
label variable u1 "uniform random values"

histogram u1, bin(10) percent
gen y1 = sqrt(u1)
histogram y1, bin(10) percent
```

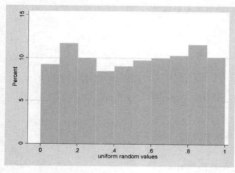 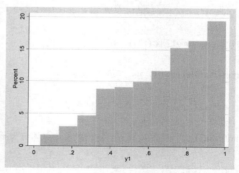

第二个案例中,我们考虑一些更特别的分布。在《POE4》第 16 章中,极值分布是 Logit 选择模型的基础,其概率密度函数为:

$$f(v) = \exp(-v) \cdot \exp(-\exp(-v))$$

极值累积分布函数是 $F(v) = \exp(-\exp(-v))$,忽略其复杂的形式,我们可以得到随机 值 $u = F^{-1}(u) = -\ln(-\ln(u))$。选取 10000 个随机数,我们可以得到这个函数的散点图和 柱状图。

```
clear
set obs 10000
set seed 12345
gen u1 = runiform()
gen v1 = -3 + (_n -1)*13/10000
gen fev1 = exp(-v1)*exp(-exp(-v1))
twoway line fev1 v1, ytitle("Extreme value density")
gen ev1 = -log(-log(u1))
histogram ev1, bin(40) percent kdensity kdenopts(gaussian)
```

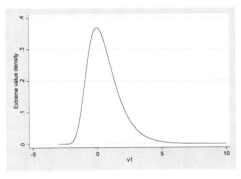 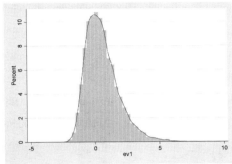

B.7.2 创建随机数

创建随机数的标准方法是线性同余发生器[1]，考虑某个递归关系，有：

$$X_n = (aX_{n-1} + c)\bmod m$$

其中 a，c 和 m 是我们选取的常量。该表达式表达 X_n 等于 $aX_{n-1} + c$ 被 m 除后的余数。这是一个递归关系的表达式，因为第 n 个数的值取决于第 $n-1$ 个数，这就意味着我们必须要选择第一个数字 X_0，也称为随机数的种子。当所选取的种子，a，c 和 m 一致时，就会得到相同的一组数据。m 的值决定了递归的最长期限。在区间 $(0,1)$ 中选择的随机数 $U_n = X_n/m$。

为了证明这一点，我们令 $X_0 = 1234567$，$a = 1664525$，$b = 1013904223$，$m = 2^{32}$，并创建关于随机数 u1 和 u2 的 10000 个值。

```
clear
set obs 10001
gen double u1 = 1234567
gen double u2 = 987654321
scalar a = 1664525
scalar c = 1013904223
scalar m = 2^32

replace u1 = (a*u1[_n-1]+c) - m*ceil((a*u1[_n-1]+c)/m) + m if _n >1
replace u1 = u1/m

replace u2 = (a*u2[_n-1]+c) - m*ceil((a*u2[_n-1]+c)/m) + m if _n >1
replace u2 = u2/m

label variable u1 "uniform random number using seed = 1234567"
label variable u2 "uniform random number using seed = 987654321"
list u1 in 1/4

drop if _n==1
histogram u1, bin(20) percent
summarize u1
```

---

[1] 相关介绍和资料见网站 http://en.wikipedia.org/wiki/Linear_congruential_generator。

```
histogram u2, bin(20) percent
summarize u2
```

u2 的概要统计量及柱状图如下所示：

```
. summarize u2
```

Variable	Obs	Mean	Std. Dev.	Min	Max
u2	10000	.5009009	.2877264	1.26e-06	.9998045

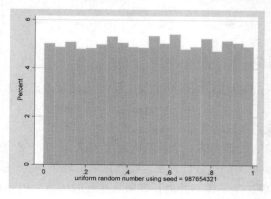

关键术语

二项分布	反演法	随机数生成器
chi2	**invFtail**	随机变量
卡方分布	**invnormal**	**rarea**
自由度	**invttail**	**runiform( )**
密度函数	**legend**	**seed**
极值分布	**lngamma**	**set seed**
F 分布	**lpattern**	*t* 分布
Fden	**lwidth**	**tden**
Ftail	系数	**title**
γ 函数	**msymbol**	**ttail**
histogram	**normal**	**Twoway function**
invchi2	正态分布	**xlabel**
invchi2**tail**	**normalden**	

附录 B　Do 文件

```
*   file appx_b.do for Using Stata for Principles of Econometrics, 4e
cd c:\data\poe4stata

*   Stata Do-file
*   copyright C 2011 by Lee C. Adkins and R. Carter Hill
*   used for "Using Stata for Principles of Econometrics, 4e"
*   by Lee C. Adkins and R. Carter Hill (2011)
*   John Wiley and Sons, Inc.

*   setup
version 11.1
```

```
capture log close

*   open log file
log using appx_b, replace text
clear

*   binomial probabilities
scalar prob1 = binomial(13,7,0.7)
di "probability < = binomial(13,7,0.7) is " prob1

scalar prob2 = 1 - binomial(13,7,0.7)
di "probability > binomial(13,7,0.7) is " prob2

*   plot standard normal density
twoway function y = normalden(x), range(-5 5)                    ///
        title("Standard normal density")                        ///
          saving(normal_pdf.emf, replace)
*   plot several normal densities
twoway function y = normalden(x), range(-5 5)         ///
|| function y = normalden(x,0.8),         ///
rang  e(-5 5) lpattern(dash)                  ///
|| function y = normalden(x,1,0.8),        ///
rang  e(-5 5) lpattern(dash_dot)                   ///
   ||, title("Normal Densities")          ///
            legend(label(1 "N(0,1)") label(2 "N(0,0.8^2)")  ///
labe   l(3 "N(1,0.8^2)"))
*   compute normal probabilities
scalar n_tail = normal(1.33)
di "lower tail probability N(0,1) < 1.33 is " n_tail
scalar prob = normal((6-3)/3) - normal((4-3)/3)
di "probability 3 < =N(3,9) < =6 is " prob

*   compute normal percentiles
scalar n_95 = invnormal(.95)
di "95th percentile of standard normal = " n_95

*   plot t(3)
twoway function y = normalden(x), range(-5 5)         ///
        || function y = tden(3,x), range(-5 5) lpattern(dash)     ///
   ||, title("Standard normal and t(3)")             ///
            legend(label(1 "N(0,1)") label(2 "t(3)"))

* t probabilities
scalar t_tail = ttail(3,1.33)
di "upper tail probability t(3) > 1.33 = " t_tail
di "lower tail probability t(3) < 1.33 = " 1 - ttail(3,1.33)

* t critical values
scalar t3_95 = invttail(3,0.05)
di "95th percentile of t(3) = " t3_95
di "5th percentile of t(3) = " invttail(3,0.95)

* t(38) shaded tail graphs
di "95th percentile of t(38) = " invttail(38,0.05)
```

```
*  one - tail rejection region
twoway function y = tden(38,x), range(1.6865)          ///
           colo        r(ltblue) recast(area)                    ///
        || function y = tden(38,x), range( - 5 5)          ///
           legend(off) plotregion(margin(zero))          ///
        ||, ytitle("f(t)") xtitle("t")              ///
           text      (0 1.686 "1.686", place(s))          ///
           titl      e("Right - tail rejection region")

* two - tail p - value
twoway function y = tden(38,x), range(1.92165)          ///
       colo      r(ltblue) recast(area)              ///
   || function y = tden(38,x), range( - 5 - 1.9216)     ///
       colo      r(ltblue) recast(area)              ///
   || function y = tden(38,x), range( - 5 5)          ///
   ||, legend(off) plotregion(margin(zero))          ///
       ytit      le("f(t)") xtitle("t")              ///
       text      (0 - 1.921578 " - 1.9216", place(s))     ///
       text      (0 1.9216 "1.9216", place(s))          ///
       titl      e("Pr |t(38) |>1.9216")

*    Plot F - density
twoway function y = Fden(8,20,x), range(0 6)                 ///
           lege nd(off) plotregion(margin(zero))             ///
           ytit le("F - density") xtitle("x")              ///
           titl e("F(8,20) density")

*    F probabilities
scalar f_tail = Ftail(8,20,3.0)
di "upper tail probability F(8,20) > 3.0 = " f_tail
di "upper tail probability F(8,20) > 3.0 = " 1 - F(8,20,3.0)

*    F critical values
scalar f_95 = invFtail(8,20,.05)
di "95th percentile of F(8,20) = " f_95

*    Chi square density
clear
set obs 101
gen x = _n/5
scalar df = 7
gen chi2_pdf = (1/(2^(df/2)))* (1/exp(lngamma(df/2)))*          ///
        x^(d f/2 - 1)*exp( - x/2)

twoway line chi2_pdf x, xlabel(0(2)21)                    ///
           title("Chi - square density with 7 df")

*    chi - square probabilities
scalar chi2_tail = 1 - chi2(df,15)
di "upper tail probability chi2(7) > 15 is " chi2_tail

*    chi - square critical values
scalar chi2_95 = invchi2tail(df,.05)
```

```
di "95th percentile of chi2(7) = " chi2_95

* * * * * * * * * * *  Appendix B.4

*    generating triangular distribution
clear
set obs 1000
set seed 12345
gen u1 = runiform()
set seed 1010101
label variable u1 "uniform random values"
histogram u1, bin(10) percent
gen y1 = sqrt(u1)
histogram y1, bin(10) percent

*    generating extreme value distribution
clear
set obs 10000
set seed 12345
gen u1 = runiform()
gen v1 = -3 + (_n-1)*13/10000
gen fev1 = exp(-v1)*exp(-exp(-v1))

twoway line fev1 v1, ytitle("Extreme value density")

*    random values
gen ev1 = -log(-log(u1))
histogram ev1, bin(40) percent kdensity kdenopts(gaussian)

*    generating uniform random values
clear
set obs 10001
gen double u1 = 1234567
gen double u2 = 987654321
scalar a = 1664525
scalar c = 1013904223
scalar m = 2^32
replace u1 = (a*u1[_n-1]+c) - m*ceil((a*u1[_n-1]+c)/m) + m if _n >1
replace u1 = u1/m

replace u2 = (a*u2[_n-1]+c) - m*ceil((a*u2[_n-1]+c)/m) + m if _n >1
replace u2 = u2/m
label variable u1 "uniform random number using seed = 1234567"
label variable u2 "uniform random number using seed = 987654321"

list u1 in 1/4
drop if _n ==1
histogram u1, bin(20) percent
summarize u1

histogram u2, bin(20) percent
summarize u2

log close
```

附录 C

统计推论回顾

本章概要

C.1　检查 HIP 数据

使用常规命令开启 Stata,打开日志文件。附录中所用的案例"Hip data,"是 50 个随机选择的美国成人髋骨宽度的样本,现在我们来打开数据文件 *hip. dta*。

```
use hip, clear
describe
```

variable name	type	format	label	variable label
y		double %10.0g		hip width, inches

C.1.1　构建直方图

对于初次接触的数据,构建直方图可以非常有效地从图形和数值上检验数据。直方图可清楚地反映出落在不同区间的数量占总数目的百分比,该过程在 Stata 中实现的方式为:

```
histogram y, percent saving(hip_hist,replace)
```

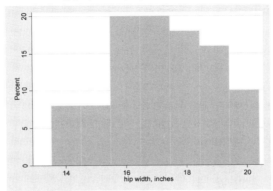

你不需要知道准确的语法也能完成该命令,因为在 Stata 的菜单系统中有一个便捷功能,点击菜单选择 **Graphics > Histogram**,如下图:

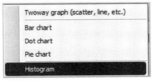

在对话框填上相关的数据并根据需要进行勾选,然后点"OK"键。

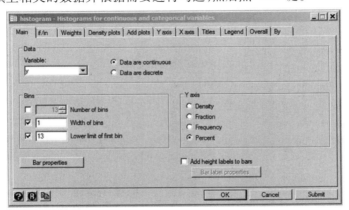

结果输出为：

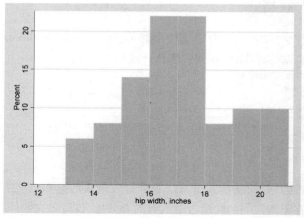

Stata 的 **Review** 和 **Results** 窗口中会显示生成这一图形的命令。

```
histogram y, width(1) start(13) percent
```

C.1.2 获得概要统计量

对于详细的数据概要统计量，我们通过下列命令完成：

```
summarize y, detail
```

在命令窗口输入 help summarize，弹出的窗口可以找到数据概要统计的所有命令语法选项，还可以找到相关项目的描述和需要保留以用于后估计的值。

概要统计的结果都以 r() 形式保存，如下：

```
Scalars
    r(N)              观测数量
    r(mean)           平均值
    r(skewness)       偏度（仅用于详细数据）
    r(min)            最小值
    r(max)            最大值
    r(sum_w)          权重之和
    r(p1)             前 1%（仅用于详细数据）
    r(p5)             前 5%（仅用于详细数据）
       等等
    r(p99)            前 99%（仅用于详细数据）
    r(Var)            方差
    r(kurtosis)       峰度（仅用于详细数据）
    r(sum)            变量之和
    r(sd)             标准差
. summarize y, detail
```

```
                            hip width, inches

              Percentiles      Smallest
        1%       13.53           13.53
        5%       13.9            13.71
       10%       14.835          13.9         Obs                  50
       25%       15.94           14.21        Sum of Wgt.          50

       50%       17.085                       Mean            17.1582
                                 Largest      Std. Dev.       1.807013
       75%       18.55           20.23
       90%       19.7            20.23        Variance        3.265297
       95%       20.23           20.33        Skewness        -.013825
       99%       20.4            20.4         Kurtosis        2.331534
```

这些数值保存下来可用于后面的 Stata 会话中,直到这些数据被后来的 Stata 命令所覆盖。总之,这些数据你要么使用,要么丢失。

C.1.3 估计总体均值

Stata 有几个用于进行基本数据分析的内置命令,mean varname 命令就用于估计总体均值和创建区间估计。当我们对 HIP 数据使用该命令时,会得到如下结果:

```
mean y
```

Mean estimation			Number of obs	=	50

	Mean	Std. Err.	[95% Conf. Interval]	
y	17.1582	.2555503	16.64465	17.67175

这里输出的均值为:

$$\bar{y} = \sum y_i / N$$

总体方差的无偏估计量 σ^2 为:

$$\sigma^2 = \frac{\sum (y_i - \bar{y})^2}{N - 1}$$

你可能会记得基础统计课程里"样本方差"这一统计量,通过样本方差,我们可以估计统计量 $\bar{Y}$ 的方差为:

$$\widehat{\mathrm{var}(\bar{Y})} = \hat{\sigma}^2 / N$$

估计方差平方根称为 $\bar{Y}$ 的标准误,在 Stata 中以 Std. Err 显示,这也是平均值的标准误和估计值的标准误,其值为:

$$\mathrm{se}(\bar{Y}) = \sqrt{\widehat{\mathrm{var}(\bar{Y})}} = \hat{\sigma} / \sqrt{N}$$

$100(1 - \alpha)\%$ 的区间估计值为:

$$\bar{Y} \pm t_c \frac{\hat{\sigma}}{\sqrt{N}} \ \text{或} \ \bar{Y} \pm t_c \mathrm{se}(\bar{Y})$$

其中,t_c 是自由度为 $N - 1$ 的 t 分布中概率为 $(1 - \alpha/2)\%$ 所对应的 t 值。

C.2 使用模拟数据

在学习计量经济学的过程中,模拟数据是一个至关重要的工具。Stata 提供多种模拟数据的方式。第一个是 drawnorm 命令,在这个命令下,Stata 会在给定的平均值、标准差和相关系数下生成正态分布随机变量。输入 help drawnorm 查看相关语法和选项。要完成这一模拟数值过程,需要输入命令 db drawnorm 以弹出对话框或者按如下路径选择:

Data > Create or change data > Other variable-creation commands > Draw sample from normal distribution

该命令默认所生成的观测值是从不相关的正态随机变量中获得,该随机变量服从均值为 0、方差(或标准差)为 1 的状态分布。这些条件可以在对话框中进行更改。创建相关正态分布变量时,我们可以设定变量间相关系数,习惯上,我们会使用列阵或矩阵来规定相关性。如果我们称之为相关矩阵 C,它将被排列如下:

$$C = \begin{bmatrix} \mathrm{corr}(x,x) & \mathrm{corr}(x,y) \\ \mathrm{corr}(y,x) & \mathrm{corr}(y,y) \end{bmatrix}$$

一个变量和它自身的相关系数是 1.0。如果 x 和 y 之间的相关系数是 0.5，那么：

$$C = \begin{bmatrix} 1 & .5 \\ .5 & 1 \end{bmatrix}$$

这样所得的矩阵或列阵是对称的，因为 x 和 y 之间的相关系数等于 y 和 x 之间的相关系数。

清除内存后，我们用 Stata 来生成该矩阵，如下：

```
clear
matrix C = (1, .5 \ .5, 1)
```

括号中通过插入"\"将不同行分隔，同一行的行元素之间用","符号进行间隔。在 drawnorm 对话框中填入如下内容：

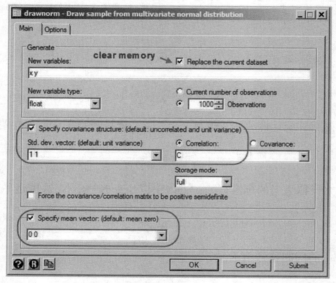

点击 Option 选项卡，你会发现设置生成随机数种子的选项。随机数由一个复杂的算法生成，此前必须创建一个随机数的起始数值，请参见附录 B 中的随机数生成器。初始的随机数值称为种子，如果种子一旦被选定后，每次发出的单个或是一系列指令都会生成相同的随机数流。这对于 Do 文件和命令程序的调试是十分有意义的，只要每次结果显示一样，就意味着调试成功。如果你没有指定种子的值，Stata 会帮你选择。

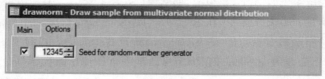

在上述话框中，Stata 命令中还暗含了生成 1000 对随机数的指令：

```
drawnorm x y, n(1000) means(0 0) corr(C) sds(1 1) cstorage(full)
    seed(12345)
```

在这种情况下，我们希望随机数的平均值为 0，方差为 1，因此 means() 和 sds() 可以省去。简化后的命令为：

```
drawnorm x y, n(1000) corr(C) seed(12345)
```

在概要统计中,我们也能看到随机数的平均值约为 0,标准差约为 1。

```
summarize x y
    Variable |       Obs        Mean    Std. Dev.         Min         Max
-------------+--------------------------------------------------------------
           x |      1000   -.0445718    .9996242   -2.949586    2.776384
           y |      1000   -.0074078    .9974661   -3.595466    3.582233
```

Stata 中还有一个可以用于概要统计的命令 tabstat。输入 help tabstat 可以查看该命令的完整语法。在命令行中输入 db tabstat,或者通过菜单路径选择:

Statistics > Summaries, tables, and tests > Tables > Table of summary statistics(**tabstat**)

在弹出的对话框中选择你想要的统计数据,通过下拉菜单可以获得更多统计量。

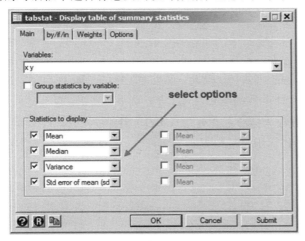 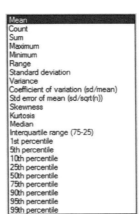

上述步骤的等效的 Stata 命令:

    tabstat x y, statistics(mean median var semean) columns(variables)

不需要 columns 选项时,该命令可以简化为:

    tabstat x y, statistics(mean median var semean)

```
    stats |         x          y
----------+--------------------
     mean | -.0445718  -.0074078
      p50 | -.0193433  -.0278578
 variance |  .9992486   .9949387
 se(mean) |  .0316109   .0315426
```

用 correlate 命令,我们可以得到 x 和 y 的相关系数,该命令可以简写为:

    corr x y
. corr x y
(obs=1000)

```
             |        x        y
-------------+------------------
           x |   1.0000
           y |   0.4690   1.0000
```

可见,样本相关性非常接近于我们所指定的"真实"值。

通过下述命令,我们可以获得 x, y 的散点图:

    twoway scatter y x, saving(xynorm ,replace)

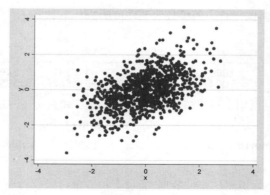

因为没有覆盖命令,所以上述命令还可以简化为:scatter y x。

C.3 中心极限定理

中心极限定理在计量经济学中的应用十分频繁。其定理内容为:如果 $Y_1, \ldots, Y_N$ 是在同一分布上的独立随机变量,且这三个数的均值为 μ,方差为 σ^2,当 $\overline{Y} = \sum Y_i / N$,则 $Z_N = (\overline{Y} - \mu)/(\sigma/N)$ 的概率分布可以收敛为标准正态分布 $N(0,1)$ 且 $N \to \infty$。

为了证明这个有力结论,我们将运用模拟数据。清除内存,设置观测数量为 1000,并设定种子值。

```
clear
set obs 1000
set seed 12345
```

让连续随机变量 Y 具有三角分布,其概率密度函数为:

$$f(y) = \begin{cases} 2y & 0 < y < 1 \\ 0 & \text{otherwise} \end{cases}$$

可以绘制概率密度函数的草图便于理解。不难算出,Y 的期望是 $\mu = E(Y) = 2/3$,方差是 $\sigma^2 = \text{var}(Y) = 1/18$。根据中心极限定理,如果 $Y_1, \ldots, Y_N$ 是分布在密度函数 $f(y)$ 上独立同分布随机变量,则:

$$Z_N = \frac{\overline{Y} - 2/3}{\sqrt{\dfrac{1/18}{N}}}$$

当 N 趋近于无穷大时,该概率分布可以收敛为标准正态分布。我们可以根据附录 B 的结果,生成三角分布随机数。如果 U 是介于 0 到 1 之间的均匀随机数,那么 $Y = \sqrt{U}$ 就会服从三角分布。现在我们来进行验证,首先用 runiform() 命令生成随机数:

```
gen y1 = sqrt(runiform())
```

然后,生成直方图

```
histogram y1, saving(triangle_hist ,replace)
```

可见,分布并不是钟形的。

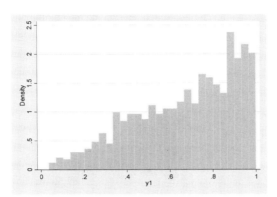

现在,我们用 forvalues 循环创建另外 11 个变量,该循环将对索引变量的连续值重复一系列的命令。由 Stata 的帮助文件知,该循环的运行规则是大括号前必须声明 forvalues,并且:(1)左括号必须和 forvalues 在同一行;(2)左括号后除了注解外不能有其他任何内容,第一个命令必须另起一行再输入;(3)右括号单独占一行。

用 rep 作为索引变量,我们可以生成 y2-y12。在第二行中,我们使用 generate 命令对变量 y `rep' 赋值。每次通过循环,rep 都会被 2-12 轮换替代。

```
forvalues rep = 2/12 {
gen y`rep' = sqrt(runiform())
}
```

我们得到这个三角变量中样本前 3 个、前 7 个和全部 12 个的平均数,根据中心极限定理有:

$$Z_N = \frac{\bar{Y} - 2/3}{\sqrt{\dfrac{1/18}{N}}}$$

通过类似于 forvalues 循环的 foreach 循环,除了之前所列出的项目外,我们还可以完成其他任务。首先,用 egen 定义一组变量 y1 - yn 中 ybar3, ybar7 and ybar12 的平均数。然后,如上述所示,生成变量 Z_N,用含有 normal 命令的 histogram 命令作出正态函数图和直方图。

概要统计会展示出更多的细节,比如,正态分布的偏度是 0,峰度是 3。

```
foreach n in 3 7 12 {
egen ybar`n' = rowmean(y1 - y`n')
gen z`n' = (ybar`n' - 2/3)/(sqrt((1/18)/`n'))
histogram z`n', normal saving(ybar`n'_hist , replace)
summarize z`n', detail
}
```

在直方图 z12 中,我们可以看到正态函数的曲线。

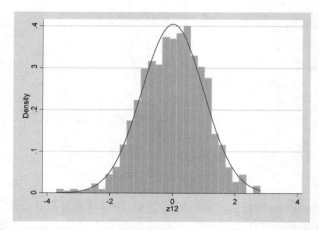

现在我们完成了 12 个非正态随机变量的计算,并且得到了对称的钟型分布。

z12

	Percentiles	Smallest		
1%	-2.549243	-3.697989		
5%	-1.586884	-3.636459		
10%	-1.245175	-3.251922	Obs	1000
25%	-.6835418	-3.213517	Sum of Wgt.	1000
50%	.0323963		Mean	.0038828
		Largest	Std. Dev.	.9859598
75%	.7039524	2.736392		
90%	1.207615	2.747086	Variance	.9721167
95%	1.540365	2.767131	Skewness	-.2156755
99%	2.214441	2.815349	Kurtosis	3.188245

对于标准正态随机变量,我们不难发现其平均值约为 0,标准差(或方差)约为 1。此外其偏度应该等于 0,峰度应该等于 3,而我们所求的值十分接近于上述结果! 令人吃惊的是中心极限定理多用于庞大的变量数据,而我们这里仅仅只有 12 个变量。

C.4 区间估计

令 Y 为正态随机变量, $Y \sim N(\mu, \sigma^2)$。假设在这个总体中,我们拥有容量为 N 的随机样本 $Y_1, Y_2, \ldots, Y_N$,总体均值估计为 $\bar{Y} = \sum_{i=1}^{N} Y_i / N$,因为假设 Y 服从正态分布,所以存在 $\bar{Y} \sim N(\mu, \sigma^2/N)$,则标准随机变量

$$t = \frac{\bar{Y} - \mu}{\hat{\sigma} / \sqrt{N}} \sim t_{(N-1)}$$

服从自由度为 $(N-1)$ 的 t 分布,其中符号 $t_{(N-1)}$ 表示自由度为 $N-1$ 的 t 分布。令临界值 t_c 为概率 $100(1-\alpha/2)\%$ 所对应的值 $t_{(1-\alpha/2, N-1)}$,那么这个临界值满足性质 $P[t_{(N-1)} \leqslant t_{(1-\alpha/2, N-1)}] = 1 - \alpha/2$。如果 t_c 是 t 分布的临界值,则有:

$$P\left[-t_c \leqslant \frac{\bar{Y} - \mu}{\hat{\sigma} / \sqrt{N}} \leqslant t_c\right] = 1 - \alpha$$

上式整理后,得:

$$P\left[\bar{Y} - t_c \frac{\hat{\sigma}}{\sqrt{N}} \leqslant \mu \leqslant \bar{Y} + t_c \frac{\hat{\sigma}}{\sqrt{N}}\right] = 1 - \alpha$$

因此概率 $100(1-\alpha)\%$ 对应的区间估计 μ 值为：

$$\overline{Y} \pm t_c \frac{\hat{\sigma}}{\sqrt{N}} \text{ 或 } \overline{Y} \pm t_c \text{se}(\overline{Y})$$

这个区间有中心点并且跨越各种样本。

C.4.1 使用模拟数据

清楚内存，设置样本观测量为30，并设定种子值：

```
clear
set obs 30
set seed 12345
```

生成 10 个独立的标准正态分布 $N(0,1)$ 变量。

```
drawnorm x1 - x10
```

运用正态分布的特征，我们对变量进行修正，使他们的平均值等于10，方差等于10。如果 $X_i \sim N(0,1)$，则 $Y_i = a + bX_i \sim N(a, b^2)$，通过 forvalues 循环，可以生成 10 个这样的变量：

```
forvalues n =1/10 {
     gen y`n' = 10 + sqrt(10)* x`n'
     }
```

用 Stata 的 ci 命令，我们可以得到 95% 的置信区间估计值。在命令窗口输入 help ci 查看该命令的完整语法。在对话框中输入 db ci，或用菜单选择路径：

Statistics > Summaries，tables，and tests > Summary and descriptive statistics > Confidence intervals

然后，根据需要填写 ci 对话框中的空白。

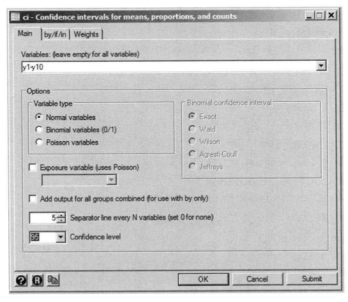

Stata 命令为：

```
ci y1-y10
```

Variable	Obs	Mean	Std. Err.	[95% Conf. Interval]	
y1	30	10.00381	.5808083	8.81592	11.19169
y2	30	10.93521	.3674302	10.18373	11.68668
y3	30	10.25851	.5594697	9.114271	11.40276
y4	30	8.458479	.5744584	7.28358	9.633378
y5	30	10.11062	.5154498	9.056411	11.16484
y6	30	10.09176	.611673	8.840744	11.34277
y7	30	9.085932	.5962659	7.866432	10.30543
y8	30	9.523076	.4450133	8.612922	10.43323
y9	30	10.96144	.6188641	9.695716	12.22715
y10	30	9.547122	.5854969	8.349646	10.7446

结果中将显示样本均值、标准差和概率 95% 区间估计。在这个案例中,可以看到区间 4 中没有包含总体的真实均值 10,这是抽样变异导致的。如果区间估计的过程中多次使用 95%,那么得到的区间会包含真实均值,所以,任何一个区间都可能包含也可能不包含总体均值。

C.4.2　使用 HIP 数据

虽然自带命令非常便捷,但是这既不能有助于证明,也并不能帮助我们加强必要的理解。清除内存,打开数据 *hip. dta*。

```
use hip, clear
```

运用自带命令 ci 获取髋骨头宽度均值的区间估计:

```
ci y
```

Variable	Obs	Mean	Std. Err.	[95% Conf. Interval]	
y	50	17.1582	.2555503	16.64465	17.67175

如果要说明计算的细节结果,就需要更详细的概要统计量数据,而后者我们已经很熟悉这一过程,所以我们用 quietly 命令来抑制概要统计结果的输出,然后返回相关数据列表。

```
quietly summarize y, detail
return list
```

Stata 会将生成的数据储存为数组,名为 r()。你可以在命令窗口输入 return list 来查看这些数值。其中的部分变量值为:

```
        r(N)  =   50
     r(sum_w)  =   50
      r(mean)  =   17.1582
       r(Var)  =   3.265296693877551
        r(sd)  =   1.80701319692955
  r(skewness)  =   - .0138249736168214
```

运用这些数值和《*POE*4》中的表达式,我们可以构造出 95% 区间估计。

```
scalar ybar = r(mean)
scalar nobs = r(N)
scalar df = nobs - 1
scalar tc975 = invttail(df,.025)
scalar sighat = r(sd)
scalar se = sighat/sqrt(nobs)
scalar lb = ybar - tc975*se
```

```
scalar ub = ybar + tc975*se
```
显示结果:
```
di "lb of 95% confidence interval = " lb
di "ub of 95% confidence interval = " ub
```
最终结果为:
```
lb of 95% confidence interval = 16.644653
ub of 95% confidence interval = 17.671747
```

C.5 检验正态总体均值

存在零假设 $H_0 : \mu = c$,如果样本数据都来源于均值为 μ 和方差为 σ^2 的正态总体,则:

$$t = \frac{\overline{Y} - \mu}{\hat{\sigma}/\sqrt{N}} \sim t_{(N-1)}$$

如果零假设 $H_0 : \mu = c$ 为真,那么:

$$t = \frac{\overline{Y} - c}{\hat{\sigma}/\sqrt{N}} \sim t_{(N-1)}$$

该假设的拒绝域可以概括如下:

- 如果备择假设 $H_1 : \mu > c$ 为真,那么 t 统计量的值通常会大于 t 分布中的统计值(临界值)。令临界值 t_c 等于自由度为 $N-1$ 的 t 分布中概率 $100(1-\alpha)\%$ 对应的值为 $t_{(1-\alpha, N-1)}$,即 $P(t \leq t_c) = 1 - \alpha$,其中 α 代表检验的显著度。如果 t 统计量大于等于 t_c,我们就拒绝零假设 $H_0 : \mu = c$,并接受备择假设 $H_1 : \mu > c$。

- 如果备择假设 $H_0 : \mu < c$ 为真,那么 t 统计量的值通常会小于 t 分布中的统计值(临界值)。令临界值 $-t_c$ 等于自由度为 $N-1$ 的 t 分布中概率 $100(1-\alpha)\%$ 对应的值 $t_{(\alpha, N-1)}$,即 $P(t \leq -t_c) = \alpha$,其中 α 代表检验的显著度。如果 t 统计量小于等于 t_c,我们就拒绝零假设 $H_0 : \mu = c$,并接受备择假设 $H_1 : \mu < c$。

- 如果备择假设 $H_1 : \mu \neq c$ 为真,那么 t 统计量的值会异常的大于或者小于 t 分布中的统计值(临界值)。此时的拒绝域为 t 分布上的双侧区域,我们称这种检验为双侧检验。此时临界值为自由度为 $N-1$ 的 t 分布中概率 $100(1-\alpha/2)\%$ 对应的值,即临界值 $t_c = t_{(1-\alpha/2, N-1)}$,因此 $P[t \geq t_c] = P[t \leq -t_c] = \alpha/2$。如果检验值落在拒绝域,即 $t_{(N-1)}$ 分布双侧中任何一端,我们就拒绝零假设 $H_0 : \mu = c$,并接受备择假设 $H_1 : \mu \neq c$。

C.5.1 右侧检验

为了说明右侧(right tail)检验[①],我们将对零假设 $H_0 : \mu = 16.5$ 进行检验,其备择假设为 $H_1 : \mu > 16.5$。

以下为详细的估计和计算结果:

---

① 又称为右尾检验。——译者注

```
use hip, clear
quietly summarize y, detail
scalar ybar = r(mean)
scalar nobs = r(N)
scalar df = nobs - 1
scalar sighat = r(sd)
scalar se = sighat/sqrt(nobs)
scalar t1 = (ybar - 16.5)/se
scalar tc95 = invttail(df,.05)
scalar p1 = ttail(df,t1)
di "right tail test"
di "tstat = " t1
di "tc95  = " tc95
di "pval  = " p1
```

结果为：

```
right tail test
tstat  =  2.5756186
tc95   =  1.6765509
pval   =  .00653694
```

ttest 是 Stata 中的自带命令，用于检验正态总体的均值。输入 help ttest 可以查询该命令的完整语法。打开对话框，输入 db ttest，将看到如下图所示：

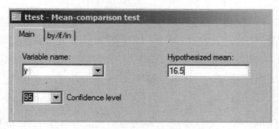

关于这个问题，还有其他几个检验方法。我们这里使用单样本均值对比检验，打开对话框，如图填空：

这里的 Stata 命令 （注意使用"＝＝"，而不是"＝"）如下：

```
ttest y==16.5
```

One-sample t test

Variable	Obs	Mean	Std. Err.	Std. Dev.	[95% Conf. Interval]
y	50	17.1582	.2555503	1.807013	16.64465 17.67175

```
    mean = mean(y)                                            t =   2.5756
Ho: mean = 16.5                          degrees of freedom =       49

  Ha: mean < 16.5              Ha: mean != 16.5              Ha: mean > 16.5
Pr(T < t) = 0.9935          Pr(|T| > |t|) = 0.0131          Pr(T > t) = 0.0065
```

上表输出了大量结果,特别需要注意 t 统计量等于 2.5756。在这次的右侧检验,p 值代表自由度 $N-1=49$ 的 t 分布曲线下的面积,等于 0.0065。

C.5.2 双侧检验

为了说明双侧(two-tail)检验,我们对零假设 $H_0:\mu=17$ 进行检验,其备择假设为 $H_1:\mu\neq17$。

```
quietly summarize y, detail
scalar t2 = (ybar - 17)/se
scalar p2 = 2* ttail(df,abs(t2))
di "two tail test"
di "tstat = " t2
di "tc975  = " tc975
di "pval   = " p2
```

结果为:

```
two tail test
tstat = .61905631
tc975  = 2.0095752
pval   = .53874692
```

自动检验命令为:

ttest y==17

One-sample t test

variable	Obs	Mean	Std. Err.	Std. Dev.	[95% Conf. Interval]	
y	50	17.1582	.2555503	1.807013	16.64465	17.67175

```
     mean = mean(y)                                          t =    0.6191
Ho: mean = 17                             degrees of freedom =        49

   Ha: mean < 17              Ha: mean != 17                Ha: mean > 17
 Pr(T < t) = 0.7306       Pr(|T| > |t|) = 0.5387        Pr(T > t) = 0.2694
```

t 统计量值在这个案例中为 0.6191,双尾 p 值是 0.5387。在 Stata 结果输出中"! ="表示"不等于"或"$\neq$"。

C.6 检验正态总体方差

令 Y 为正态分布随机变量,$Y\sim N(\mu,\sigma^2)$。假设在这个总体中,我们拥有容量为 N 的随机样本 $Y_1,Y_2,\ldots,Y_N$,总体的总体均值估计量为 $\bar{Y}=\sum_{i=1}^{N}Y_i/N$,总体方差无偏估计为 $\hat{\sigma}^2=\sum(Y_i-\bar{Y})^2/(N-1)$。

现在我们对零假设 $H_0:\sigma^2=\sigma_0^2$ 进行检验,检验的统计量为:

$$V=\frac{(N-1)\hat{\sigma}^2}{\sigma_0^2}\sim\chi^2_{(N-1)}$$

如果零假设为真,那么检验统计量服从自由度为 $(N-1)$ 的卡方分布。另外若备择假设为 $H_1:\sigma^2>\sigma_0^2$,那我们需要用单侧检验。当显著程度 $\alpha=0.05$ 时,若 $V\geqslant\chi^2_{(95,N-1)}$,其中 $\chi^2_{(95,N-1)}$ 表示在自由度为 $(N-1)$ 的卡方分布中概率为 95% 所对应的值,此时我们应拒绝零假设。

举例说明,考虑零假设 HIP 总体的方差为 4,Stata 的 sdtest 命令可以完成这一假设检验过程。注意一下,零假设中需要参与检验的项为标准差,而非方差,因此零假设为 $H_0: \sigma = 2$。

假设已读取数据,检验命令为:

```
sdtest y == 2
```

One-sample test of variance

Variable	Obs	Mean	Std. Err.	Std. Dev.	[95% Conf. Interval]
y	50	17.1582	.2555503	1.807013	16.64465 17.67175

```
         sd = sd(y)                                        c = chi2 =    39.9999
Ho: sd = 2                                       degrees of freedom =         49

    Ha: sd < 2                      Ha: sd != 2                       Ha: sd > 2
Pr(C < c) = 0.1832       2*Pr(C < c) = 0.3664             Pr(C > c) = 0.8168
```

可以看到,检验统计量为 39.9999,右侧 p 值为 0.8168。将假设方差赋值给某个标量,如下可以看到更多细节:

```
quietly summarize y, detail
scalar s0 = 4
scalar sighat2 = r(Var)
scalar df = r(N) - 1
scalar v = df*sighat2/s0
scalar chi2_95 = invchi2(df,.95)
scalar chi2_05 = invchi2(df,.05)
scalar p = 2*chi2(df,v)
di "Chi square test stat = " v
di "5th percentile chisquare(49) = " chi2_05
di "95th percentile chisquare(49) = " chi2_95
di "2 times p value = " p
```

结果输出为:

```
Chi square test stat = 39.999884
5th percentile chisquare(49) = 33.930306
95th percentile chisquare(49) = 66.338649
2 times p value = .36643876
```

C.7　检验两个正态总体均值相等

已知两个正态总体 $N(\mu_1, \sigma_1^2)$ 和 $N(\mu_2, \sigma_2^2)$,为了估计和检验两个总体均值的差值 $\mu_1 - \mu_2$,我们将分别从两个总体中随机选择样本数据。在第一个总体中我们一共挑选 N_1 个样本,在第二个总体中挑选 N_2 个样本,分别可以得到样本均值 $\overline{Y}_1, \overline{Y}_2$ 和样本方差 $\hat{\sigma}_1^2, \hat{\sigma}_2^2$。现在设零假设为 $H_0: \mu_1 - \mu_2 = c$,我们将用两个总体样本的方差是否相等来检验假设是否成立。

C.7.1　总体方差相等

如果两个总体的样本方差相等,则 $\sigma_1^2 = \sigma_2^2 = \sigma_p^2$,那么我们可以用两个样本的信息来估计共同方差 σ_p^2,合并方差估计值为:

$$\hat{\sigma}_p^2 = \frac{(N_1 - 1)\hat{\sigma}_1^2 + (N_2 - 1)\hat{\sigma}_2^2}{N_1 + N_2 - 2}$$

如果零假设 $H_0: \mu_1 - \mu_2 = c$ 为真,那么:

$$t = \frac{(\overline{T}_1 - \overline{Y}_2) - c}{\sqrt{\hat{\sigma}_p^2 \left(\frac{1}{N_1} + \frac{1}{N_2}\right)}} \sim t_{(N_1 + N_2 - 2)}$$

同样我们需要构建单侧备择假设，如 $H_1 : \mu_1 - \mu_2 > c$，或者双侧备择假设 $H_1 : \mu_1 - \mu_2 \neq c$。

C.7.2 总体方差不等

如果总体方差不相等，那么我们不能使用合并方差的方法来进行估计，可以用下述方法替代：

$$t^* = \frac{(\overline{Y}_1 - \overline{Y}_2) - c}{\sqrt{\dfrac{\hat{\sigma}_1^2}{N_1} + \dfrac{\hat{\sigma}_2^2}{N_2}}}$$

这种检验统计量的准确分布既非正态分布也不是普通 t 分布，我们用 t^* 表示这种分布，可以用 t 分布的自由度来近似表达 t^*：

$$df = \frac{(\hat{\sigma}_1^2/N_1 + \hat{\sigma}_2^2/N_2)^2}{\left(\dfrac{(\hat{\sigma}_1^2/N_1)^2}{N_1 - 1} + \dfrac{(\hat{\sigma}_2^2/N_2)^2}{N_2 - 1}\right)}$$

这种表达式又被称为 Satterthwaite's 表达式。

为了说明如何检验两个总体方差是否相等，我们取得两个正态总体的样本，均值分别为 1 和 2，用 drawnorm 命令实现，如下：

```
clear
drawnorm x1 x2, n(50) means(1 2) seed(12345)
```

计算概要统计量：

```
summarize
```

Variable	Obs	Mean	Std. Dev.	Min	Max
x1	50	1.124799	.9030621	-.8845057	3.381427
x2	50	1.945904	.9256588	-.003253	4.517602

利用上述的数据信息，你可以计算出《POE4》给定的检验统计量，也可以用 ttest 命令进行自动检验，选择 unpaired 选项。

```
ttest x1 == x2, unpaired
```

Unpaired 表示观测值两两之间不匹配。检验的结果如下所示，两个样本平均值之差为 -0.82，自由度为 98 的 t 统计量值为 -4.4897。双侧 p 值为 0.0000，因此我们可以得出结论：这两个总体的均值不相等。

```
Two-sample t test with equal variances
```

Variable	Obs	Mean	Std. Err.	Std. Dev.	[95% Conf. Interval]	
x1	50	1.124799	.1277123	.9030621	.8681512	1.381446
x2	50	1.945904	.1309079	.9256588	1.682835	2.208973
combined	100	1.535351	.0998996	.9989957	1.337129	1.733574
diff		-.8211052	.1828861		-1.184037	-.4581738

```
     diff = mean(x1) - mean(x2)                                    t =  -4.4897
Ho: diff = 0                                   degrees of freedom =       98

   Ha: diff < 0                  Ha: diff != 0                   Ha: diff > 0
Pr(T < t) = 0.0000         Pr(|T| > |t|) = 0.0000           Pr(T > t) = 1.0000
```

当我们不能假设方差相等时,为证明这个检验,用 drawnorm 命令生成两个正态分布变量,分别服从正态分布 $N(1,1)$ 和 $N(2,4)$。

```
drawnorm x3 x4, n(50) means(1 2) sds(1 2) seed(12345)
```

然后使用 ttest 命令进行检验,与前次不同,这次检验加上 unequal 选项。

```
ttest x3 == x4, unpaired unequal
```

Two-sample t test with unequal variances

Variable	Obs	Mean	Std. Err.	Std. Dev.	[95% Conf. Interval]	
x3	50	1.124799	.1277123	.9030621	.8681512	1.381446
x4	50	1.891808	.2618158	1.851318	1.365669	2.417946
combined	100	1.508303	.1499527	1.499527	1.210764	1.805842
diff		-.7670091	.2913039		-1.347843	-.1861754

```
       diff = mean(x3) - mean(x4)                                t = -2.6330
Ho: diff = 0                     Satterthwaite's degrees of freedom =   71.069

    Ha: diff < 0                  Ha: diff != 0                   Ha: diff > 0
 Pr(T < t) = 0.0052          Pr(|T| > |t|) = 0.0104           Pr(T > t) = 0.9948
```

Satterthwaite's 表达式的自由度为 71.069,两次检验都说明我们要拒绝零假设,接受这两个总体的均值不相等。

C.8 检验两个正态总体方差相等

给定两个正态总体 $N(\mu_1,\sigma_1^2)$ 和 $N(\mu_2,\sigma_2^2)$,我们可以进行检验零假设 $H_0:\sigma\sigma_1^2/\sigma_2^2 = 1$,如果零假设为真,则两个正态总体的方差相等。检验的统计量来自 $(N_1 - 1)\hat{\sigma}_1^2/\sigma_1^2 \sim \chi_{(N_1-1)}^2$ 和 $(N_2 - 1)\hat{\sigma}_2^2/\sigma_2^2 \sim \chi_{(N_2-1)}^2$,两项比值为:

$$F = \frac{\dfrac{(N_1 - 1)\hat{\sigma}_1^2/\sigma_1^2}{(N_1 - 1)}}{\dfrac{(N_2 - 1)\hat{\sigma}_2^2/\sigma_2^2}{(N_2 - 1)}} = \frac{\hat{\sigma}_1^2/\sigma_1^2}{\hat{\sigma}_2^2/\sigma_2^2} \sim F_{(N_1-1,N_2-1)}$$

如果零假设为真,即 $H_0 : \sigma_1^2/\sigma_2^2 = 1$,那么检验值 $F = \hat{\sigma}_1^2/\sigma_2^2$ 满足分子自由度为 $(N_1 - 1)$、分母自由度为 $(N_2 - 1)$ 的 F 分布。如果备择假设 $H_1 : \sigma_1^2/\sigma_2^2 \neq 1$ 成立,我们需要进行双侧检验。假定我们选择显著性水平 $\alpha = 0.05$,如果 $F \geq F_{(975,N_1-1,N_2-1)}$ 或者如果 $F \leq F_{(025,N_1-1,N_2-1)}$,其中 $F_{(\alpha,N_1-1,N_2-1)}$ 表示给定自由度的 F 分布中 $100\alpha\%$ 分位对应的值,那么我们将拒绝零假设。如果是单侧对立假设,即 $H_1 : \sigma_1^2/\sigma_2^2 > 1$,那么,我们同样拒绝零假设,即 $F \geq F_{(95,N_1-1,N_2-1)}$。

我们将在检验中运用模拟变量 x3 和 x4,该检验由自带命令 sdtest 完成。

```
sdtest x3 == x4
```

Variance ratio test

Variable	Obs	Mean	Std. Err.	Std. Dev.	[95% Conf. Interval]	
x3	50	1.124799	.1277123	.9030621	.8681512	1.381446
x4	50	1.891808	.2618158	1.851318	1.365669	2.417946
combined	100	1.508303	.1499527	1.499527	1.210764	1.805842

```
     ratio = sd(x3) / sd(x4)                                    f =   0.2379
Ho: ratio = 1                                degrees of freedom =   49, 49

    Ha: ratio < 1                 Ha: ratio != 1                 Ha: ratio > 1
 Pr(F < f) = 0.0000          2*Pr(F < f) = 0.0000            Pr(F > f) = 1.0000
```

C.9 正态性检验

正态分布是对称的,图形呈钟形伴随峰部和尾部,使得其峰度为 3,因此我们可以分别通过检验峰度和偏度来检验样本数据的正态性。如果偏度为 0,但峰度并不接近于 3,则我们将拒绝这个总体的正态性。在《POE4》,附录 C.4.2 中,我们推出了偏度和峰度的简易算法:

$$\widetilde{skewness} = S = \frac{\tilde{\mu}_3}{\tilde{\sigma}^3}$$

$$\widetilde{kurtosis} = K = \frac{\tilde{\mu}_4}{\tilde{\sigma}^4}$$

我们可以用 Jarque-Bera 检验的统计量来实施这两个参数的联合检验:

$$JB = \frac{N}{6}\left(S^2 + \frac{(K-3)^2}{4}\right)$$

如果真实分布是对称的,峰度为 3,并且包含正态分布,那么在样本容量足够大的情况下,JB 检验统计量会服从自由度为 2 的卡方分布。如果 $\alpha = 0.05$,此时卡方分布的临界值为 5.99,当 $JB \geq 5.99$ 时,我们拒绝零假设,并认为数据不满足正态分布。这里我们拒绝了零假设因为我们知道数据不符合正态分布特征,但是我们并不能以此判断数据总体满足哪种分布。

清除内存并打开文件 hip. dta。

```
use hip, clear
```

Stata 中可以对数值自动检验,但检验的性质已经超出本书范围。这种检验类似但是不等同于 JB 检验,下述为该检验内容:

```
sktest y
```

		Skewness/Kurtosis tests for Normality			joint
Variable	Obs	Pr(Skewness)	Pr(Kurtosis)	adj chi2(2)	Prob>chi2
y	50	0.9645	0.2898	1.17	0.5569

而 Jarque-Berat 检验是利用 summarize 生成的偏度和峰度值来完成检验的:

```
quietly summarize y, detail
scalar nobs = r(N)
scalar s = r(skewness)
scalar k = r(kurtosis)
scalar jb = (nobs/6)*(s^2 + ((k-3)^2)/4)
scalar chi2_95 = invchi2(2,.95)
scalar pval = 1 - chi2(2,jb)
di "jb test statistic " jb
di "95th percentile chi2(2) " chi2_95
di "pvalue " pval
```

结果如下:

```
jb test statistic = .93252312
95th percentile chi2(2) = 5.9914645
```

```
pvalue = .62734317
```

C.10 极大似然估计

Stata 中有强大的函数命令用于实现极大似然估计。之前,我们已经多次接触极大似然估计,例如,在二项式和多项式的模型选择中,我们对 **probit**,**logit** 和条件 **logit** 模型都进行了极大似然估计。当然,你可以选择在感兴趣的某一问题中从头开始使用似然函数来完成极大似然估计。Stata 的 ml 命令将对用户提供的对数似然函数进行极大化处理,输入 help ml 了解更多似然函数。这些函数命令有的在《POE4》的内容之外,如果你希望学习更深的相关知识,可以查阅 Gould, Pitblado & Poi 编写,Stata Press 2010 年出版的《*Maximum Likelihood Estimation with Stata*》(第四版),登录网站 www. stata. com 也能查询此书。此外,可以通过网站 http://www. principlesofeconometrics. com/poe4/usingstata. htm 来学习源自 William Greene 编著,2008 年出版的《计量经济分析》(第六版)中与极大似然估计相关的简单例子,进而理解相关函数命令。

C.11 核密度估计

《*POE4*》的图 C. 19 中给出了两组数据的直方图,数据来源于文件 *kernel. dta*。现在我们来生成相似但不相同的数据。首先,清除内存并将观测值数量设置为 500。

```
clear
set obs 500
```

指定均值和标准差下,用 drawnorm 命令生成两个正态分布随机变量。

```
matrix m = (7,9,5)
matrix sd = (1.5,.5,1)
drawnorm x y1 y2, means(m) sds(sd) seed(1234567)
```

然后我们检查这 3 个变量:

```
summarize
```

Variable	Obs	Mean	Std. Dev.	Min	Max
x	500	6.939916	1.549873	2.666413	11.98759
y1	500	9.00128	.5260826	7.367773	10.70334
y2	500	4.992534	1.070694	2.044742	7.962709

```
correlate
```

	x	y1	y2
x	1.0000		
y1	0.0004	1.0000	
y2	-0.0763	-0.0185	1.0000

生成一个取值为 y1 到 y2 间的混合变量,使得每一个观测值都随机被包括在这个范围内。

```
set seed 987654321
gen u = uniform()
gen p = (u > .5)
gen y = p*y1 + (1 - p)*y2
```

现在,生成图 C.19,该图将显示在下一页:

```
histogram x, freq width(.25) xlabel(2(1)12) start(2) ///
    title("X~N(7,1.5^2)") saving(n1, replace)
histogram y, freq width(.25) xlabel(2(1)12) start(2) ///
    title("Y mixture of N(9,0.5^2) & N(5,1)") saving(mix1,replace)
graph combine "n1" "mix1", cols(2) ysize(4) xsize(6) ///
    title("Figure C.19 Histograms of X and Y") saving(figc19,replace)
```

如《POE4》中图 C.20 所示,将生成的直方图和正态密度函数图形相叠加。这些正态密度函数曲线的表达式为:

$$\widehat{f(x)} = \frac{1}{\hat{\sigma}\sqrt{2\pi}}\exp\left(-\frac{1}{2}\left(\frac{x-\hat{\mu}}{\hat{\sigma}}\right)^2\right)$$

真实的平均值和标准差被估计值所替代,并附加上 normal 函数命令后,用 histogram 重新生成了新图形。我们也对直方图的文字说明进行了重新修改和匹配。

```
histogram x, freq width(.25) xlabel(2(1)12) start(2) ///
    normal title("X~N(7,1.5^2)") saving(n2, replace)
histogram y, freq width(.25) xlabel(2(1)12)  start(2) ///
    normal title("Y mixture of N(9,0.5^2) & N(5,1)")  ///
    saving(mix2,replace)
graph combine "n2" "mix2", cols(2) ysize(4) xsize(6) ///
    title("Figure C.20 Normal Parametric Densities") ///
    saving(figc20,replace)
```

图表 C.21 显示的为不同直方条宽度下 Y 的直方图。

```
histogram y, width(1) freq xlabel(2(1)12) start(2) ///
    title("bin width=1") saving(y1,replace)
histogram y, width(.1) freq xlabel(2(1)12) start(2) ///
    title("bin width = 0.1") saving(y2,replace)
graph combine "y1" "y2", cols(2) ysize(4) xsize(6) ///
    title("Figure C.21 Different Bin Widths") ///
    saving(figc21,replace)
```

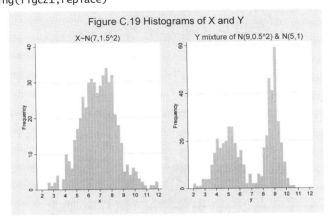

Figure C.19 Histograms of X and Y

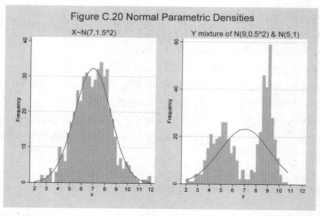

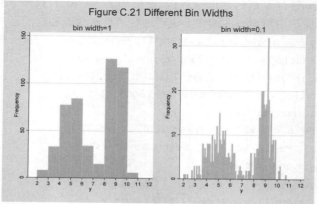

在《*POE4*》的图 C. 22 中,我们看到了核密度(kernel densities)检验重叠直方图的应用。核密度为:

$$\widehat{f(x)} = \frac{1}{nh} \sum_{i=1}^{n} K\left(\frac{x_i - x}{h}\right)$$

其中 K 代表核,h 是一个平滑参数,称为带宽(bandwidth),x 的值可能超过值域范围。有许多核函数,其中一个叫高斯核方程:

$$K\left(\frac{x_i - x}{h}\right) = \frac{1}{\sqrt{2\pi}}\exp\left(-\frac{1}{2}\left(\frac{x_i - x}{h}\right)^2\right)$$

需要了解更多信息,可输入 help histogram,可以找到相关密度图的信息。

```
    Density plots

normal specifies that the histogram be overlaid with an appropriately scaled normal density.
    The normal will have the same mean and standard deviation as the data.

normopts(line_options) specifies details about the rendition of the normal curve, such as the
    color and style of line used.  See [G] graph twoway line.

kdensity specifies that the histogram be overlaid with an appropriately scaled kernel density
    estimate of the density.  By default, the estimate will be produced using the Epanechnikov
    kernel with an "optimal" half-width.  This default corresponds to the default of kdensity;
    see [R] kdensity.  How the estimate is produced can be controlled using the kdenopts()
    option described below.

kdenopts(kdensity_options) specifies details about how the kernel density estimate is to be
    produced along with details about the rendition of the resulting curve, such as the color
    and style of line used.  The kernel density estimate is described in [G] graph twoway
    kdensity.  As an example, if you wanted to produce kernel density estimates by using the
    Gaussian kernel with optimal half-width, you would specify kdenopts(gauss) and if you also
    wanted a half-width of 5, you would specify kdenopts(gauss width(5)).
```

图 C.22 中的 Stata 代码如下所示。需要注意的是,我们所选择的是高斯核密度。

```
histogram y, width(.25) freq xlabel(2(1)12)  start(2) ///
    kdensity kdenopts(gauss width(1.5)) title("bandwidth=1.5") ///
    saving(b1,replace)

histogram y, width(.25) freq xlabel(2(1)12)  start(2) ///
    kdensity kdenopts(gauss width(1)) title("bandwidth=1") ///
saving(b2,replace)

histogram y, width(.25) freq xlabel(2(1)12)  start(2) ///
    kdensity kdenopts(gauss width(.4)) title("bandwidth=0.4") ///
    saving(b3,replace)

histogram y, width(.25) freq xlabel(2(1)12)  start(2) ///
    kdensity kdenopts(gauss width(.1)) title("bandwidth=0.1") ///
    saving(b4,replace)

graph combine "b1" "b2" "b3" "b4", cols(2) ysize(4) xsize(6) ///
    title("Figure C.22 Nonparametric Densities") ///
    saving(figc22,replace)
```

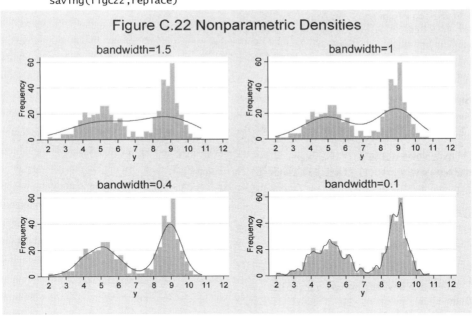

Figure C.22 Nonparametric Densities

关键术语

带宽	**kdensity**	偏度
中心极限理论	核密度	**sktest**
ci	峰度	标准误
置信区间	**mean**	**summarize**
相关矩阵	均值检验	**summarize,detail**
drawnorm	正态性检验	**tabstat**
高斯核	点估计	双样本均值检验

histogram	return list	ttest
假设检验	sdtest	runiform( )
区间估计	set obs	方差检验
Jarque-Bera 检验	set seed	
kdenopts	假设数据	

附录 C　Do 文件

```
*    file appx_c.do for Using Stata for Principles of Econometrics, 4e
cd c:\data\poe4stata
*    Stata do-file
*    copyright C 2011 by Lee C. Adkins and R. Carter Hill

*    used for "Using Stata for Principles of Econometrics, 4e"
*    by Lee C. Adkins and R. Carter Hill (2011)
*    John Wiley and Sons, Inc.

*    setup
version 11.1
capture log close
set more off

* * * * * * * * * examine hip data
log using appx_c, replace text

use hip, clear
describe
histogram y, percent saving(hip_hist,replace)

*    histogram using pull down menu
histogram y, width(1) start(13) percent

*    summary statistics
summarize y, detail

*    estimate mean
mean y

*    generate several normal variables
clear
matrix C = (1, .5 \ .5, 1)
drawnorm x y, n(1000) corr(C) seed(12345)
summarize x y
tabstat x y, statistics (mean median variance semean)
corr x y
twoway scatter y x, saving(xynorm ,replace)

* * * * * * * * * central limit theorem
clear
set obs 1000
set seed 12345
```

```
*   generate triangular distributed value
gen y1 = sqrt(runiform())
histogram y1, saving(triangle_hist ,replace)

*   11 more
forvalues rep=2/12 {
    gen y`rep' = sqrt(runiform())
    }

*   standardize several and plot
foreach n in 3 7 12 {
    egen ybar`n' = rowmean(y1 - y`n')
    gen z`n' = (ybar`n' - 2/3)/(sqrt((1/18)/`n'))
    histogram z`n', normal saving(ybar`n'_hist , replace)
    graph export ybar`n'_hist.emf, replace
    summarize z`n', detail
    }

*   interval estimates
*   simulated data
clear
set obs 30
set seed 12345
drawnorm x1 - x10

*   transform
forvalues n=1/10 {
    gen y`n' = 10 + sqrt(10)* x`n'
    }

*   compute interval estimates
ci y1 - y10

*   hip data
use hip, clear

*   automatic interval estimate
ci y

*   details of interval estimate
quietly summarize y, detail
return list
scalar ybar = r(mean)
scalar nobs = r(N)
scalar df = nobs - 1
scalar tc975 = invttail(df,.025)
scalar sighat = r(sd)
scalar se = sighat/sqrt(nobs)
scalar lb = ybar - tc975* se
scalar ub = ybar + tc975* se

di "lb of 95% confidence interval = " lb
di "ub of 95% confidence interval = " ub

* * * * * * * * * hypothesis testing
```

```
*    right tail test mu = 16.5

*    details
use hip, clear
quietly summarize y, detail
scalar ybar = r(mean)
scalar nobs = r(N)
scalar df = nobs - 1
scalar sighat = r(sd)
scalar se = sighat/sqrt(nobs)
scalar t1 = (ybar - 16.5)/se
scalar tc95 = invttail(df,.05)
scalar p1 = ttail(df,t1)
di "right tail test"
di "tstat = " t1
di "tc95 = " tc95
di "pval = " p1

*    automatic version
ttest y ==16.5

*    two tail test mu = 17

*    details
quietly summarize y, detail
scalar t2 = (ybar - 17)/se
scalar p2 = 2* ttail(df,abs(t2))
di "two tail test"
di "tstat = " t2
di "tc975 = " tc975
di "pval = " p2

*    automatic version
ttest y ==17

* * * * * * * * * Testing the variance

*    automatic test
sdtest y == 2

*    details
quietly summarize y, detail
scalar s0 = 4
scalar sighat2 = r(Var)
scalar df = r(N) -1
scalar v = df* sighat2/s0
scalar chi2_95 = invchi2(df,.95)
scalar chi2_05 = invchi2(df,.05)
scalar p = 2*chi2(df,v)
di "Chi square test stat = " v
di "5th percentile chisquare(49) = " chi2_05
di "95th percentile chisquare(49) = " chi2_95
di "2 times p value = " p

* * * * * * * * * testing equality of population means
```

```
clear
drawnorm x1 x2, n(50) means(1 2) seed(12345)
summarize

*   assuming variances are equal
ttest x1 == x2, unpaired

*   assuming variances unequal
drawnorm x3 x4, n(50) means(1 2) sds(1 2) seed(12345)
ttest x3 == x4, unpaired unequal

*   testing population variances
sdtest x3 == x4

*   test normality
use hip, clear

* * * * * * * * * * Jarque_Bera test
*   automatic test
sktest y

*   details
quietly summarize y, detail
scalar nobs = r(N)
scalar s = r(skewness)
scalar k = r(kurtosis)
scalar jb = (nobs/6)* (s^2 + ((k - 3)^2)/4)
scalar chi2_95 = invchi2(2,.95)
scalar pval = 1 - chi2(2,jb)
di "jb test statistic = " jb
di "95th percentile chi2(2) = " chi2_95
di "pvalue = " pval


* * * * * * * * * * kernel density estimation
clear
set obs 500

*   specify means and standard deviations

matrix m = (7,9,5)
matrix sd = (1.5,.5,1)

*   draw normal random values
drawnorm x y1 y2, means(m) sds(sd) seed(1234567)

*   examine
summarize
correlate

*   create mixture
set seed 987654321
gen u = uniform()
gen p = (u > .5)
gen y = p*y1 + (1 - p)*y2
```

```
*    Figure C.19
histogram x, freq width(.25) xlabel(2(1)12) start(2)                      ///
        title("X~N(7,1.5^2)") saving(n1, replace)
histogram y, freq width(.25) xlabel(2(1)12) start(2)                      ///
        title("Y mixture of N(9,0.5^2) & N(5,1)") saving(mix1,replace)
graph combine "n1" "mix1", cols(2) ysize(4) xsize(6)                      ///
        title("Figure C.19 Histograms of X and Y") saving(figc19,replace)

*    Figure C.20
histogram x, freq width(.25) xlabel(2(1)12) start(2)                      ///
        normal title("X~N(7,1.5^2)") saving(n2, replace)
histogram y, freq width(.25) xlabel(2(1)12) start(2)                      ///
        normal title("Y mixture of N(9,0.5^2) & N(5,1)")                  ///
        saving(mix2,replace)
graph combine "n2" "mix2", cols(2) ysize(4) xsize(6)                      ///
        title("Figure C.20 Normal Parametric Densities")                 ///
        saving(figc20,replace)

*    Figure C.21
histogram y, width(1) freq xlabel(2(1)12) start(2)                       ///
        title("bin width=1") saving(y1,replace)

histogram y, width(.1) freq xlabel(2(1)12) start(2)                      ///
        title("bin width=0.1") saving(y2,replace)

graph combine "y1" "y2", cols(2) ysize(4) xsize(6)                       ///
        title("Figure C.21 Different Bin Widths")                        ///
        saving(figc21,replace)

*    Figure C.22
histogram y, width(.25) freq xlabel(2(1)12) start(2)                     ///
        kdensity kdenopts(gauss width(1.5)) title("bandwidth=1.5")       ///
        saving(b1,replace)

histogram y, width(.25) freq xlabel(2(1)12) start(2)                     ///
        kdensity kdenopts(gauss width(1)) title("bandwidth=1")           ///
        saving(b2,replace)

histogram y, width(.25) freq xlabel(2(1)12) start(2)                     ///
        kdensity kdenopts(gauss width(.4)) title("bandwidth=0.4")        ///
        saving(b3,replace)

histogram y, width(.25) freq xlabel(2(1)12) start(2)                     ///
        kdensity kdenopts(gauss width(.1)) title("bandwidth=0.1")        ///
        saving(b4,replace)

graph combine "b1" "b2" "b3" "b4", cols(2) ysize(4) xsize(6)             ///
        title("Figure C.22 Nonparametric Densities")                     ///
        saving(figc22,replace)
log close
```